はじめに

「地理」には、その土地の記憶がすべて詰まっている！

ニュースやネットを見ていると、世界の国の様々な情報が次々と入ってくる。

世界各地での武力衝突、人や物資の流れの変化、温暖化などの環境の変化、国のトップが変わることでの国策の変更……現代社会はめまぐるしく変化し続けている。

こうした社会の中で、私たちはどう生き抜いていけばいいのだろうか——。


その解答の1つが、意外かも知れないが「地理」を知ることにある。

地理を知れば、国や地域の自然・環境だけではなく、歴史・民族・文化・経済・政治までを理解できるからだ。言葉を換えれば、地理には、その土地の記憶がすべて詰まっているのだ。

「地理」は、世界各地の情報を、「地域」を基盤として横糸で結び、その地域の特性を読み解いていく学びである。

現代世界は、人類共通の暮らしやすい生活への「画一化」が進む一方で、各地での文化や伝統などを重んじる生活や、また、新しい文化の創造もみられるといった「多様性」も共存する。そうした複雑な地域を読み解いていくのも地理である。

この「地理力」をもっているかどうかで、今度は同じニュースや情報に接したときの理解度や面白さが、まるで違うだろう。

「地理」を知るだけで、世界は一気に面白くなる!

少し難しい話になるが、地理学には「景観」という概念がある。これは単に景色や風景をさすものではない。そこに生える植物、生活する人や動物、そして気候や地形といった、いろいろな要素がどう関わり合っているのかを追究した見方である。

観察する人がどのような知識、感情をもっているかで、「景観」は変わってくる。豊富な知識があれば、その人の見る「景観」はより一層豊かになるのだ。同じ世界を見たときでも、そこから得られる情報や感動も大きくなるだろう。

本書は、地域に関する様々な情報を知識として、解釈する術を学び、持続可能な社会を築きあげる能力を育成し、人々の幸福(Well-being)を達成しようとする「地理」をめざした。世界のすべての国を扱っているわけでもなく、取り上げた国をあますところなく見ているわけでもない。しかし、それぞれの国の特性を見いだし、地理の面白さや有用性は示せたと自負している。

読者のみなさんには、本書で知識や世界の見方を得たら、ぜひ現地を訪れてほしい。

そして、本書で取り上げた国にあなたなりの説明や解釈を加えたり、掲載されていない国は新たに説明を書き加えたりしてほしい。

このように自分の目で、地域（国）をとらえることで、より一層地理の面白さを実感でき、激変する社会を生き抜くための指針が得られるだろう。

現地に行かなくても、世界のことを知るツールとして役立て、世界に思いを馳《は》せてもいい。

さらに知的な関心を広げ、より豊かな感情をもって世界を見るヒントにしてもらいたい。

それが人生の豊かさの糧となってくれれば、著者一同の望外の喜びである。

井田仁康

もくじ

はじめに――井田仁康
「地理」には、その土地の記憶がすべて詰まっている！　1

Part 1 「アジア」の国々が面白いほどよくわかる！

東アジア・東南アジア・南アジアの概観
――人口・民族・宗教、そして経済　12

中華人民共和国
〝強国を目指す国〟の向かう先は？　21
◉成長する世界のエンジン　21
◆〝世界の組み立て工場〟からの脱却　23
◉広大な中国に、今、何が起こっているか　27
◆経済の中心・上海と発電量世界一の「サンシャダム」　30
◆鉄道、資源、国際交流……「西部大開発」　33
◉台湾――もう一つの中国　35
コラム「民以食為天」――中華料理の魅力　37

大韓民国
奇跡の経済発展を遂げた国　38
◆「ソウルに高層マンションが多い」意外な理由　38

シンガポール共和国
「アジアの金融センター」になった小さな島国　43
◆周りに比べて「自然災害が少ない」2つの理由　45

マレーシア
先進国の仲間入りをうかがう工業立国　50
◆地政学的要衝・マラッカ海峡　52

インドネシア共和国
世界4位の人口、世界最大のムスリム国　54
◆人口大国で進む「遷都《せんと》計画」　56

フィリピン共和国
〝人口ボーナス期〟を迎えた国　58
◆7000以上の島からなる火山の国　58

タイ王国
独立を維持できた地理的な事情とは？　62
◆敬愛される国王と仏教の国　62

ベトナム社会主義共和国
コーヒーの生産量が世界2位に急増！　66
◆「ドイモイ政策」からの急速な経済成長　67

インド共和国

加速する経済成長と立ちはだかる「差別の壁」 70

◆国土は日本の9倍、人口世界一となるインドの実力は? 70

コラム 食生活、カースト……背景にある「宗教観」 76

バングラデシュ人民共和国

20年のうちに二度の独立を果たした国 77

◆なぜ、「世界のアパレル産業の中心地」になったのか 80

パキスタン・イスラム共和国

インド・中国との国境が定まらない国 83

◆核保有国同士の対立――カシミール紛争とは? 83

中央アジア・西アジアの概観

――石油が何を変えたのか?
なぜ、紛争が絶えないのか? 86

カザフスタン共和国

大国にはさまれた草原の国 92

◆「塩水湖・カスピ海」と「干上がったアラル海」 92

ウズベキスタン共和国

中央アジアで最も人口が多い国 96

◆石油、天然ガス、ウラン……地下資源大国 97

アフガニスタン・イスラム共和国

戦争や紛争が絶えないのはなぜか? 98

◆緑の農地を復活させた中村哲《てつ》さん 101

イラン・イスラム共和国

世界が注目する「核問題」の行方は? 102

◆イスラム化、脱イスラム化、そしてイスラム革命 105

イラク共和国

シーア派とスンナ派、アラブ人とクルド人 107

◆イラン・イラク戦争、湾岸戦争、Islamic State(イスラム国) 110

サウジアラビア王国

なぜ「イスラム・アラブ世界の盟主」なのか? 111

◆〝オイルマネー〟で砂漠地域の農業開発 112

アラブ首長国連邦(UAE)

石油のアブダビ、金融のドバイ 116

◆7つの首長国からなる連邦国家―結成の理由 116

カタール国 中東初、サッカーワールドカップ開催 120

バーレーン王国
◆〝石油よりもエコ〟な天然ガス有数の埋蔵地 121
脱・石油依存！　いち早く金融業にシフト 123
◆ペルシア湾に浮かぶ小さな島国 123

トルコ共和国
イスラム圏、欧米、ロシアの仲介役 125
◆「クルド人問題」と「EU加盟交渉」 129

イスラエル国
戦禍が絶えない「3大宗教の聖地」 130
◆イスラエルの首都はエルサレム？　テルアビブ？ 130

Part 2
「アフリカ」の国々が面白いほどよくわかる！

アフリカの概観
――「世界の成長センター」はアジアからアフリカに!? 136

エジプト・アラブ共和国
ナイルの水は誰のもの？　深刻化する「水不足」 142
◆日本人が知らない国際河川の「水問題」 144

モロッコ王国
地中海と砂漠をつなぐ文明の十字路 146
◆地域経済の救世主「モロッコの秘宝」とは？ 148

エチオピア連邦民主共和国
アフリカ最古の独立国 150
◆進む「土地収奪」。誰が買っているのか？ 151

ケニア共和国
赤道直下、マサイ族で有名な国の電力源は？ 154
◆標高1500mに位置する「国際都市」 155

コンゴ民主共和国
かつてのザイール。隣の国も「コンゴ」の理由は？ 158
◆アフリカ大陸初の横断鉄道がついに開通！ 160

ナイジェリア連邦共和国
唯一、人口2億を超えた「アフリカの巨人」 162
◆膨張を続ける「巨大都市」ラゴス 162

ガーナ共和国
カカオだけではない豊かな資源 166
◆なぜ、カカオ豆農家は豊かになれないのか？ 166

リベリア共和国
アフリカ初の女性大統領誕生！ 169
◆国名の由来は「自由の国」 169

コラム　世界中の船を所有!?――便宜置籍船《べんぎちせきせん》とは 171

マダガスカル共和国 独自の進化を遂げた動植物の宝庫 172
◆「バオバブの並木」はアフリカ随一の観光名所 172
南アフリカ共和国 「世界で最も不平等な国」の現在は? 175
◆南ア経済最大のボトルネックは「雇用問題」 177

Part 3
「ヨーロッパ」の国々が面白いほどよくわかる!

ヨーロッパの概観 ——民族、歴史、地形…が複雑な文化を生む 180
グレートブリテン及び北アイルランド連合王国(イギリス) EU離脱後のイギリスの行く末は? 188
◆温暖で平坦な島国は「穀物自給国」 189
ドイツ連邦共和国 ヨーロッパ中央部の大国 194
◆なぜドイツにトルコ人が多いのか? 197
フランス共和国 パリを中心に成長した農業大国 201
◆ブームを超えて浸透する「オーガニック農業」 203
スイス連邦 アルプスに独自の道を開く多言語国家 205
◆多民族・多言語国家でも内紛が生じないのはなぜか? 208
オランダ王国 〝低い土地〟と戦い抜いてきた国 209
◆国土の4分の1が海面下——国の基盤をつくる干拓事業 210
スペイン王国 シエスタも闘牛も今は昔? 213
◆なぜ植民地帝国からヨーロッパの「周辺国」になったのか? 215
イタリア共和国 気候から産業まで、南北格差をかかえる国 218
◆火山も地震も多い——日本との類似点・相違点 218
ギリシャ共和国 地理的・経済的にも〝EUの周縁国〟 223
◆バルカン半島・トルコ・シリア難民 225
スウェーデン王国 北欧の工業・福祉大国 226
◆貿易と福祉——NATO加盟は? 228
アイスランド 〝地球の裂け目〟が見られるめずらしい島国 229

◆氷と火山と温泉の国　229
リトアニア共和国　バルト三国で最も大きな国　232
◆小さいけれど、それぞれ独自の光彩を放つ3つの国　232
ポーランド共和国　120年間地図から消えていた国　236
◆負の世界遺産・アウシュビッツ　239
ハンガリー　中央ヨーロッパのアジア系国家　241
◆「侵攻を受けやすい」のは地形が原因だった!?　241
ウクライナ　ロシアと欧州の境界に位置する国　244
◆広大で肥沃な平原——国土の7割以上が農地　246
ロシア連邦　ヨーロッパとアジアにまたがる世界最大面積の国　250
◉世界の8分の1の面積を占める国　250
◆面積は日本の45倍、国内の時差は10時間　250
◉計画経済はなぜ産業をダメにしたのか？　253
◆農産物の輸入国から世界最大の小麦輸出国へ　253
◉眠れる資源の大地——シベリア開発はどうなっている？　255
◉日本とロシアを結びつける島、対立させる島　257

Part 4
「アングロアメリカ」の国々が面白いほどよくわかる！

アングロアメリカの概観——なぜ、移民はアメリカ・カナダを目指すのか　262
アメリカ合衆国　「移民大国」はどこへ向かうのか？　271
◉アメリカ合衆国は、なぜ「合州国」でない？　271
◆複雑な大統領選のしくみ——「選挙人」って何者？　271
◉世界の中心「メガロポリス」と古きアメリカ　272
◆ハドソン川が育てた「世界都市ニューヨーク」　274
◉20世紀の発展を支えた工業・農業の中心地　275
◆五大湖沿岸工業地域はなぜ「フロストベルト」といわれるのか　275
◉サンベルト——〝貧困の南部〟からの脱却　280
◆アメリカ最大の課題「人種問題」の今　283
◉西部山岳地域と太平洋——アメリカ人のあこがれの地　284

◆なぜシアトルで巨大企業が生まれるのか 284
◉隔てられた国土
——アラスカとハワイの大きな意義 286
「自然」「資源」「観光」の大国 289
カナダ
◆「アメリカと交流がないのは銃だけ」 290

Part 5 「ラテンアメリカ」の国々が面白いほどよくわかる！

ラテンアメリカの概観
——貧困・富裕、大都市・アマゾン……
コントラストの強い国々 300
メキシコ合衆国 隣国アメリカとの関係は…… 308
◆「世界で最も地盤沈下が進む」巨大都市 311
キューバ共和国 「カストロ後」の政治・経済はどこへ向かうのか 314
◆『ドクターX』大門未知子はなぜキューバへ? 314
コラム カリブ海諸国
——『パイレーツ・オブ・カリビアン』の舞台は 317
パナマ共和国とコスタリカ共和国 南北アメリカを結ぶ「地峡地帯の国々」 318
◆運河のためにアメリカが独立させた国 318
コロンビア共和国 「コーヒー・切り花・エメラルド」の産地 320
◆「コカ栽培」が生む不安定な社会 322
ブラジル連邦共和国 開発か? 保全か? 揺れる大アマゾン 323
◆砂糖→金→コーヒー…モノカルチャー経済の国 324
コラム 日系ブラジル人と日本の中のブラジル 330
ペルー共和国とボリビア多民族国 遥かなるアンデスの国々 331
◆世界を狂わす「エルニーニョ」 334
チリ共和国 太平洋をはさんだ〝お隣の国〟 336
◆「チリ産のサケ」が日本で多く売られる理由 336
アルゼンチン共和国 「世界の食料庫」肥沃な大地と恵まれた気候 340
◆南半球で小麦を栽培するメリットとは? 341

Part 6 「オセアニア」の国々と「南極」が面白いほどよくわかる！

オセアニアと南極の概観 ——自然、文化、気候……他の大陸と全く異なる景観はどうできたか 346

オーストラリア連邦

〝不毛の土地〟から〝ラッキーカントリー〟に 356

◆「白豪主義」から「多文化社会」への大転換 359

コラム フライングドクターと遠隔教育 362

ニュージーランド

世界で初めて「手話を公用語」に 363

◆「マオリ」と「パケハ」の多文化の国 366

フィジー共和国

なぜ、インド系住民が多く住むのか 368

◆美しい「サンゴ礁の海」が観光資源 368

ミクロネシア連邦

海面上昇の深刻なリスクにさらされる小さな島嶼国 371

◆国内移動もアメリカ経由!?——ヤップ州の伝統文化 373

索引 378

主な引用・参考文献 380

○国名や各国の基本情報については、主に外務省のウェブサイトや『データブック オブ・ザ・ワールド2023』（二宮書店）を参考にしています。
○本書では特に断りのない限り、「ドル」は「USドル」を使用しています。
○本書の情報は、2023年6月現在のものです。

編集協力◎入江佳代子
地図・図版作成◎株式会社　アート工房
本文DTP◎株式会社RUHIA

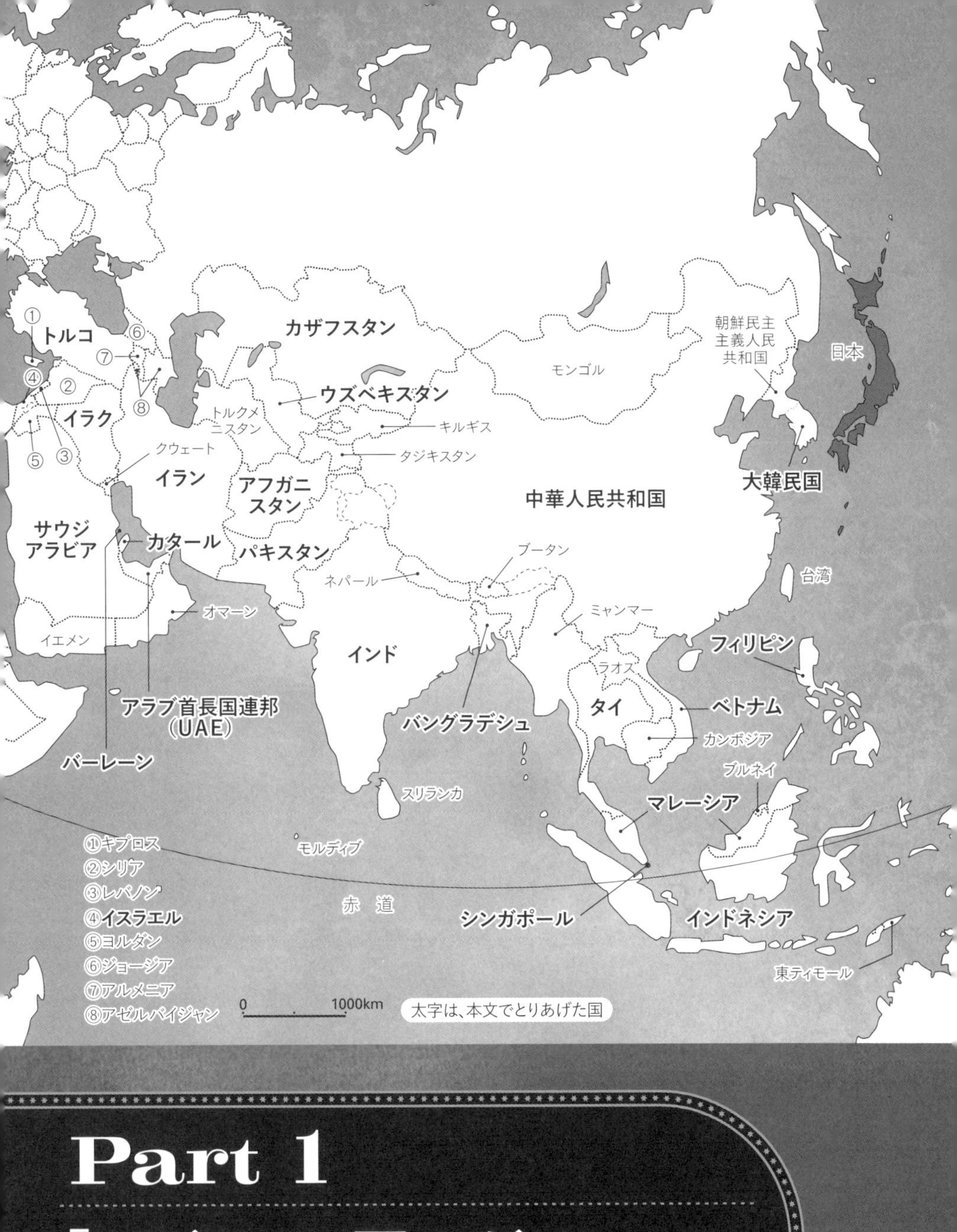

Part 1

「アジア」の国々が面白いほどよくわかる!

東アジア・東南アジア・南アジアの概観

人口・民族・宗教、そして経済

“5つに分けられるアジア”を地図で読んでみよう！

ユーラシア大陸はアジア州とヨーロッパ州に分けられる。自然地理的には**アジアとヨーロッパの境はウラル山脈**であり、この山脈の西側はヨーロッパの一部・延長とみなされてきた。ロシアはウラル山脈をはさんで東西に広がっているため、自然地理的にはロシアはアジアとヨーロッパにまたがっていることになるが、首都がヨーロッパに位置しているので、「ロシアはヨーロッパの国」ということができる。実際、国連はじめ国際組織・統計では、ロシアをヨーロッパに含める場合が多く、本書も同じである。ロシアの東端はアメリカ合衆国アラスカの近くまで広がり、**日本よりも東側に領土を有しているが、「日本はアジア東端の国」といえる。**

アジアの面積は、世界の約24％を占め、アフリカ（約23％）よりも広い。**人口（2021年）にいたっては世界の約60％を占め、2番目のアフリカ（約18％）の約3倍**である。経済規模を国民総所得（GNI、

2020年）でみると、世界2位に中国、3位に日本、7位にインド、9位に韓国と、**上位10位までにアジア4カ国が入る。**

さらに、東南アジア諸国のような経済成長率が高い国、中東諸国のように原油の生産・価格決定に大きな影響力をもつ国、イスラエル、パレスチナ、北朝鮮、イラン、アフガニスタンはじめ国際政治から注視されている国・地域など話題は尽きない。

一方、その広大さ・多様性が生み出す複雑性から、理解が容易ではない地域でもある。そこで、続く本章では、**アジア全域を、東・東南・南、後半では中央・西と、5つに地域区分して概説する。**

身近だけど、意外と知らない「東アジア」の世界

「東アジア」は、一般的に中国、台湾、モンゴル、韓国、北朝鮮、日本の範囲を指す。その面積は約1200万㎢でロシアを除いたヨーロッパの約2倍、人口は約16億と世界の5分の1以上を占めている。

地域の大部分は、ユーラシア大陸および朝鮮半島をはじめとした半島であり、その外側には日本列島や台湾島などの島嶼《とうしょ》が存在する。大陸は内陸部ほど標高が高く、南アジアとの境界になるヒマラヤ山脈は8000mを超え、その北側に広がるチベット高原も平均高度が4000mに達する。

地球表面をおおう地殻は十数枚のプレート（岩盤）に分かれており、**個々のプレートがさまざまな方向へ動いているという「プレートテクトニクス理論」**によれば、現在のインド半島は1000万年以上前までインド洋に独立した大陸として存在していた。この大陸が、プレートの移動でユーラシア大陸に衝突したため、

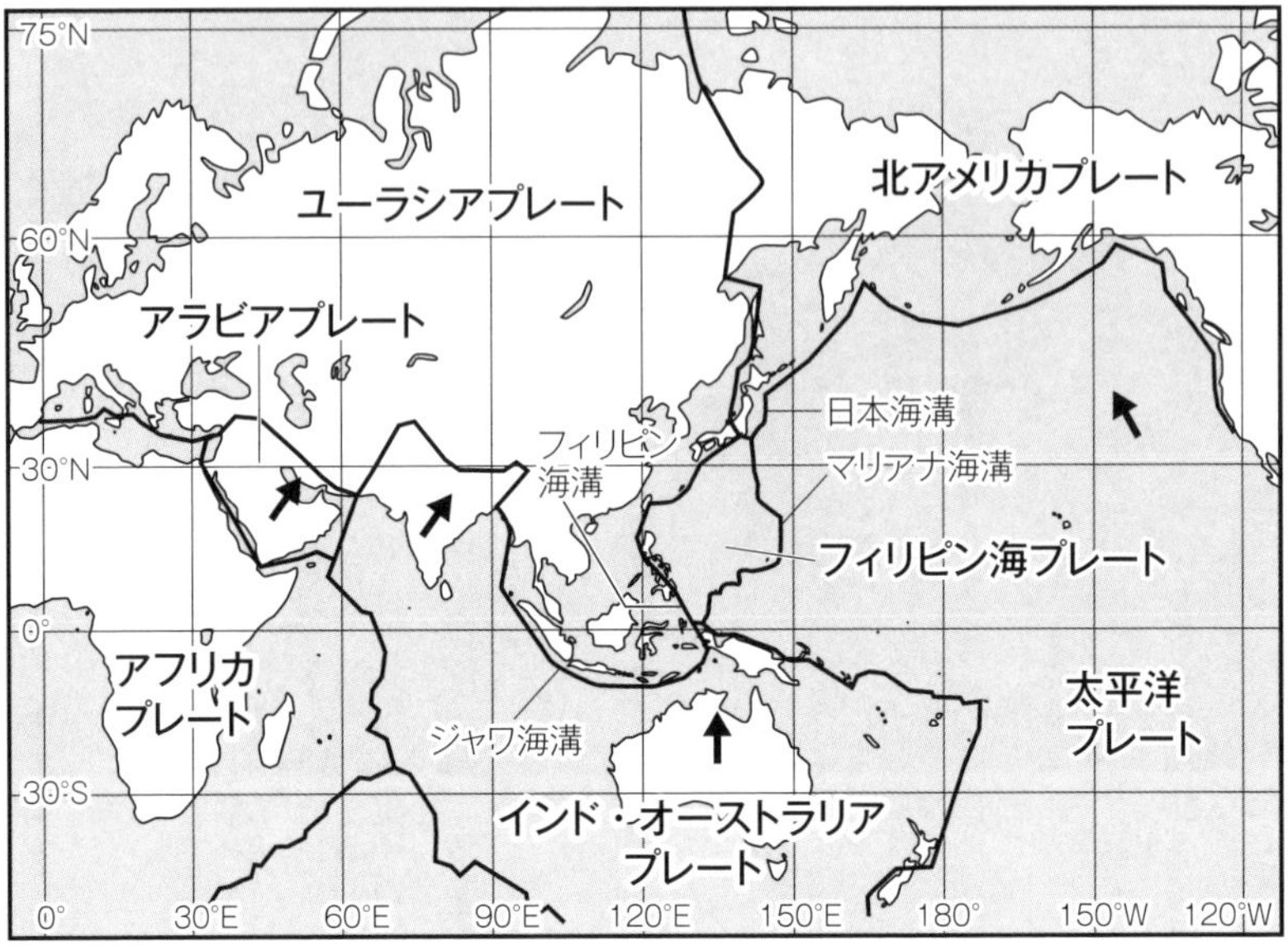

アジア周辺のプレートと移動方向

その間にあった海底が大きく隆起して世界一高いヒマラヤ山脈が形成されたとされる。

なお、中国の最西部は、自然地理（地形）を重視したユネスコの地域区分では中央アジアとされている。この地域は、大陸内部であるため乾燥するとともに標高が高いため寒冷な気候になっており、中央アジアの国々の地形や気候と共通することが多い。

内陸から東へ進むにつれて、高原（標高2000m弱のホワンツー〈黄土〉高原など）や盆地となり、黄《こう》河《が》や長江《ちょうこう》が流れ下った沿岸部には大平原が広がる。

黄河流域には古代に黄河文明が成立し、黄河中流域を指す「中原《ちゅうげん》」もしくは「中華《ちゅうか》」とよばれる地域で展開した**中華文明・中華思想は、東アジアに大きな影響を与えてきた。**政治的に周辺諸民族を従属させ、科挙・儒教・漢字をはじめとした社会的・文化的な影響は東アジアを越えてベトナムや極東ロシアにまで及んできた。

島嶼は、「ユーラシアプレート」「フィリピン海プレート」「太平洋プレート」が接する位置に帯状に連なっている。この地帯は**プレートの衝突により地殻活動（地震・火山活動）が活発で、火山が多い島々や深い海溝が位置している。**

沿岸部や島嶼部の気候は、季節によって風向が逆になる風であるモンスーン（季節風）の影響が大きい。東アジアの場合、冬は大陸内部で高緯度のシベリアに生ずる高気圧から、寒冷な大気が海洋に向けて吹き出す。一方、夏には南方の太平洋上に生じる高気圧から、温暖な大気が大陸に向けて吹き付ける。その結果、**東アジアの沿岸部や島嶼部では、冬と夏の気温差が世界的にみて大きくなっている。**

「東南アジア」の気候・自然・歴史とASEAN

「東南アジア」は、国境で区切れば中国より南、インドより東のアジア地域のことで、インドシナ半島からなる大陸部と、マレー半島と、インドネシアからフィリピンにかけての多数の島々からなる島嶼部に分けられる。世界全体の陸地面積の約3・5％、人口の約8・5％を占める。

ちなみに、太平洋南部に位置するニューギニア島は、西半分を領有するインドネシアは東南アジアの国であるが、東半分はパプアニューギニアでオセアニア州の国である。したがって、政治地理的に区分した場合、ニューギニア島はアジア州とオセアニア州に分割される。しかし、政治だけでなく、自然や文化なども考慮した総合的で一般的な地理区分では、島はオセアニアとして扱われる。

インドシナ半島には、中国南東部の山地・高原からメコン川、チャオプラヤ川、エーヤワディ（イワラジ）川などの大河が流れ、河口部に平野が広がる。気候では、インドシナ半島北部や島嶼部の高地を除けば熱帯

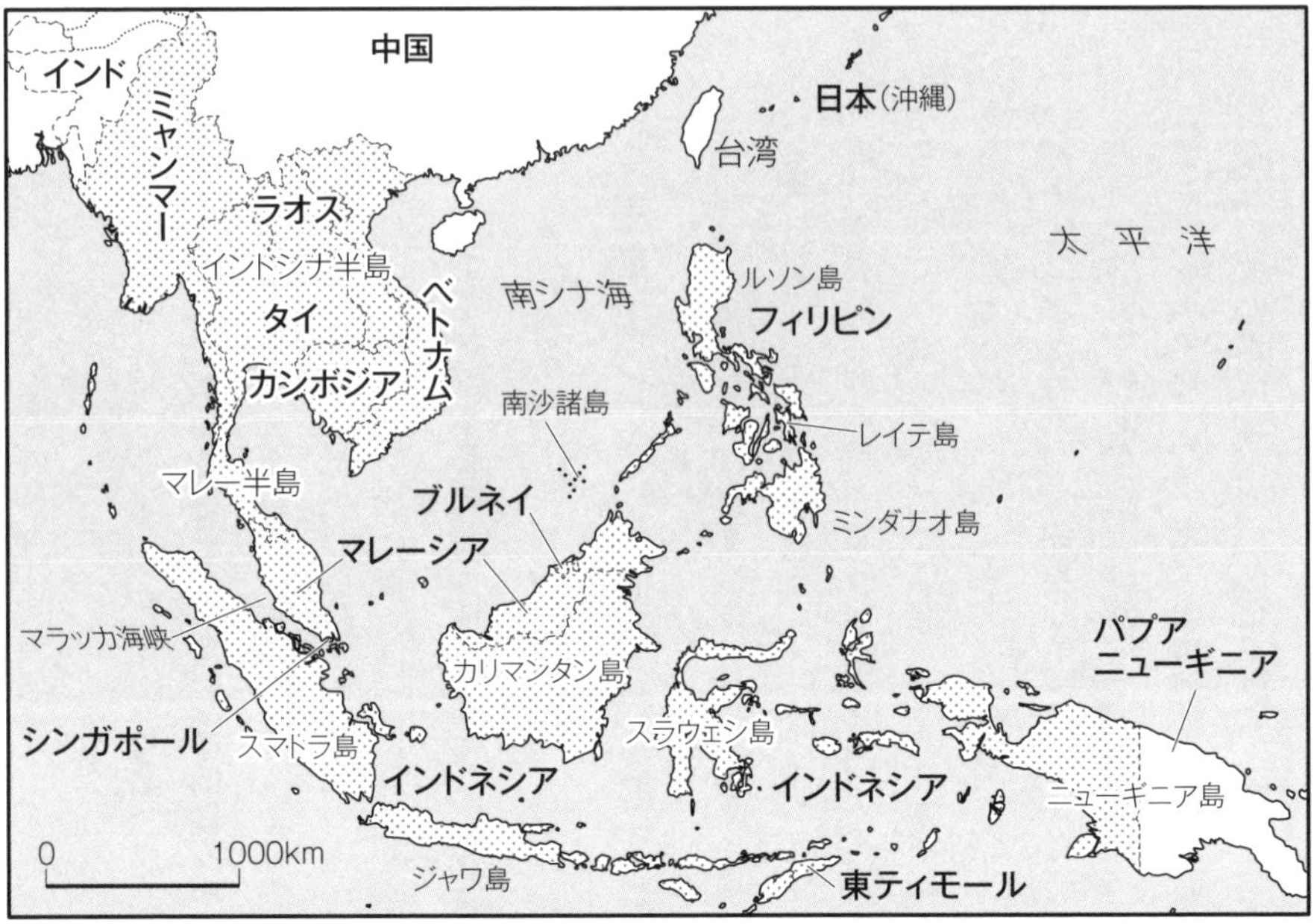

東南アジアの半島と島々

であり、**季節風の影響を受け降水量も多いため稲作が広く行われている。**特にインドシナ半島の沿岸部に広がる平野部では盛んで、世界有数のコメ輸出地域である。一方、マレー半島および島嶼部では、食品・洗剤・化粧品等の原料として需要が増加しているパーム油がとれる油ヤシ、天然ゴム、バナナといった商品作物が、先進国の大企業支配の下、大規模に栽培されている。

　スマトラ島、ジャワ島の南側やフィリピン諸島の東はプレートの境界であるため、インドネシアやフィリピンでは火山活動や地震が多い。

　ユーラシア大陸に続きながらインド洋と太平洋をつなぐこの地域では、中国文明、インド文明のほか、インド洋をはさんだ西アジアさらにはヨーロッパの文化ももたらされた。宗教では、仏教、キリスト教、イスラムが併存し、**インドネシアは世界の国の中ではイスラム信者が最も多い。**

　17世紀以降は植民地支配が進み、アメリカが支配したフィリピンの公用語に英語が含まれているように、言語をはじめとした文化や社会制度で旧宗主国《そうしゅこく》の影響がそれぞれ強い（各国の項参照）。

なお、東南アジアは植民地支配された時代、欧州からはインドよりもさらに遠い場所ということで「後《こう》インド（Further India）」とよばれていた。「東南アジア」との名称は、第二次世界大戦中に日本が占領したこの地域に対して連合国軍（英米）が最初に用い、それが戦後一般化したとされている。

第二次世界大戦後に独立した後も東西冷戦の最前線となり、特にインドシナ半島では、北ベトナム（中国・ソ連側）と南ベトナム（アメリカ側）との間でのベトナム戦争（１９６５～１９７５年）はじめ、ラオス、カンボジアでも内戦が起こった。このような社会主義勢力に対抗するための相互協力組織として**1967年にASEAN（アセアン＝東南アジア諸国連合）がインドネシア、マレーシア、フィリピン、シンガポール、タイの5カ国で結成された**。

設立当初は政治面が重視されたが、地域の政情が全体的に安定するなか経済面が強まり、１９８４年にブルネイ、１９９５年にベトナム、１９９７年にミャンマーとラオス、１９９９年にカンボジアが加盟し、現在は経済・社会・文化的側面も含めた東南アジア全体の連合組織に発展している（東ティモールは２０２２年に加盟承認され、２０２４年までに正式加盟予定）。ＡＳＥＡＮの人口規模はＥＵやアメリカ合衆国を凌《しの》ぐとともに、**人口構成では若い年齢層が多いため、労働力・消費市場の両面から経済発展に有利**であり、２０１５年の域内関税撤廃もあいまって経済成長が著しい地域として世界から注視されている。

日本にとっても、ＡＳＥＡＮは中国、米国、ＥＵと並ぶ貿易相手国・地域になっており、エビ、バナナ、合板といった旧来からの輸入品にとどまらず、電子レンジ、冷蔵庫をはじめとした工業製品の輸入でも大きく依存している。同時に、日本の主要海外投資先であり、多くの日系企業・工場が進出し、日本人も多い。

一方、ＡＳＥＡＮ域内では、早くから工業化に成功したシンガポール、マレーシア、タイと他の国々と経済格差の存在、ミャンマーにおける軍事クーデター（２０２１年）による国軍主導の政権への対応はじめ課題も多い。

人口爆発の「南アジア」を宗教で読み解くと……

「南アジア」は、インド、ネパール、ブータン、バングラデシュ、パキスタン、さらにインド洋にある島国スリランカとモルディブの８カ国から構成される地域である。**世界の陸地全体に占める面積の割合は約３％にすぎないが、人口では約23％を占め、人口が急増しているとともに人口密度が高い。**

インド亜大陸ともよばれるインド半島のほとんどは、平均高度６００ｍのデカン高原で、年降水量１０００㎜程度の熱帯気候（サバナ）であるため、綿花をはじめとした畑作が農業の中心である。

インド半島の東側バングラデシュではベンガル湾に注ぐガンジス川が、西側のパキスタンではアラビア海へ注ぐインダス川が流れ、それぞれの河川沿いにヒンドスタン平原、大インド砂漠が広がる。

ガンジス川の中下流域にあたるヒンドスタン平原東部は、夏季に海から吹いてくる湿ったモンスーンが山脈にぶつかるため、大量の雨がもたらされ稲作が盛んである。一方、ヒンドスタン平原西部からパキスタンにかけては降水量が少ないため小麦栽培が盛んである。

南アジアでは、古代のインダス文明から始まり、バラモン教、仏教、ヒンドゥー教をはじめさまざまな宗

教や思想が生まれ、周辺地域へ大きな影響を与えた。一方、西アジアからもたらされたイスラムも信仰され、多様な宗教・文化をもつ世界となった。宗教分布を大まかに捉えると、ヒンドゥー教徒の多いインド、ネパール、ムスリム（イスラム教徒）が多いバングラデシュ、パキスタン、モルディブ、仏教徒が多いスリランカ（上座部仏教）、ブータン（チベット仏教）となるが、国内でも地域により差が大きい。

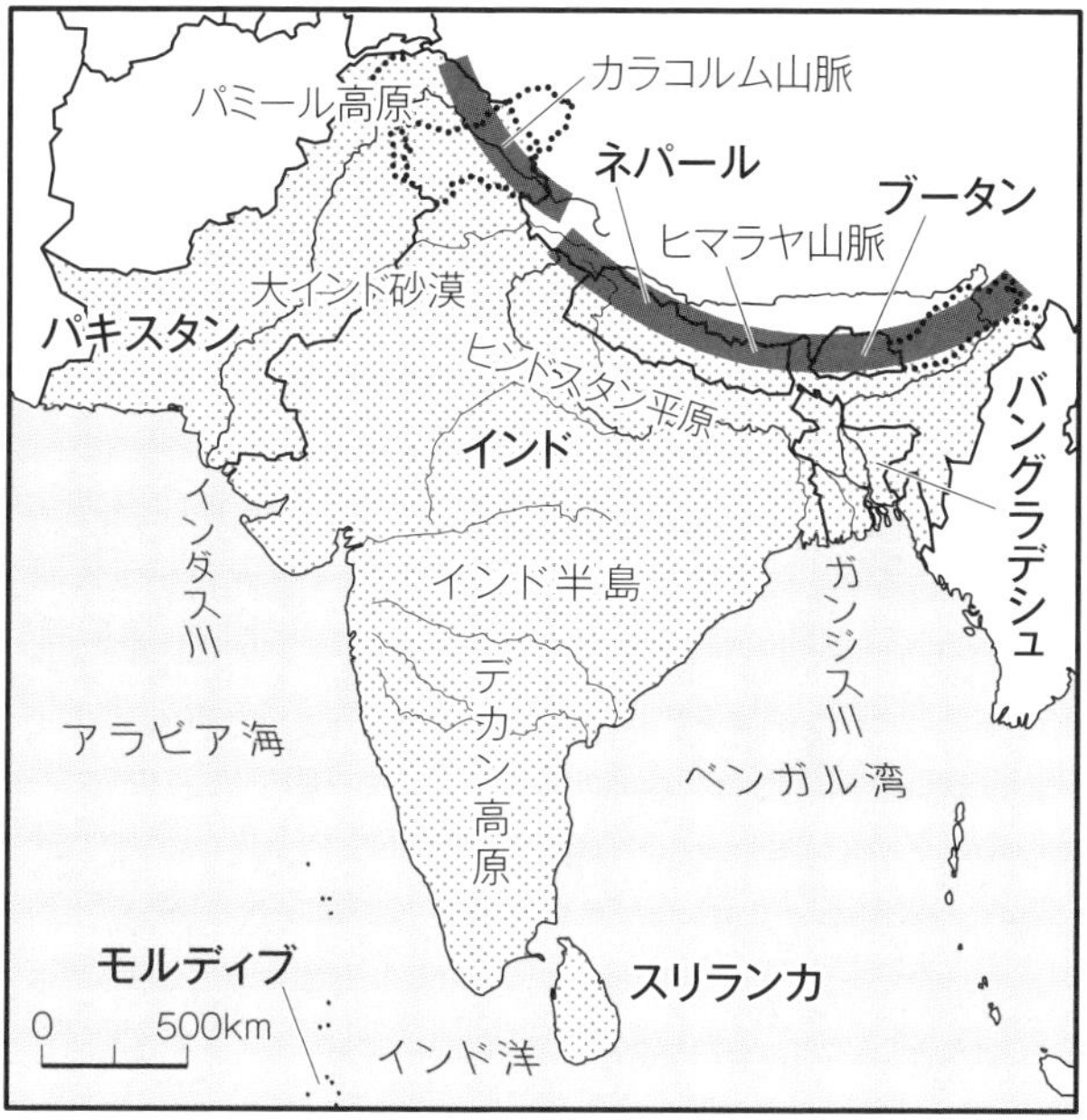

南アジアの地形

16世紀以降ヨーロッパ列強がアジアへ進出する。なかでもイギリスは１６００年に東インド会社を設立してインドの植民地支配を進めた。19世紀にはイギリス国王のヴィクトリア女王を皇帝とする「イギリス領インド帝国」を成立させ、南アジア全体を直接統治、後にミャンマーも編入した。

綿工業によって産業革命が起こると、イギリスはインドからただ同然で綿花を仕入れ、代わりに安価な機械製綿布を輸出し、インドの国内産業に大打撃を与えた。さらに、インドを、本国からより遠い東南アジア・オセアニア地域の植民地支配を支える拠点とした。

第二次世界大戦後、ヒンドゥー教徒の多いインドとムスリムの多いパキスタンが、イギリスから

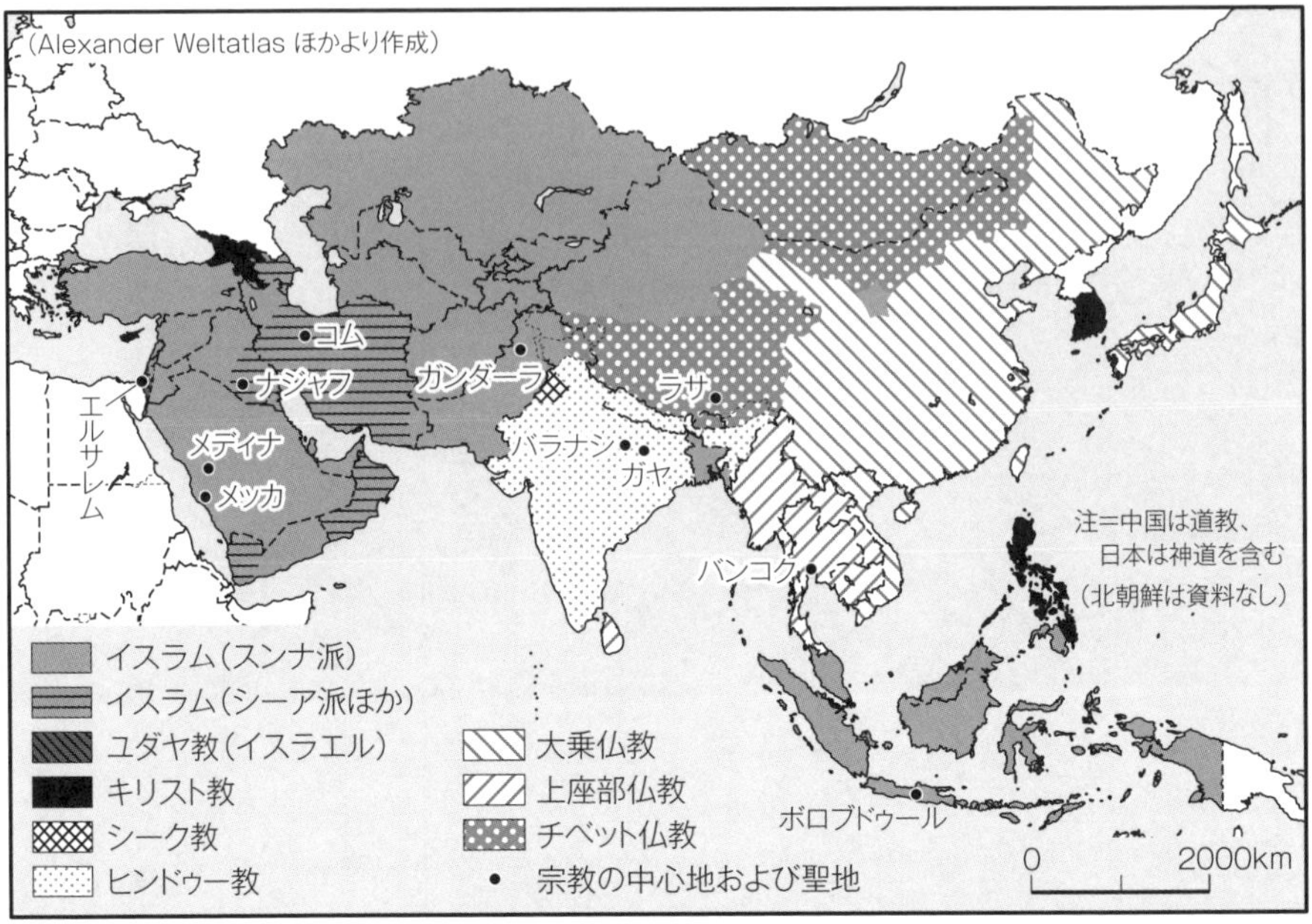

アジアの宗教分布

独立した。しかし、両国は、境界に当たるカシミール地方の領有をめぐり衝突し、現在も国境は未画定で、核保有国として対峙している（83頁参照）。

また、独立時のパキスタンの国土は、インドをはさんで東西に分かれ、首都は西パキスタンにおかれた。政治・経済的に従属的地位にあった東パキスタンは、インドの支援を背景に１９７１年バングラデシュとして分離独立した（78頁参照）。

１９４８年に英連邦自治領セイロンとして独立し、１９７２年に完全独立・改称したスリランカ国内でも、インド系住民の独立運動が起こった。

このように、多様性から生じる不安定さもみられるが、１９８０年代以降はインドを中心に工業化が進み、巨大な労働力・市場を背景に、世界経済や政治へ影響を与える地域になっている。

〝強国を目指す国〟の向かう先は？

中華人民共和国

People's Republic of China

面積　960.0万㎢（日本の約25倍）
人口　14億2,589.3万（2021年）
言語　中国語
宗教　仏教、イスラム、キリスト教など

成長する世界のエンジン

世界の5人に1人が中国人!?

２０２３年の中国のＧＤＰ（国内総生産）は19・４兆ドル、アメリカ合衆国の26・５兆ドルに次いで第２位。日本は第３位で、４・４兆ドル。２０００年の中国のＧＤＰは１・２兆ドルであったから、**20年の間に約16倍**にもなった。この間アメリカは２・５倍、日本は増加していないので、その成長には目を見張るものがある。そして、近い将来アメリカを抜いて世界第１位の経済大国になるといわれている。こうした急速な経済成長は、国際的にも国内的にもさまざまな問題を引き起こしている。

とはいえ、中国のＧＤＰの大きさは驚くべきことではない。その第一の理由は国土である。中国の国土面積は世界第４位で、第３位のアメリカより約23万㎢（日本の本州くらい）ほど狭く、日本の約25倍である。

中国といくつかの国・地域の比較（2023年）

	面積（万㎢）	人口（億人）	GDP（兆ドル）	1人当たりGDP（千ドル）
中国	960.0	14.1	19.37	13.7
アメリカ合衆国	983.4	3.4	26.85	80.0
インド	328.7	14.4	3.47	2.6
EU	42.9	4.5	17.82	39.9
ロシア	1709.8	1.4	2.06	14.4
日本	37.8	1.2	4.41	35.4

出典：IMF　World Economic outlook　2023

中緯度にあり、冷帯から温帯気候の地域が広いため農業生産にも恵まれている。地下資源も多い。石炭や原油、天然ガスの主要生産国であり、チタン鉱やマグネシウム、タングステンなどのレアメタルも豊富である。

人口は、14億を超え、インドに次いで世界第2位（２０２３年）。アメリカの約4倍。世界の５人に１人が中国人である。中国人の約９割が漢民族で、残りの１割が約55の少数民族である。少数民族とはいってもチワン族やウイグル族などは１０００万人を超えているし、満州族のようにかつて中国を支配した民族もいる。教育制度の整備も進められ、１９７０年には約50％であった識字率は現在、ほぼ１００％になっている。

自然資源と人的資源に恵まれた中国が世界有数の経済大国であるのに何の不思議もない。

人口急増・一人っ子政策・その後……

第二次世界大戦後、当時の国家主席であった毛沢東《もうたくとう》は**「人口は最大の武器である」と主張し、人口増加政策**をとった。

その結果、１９４９年には5億４０００万であった人口は、１９７０年には8億３０００万へと急増した。人口増加と裏腹に、政治的混乱により経済は十分に発展しなかった。そのため、一部には食料問題なども指摘されていた。

1970年代になると、経済の発展のためには人口管理が重要であると認識されるようになり、**1980年には人口抑制政策が正式な国策となった。**その中心は、「晩婚」「晩産」「少生」「稀（一人目と二人目の間をあける）」「優生」であり、「少生」の具体策が「一人っ子政策」であった。

「一人っ子政策」では、一夫婦で子供一人を奨励した。これを実行した夫婦には奨励金が出され、学費・進学・住宅などで優遇されるが、二人以上の子供を出産した場合には罰金が科せられ、昇進停止などの罰が与えられた。

しかし、機械化が進んでいない農村部では、子供が貴重な労働力である。そのため、ひそかに子供を産んでも、出生届を出さず、戸籍をもたない子供（黒孩子：ヘイハイズ）が増加した。

「一人っ子政策」は効果を上げ、人口抑制には成功した。しかし、近年その反作用が顕著になった。一人っ子が過保護に育てられる様子は「小皇帝」と例えられ、社会問題にもなった。また、「男子」が好まれ、胎児が女児だとわかると中絶されやすかったりしたため、男女比に偏りが生まれ、結婚難が深刻になっている。少子化による生産年齢人口の減少と急速な高齢化を招いたため、**2015年「一人っ子政策」は廃止された。しかし、高学歴化が進む都市部では出生率の低下は続いている。**

〝世界の組み立て工場〟からの脱却

第二次世界大戦後、独自の道を歩んできた中国は、1971年の国連加盟をきっかけに、国際社会の一員としての活動を行うようになった。1978年からは、社会主義体制を維持しながら、経済面では市場経済化をはかる改革開放政策が進められた。経済力向上を目的として、**1980年には経済特区、1984年には経済技術開発区を設け、税制上の優遇などを行い、積極的に外国企業を誘致した。**

外国企業を引きつけた主な要因は、巨大な人口に支えられた豊富で安価な労働力であった。工場誘致に成功し、工業生産は急速に拡大した。衣類や雑貨などの軽工業品だけでなく、パソコンや家電製品、そして自動車なども世界トップの生産量を誇るまでになった。

中国の工業化は、外国との合弁企業でスタートしたが、現在は中国資本の企業が力をつけている。中国政府も「中国製造2025」を掲げ、ハイテク分野の成長に力を入れている。次世代通信機器やドローンなどは中国がリードしている製品もある。**こうした付加価値の高い工業製品は、世界市場でアメリカなどとの貿易摩擦を生んでいる。**

急速な経済成長で沿海部を中心とする都市部は豊かになったが、取り残された農村部との所得格差は広がっている。経済発展とともに賃金水準は高くなり、安い賃金を背景とした工場は立ち行かなくなり、東南アジアや南アジアなどより賃金水準の安い国に工場を展開する企業も多くなっている。

パンダだけじゃない!　多様な生態系を育む「地形と気候」

中国を代表する動物といえばジャイアントパンダ。日本だけでなく世界各地の動物園でも大人気だ。このジャイアントパンダの生息地は中国南西部にあるスーチョワン(四川)省、シャンシー(陝西)省、カンスー

（甘粛）省の山岳地帯の森林。この地域はまた『西遊記《さいゆうき》』に登場する孫悟空《そんごくう》のモデルとされるキンシコウ（別名：ゴールデンモンキー）も生育している。シャンシー省には日本でも繁殖に取り組んでいるトキの生息地もある。中国には、このほかにもさまざまな希少動物が存在している。ネコ科では南部にウンピョウ、北部にはトラが、西部の高山地帯にはマヌルネコ。長江にはヨウスコウイルカやヨウスコウワニ。中国には多様な生態地域があるのだ。

中国に生息する陸生脊椎動物は約2400種。家畜では羊や豚の飼養頭数も世界一である。

植物の種類も豊かである。高等植物だけでも3万種以上を有しており、アメリカの約1万9000種よりはるかに多い。栽培作物でもコメや小麦だけでなく、バレイショ、カンショ、リンゴ、オレンジ類、ブドウ、バナナ、茶、サトウキビなどの生産有数の生産国である。

その国土の地形を大観すると、西部は5000mを超える山が存在するテンシャン（天山）山脈、クンルン（崑崙）山脈、チベット高原、ヒマラヤ山脈などの高原や山脈、次いで1000〜2500mの大シンアンリン（興安嶺）山脈、ホワンツー（黄土）高原やスーチョワン（四川）盆地、ユンコイ（雲貴）高原の丘陵・高原地域、トンペイ（東北）平原、ホワペイ（華北）平原や長江中下流域平原などの3段の階段状になっている（次頁地図）。

気候で見てみると東部はモンスーン地帯で湿潤。北から冷帯と温帯が広がり、最南部では熱帯になる。一方、降水量の少ない西部は、高山気候と砂漠気候が広がる。

こうした地形と気候が、さまざまな動植物を育ててきたのである。

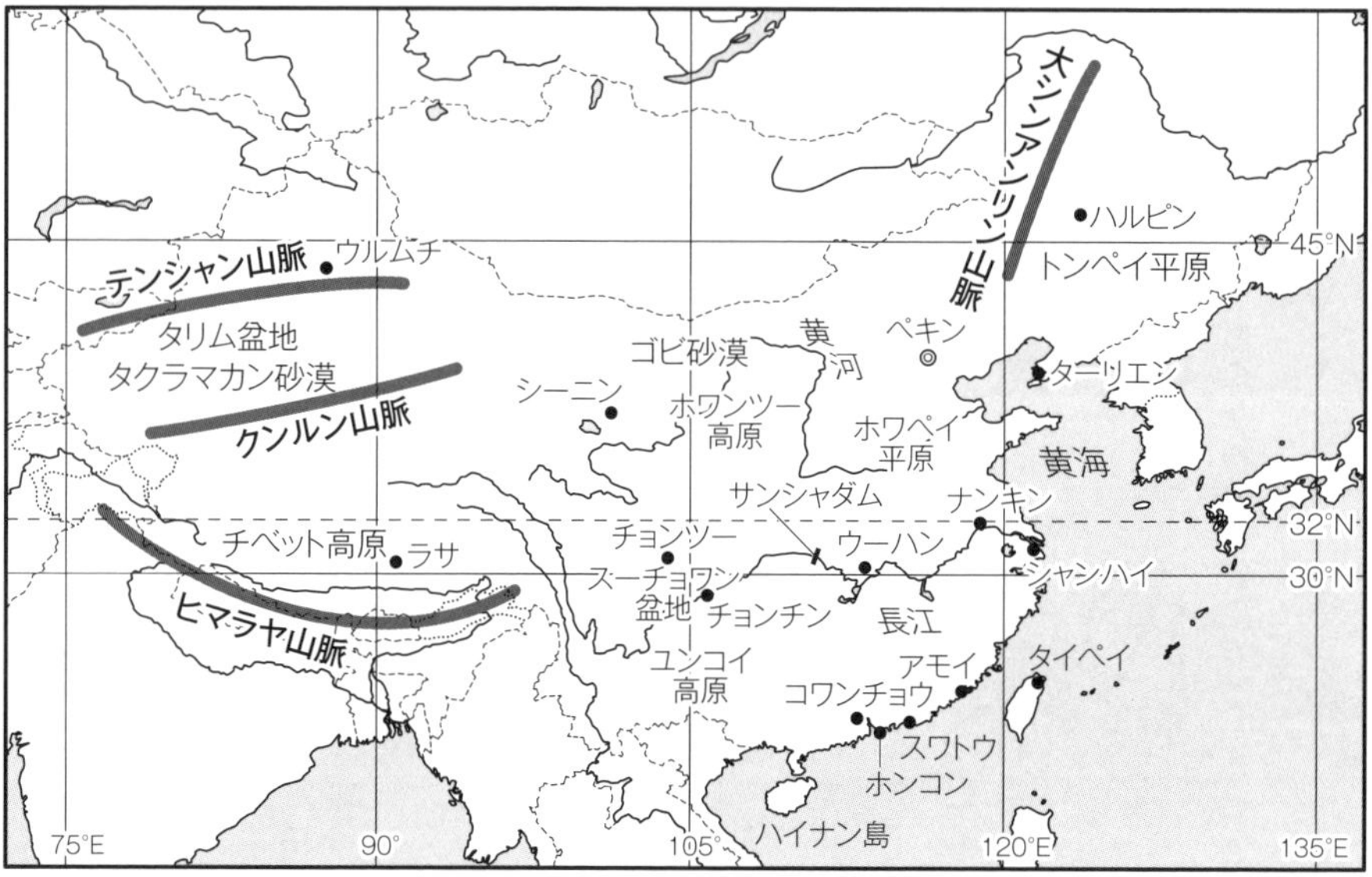

階段状の中国の地形（32°N付近）

（中国研究所編『中国年鑑 1998』を一部変更）

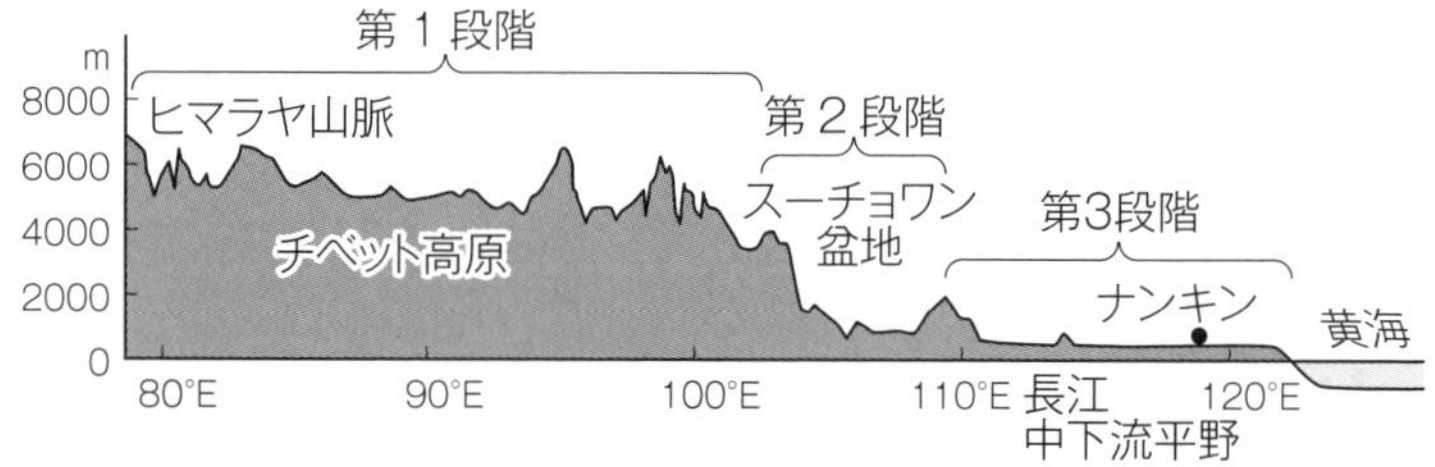

中国の大地形と都市

広大な中国に、今、何が起こっているか

東北地方――〝かつての満州〟はソフトウェア開発拠点に

1932年、トンペイ（東北）平原を中心とした中国東北部に、日本は「満州国」を建国させた。日本がここに着目をしたのは、未開拓の豊かな大地が広がっていたからだ。炭田と鉄鉱石は重要な資源で、これを結びつけて製鉄業も興した。また、広大な大地の開拓を目的に満蒙開拓団が組織され、約27万人が移住した。敗戦とともに開拓団は崩壊、困難を極めた。その様子は山崎豊子の著した小説『大地の子』にも描かれている。

冷帯気候に属する東北地方は、アワやコウリャン（イネ科の穀物でモロコシの一種）の生産が中心で、その生産性は低かった。そのため、「南糧北運」（南で生産した食糧を北に輸送する）という状況であった。しかし今日では農業の技術革新等により、生産量は増加し「北糧南調」へと変化している。特にコメの品種改良による生産地域の拡大は顕著で最北に位置するヘイロンチヤン（黒竜江）省が中国一のコメの産地になっている。

資源を背景とした工業は、今日でも重要である。1918年に日本が建設した鞍山《あんざん》製鉄所（昭和製鋼《せいこう》所）を前身とした鞍山《アンシャン》鋼鉄集団は生産量世界3位の製鉄会社に発展した。ヘイロンチヤン省のターチン（大慶）油田は中国有数の油田である。第二次大戦後、他国の技術を用いずに開発を進めたことで、「工業は大慶に学

べ」というスローガンも生まれた。ただ、共産主義時代のシステムは陳腐化しており、現在再編の過程にある。

一方、**ターリエン（大連）市にはIT産業や情報関連サービス業が集積している。**「経済技術開発区」に指定されてから外資、特に日本企業の進出は著しい。大連市はその位置から日本から満州への玄関口であり、戦前も日系企業が集積していたという歴史も要因の一つなのかもしれない。

首都北京とその周辺——深刻な大気汚染は日本にも影響

ペキン（北京）が中国の首都となったのは、13世紀後半にクビライ（モンゴル帝国の第5代皇帝、元王朝の初代皇帝）が首都大都《だいと》をここに築いて以来である。もちろん、ナンキン（南京）などほかの都市に移転したこともあったが、首都としての歴史は最も長い。

北京の中心は故宮《こきゅう》（紫禁城《しきんじょう》）である。明と清の24代の皇帝が生活し、政治執務や儀式等を行った場所で、現在、博物館として広く公開されている。故宮博物院の前に位置する天安門《てんあんもん》広場は国家的行事や歴史的事件の舞台となってきた。故宮は、世界遺産にも指定され、観光地にもなっている。**現在の政治の中心は故宮の西側に隣接するチョンナンハイ（中南海）**、故宮の庭園であったところである。国務院や共産党中央委員会などが集まっている。日本でいえば永田町あるいは霞が関といったところだろうか。

政治すなわち権力が集中する北京には、商工業も集中する。そのことによっていくつかの問題が引き起こされている。

まずは、大気汚染。**粒子状物質（PM2・5）による汚染**で視界が500mを下回る地区も出ることが報じられている。その原因の一つは石炭。中国の発電所は石炭火力発電が中心である。石炭に依存するのは一般家庭も同じなので気温が下がる冬場は需要が増加、結果として排出量も多くなるのだ。そして自動車の排ガス。電気自動車など普及も進んではいるが、トラックなどでは旧式のディーゼル車も多い。

そして、黄砂《こうさ》。これは粒子状物質より大きな物質である。中国西部のタクラマカン砂漠、ゴビ砂漠そしてホワンツー（黄土）高原で巻き上げられた土壌・鉱物粒子が偏西風に乗ってやってくるのだ。**黄砂自体は古くから知られているが、近年その頻度や程度が深刻化している。**

北京はケッペンの気候区分では冷帯であるが、最近の気象データを当てはめると乾燥気候になるという。降水量の少なさと産業と人口の集中によって、北京は恒常的に水不足に陥っている。

北京を含む華北《かほく》に水をもたらすのは黄河《こうが》である。チベット高原を源流とし、ホワンツー高原を経てポーハイ（渤海）にそそぐ。「百年河清《かせい》を俟《ま》つ」（100年待っても黄河が澄むことはない＝いつまで待っていてもしかたがない）という言葉は、河水に土砂を多く含む黄河の特徴を述べたものといわれている。黄河によって運ばれる土がこの地域の農業を支えている。降水量の少ないこの地域は小麦の生産地帯。「麺」文化の故郷でもある。

1970～1990年頃、黄河の水が海にまで到達しない断流《だんりゅう》という現象が頻発した。その原因は降水量が少なかったことと、不適切な灌漑《かんがい》用水の利用。現在は水管理が機能して断流は見られなくなったが、綱渡りの状況は続いている。

経済の中心・上海と発電量世界一の「サンシャダム」

中国最大の都市、シャンハイ（上海）。**長江の河口に位置するこの都市は「魔都」ともよばれ、**中国人だけでなく、世界中の人々を惹きつけてきた。第二次世界大戦前には、「租界《そかい》」とよばれる外国人居留地がつくられた。租界は、西欧諸国が中国から富を略奪する拠点であったが、一方で西欧諸国の文化のショウルームでもあった。中国各地から多くの人がこの地に集まってきた。魯迅《ろじん》や孫文《そんぶん》、蒋介石《しょうかいせき》。彼らはこの地を中心に活動した。中国共産党が結成されたのもこの地であった。現代中国はここから始まったといっていいのかもしれない。

しかし、農村に基盤をもつ毛沢東《もうたくとう》が実権を握り、「中華人民共和国」が成立すると、国際的な孤立もあって上海は一地方都市に戻ってしまった。

1978年に鄧小平《とうしょうへい》の主導により「改革開放政策」が始まると、この上海は急速に成長する。長江の河口にあって広大な中国内陸地域と海外とを結ぶ有利な位置にあるからだ。

かつての租界であったワイタン（外灘：英語名はバンド）。銀行や官庁が集中する上海の中心地であるが、租界時代からの建造物が多く残っており、上海一の観光スポットであ

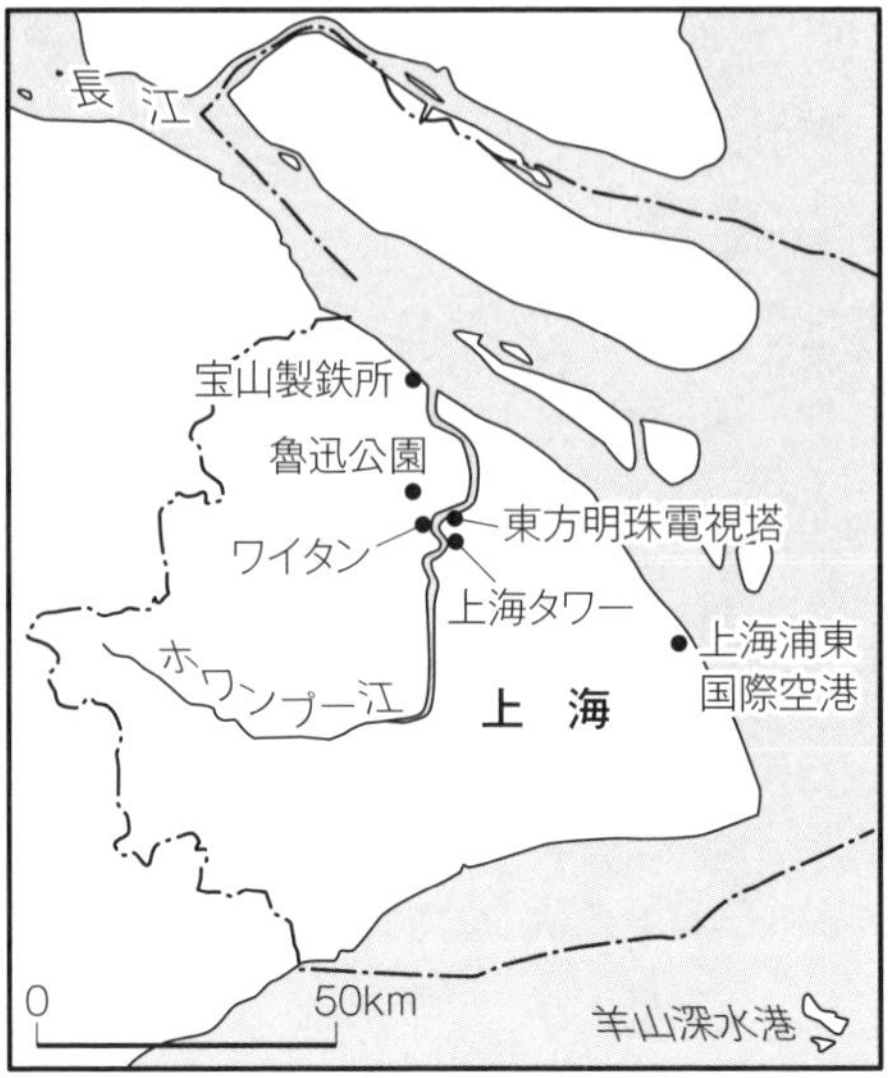

上海市

る。

ワイタンとホワンプー（黄浦）江をはさんで対岸の、かつては湿地帯であったプードン（浦東）地区には近未来的な街並みが建設された。632mの上海タワーや、ピンクの球体部が特徴の東方明珠電視塔（オリエンタルパールタワーとも）などがある。

パオシャン（宝山）には日本の技術援助で建設された宝山製鉄所。世界一の製鉄会社である宝武鋼鉄集団の主力工場だ。そして世界最大の貿易港である上海港。沖合に建設された羊山深水港は世界のコンテナ航路のハブになっている。

長江は、中国を東西に横断して東シナ海にそそぐ全長6380㎞の大河川である。

長江流域にはチョンツー（成都）、チョンチン（重慶）、ウーハン（武漢）、ナンキン（南京）などの主要な商工業都市が立地するとともに、稲作を中心とした生産力の高い農業地帯にもなっている。日本人にとっても身近に感じる中国なのかもしれない。『三国志』の舞台であり映画にもなった古戦場「赤壁《せきへき》」、中学・高校の「漢文」でも取り上げられてきた李白《りはく》の詩の「白帝城《はくていじょう》」や杜甫《とほ》の詩の「岳陽楼《がくようろう》」などがある。

白帝城の位置するサンシャ（三峡）はいま大きな変貌を遂げている。洪水抑制と電力供給、水運改善を諸目的としたサンシャダムが建設されたのである。このダム建設によって、150万人もの住民が移転させられ、多くの文化財も水没の危機にあった。なお、貴重な文化財は「救出」され、博物館等で保存されているほか、チョンチンにある白鶴梁（天然の石梁）はそのままの位置で水中博物館として保存された。

ダム建設の効果は大きく、2020年の中国大洪水では、下流域の洪水を軽減する効果があったと評価さ

長江の位置と流域都市

れた。また、**サンシャダムの水力発電所は世界最大であり、ここで発電された電力が上海などの発展を支えている。**さらに、ダムの建設で上流域の水位がかさ上げされたことで、1万トン級の船舶がチョンチン（重慶）までさかのぼることができるようになった。サンシャダムは、中国の内陸部開発にも大きな役割を果たしている。

広州と中国南部
——国際化が進む「ベイエリア」

「食在広州（食は広州にあり）」という言葉があるように、**コワンチョウ（広州）は中国を代表する食の街である。**海に近く新鮮な魚介類が豊富であるうえ、亜熱帯の気候が多種多様な農産物を供給する。肉にしても牛・豚・鳥・羊だけでなくハトやカエル、ロバ、ヘビなどさまざまな動物を利用する。しかも、頭からつま先まであらゆる部位を料理に使う。ツバメの巣やフカヒレなども広州料理である。コワンチョウは古くから中国の南の玄関口であるため、海のシルクロードを通じて東南アジア、インド、アラブやペルシャそしてヨーロッパ、もちろん日本とも結びついていた。世界中から人とともに食材と味が伝わり、この地で開花したのである。

ところで、中国南部は山がちな地形で平野は少ない。コメはとれるものの耕地は限られる。丘陵地帯で主に栽培されるのは商品作物の茶なので、この地域は商業も伝統産業である。商人は中国国内ばかりでなく、世界へと広がっていった。**世界各地で活躍する中国人（華人）はこの地域の出身者が多く、アモイ（厦門）やスワトウ（汕頭）は世界への出港地であった。**対外開放政策がとられるようになると、これらの都市はホンコン（香港）に隣接するシェンチェン（深圳）、マカオに隣接するチューハイ（珠海）、そしてハイナン（海南）島とともに経済特区に指定され、外資導入の窓口になった。

香港は1842年の「南京条約」でイギリスに割譲されたホンコン島と、のちに割譲・租借《そしゃく》されたカオルーン（九龍）半島と新界とよばれる島々からなる。第二次世界大戦中は日本が占領したが、戦後、中華民国に返還されず、イギリスの統治が1997年まで続いた。

面積は約1000㎢にすぎないが、人口は700万を超える。高層建築物が建ち並ぶ特徴的な都市景観は、世界3大夜景の一つとしても有名である。香港の繁栄を支えているのが自由な経済。香港は自由貿易と低税率を特徴とする国際金融センターとして発展している。中国政府もこの地域に着目し、世界一級のベイエリアを目指す「広東・香港・マカオグレートベイエリア計画」を推進している。今日政治的には中国中央政府の力が強くなっているが、一国二制度のもと資本主義的経済活動が続けられている。

鉄道、資源、国際交流……「西部大開発」

改革開放政策により中国東部は著しい発展を遂げた。それに対して西部は発展から取り残され、その格差は大きく広がっていった。中国政府は取り残された内陸西部の経済成長を図るための開発政策を実施するようになった。おもな内容は、西部地区の資源・エネルギー開発、生態環境の保護、産業誘致と産業構造の改革、教育の向上が掲げられている。

その基盤となるのは交通インフラの整備である。最も特徴的なプロジェクトの一つが**チンツァン（青蔵）鉄道。世界一高い場所を走る鉄道で2006年に開通した。**チンハイ（青海）省シーニン（西寧）とチベット自治区のラサを結び、旅客・貨物列車が運行され、チベットと中国の一体化を推し進めている。

前述のサンシャ（三峡）ダム建設も、内陸水運の改善に役立っている。**資源・エネルギー開発では、サンシャダムによる発電、新疆ウイグル自治区における油田と天然ガスの開発があげられる。**これら資源の輸送路としてこの地と中国東部を結ぶパイプラインも建設されている。東部地区での天然ガスの利用は石炭からの転換を促し、環境問題の軽減にもつながると考えられている。

また、生態環境の保護としては「退耕環林政策」（耕作をやめて森林に戻すこと）が行われている。もともと自然環境が厳しい地域では、生産性の低い農業で生計を立てていくため、過耕作・過放牧が起こりやすい。こうした地域で、交通インフラを改善するとともに、植林に対して現金等を支給することで国土保全・環境政策と農民の生活を向上させる取り組みである。

ところで、中国東部も対外開放が経済発展の契機であった。西部地域はロシアや中央アジア諸国と国境を接している。これらの国々との交流を活発化させることも重要と考えられている。新ユーラシア・ランドブリッジは、中国から、カザフスタン、アゼルバイジャンなどを経てヨーロッパとを結ぶ鉄路である。現代版シルクロードともいえる交流の活発化は西部地域の発展を約束する。

台湾――もう一つの中国

羽田空港から約3時間30分でタイペイ（台北）市街地に近いソンシャン（松山）空港につく。台湾は日本にとって最も身近に感じる外国かもしれない。

台湾（中華民国）は1912年にナンキン（南京）で成立した。国共内戦に敗れ、大陸から放逐され、台湾省といくつかの島を実効支配する国家として存続してきた。1971年までは国際連合に加盟し、安全保障理事会の常任理事国でもあったのだ。

現在では中華民国を承認している国は約10カ国にすぎない。日本やアメリカ合衆国は中華人民共和国を国家として承認しており、「一つの中国」という建前から中華民国を国家としては承認していない。しかし、**実質的な外交関係は継続している。**

台湾は、第二次世界大戦以前は日本の植民地であった。植民地体制下で日本は台湾への積極的な投資を行って台湾経済の基礎をつくった。その象徴がタイペイにある中華民国総統府かもしれない。総統府は植民地時代の台湾総督府なのである。そのほか司法院や台湾銀行も日本統治時代の建築物を受けついでいる。稲作や製糖業も日本統治下で整備された。現在の台湾の農村景観も日本の統治下でつくり出されたといっても過言ではない。

もっとも現在の台湾の主要産業は第一次産業ではない。1960年代以降、台湾はアメリカや日本などからの外資導入により加工組立型工業を発展させ、韓国、香港、シンガポールとともにアジアの四小龍ともよばれるようになった。**現在、1人当たりのGDPは日本とほぼ同じ、先進経済地域になっている。**

現在でも日本との関係は深い。台湾新幹線は日本の新幹線技術を導入して建設されたものであるし、タイペイのシンボル台北101（地上101階建ての超高層ビル）、台湾人建築家の設計によるが、その建築工事を請け負ったのは日本の大手ゼネコンを中心とする共同企業体、展望台への高速エレベータも日本製。一方、日本国内のスーパーでは台湾産のパイナップルをよく見かける。台湾のIT企業AcerやASUSはコストパフォーマンスのいいPCを販売している。鴻海《ホンハイ》科技集団はシャープを買収した企業として有名だ。また、台湾は日本人にとって人気の観光地であるが、台湾人にとっても日本は人気の観光地になっている。

COLUMN

「民以食為天」——中華料理の魅力

「民以食为天（ミンイーシーウェイティエン）」。ある中華料理店に掲げられていたことわざである。意味は「人にとって食べるのは大切だ」。しかし、それは単に「食べること」だけが大切だといっているわけではない。中国では、家族や友人と一緒に食卓を囲むのが一般的である。つまり、食卓はコミュニケーションの場、人間関係を深める場として大切なのだ。そして、料理は欠かせない演出なのである。

ところで、中華料理といっても中身は多彩。国土の広い中国では、地方ごとに歴史や風土、習慣が異なっている。そのため、地方独自の料理が発達した。中国全土で1万種以上の料理があるといわれているが、それらは四大料理（菜系）あるいは八大料理（菜系）に分けられる。それらの特徴を紹介しよう。

シャントン（山東）料理　シャントン省を中心に黄河中下流域で発達した料理。華北平原の農業地帯と黄海を控え、さらに北方遊牧民の影響もあり食材も多彩。麺やパオズ（包子）、マントウ（饅頭）など小麦粉を使った料理が多い。ネギやショウガ、ニンニクなどを多く使い、調味料としてはミソを多用し濃いめの味付け。なお、北京料理はシャントン料理から派生したものである。代表的料理は葱焼海参（干しなまこのネギ煮込み）、炸醤麺（ジャージャーメン）、北京ダックなどがある。

チャンスー（江蘇）料理　長江下流域を中心に発達した料理。温和な気候で水産物を中心に甘く薄味で煮込んだり、蒸したりする料理が多い。コメが主食となる。上海料理はこれに含まれる。代表的な料理に松鼠桂魚（桂魚のリス形揚げ甘酢あんかけ）、塩水鴨（塩水で煮込んだカモロース）、小籠包（ショウロンポー）などがある。

スーチョワン（四川）料理　中国南西部四川省で発達した料理。ホワジャオ（花椒）のしびれ（痲〈マー〉）とトウガラシの辛さ（辣〈ラー〉）が特徴。代表的な料理に麻婆豆腐やホイコーロー（回鍋肉）、担担麺がある。

カントン（広東）料理　中国南部広東省を中心に発達した料理。海に面した南方ならではの食材を生かしたあっさりした味付けの料理が多い。代表的な料理としては、紅焼排翅（フカヒレの姿煮）、蠔油牛肉（牛肉のオイスターソース炒め）など。ヤムチャ（飲茶）もこの地方の食文化。

八大料理はこれに浙江料理、福建料理、湖南料理、安徽料理が加わる。それぞれ独自の特徴をもつ。たとえば、湖南料理はトウガラシを多く使うことが特徴である。

ところで、本場の味の中華料理は日本国内でも食べることはできる。横浜や神戸、長崎の中華街は有名であるが、日本に古くから根づいているので中には日本風にアレンジしている料理もあるという。これに対して池袋や西川口（埼玉県）といった新しい中華街には、手ごろな値段で中国の味をそのまま提供している飲食店が多い。

奇跡の経済発展を遂げた国

大韓民国

Republic of Korea

面積 10.0万㎢
（朝鮮半島全体の45%、日本の約4分の1）
人口 約5,163万（2022年）
言語 韓国語
宗教 プロテスタント、仏教、カトリック（2015年）

「ソウルに高層マンションが多い」意外な理由

日本から最も近い国の一つが韓国（大韓民国）で、ソウルは日本からの人気の観光地の一つである。韓国は1970年以降、高い経済成長率を示し、**台湾・香港・シンガポールとともに「アジアNIEs《ニーズ》」とよばれるようになった。**このようなめざましい成長は、首都ソウルを流れるハン川（漢江）にちなみ、「ハンガンの奇跡」とよばれる。農村でも「セマウル運動」が70年代から行われ、農村での生活改善が進んだ。

経済の急成長のきっかけとなったのは、1960年代半ば以降に、アメリカや日本から資本や技術を導入し、輸出志向型の工業化を進めてきたことによる。日本の協力によりポハン（浦項）に銑鋼一貫《せんこういっかん》製鉄所（製鉄から製品の製造まで行う）を建設したのはその典型的な一例である。韓国は、日本と同様に地下資源に恵まれていないが、労働力には恵まれていた。韓国では、「財閥」とよばれる産業分野の多数の企業を傘化におく巨大企業集団が中核となり経済成長が進んだ。政府もこうした財閥を保護した。

このような産業構造は日本と似ており、電子・電気機器、自動車、船舶の生産、鉄鋼業といった産業分野では、日本と競い合った。1997年に始まった経済危機以降は、財閥は競争力や発展の見込める分野に投資を集中させ、日本を含む海外企業に先んじて市場を確保できた。その結果、自動車や電子部門、家電などでは、世界をリードするグローバル企業が育った。

韓国の貿易は部品や機械設備を輸入し、輸入したものを利用して加工や組み立てた製品を輸出する加工貿易を中心としている。韓国の貿易相手国としては、アメリカや日本が多かったが、2002年から中国との貿易が急増し、**2004年頃からは中国が貿易相手国の1位**となっている。

韓国は東にテベク（太白）山脈、南部にはソベク（小白）山脈がそれぞれ南北に走り、平野部は広いとはいえない。日本の人口が首都圏に集中するように、**韓国も首都ソウルに国の人口の約5分の1が集中している**。ソウル周囲は山が迫っており、住宅地を確保することが難しい。ソウルでは「家を買う」ということはマンションの部屋を買うことであり、一軒家を買うことは意味しない。高価な賃貸のマンションも増えている。東京でも都心部は同様な傾向はあるが、それ以上にソウルの居住地の高層化は進んでいる。その背景には、日本列島がプレートの境界にあり地震多発地帯であることとは異なり、**朝鮮半島は安定陸塊にあり、地震が少ない**ことがあげられよう。

国境ではなく「軍事境界線」

朝鮮半島は韓国と北朝鮮（朝鮮民主主義人民共和国）とで二分されているが、その境界は国境といえない。

朝鮮半島

朝鮮半島を併合していた日本が第二次世界大戦に敗北したことにより、北緯38度線以北はソ連の軍政下に、以南はアメリカ軍政下におかれる。１９４８年、「大韓民国」（韓国）と「朝鮮民主主義人民共和国」（北朝鮮）が成立する。しかし、両国の間で１９５０年に朝鮮戦争が勃発し、３年後に休戦協定が締結され、その時点での境界が「軍事境界線」となっている。

つまり、**韓国と北朝鮮は、現在はあくまで休戦状態で両国の境界は国境ではなく、戦況により移動する可能性がある境なのである。**両国の分断により離散家族の問題が生じ、停戦後も両国の軍事衝突は続き、犠牲者も出している。

２０００年のシドニーオリンピックでは、両国の選手団が統一国旗のもとで入場行進し、２００７年には軍事境界線を通り両国を結ぶ貨物列車が運行されるなど友好関係が進んだ。しかし、２００８年以降この路線の運行中断、北朝鮮のミサイル発射などにより、現在、両国は緊張状態にある。

軍事境界線には幅４kmの非武装地帯が設けられ、戦車などの武器を置くことが禁止されており、大規模な軍事衝突が起こらないように図られている。北緯38度線上にあるパンムンジョム（板門店《はんもんてん》）は軍事境界線をまたぎ、共同警備区域が設置され、休戦会談などの両国の交渉の場となっている。

ここは観光地ともなっており、ツアーで行くことができる。ツアーのバスは非武装地帯を横切っていく。

ツアーの参加者はほとんどが外国人客である。韓国から韓国人がツアーに参加する場合、スパイ行為などが行われないように、詳細な身辺調査が行われる、つまりプライバシーが明らかにされることから、韓国人はこのツアーへの参加を控えている。

こうした緊張状況にある韓国の制度として徴兵制度がある。**すべての韓国人男性は、原則、兵役が義務づけられている。**19歳から28歳の間に、配属先によって異なるが、1年半ほどの兵役がある。芸能人やスポーツ選手も例外ではない。最も活躍できるときに1年半のブランクとなるので、いつ兵役にいくかは、韓国男性にとって大きな人生の選択の一つとなっている。

なお、この兵役の期間は、1990年頃は3年程だったので、それと比べると短縮されてきてはいる。

K-POP、ドラマ、アニメ……日韓関係の架け橋に!?

韓国と日本にもさまざまな問題があり、たびたびニュースでも放映される。1990~2000年頃の調査では、日本を嫌いとする韓国人が4割から7割近くもいた（調査した年次の出来事などにより異なる）。その背景には、日本に対する韓国の学校教育、特に豊臣秀吉の攻撃から、韓国併合後の植民地化で強制された生活の学習、さらには報道のされ方などもあった。豊臣秀吉の軍を破ったとされる李舜臣《イスンシン》将軍の像は、ソウルやプサン（釜山）などで日本を監視するような方向を向いて建てられている。

さらには、日本の映画・音楽・漫画などの大衆文化の移入が規制されていたこともあろう。その一方で、日本と韓国との民間レベルでの友好関係は築かれていった。

日本の大衆文化の韓国での開放は１９９８年からで、２００４年まで段階的に開放された。韓国では日本のアニメが大人気となり、それとともに、韓国の大衆文化も日本に入り、日本は「韓流《はんりゅう》ブーム」となる。日本の若者にはK-POPが人気となり、女性にはネットでも見られる韓国ドラマや映画が人気となった。こうして日本、韓国からもそれぞれ食を楽しみ、アニメやドラマの舞台を訪問するなど多くの観光客が行き来するようなった。

韓国と日本は距離的には近いが、異なる作法も多い。食事の際には、食器を手で持ち上げることはしない。汁はサジ（スッカラ）で飲む。食材を混ぜて食べるのも韓国風で、毎回違った味を楽しむ。

座り方はあぐらが正座とされ、チマチョゴリを着た女性は片膝を立てて座るのが正式である。食事などの席は立場によって決まっており、酒をつぐときは年長者からつぐ。対面で飲むときは、年長者に対して横を向いて口元を隠すようにして飲む。現代的な韓国ドラマを見ても、こうした作法は守られている。

こうした儒教的思想が継承されている一方で、韓国ではキリスト教徒も多い。韓国でのキリスト教徒は１９５０年で人口の４％程度であったが、１９７０年には10％、１９９０年には29％と急増する。現在でも人口の３分の１はキリスト教徒である。なお、プロテスタントが人口の20％、カトリックが８％で、プロテスタントが多いのが特徴である。韓国にはキリスト教の教会も多く。教会を中心とした街づくりもみられる。

「アジアの金融センター」になった小さな島国

シンガポール共和国

Republic of Singapore

面積 728㎢
人口 594.1万（2021年）
言語 公用語として中国語、英語、マレー語、タミル語
宗教 仏教、キリスト教、イスラム、道教、ヒンドゥー教

東京23区の広さに4つの公用語

シンガポールは、マレー半島南端の先に位置する島国である。マレーシアの都市ジョホールバル（1998年のサッカーW杯で、日本が本戦初出場を決めた地として有名になった）とジョホール海峡をはさんで対岸にあり、この海峡が国境となっている。シンガポールは東京23区の1・2倍程度の大きさで、本島と55の島からなる。**そのほとんどを市街地が占める「都市国家」であるが、南西部にはジュロン工業地域、中央部には熱帯雨林が生い茂る自然保護地域がみられる。**

国土の平均標高は30m程度であり、地形の起伏はほとんどない。また、赤道直下に位置することから、一年中高温多湿の気候である。平らな土地や温暖な気候であるが、第一次産業従事者の割合は0・3%（2020年）と極端に低く、国内で消費される食料のほとんどは海外に依存している。

第二次世界大戦後のイギリスからの独立に際し、1963年にマレーシア連邦の一州となった。しかし、人口の多くは中国南部からの出稼ぎの中国系住民が占めていたため、マレー系中心の政策や国づくりを推し進めるマレーシア政府との間で対立が生じることとなった。そのため、2年後の1965年にはマレーシアから独立、シンガポール共和国が建国された。

現在の人口構成比は、約75％が華僑・華人とよばれる中国系住民、次いでマレー系住民約15％、インド系住民約10％からなる「多民族国家」である。

インド系住民が多いのは、イギリスの植民地であったことに起因する。植民地時代に、同じくイギリスの植民地であったインド南部から、出稼ぎで多くのインド人（タミル族）が流入してきたのである。

公用語は4つあり、民族構成に合わせて中国語・マレー語・インド系のタミル語、そして英語である。英語が普及した背景には、異なる民族がコミュニケーションを図るのに便利だったという事情がある。シンガポール人が話す英語は独特の抑揚や言い回しがあることから、「シングリッシュ」とも称される。

日本との時差はなぜ1時間？

一般的に時差は、経度15度差で1時間とされる。シンガポールは東経105度付近に位置するので、この計算でいくと、東経135度の日本との時差は2時間差のはずである。しかし、両国の時差は1時間と、シンガポールの標準時は本来より1時間進んだ設定となっている。そのため、日本に暮らす私たちがシンガポールに行くと、日の出と日の入りが遅い印象をもつ。

ではなぜ、**シンガポールの標準時は1時間進んでいる**のだろうか。その理由の一つは、マレーシアの標準時に合わせたからだ。前述の通りシンガポールはマレーシア連邦の一州であったこと、また、独立後も両国間では人やモノの移動が活発であることから、マレーシアの標準時と合わせるのが好都合だったのだ。マレーシアは、東西に広い国土の標準時を一つに決めた際に、シンガポールよりも東部に位置する島嶼《とうしょ》部の時刻を優先したといわれている。

別の理由に、金融市場として競合関係にある香港や上海の存在がある。中国は国土が広いが、全土で北京時間を使用していて標準時は一つ。日本との時差は1時間である。つまり、株式市場が香港や上海よりも遅れて開いたのでは経済活動において不利益を被ると考えて、1時間早めて中国と同時刻にした、とする経済発展を重視するシンガポールらしい理由といえる。また、シンガポールは中国系住民が多いこともあり、中国との繋がりが強いことを示す一例だともいわれる。

周りに比べて「自然災害が少ない」2つの理由

東南アジアといえば、毎年のように火山の噴火、大地震の発生、それに伴う巨大津波の襲来、台風がもたらす暴風雨など自然の猛威に苛まれている。その中にあって、実は**シンガポールは自然災害が比較的少ない国である。**

まず、火山の噴火や大地震の発生の要因には、プレート境界の存在がある（14頁参照）。東南アジア地域のプレート境界は、見事にシンガポールを避けている。そのため、シンガポールは地震が少ない。２００４年のインドネシア・スマトラ島沖地震発生の際に、シンガポールでは揺れは感知したようだが、大きな被害は

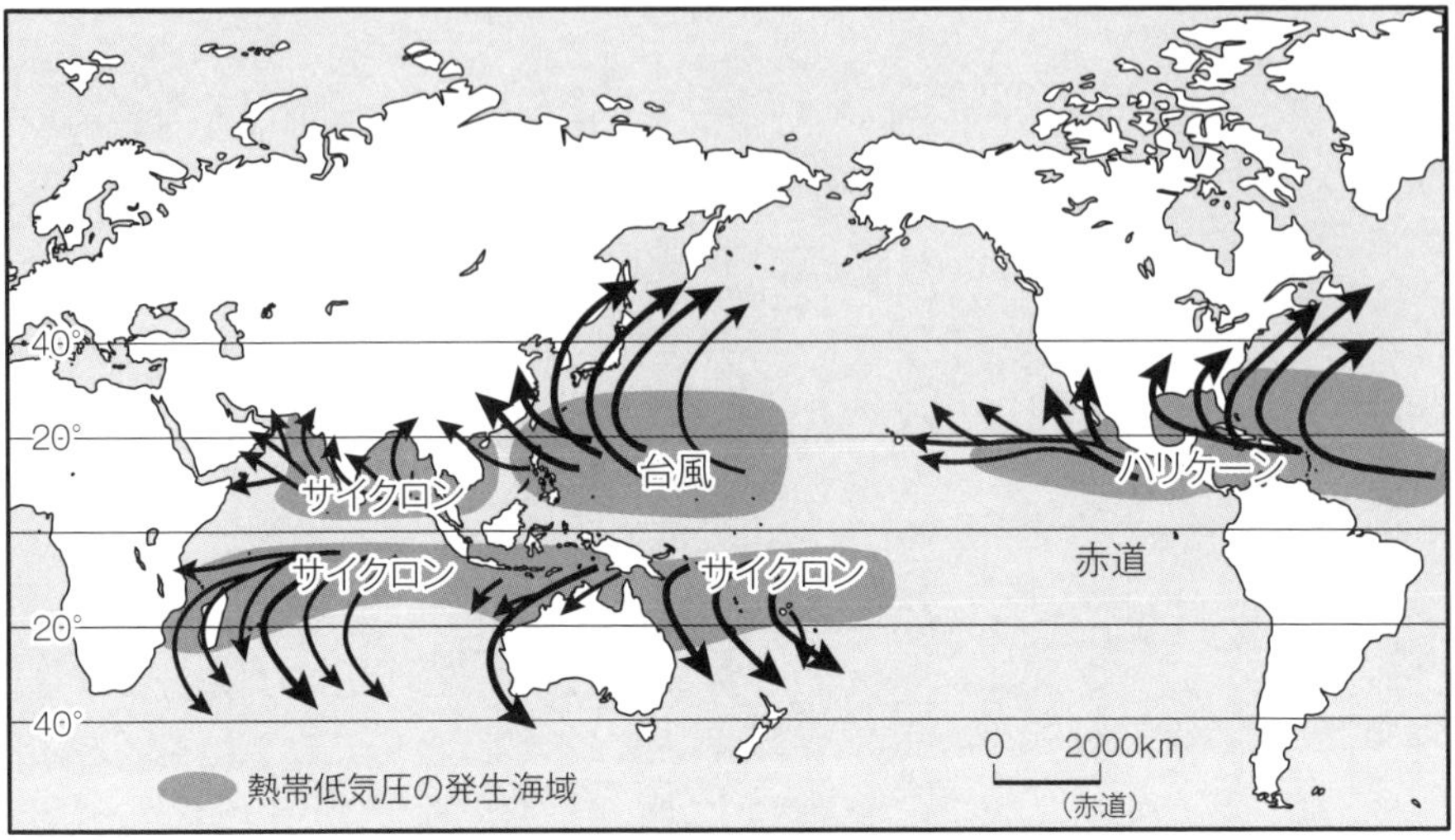

熱帯低気圧の発生海域と進路

出ず、津波の襲来もなかった。

また、赤道直下のシンガポールには台風がやってこない。台風が発生する条件はいくつかあるが、台風の渦（空気の渦）が生まれるのは地球の自転による転向力（コリオリの力）が働くからである。このコリオリの力は低緯度では弱く、高緯度では強くなる。そのため、赤道直下（緯度０度）ではコリオリの力がほとんど働かないため熱帯低気圧は発生せず、台風も襲来もしない。

一方で、モンスーンと呼ばれる季節風の影響で、降水量が多い時期があることや、日々のスコールの発生による一時的な豪雨はみられる。

「雨は多いのに水不足問題」と最新技術

熱帯雨林気候のシンガポールの年降水量は約２１００㎜と、比較的雨量の多い東京（約１６００㎜）に比べても格段に多い。しかし、**シンガポールは慢性的な水不足の状態にある。**大きな原因は、平らな地形にある。高低差がほとんどない地形では、雨が大量に降っても雨水を貯めておくのが難しい。

貯水池は数カ所あるが、国内で使用する生活用水や工業用水を賄うだけの量にはならず、建国以来、隣国マレーシアからの水の輸入が必要不可欠である。ジョホール海峡には、道路や鉄道の橋の横に、水道管が掛かっている。

シンガポールはマレーシアと上水道の供給を受ける契約を数十年単位で結んでいるが、近年、値上げを迫られている。そこでこれまで水の「自給率」を上げるためにいくつかの政策に取り組んできた。具体的には、ダムの建設とともに貯水池の整備、海水の淡水化プラントの稼働、そして、下水処理水を高度に浄化した水である「NEWater（ニューウォーター）」プラントの稼働などである。これらの事業には日本企業も数多く参画しており、シンガポールの水不足解消に一役買っている。

「スマートシティ先進国」の産業

シンガポールは周辺諸国に比べ天然資源に恵まれないことから、古くから地の利を生かした「中継貿易」の拠点として発展してきた。中継貿易とは、二国間の貿易に第三国（シンガポール）が仲立ちする貿易のことで、第三国は貿易品の通過による運賃や、荷役・若干の加工などで収入を得る。シンガポールにおける中継貿易は、中国系住民によって担われてきた。

マレーシアからの独立後は、**輸出指向型の工業化を推し進め、「アジアＮＩＥｓ」（新興工業経済地域）の一国と呼ばれるようになるまで経済は急成長した。**特に、１９６０年代に開設された「ジュロン工業地域」

は、石油化学工業をはじめとする各種工業が立地し、工業化を牽いてきた。また、人・モノの往来にも力を入れ、1981年に開港した24時間稼働のチャンギ国際空港は東南アジアのハブ空港としての役割を担っている。すでに東南アジア随一の規模を誇るが、現在でも空港拡張工事が進められている（2025年完成予定）。

シンガポール島という限られた国土において、公共交通を中心としたコンパクトで合理的な町づくりを行い、都市ブランドとしてのシンガポールを確立した。また、「ICT」（Information and Communication Technology＝情報通信技術）環境や通信ネットワークの整備も進んでいる。さらに、英語やアジア圏で使用される複数の言語が普及していることから、世界的な多国籍企業の支社・支店が集積するようになり、国際的な金融市場としての地位が高まってきている。

また、海外からの観光客の誘致にも積極的であることも広く知られている。このように経済発展目覚ましいシンガポールは、**2020年の1人当たりGNI（国民総所得）が5万5010ドルとなっており、これは世界最高水準である。**

「自然災害リスクが低いと経済が発展する」意外な理由

周辺諸国に比べて自然災害のリスクが格段に低いことは、さまざまなメリットを生んでいる。たとえば、建築物の耐震基準は日本に比べて低く、その分、建築コストも抑えられる。また、自然災害対策の予算を低くし、その分、経済発展のために多くの予算を配分することも可能となる。これらも、現在のシンガポールの繁栄につながっているといえるだろう。

また、**シンガポールは「データセンターの集積地」として注目されている。**アジア圏では北京に次いで2位の施設規模を誇る。データセンターとは、サーバーやネットワーク機器などの装置を多数設置する施設であり、センター内は高度なセキュリティで保護されている。テレワークの広がりや、デジタルトランスフォーメーション（DX）の進展で、急速に需要が伸びてきている。

なぜ、シンガポールにデータセンターの立地が増加しているかというと、これも自然災害が少ないからである。機器の損壊やサーバーへのダメージのリスクを最小限にとどめることができる。もちろん、シンガポールがアジア圏における金融の中核を担っていることも理由としてある。

一方で、データセンターの急増は、電力の大幅な需要増をもたらすこととなり、電力需給に大きな負荷を掛けている。実際にシンガポールでは、一時的にデータセンターの増築停止という対応も取られている。

シンガポールは、アジアの東西を結ぶ中継貿易の拠点として発達し、経済発展をみた。現在ではデータセンターが立地することで、情報の「中継貿易」の拠点として、さらなる発展が望まれるといえるだろう。

先進国の仲間入りをうかがう工業立国

マレーシア

Malaysia

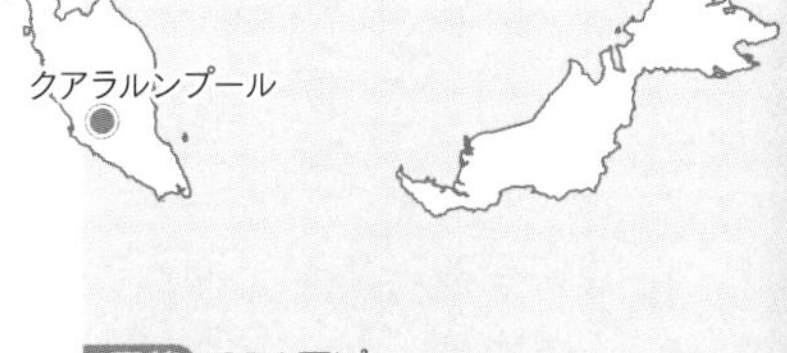

面積　33.1万㎢（日本の約0.9倍）

人口　約3,260万（2022年）

言語　マレー語（公用語）、中国語、タミル語、英語

宗教　イスラム、仏教、キリスト教、ヒンドゥー教、儒教・道教等、その他（2022年）

マレー系・中国系……複雑な「多民族国家」

首相として長らくマレーシアを率いたマハティール氏（１９８１～２００３年、２０１８～２０２０年に首相）は、１９９１年に、「マレーシアを２０２０年までに先進国の仲間入りさせること」を目標に掲げた「開発構想プロジェクト」（ワワサン２０２０）を策定した。その構想は、経済のみならず、社会システムや文化などの発展をめざし、その恩恵を全国民が公平に受けられるようにする内容であった。**それまでの「ブミプトラ政策」を事実上修正するもの**といえる。

ブミプトラ政策は、１９７１年から多民族国家マレーシアでとられていた**「マレー系住民を経済的に優遇する政策」**である。

当時、人口の約62％を占めるマレー系住民は、多くが農村での伝統的生活を送っていた。それに対し、約23％を占める中国系住民は主に都市部において商業に従事し、富を築く者が多かった。そのほか、おもに天然ゴムのプランテーション労働に従事するインド系住民も約7%いた。

そんな経済格差が原因で民族対立が起き、1965年にはマレー系住民と中国系住民の対立からシンガポールが独立するなどしたため（43頁参照）、先住民であるマレー系住民を雇用機会などにおいて優遇し、その経済的地位の向上をめざしたのが「ブミプトラ政策」である。民族間での経済格差の是正が図られたのである。

しかし、ブミプトラ政策の実施によって中国人の不満が高まった。そんな中、マハティール氏が掲げた、工業化を通した豊かさの共有をめざした「ワワサン2020」が支持されたのである。その結果、1990年代以降、年率5%を超える経済成長がみられるようになった。

世界屈指の「パーム油産業」の光と影

かつてマレーシアは、天然ゴム、錫《すず》、木材などの一次産品（自然から採集・採掘され、加工されていない産物）の輸出に依存していた。天然ゴムは、イギリスでの自動車の普及にともなうタイヤの需要が増したことで栽培が広がった。しかし近年は、合成ゴムに取って代わられたことで需要は減り、天然ゴムの栽培面積は減少している。

それに代わって増えているのが油《あぶら》ヤシである。国土の至るところに油ヤシ農園が広がり、その面積は5万㎢を超えて拡大している。世界での生産量は1位のインドネシアと合わせて8割を超え、世界屈指の生産国となっている。

油ヤシは、実からとれる「パーム油《ゆ》」が洗剤や化粧品といった生活用品のほか、マーガリンやチョコレートなどの食品、またバイオマス発電の燃料にも使われる。一年中収穫でき、価格も比較的安く多用途なパーム油の需要はますます伸びており、マレーシアの半島部だけでなくカリマンタン島でも油ヤシ農園が拡大している。

油ヤシ農園の拡大にともなって問題となっているのが、森林の破壊である。熱帯林が伐採されプランテーション農園になることで、生物の多様性が失われる懸念がある。またむき出しになった地表に強い雨が降ることで土壌流出が起こることも問題となっている。

マレーシアでは森林の保護を目的とした原木の輸出制限が浸透し、日本の南洋材供給にも影響が出たが、今後は油ヤシの生産動向にも注目を要する。

地政学的要衝・マラッカ海峡

1980年代以降、マレーシアは輸出指向型の工業化を進め、高度経済成長を達成した。特に電気機器などの加工組立型の製造業が伸長し、周辺国への輸出が増えている。日本との間でも、輸出超過の貿易黒字となっている。

工業化が進む背景には政策面の影響も大きいが、ほかに地政学的な利点も効いている。ヨーロッパや中東地域と東アジアを結ぶ航路が、マレーシアとインドネシアの間を通る。その地の利ゆえに、イギリスが18世紀末、真っ先に管理下に置いたのがマラッカ海峡である（16頁地図）。

マラッカ海峡は現在、世界の貨物量の約50％が通過する重要な航路になっている。マラッカ海峡に臨み、首都クアラルンプールの外港になっているクラン港（クアラルンプールの西方約25㎞）は、シンガポールに次ぐ東南アジア2位の貨物取扱量を誇るハブ港湾となっている。

このクラン港と内陸のクアラルンプールを結ぶ回廊は、19世紀の終わりからイギリス領マラヤ（現在のマレーシア・シンガポールと周辺地域）の首府としてクアラルンプールが発展するのに合わせて重要交通路となった。

この東西軸に加え、現在はクアラルンプールから南に延びる南北軸の重要性が増している。行政上の新しい首都であるプトラジャヤや、ハイテク工業団地であるサイバージャヤの開発が、市街地の南方（約25㎞の地域）で進む。さらに南に位置するクアラルンプール国際空港からこれらの地区を通って市内中心部に向かい、88階建てのペトロナスツインタワー（高さ451・9ｍ）を目にすれば、マレーシアの先進国入りが近いことを確信できる。

世界4位の人口、世界最大のムスリム国

インドネシア共和国

Republic of Indonesia

面積　191.1万㎢（日本の約5倍）

人口　2億7,375.3万（2021年）

言語　インドネシア語

宗教　イスラム、キリスト教、ヒンドゥー教、仏教、儒教、その他（2019年）

まるで別世界？　自然の境界「ウォーレス線」

インドネシアは1万数千もの大小の島々からなり、総面積は日本の5倍ほどある。「環太平洋造山帯」と「アルプスヒマラヤ造山帯」が出合う地帯にあたり、プレート境界にあって地殻変動などが活発にみられる変動帯にあるため、島々は複雑な地形になっている。2004年にはスマトラ島の沖合で大地震が起こり、大きな被害が出た。地震で発生した津波は、インドネシアのみならずインドやアフリカまで達し、20万人以上が犠牲となる大災害となった。

海底の地形にも特徴がある。スマトラ島など西半分の島々の周囲には浅い大陸棚が広がるのに対し、スラウェシ島など東半分の島々の周囲には深い大洋底が広がっている。浅い大陸棚は、氷期には陸化していたと考えられ、いわば広大な陸域がインドシナ半島の先端に存在していたことになる。

かつてのユーラシア大陸の果てに位置するこの地域では、**オーストラリア大陸との間で、生息する生物種**

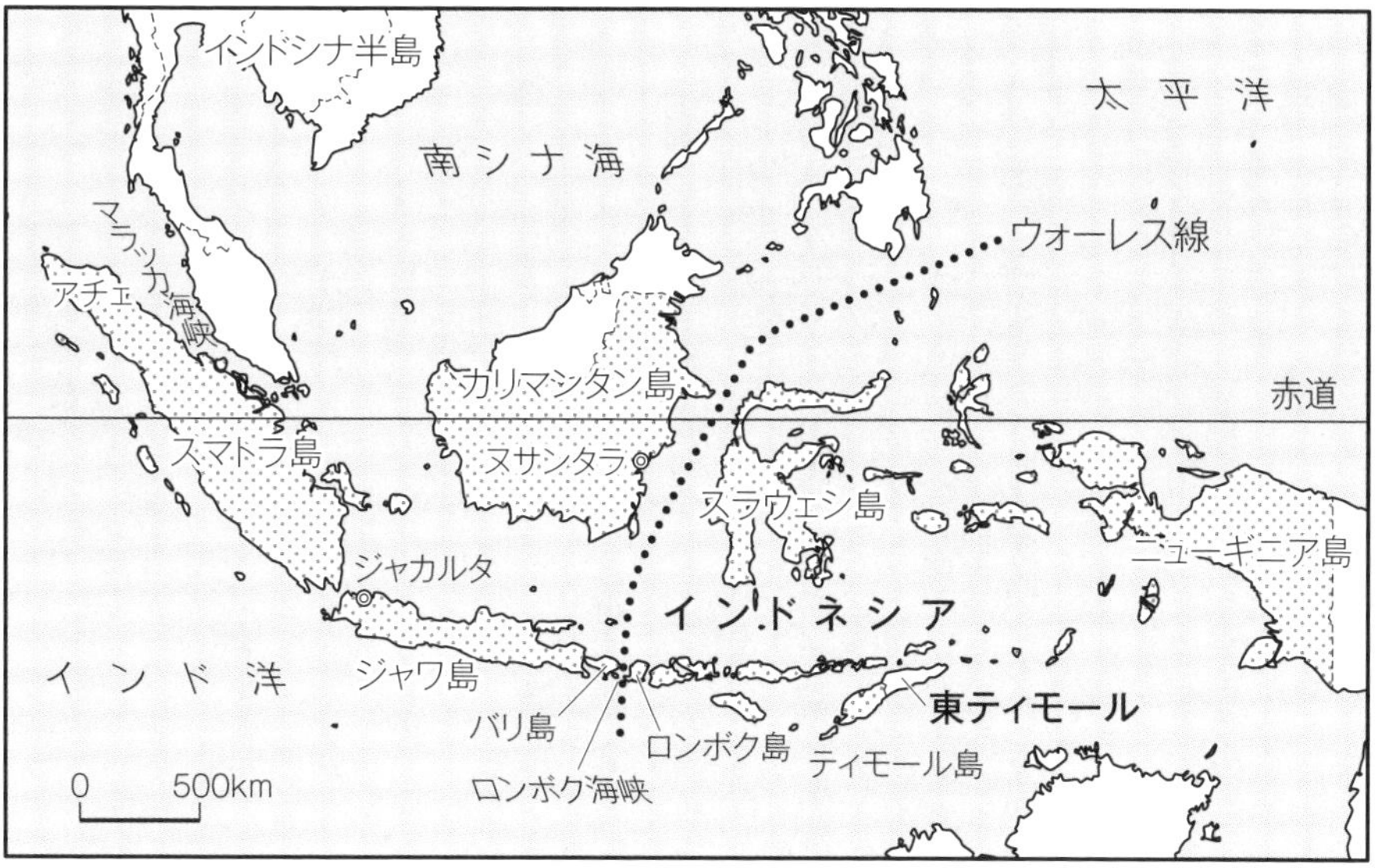

インドネシアの島々とウォーレス線

に大きな隔たりがみられる。この隔たりは、バリ島とロンボク島との間のロンボク海峡を通り、「ウォーレス線」とよばれる。

ウォーレス線は、ユーラシアとオセアニアの動植物の種類が異なることで見いだされた生物分布の境界線である。動植物の交流が妨げられたことで、オーストラリアにはカンガルーなど固有の有袋類が発達したことから、ロンボク海峡が５０００万年もの間、海峡であり続けた証拠とされる。このロンボク海峡は、幅は狭いものの水深が深いため、現在では**大型タンカーやコンテナ船が通行し、マラッカ海峡とともに重要な海上交通路にもなっている。**

気候的には、国土の島々が赤道をはさみ東西に伸びて分布するため、多くの地域でジャングルとよばれる熱帯雨林が広がる。ジャングルは、森で暮らす人々の生活の場であり、木材供給の場であった。近年では大規模に伐採され、油ヤシのプランテーション農園にとってかわられる地域も広がった。油ヤシからとれるパーム油の生産は、世界の過半数を占めるほど多い。

人口大国で進む「遷都《せんと》計画」

熱帯の自然の上に3億人近い人々が暮らすインドネシアの人口規模は世界4位で、東南アジア全体の約40％を占める。その人口は、3分の2がジャワ島に集中し、首都ジャカルタは世界でも有数の大都市になっている。都市の過密により、交通渋滞や大気汚染に加え、地下水の過剰採取による地盤沈下も深刻化している。

こうしたジャカルタの都市問題を改善するため、新しい都市をカリマンタン島東部の森林地帯に建設し、首都機能を移転することになった。新首都名は、群島国家を統合する象徴的な意味合いを込めて、ジャワ語で群島を意味する「ヌサンタラ」と決められた。巨額の費用負担発生とともに、新たな環境破壊を懸念する声もある一方で、国内での人口分散が期待されている。

こうした国内での人口分散計画は、「トランスミグラシ政策」とよばれて従来から行われていた。トランスミグラシ政策とは、過密なジャワ島から、人口の希薄なカリマンタン島などほかの島への移住を促進するものである。移住先での農業開発や資源開発を進める、公共事業的な性格も帯びている。

もともとの住民との間には、ジャワ文化が流入することや、イスラム化が進むことへの抵抗から摩擦も起こったが、現在までに2000万人が移住したといわれている。

多民族国家の民族問題

インドネシアの人々の90%近くがイスラムを信仰する。イスラムは、13世紀以降、海を通して西アジアからもたらされた。陸からは、仏教やヒンドゥー教がインドからもたらされた。17世紀以降はオランダの支配が強くなり、キリスト教の影響も受けた。こうした宗教の多様性に加え、350以上の民族が住む、多民族国家となっている。イスラムが主体の中で、バリ島はヒンドゥー教が多い。インド伝来の民族舞踊やヒンドゥー教の寺院が観光資源となり、高層ホテルが建ち並ぶリゾート地となっている。

またティモール島の東半分は、ポルトガルの植民地だった歴史を色濃く残し、カトリック住民が優勢だった。武力衝突を経て、**2002年に東ティモール民主共和国としてインドネシアから分離独立した。**

国章ガルーダ・パンチャシラ

さらにスマトラ島北部のアチェ地方は、もともとアチェ王国として独自の文化をもっていたため独立志向が強く、2005年まで30年にわたって紛争が続いていた。紛争終結の契機となったのは、2004年に起こったスマトラ島沖地震で、あまりにも大きな犠牲という災いが和平のきっかけとなった。

こうした多様性がインドネシアの特徴といえる。**国家の標語として「多様性の中の統一」を掲げている。**この標語は国の紋章にも使われ、神鳥ガルーダが力強く握る帯に書かれている。言語についても、各民族語を尊重しながら、国民の共通語としてインドネシア語が普及している。

〝人口ボーナス期〟を迎えた国

フィリピン共和国

Republic of the Philippines

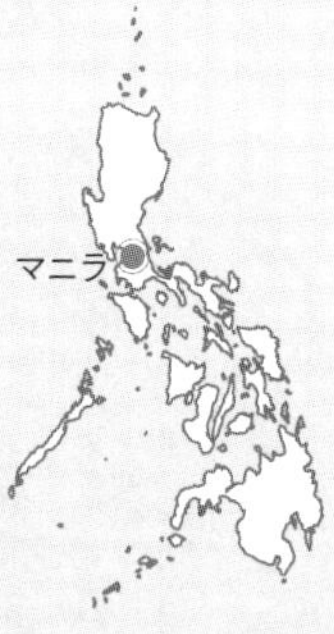

面積　30.0万㎢（日本の約8割）
人口　1億1,388.0万（2021年）
言語　国語はフィリピノ語、公用語はフィリピノ語及び英語。180以上の言語がある
宗教　キリスト教、イスラム

7000以上の島からなる火山の国

フィリピンは、自然環境の面で日本との共通点が多い。島の数は7600余りを数え、世界有数の島嶼《とうしょ》国といえる。プレートの沈み込む変動帯に位置し、弧状《こじょう》列島をなす列島の沖合には深さ1万mに達するフィリピン海溝がある（14頁地図）。最大の島であるルソン島には、マヨン山やピナトゥボ山など活火山も多く、被害をもたらす大規模な噴火を繰り返している。

人口の面では、相違点が大きい。フィリピンの人口は2020年時点で1億1000万ほどと、東南アジアではインドネシアに次ぐ規模である。人口減少が始まっている日本とは対照的に人口増加が進み、2050年には1億5000万に迫ると予測されている。その過程で、**2030年頃には日本の人口を上回り、世界でも屈指の人口大国となる。**

人口を年齢階層別にみると、日本との違いが際立つ。65歳以上の高齢者の割合は3％に満たない。一方で子供の数は頭打ちとなっているため、15歳から64歳の生産年齢人口の割合が徐々に高まる傾向にある。これは、日本の高度経済成長期の状況に似ており、労働者人口の割合が増大することで経済活動がさかんになる、いわゆる「人口ボーナス」の時代を迎えている。

人口ボーナスの恩恵を受け、フィリピン経済は活気がある。マニラ近郊のバターン半島や米軍基地跡などに自由貿易地区が設けられ、外国企業が続々と誘致されている。その波及効果もあり、フィリピンでの輸出品は、かつての一次産品（自然から採集・採掘され、加工されていない産物）中心から、**現在では機械類が過半を占める工業国に変化した。**

日本の介護の現場でフィリピンの人が多いのはなぜ？

製造業とともに伸びているものに、コンピュータソフトウェア開発やコールセンター業務のアウトソーシング受注などのサービス産業がある。これらは、人件費の安さのほか、**公用語の一つが英語であることが強みとなっている。**フィリピンで英語が公用語になっているのは、大航海時代以来スペインの植民地だったものの、20世紀に入りアメリカの統治下におかれた間に英語が広まったためである。英語が普及したことで、アメリカ企業のコールセンター外注先として、インドとともにフィリピンが選ばれている。また日本でも、オンライン英会話レッスンの講師は、フィリピン人が主流となっている。

一方、宗教はスペインの影響が残り、**現在でも国民の約8割がカトリック教徒**である。

日本は、フィリピンからの技能実習生や労働者を多数受け入れている。技能実習生制度については、実態として低賃金労働力であり、母国と日本との賃金水準に大きな違いがあることを反映して、ベトナムとともにフィリピン出身者は多い。

また労働者としては、看護師や介護福祉士の候補として来日し、働きながら国家試験に合格して看護師や介護福祉士の資格の取得を目指す枠組みが２００９年から始まっている。これは日本・フィリピン間の「経済連携協定」（ＥＰＡ：Economic Partnership Agreement）に基づくもので、日・フィリピンＥＰＡにより物品の貿易だけでなく、人材交流の面でも連携が深まっている。

ミンダナオ島西部では、イスラム系モロ族による自治権獲得の闘争が繰り広げられたが、２０１９年にバンサモロ・ムスリム・ミンダナオ自治地域を統治するバンサモロ暫定自治政府が発足し、一応の解決をみた。

一方で、フィリピン西方に広がる南シナ海の南沙諸島における領有権問題は、中国やマレーシアなど周囲の国々を巻き込む領土問題として緊張が続いている。

「棚田《たなだ》」のある農村風景が消える？

マニラ大都市圏を離れた山地斜面には、「棚田《たなだ》」が広がる。棚田を使った稲作は、何世代にもわたり営々と受け継がれている。熱帯モンスーン気候のもとで二期作が可能であり、収量は多い。節を抜いた竹筒を使って湧き水を流すことで、棚田の上部から下部まで水を効率よく流す灌漑《かんがい》システムが構築されている。

ルソン島北部のイフガオ州では、急傾斜地のため棚田を区切る壁は６～７ｍに達する。その壁は、ある集落では泥を絶えず踏み固めることで維持し、またある集落では石垣を補修しながら維持している。

この棚田は1995年、世界文化遺産に登録された。その選定理由として、貴重な伝統文化の証拠、歴史上重要な景観、土地利用の傑出した例であることが挙げられた。この傑出した土地利用とは、単に耕地の有効利用にとどまらず、防災機能をもつという視点が含まれる。**段々状の地形が水流の勢いを抑えることで、土砂災害を防いでいる。**

ところが現在、棚田が放棄される例が増えている。農家にとっては、ココヤシやサトウキビのプランテーション農園で商品作物栽培に従事するほうが、より多くの収入を得られる。こうしたことから2001年から2012年まで、世界遺産の危機遺産リストに入っていた。

プランテーション農園の過度な開発は、自然災害に結びつく。森林が伐採され森の保水能力が落ちるとともに、森と共生して暮らしていた農民が農村の開発によって追い出され、都会に移住せざるをえなくなっている。

1991年、レイテ島オルモックで発生した鉄砲水は、一瞬にして町を飲み込み、5000人以上もの犠牲者を出した。倒木が橋脚に引っかかり川の流れをせき止め、その堰《せき》が決壊、濁流となり、激しい威力で町に流れ込んだのである。川の中州や低湿地に住む貧困層が直撃を受けた。土砂災害は繰り返され、2006年には南レイテ州で犠牲者1万7000人以上を出す土砂崩れが発生している。海岸部でのエビの養殖池造成によるマングローブ林の破壊とともに、地域では大きな問題になっている。

独立を維持できた地理的な事情とは？

タイ王国

Kingdom of Thailand

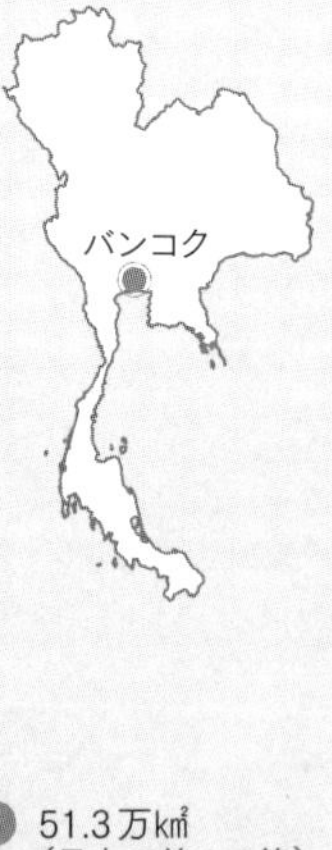

面積 51.3万㎢（日本の約1.4倍）
人口 6,609万（2022年）
言語 タイ語
宗教 仏教、イスラム

敬愛される国王と仏教の国

微笑みの国といわれるタイでは、国王は国の象徴的存在であるとともに、**政治的にも宗教的にも存在意義が大きい**。タイは、国民の80～95％程度が仏教徒とされる仏教国であり、タイ王室は国内における仏教寺院の頂点に位置する。国民の信望を集め、国を維持していく役割を担っている。

タイの建国は13世紀に遡《さかのぼ》る。その後、王朝は変わったが独立を守ってきた。19世紀後半、周辺国は欧米の植民地となったが、タイは植民地化されなかった。それは、タイの西側がイギリス、東側がフランスの支配地となり、両大国ともタイを緩衝国《かんしょうこく》とすることで衝突を避けられるという思惑と、タイ国王の外交力によるとされている。１９３２年に、絶対王政から王の権限が限定され立憲君主制に変わるが、その後も国王を崇拝する人々は少なくない。

軍部のクーデターや軍主導内閣への抗議デモ、反政府デモなどで政治的混乱が起こってきたが、多くの国

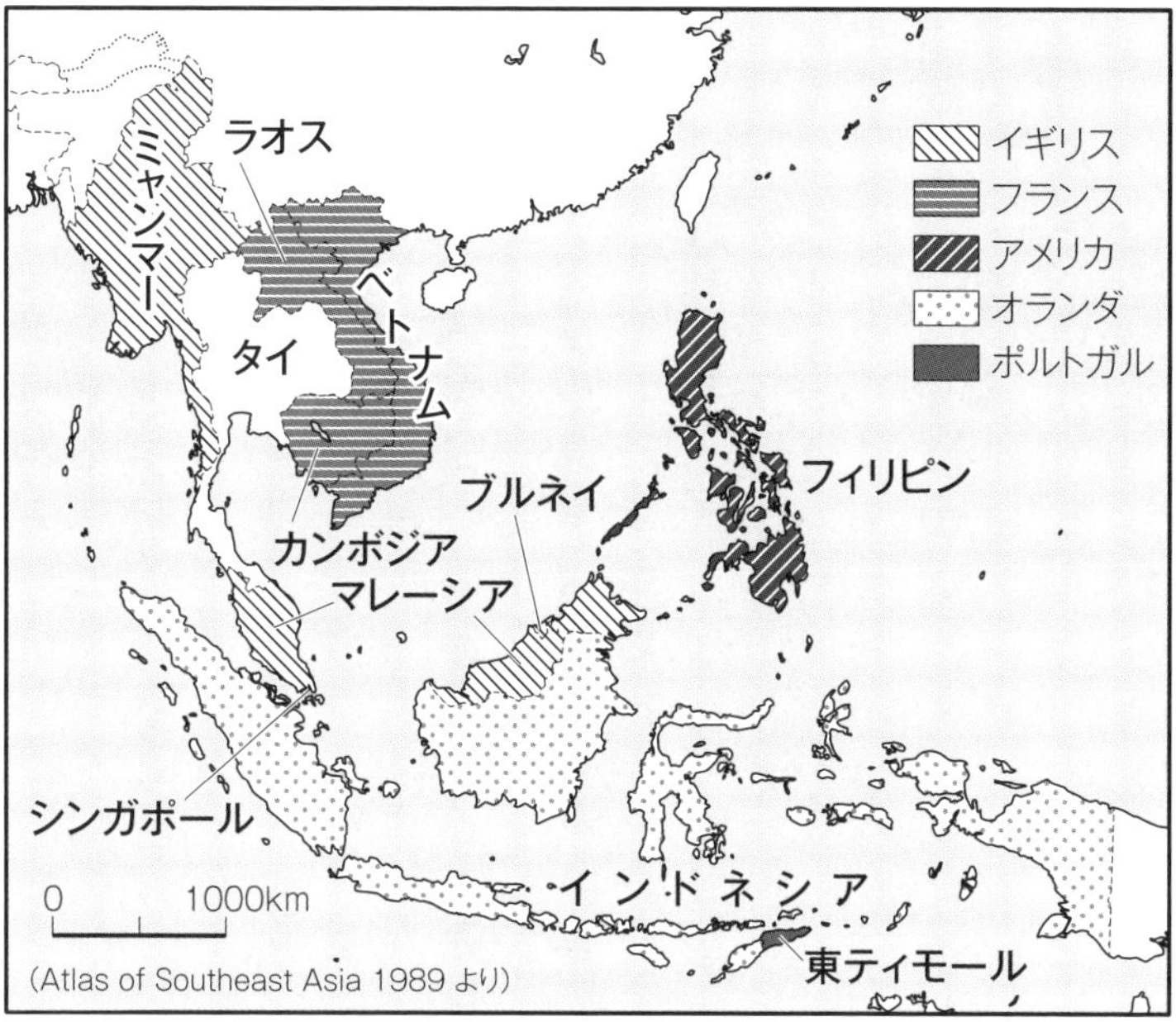

第二次世界大戦前の東南アジアの宗主国

民はそれほど危機感を感じていない。それは、国王が最終的に収めてくれるという信頼感があり、事実、国王の和解勧告で政治的混乱が沈静化したこともあった。特に、2016年に死去したプミポン国王への信頼は厚かった。至る所に写真や肖像画がかけてあり、広場など屋外にも巨大な肖像画がある。そこにさしかかると車を運転中でもハンドルから手を放し、国王の肖像画にワイ（両手を合わせ尊敬の念を示す）をする、国王を崇拝する国民の姿がみられる。

タイの仏教は、日本などの東アジアで広まった一般民衆に広く開放した大乗仏教《だいじょうぶっきょう》とは異なる「上座部《じょうざぶ》仏教《ぶっきょう》」である。上座部仏教は戒律を重んじ、厳しい修行によって悟りを開くことをめざしている。

男性は一生に一度は出家することが望ましいとされ、出家することは母親への最高の親孝行の一つとされている。出家の期間は3年、3カ月、数週間とさまざまで、企業でも出家休暇制度が取り入られていることが多い。出家期間中は午後からの食事がとれなかったり、托鉢をしたりする修行がある。

一方信者にとっては、自分に代わって修行する僧侶は尊敬の対象となり、積極的に施しをし、公共交通機関では僧侶の優先（専用）シートが設けられている。大学でも、学長は大学の教育組織としての長であるとともに大学内の仏教の最高位の保護者となっている大学もあり、卒業式などの式典が仏教式に行われることもある。このようにタイでは公式の場だけでなく、一般の生活でも仏教が根付いている。

洪水は恵み？　災害？——世界有数のコメの生産地

タイのコメの生産量は日本よりも多く、輸出量は2020年でインド、ベトナムに続き3位と世界有数である。アユタヤからバンコクにかけて流れるチャオプラヤ川によって形成された広大な沖積平野《ちゅうせき》（土砂などが堆積してできる）がタイにおけるコメの生産の中心地である。

チャオプラヤ川流域は海抜が低く、以前は雨季には洪水となって周辺の田に流れこんだ。川の水から栄養分が得られることから、水田地帯は肥沃な土地となった。そこで、水位の上昇とともに稲の茎が長く伸び、水面に出た穂先だけ刈り取る「浮《う》き稲《いね》」の栽培がされていたが、灌漑《かんがい》、排水が進み、浮き稲はみられなくなった。

灌漑や農業技術の進歩で二期作《にきさく》が普及し、生産性は向上した。しかしその一方で、自然に生まれた肥沃な土壌の恩恵が受けられなくなり、化学肥料の使用など、米の安全性を配慮することも含め、農家の投資は増えることになった。

しかも、洪水が完全になくなったわけではない。タイ政府はダムを建設し、チャオプラヤ川などの流水量を管理してきた。ダムには、降水量が少ない場合でも安定した米の生産量を維持する目的もあった。しかし、大雨や台風など急激な増水による川の氾濫や、ダムの貯水限界による下流への放水などによって、アユタヤやバンコクといった工業が盛んな地域で洪水となり大きな被害を受けることがある。

2011年には、チャオプラヤ川が氾濫、アユタヤからバンコクにかけて5カ月以上水が引かない洪水となった。これにより日本企業を含む多くの工場が冠水し、数カ月にわたって操業が停止した。2017年から2021年にかけても毎年大規模な洪水で大きな被害を出している。堤防を強化するなどの洪水対策を実施しながらも大きな被害を出す要因としては、**チャオプラヤ川の勾配が小さく水が流れにくい**ことがある。急な増水とはならないので人々が避難する時間が確保できるが、それでも多くの人が犠牲になっている。また、水が引くのに時間がかかることも、勾配が小さく、かつ海抜が低いこととも関連する。

さらには、従来は森林、水田、沼地が水を吸って保水していたが、今は工場や宅地、道路などが整備され、土地の保水能力が大きく減少したことも、洪水の被害を大きくしている要因となっている。

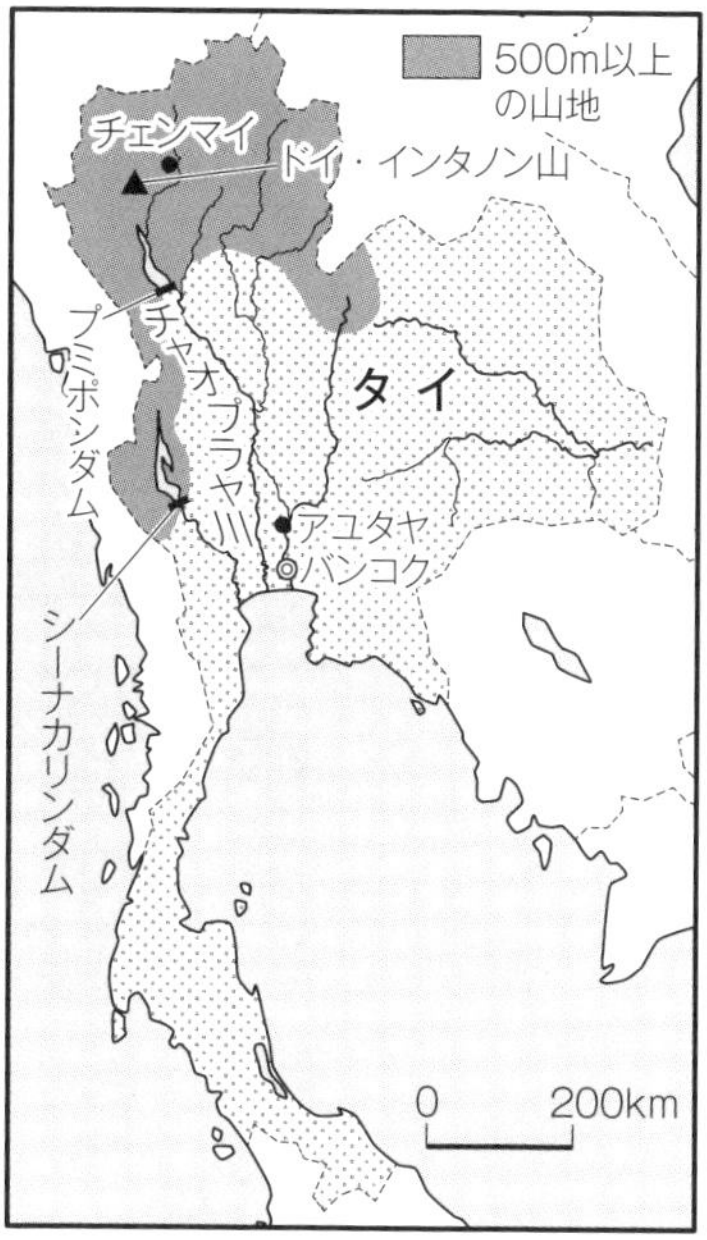

タイの地形

経済を農業に頼っていた頃は洪水が恵みだったが、農地が整備され工業が盛んになることで洪水は被害をもたらすものでしかなくなっている。他方で、洪水後も外国企業、特に日本企業のタイへの期待は根強い。日本のタイへの直接投資は大きく、タイ政府の防災にも期待がかけられている。

コーヒーの生産量が世界2位に急増！

ベトナム社会主義共和国

Socialist Republic of Viet Nam

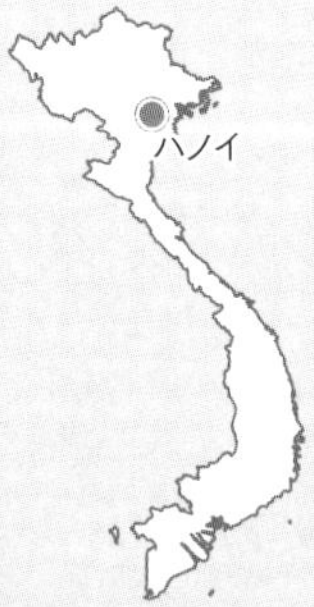

面積　33.1万㎢
人口　約9,946万（2022年）
言語　ベトナム語
宗教　仏教、カトリック、カオダイ教他

フランス領からベトナム戦争へ

ベトナムはインドシナ半島東部、アンナン山脈にそった南北約１６５０㎞の細長い国である。１世紀にわたるフランスの侵略・植民地支配を経て、１９４５年に中国とソ連の支援を受けたベトナム共産党がベトナム民主共和国（北ベトナム）の独立を宣言した。フランスはこれに反発し、１９４６年に第一次インドシナ戦争が勃発。その後、フランスが撤退し停戦となるものの、東南アジアが社会主義国化することを恐れたアメリカが介入し、ベトナム共和国（南ベトナム）が成立した。そして南北のベトナムが争う第二次インドシナ戦争が勃発し、泥沼化していく。

１９７３年にアメリカが撤退し、３００万人以上の犠牲者を出したインドシナ（ベトナム）戦争は南ベトナムのサイゴン（現ホーチミン）が陥落して終結した（１９７５年）。この戦争にはＴＶカメラの取材が初めて入り、戦争の悲惨さを伝えたことで反戦運動が高まり、終戦へとつながったといわれる。南ベトナム政府の崩壊後、南北の統一国家となり、ベトナム社会主義共和国に改称され、首都はハノイとされた。終戦後、ソ連の援助を受けて社会主義化を進めたが、華人の国外流出、ソ連の援助の激減などで経済は悪化し、長らく停滞した。さらには長い戦争の疲弊も経済の向上の弊害となった。

「ドイモイ政策」からの急速な経済成長

政府は、中国型の社会主義経済への転換をめざし、1986年に経済の自由化を促進する「ドイモイ（刷新）」政策を打ち出し、農家請負制や企業の自主権拡大、対外開放政策すなわち外国資本の積極的な導入による経済再建策を取り入れた。

90年代に入って外資優遇の輸出加工区が設置され、1995年のASEANへの加盟やアジア・太平洋諸国との友好関係の拡大、アメリカとの国交正常化などがあり、日本をはじめアジア、欧米諸国の資本が導入され、経済は急速に成長した。

クアンニン炭田の石炭をはじめ北部では鉄などの鉱産資源が集中している。さらに南部のホーチミン沖には1975年に発見されたベトナム最初の油田、バクホー油田がある。**ベトナムでこうした鉱産資源、特に石炭や原油は、ベトナム経済での重要な地位を占めるようになっている。**

経済発展の背後には、良質で豊富な労働力と潜在的な消費市場もある。日本の企業も90年代半ばから進出し、当初は労働集約的な軽工業の工場が多かった。現地で採用された人々が技術を習得することにより、技術部門への対応が可能となってくる。こうして2000年代に入ると自動車、家電などの技術集約部門へと広がっていった。技術集約部門への拡大は、ＩＴ企業参入のきっかけとなった。現在では、ＩＴ産業のソフトウェアの開発拠点ともなっている。日系企業にとっても、海外拠点の一つとなっている。

こうした安価な労働力を利用した労働集約的な工業から、技術集約および研究部門へと移行するのはアジアでは典型的にみられた。日本の企業がタイなどに労働集約的な部門を移行し、そこで経済力が向上し、技術集約や研究部門が成長すると、労働集約的部門は中国などに移動する。中国でも技術集約や研究部門が成長すると、ベトナムなどに労働集約部門が移っていった。そしてベトナムでも技術集約などの部門が成長すると、より安価な労働力を求め、労働集約的な部門は他地域へと移っていく。こうしたサイクルの中で、日本の「産業空洞化」が課題となった。

ベトナムでは貧困率を減らすなどのために、１９６０年代から人口抑制政策がとられていた。１９８８年には「二人っ子政策」を実施しさらなる人口抑制に努めた。これ以降も人口は微増しているものの、高齢者の割合が高くなっており、高齢化社会への対応が必要となってきた。

一方で１９９０年でも人口の約60％は貧困状態であった。経済の発展とともに２０２０年には貧困率は2％台となり貧困率は著しく改善されたが、農村部や山岳地域での貧困、都市地域での経済格差などは課題とされている。

なぜ、コーヒー豆の輸出量が増えたのか

ドイモイ政策は、工業だけでなく、農業の生産性を向上させることにもつながった。ベトナムはもともと

メコンデルタなどを有する米作農業の発達した国だったが、ベトナム戦争とその後の混乱で、コメの生産は落ち込み、コメ輸入国までになった。しかし、ドイモイ政策によって急速に農業生産も向上し、コメの生産量も輸出量も世界有数となっている。

注目されるのはコーヒーの生産である。ベトナムでのコーヒー栽培は、フランスによって1850年頃から北部で行われていた。しかし生産量はあまり伸びなかった。ベトナムの北部は温帯で南部は熱帯となるが、1980年代に政府主導のコーヒー栽培が、気候帯が境目の中部の高原地帯で開始された。フランス領時代のコーヒー豆は、アラビカ種であったが、ベトナム政府が主導したのは病害虫に強いロブスタ種。ロブスタ種はベトナムの中部の高原地帯の天候や生育条件にあっていて、ベトナムコーヒーの8割は中部および南部の標高1000m以下の高原地帯で栽培されている。

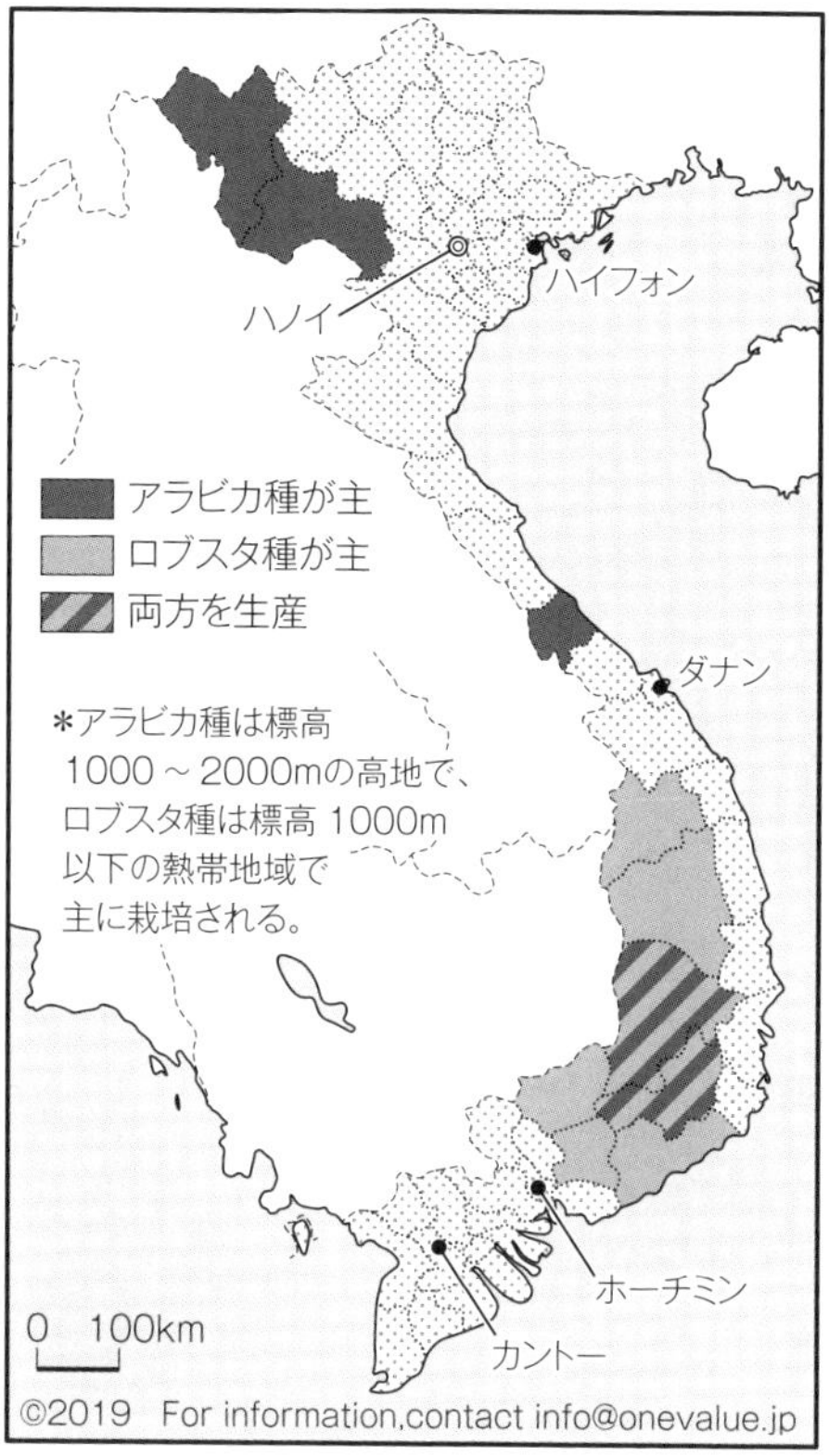

ベトナムコーヒー栽培地

ベトナムのコーヒーの生産量は、2011年頃から急増し、ブラジルに次ぎ世界第2位、輸出も世界第2位となっている。ロブスタ種はブレンドや缶コーヒーとしての需要が多い。アラビカ種も北部の標高1000〜2000mの高地を中心に栽培されており、種によって栽培地域、標高が異なっている。

加速する経済成長と立ちはだかる「差別の壁」

インド共和国

Republic of India

面積　328.7万㎢
（2011年。インド政府資料：パキスタン、中国との係争地を含む）

人口　14億756.4万（2021年）

言語　連邦公用語はヒンディー語、他に憲法で公認されている州の言語が21言語

宗教　ヒンドゥー教、イスラム、キリスト教、シク教、仏教、ジャイナ教（2011年）

国土は日本の9倍、人口世界一となるインドの実力は？

国連人口基金は、２０２３年中にインドが中国を抜いて人口が14億２８６０万となり、世界一になると２０２３年４月に公表した。インドが人口世界一になるとの予想は以前から立てられていたが、２０１０年頃には２０３０年代と予想されていたことから、**インドの人口急増は予想をはるかに上回った。**人口が世界一となる背景には、中国が少子化政策により人口減となったこともあるが、インドの医療水準の改善などによる死亡率の急減、貧困者の多さ、周辺国からの移民の増加などがあげられる。インドでは、２０００年以降多くの人が貧困層から脱却したとされるが貧富の差は大きい。農村部では、機械化が進まない所も多く、そのため労働力となるべく子供を多く生むことになる。

インドの農地は国土の６割近くになる。米や小麦、綿花、バレイショなどは世界有数の生産量を誇り、レモン・ライム、バナナの生産量は世界でのトップ（２０２１年）を続けている。

広大な国土（日本の約9倍）に高い農地率（日本は約1割）のインドだが、すべての農地が河川や井戸、地下水から水を供給して灌漑《かんがい》をほどこされ、収穫が十分に見込まれるわけではない。農地とはいっても、雨の降らない時期は荒地のような景観となり、雨が降らないと耕せない農地も多く、農地の生産率は高いとはいえない。

1947年に独立したインドは、社会主義型の国家建設をめざし、計画経済、外資の規制、公営企業による工業化を推進した。ソ連や中国と近い国家をめざしていたともいえる。それにより鉄鋼や石油化学などを基幹産業とし、1977年には食料自給も達成した。

しかし、生産性の低下や技術革新の停滞を招いたため、1980年代には経済の自由化を進め、外資と政府との合弁事業をつくるなど規制の緩和を行った。その例としては日本の自動車メーカーとの合弁企業である。これにより日本でよく見かける自動車がインド国内を走っているのをよく目にするようになった。

1990年代にはさらなる外資規制の緩和を進め、IT産業などが参入した。

石炭などの資源も豊富で重要な輸出品となっているとともに、ボーキサイト、鉄鉱石、鉛鉱、塩などの鉱産資源にも恵まれている。工業品としては銑鉄《せんてつ》、粗鋼《そこう》の生産が多く、それらを使った鉄鋼の消費も世界有数であり、鉄鋼業が盛んである。

資源に恵まれたインドは経済成長も順調で、2014年以降は中国をもしのぐGDP成長率となった年もある。特に**IT産業、風力や太陽光発電などの再生可能エネルギーなどの成長は著しい。**IT産業が発展した理由としては、IT産業の発達したアメリカとの時差で、昼夜が反対となることがあげられる。このことは、アメリカで昼間に行われていた仕事が、インドに引き継げばアメリカの夜間、すなわちインドの昼間に作業が進められ、昼夜を問わず作業が進むことになる。さらには、英語がインドでは準公用語となっており、英語でビジネスが進められることがあげられる。

砂漠、降雪、洪水、酷暑……多様なインドの自然環境

インドの自然環境は多様である。北部のヒマラヤ山脈にかかる地域は、高山気候で降雪もある。北東部や南西部では降水量が多く、洪水の常襲地域もある。一方でパキスタンに近い北西部では、乾燥していて砂漠もある。デカン高原では、乾季にあたる4月から5月に列車に乗ると、冷房がついていない車両では、窓をあけると熱風がはいり、窓をしめて暑さに耐えるほうがまだいいという状況になる。

南部は熱帯地方で、HOT（暑い）、HOTTER（もっと暑い）、HOTTEST（どうしようもなく暑い）という季節しかないといわれる。冷房がきいた建物にはいると一息つけるが、冷房がききすぎてガウンなどを羽織ることもしばしばある。

インドの都市では、貧富の差が大きいことや地方からの人が多く移住することもあって、都市問題が深刻化している。その一つが住居の問題である。失業率は低下しているが低所得層が多く、多くのスラムが形成される。古い建物に住める人はまだいいほうで、運河や川べり、空き地などに布をかけた小屋や土で固めた小屋が集積したスラムもある。暑い夜には、外で寝るほうが寝やすく、夜には、こうした人々や路上で生活する人、さらには犬や牛が歩道にあふれるようにして寝ている光景に出くわすこともある。

言語が数百？　州が変われば言葉が通じない!?

インドは自然環境が多様なだけでなく、言語も多様である。インドには、もともとドラビダ系の言語を使うドラビダ人が住んでいたが、紀元前1800年頃、北からアーリア人が侵入した。そのため、現在でも、**インドの北部ではアーリア系の言語（インド＝ヨーロッパ諸語）が使われ、南部ではドラビダ諸語が使われている。**

イギリスの植民地であった頃、全国的に英語が普及した。そのため、インド全土で通じる言語として英語が使用された。インドが独立した後の1965年以来、インドの州は言語別に編成された。インド政府はアーリア系の言語であるヒンディー語を連邦公用語とし、英語を準公用語としたが、各州ではそれぞれの州の言語が話され、**憲法に記載された（公的に認められた）言語は22となる。**

公用語とはいえヒンディー語はアーリア系であることから、ドラビダ系の南部の諸州では普及しにくかった。なお、22の言語のほかにも、数百の言語が話されているといわれている。高学歴の人たちは、ヒンディー語も英語も習得するので、インドのどこでもヒンディー語や英語で通用する。しかし、州の言語しか話せない人々も多く、インド国内でも州が異なると言葉が全く通じない、理解できないということが起こってくる。

なお、1990年代に、植民地時代につけられた地名を本来の地名に戻そうという動きが起こった。これにより、インド最大の港湾都市ボンベイはムンバイ、インド南部の中心都市マドラスがチェンナイ、東部の大都市カルカッタはコルカタと改称された。

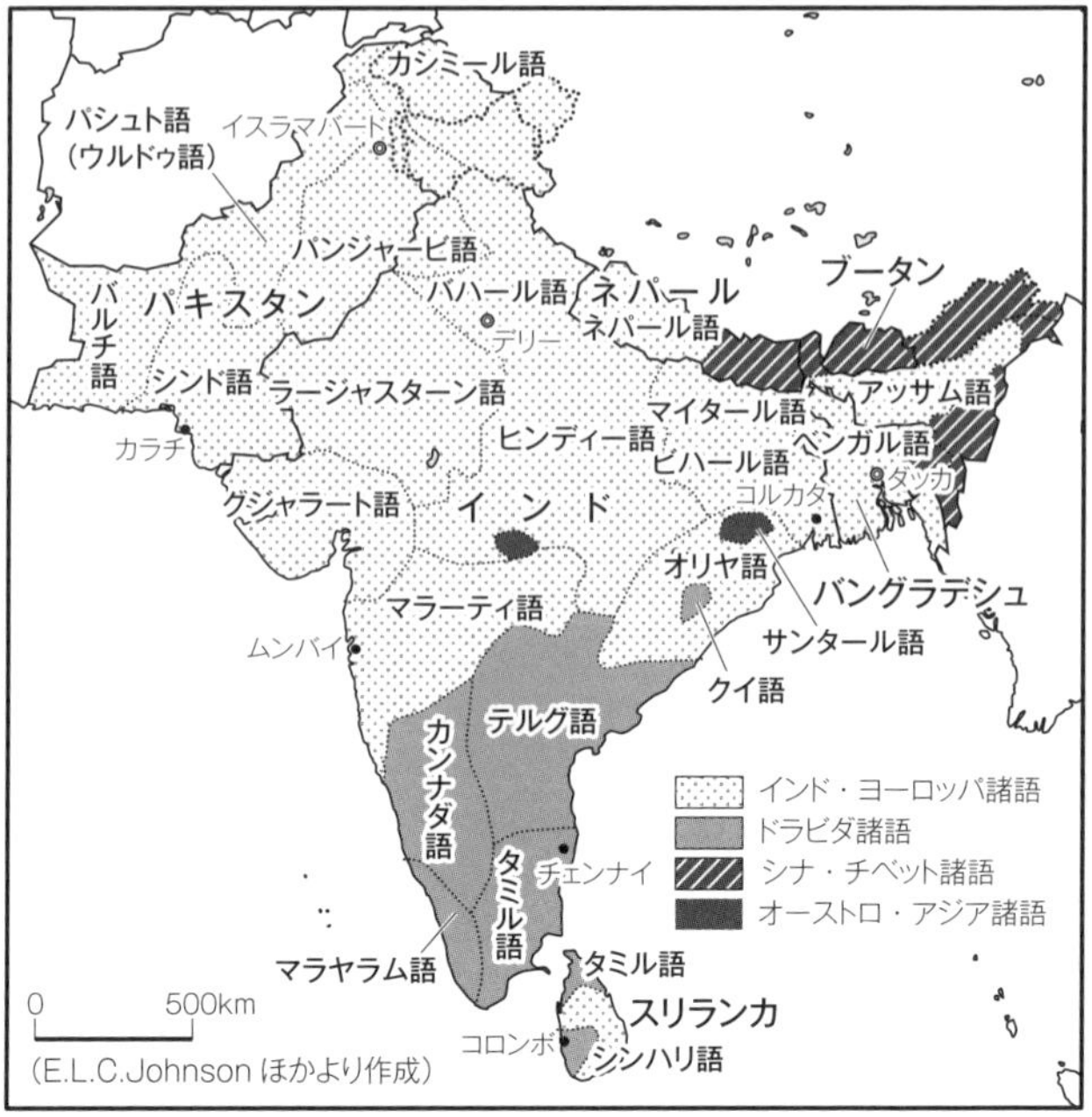

南アジアの言語構成

インドのIT産業、「カーストは無関係」は本当か？

巨大な人口をもつインドでは、生きるために家族の誰かがまず職に就かなければならない。そこで重要なのが職業集団としての「カースト」であった。

カーストは、社会を保守的に膠着《こうちゃく》させ、差別意識を助長するといった弊害をもたらすが、世襲的に職業を確保するため、巨大な人口を支える一つの要因となっている。

カーストといえば、バラモン（司祭）、クシャトリヤ（王侯・武士）、ヴァイシャ（農牧商に従事する庶民）、シュードラ（隷属民《れいぞく》）という、身分・階級を示す「ヴァルナ」を思い浮かべることが多いだろう。しかし、「ヴァルナ」と家柄や職業を示す現実社会の集団「ジャーティ」とは区別される。各ジャーティは不可触《ふかしょく》民（アウトカースト）を除いて4ヴァルナのいずれかに属していることもあって、混同されて両者ともカーストといわれてきた。

カースト（ジャーティ）は、さらにサブカーストに細分され、その数は2000以上にのぼる。この細かいサブカーストが、洗濯屋・理髪屋といった職業などを規定している。しかし、近年の社会変化により、世襲的な職業などは崩れつつある。

カースト（ジャーティ）の序列は、バラモンと不可触民を除いて固定したものではなく、地域や行いによって変動する。インド人に「このカーストとあのカーストではどちらが上なの」と聞いた際に、時折「わからない」という答えが返ってくるが、それは数多いジャーティと、その順位が固定的でないことによる。

インドでは、1990年代からIT産業が経済を牽引してきた。その背景には、ITといった新しい産業は、カースト（ジャーティ）に対応しないため、属しているカースト（ジャーティ）に関係なくIT関連の職を得られたことがあるといわれる。

しかし、現実的には、高等教育を受けることができるのは経済的に裕福な上層カーストの人であることから、下層カーストの人がIT関連の高いポストに就くことは難しいとされる。

インドでは、不可触民を意味する差別用語やカーストによる差別が、1950年に制定された憲法により禁止されている。しかし、カースト意識は根強く、上層カーストの人は、優越意識から固定的な観念をもち、革新を好まない。これがインドの経済発展を妨げているという指摘もある。

COLUMN

食生活、カースト……背景にある「宗教観」

浄なる牛も不浄なる豚も食べないヒンドゥー教

インド人の多くが信仰するヒンドゥー教には多くの神がいる。インド全土に寺があって崇拝される神が、ブラフマー（世界創造）、ヴィシュヌ（世界維持）とシヴァ（破壊）である。そのほかにも、地域で信仰される神や牛やサルなどの動物信仰もみられる。

ヒンドゥー教では浄、不浄の概念があり、それが生活にも強く影響している。神の対象および神の使いともなる牛は浄であり、したがって牛肉は食べない。神に願いをかけてそれがかなったときに、その人は神の使いである牛を買い、神に感謝の意を表すためにその牛を解き放つのだ。そのために、街では牛が自由に闊歩している姿がみられる。人々は、牛が歩いてくれば、けがをしないためにも道を譲る。一方で、同じ牛でも水牛は不浄とみなされ、農家で働かせられたりする。また、豚も不浄なので、ヒンドゥー教徒は豚肉も食べない。

街中を闊歩する牛は、ゴミ箱に頭を突っ込み餌をあさる。人間の出した生ゴミや紙類は、こうして牛やヤギなどの食料となる。人間の出したゴミを食べた牛は、道路上に糞をする。その糞を集めて回る人びとがいる。糞はわらなど一緒にこねられ、適当な大きさにされて、川岸などに干される。それは燃料として使われ、日本でいえば炭のような役割をはたす。さらに、神聖な床を拭くためにも用いられる。牛の糞は、収集する人々の現金収入にもなり、燃料などの生活必需品になっているうえに、人間・ゴミ・牛の関係は、環境問題に関しての理想的なリサイクルともなっている。

右手は浄、左手は不浄――人間の浄、不浄

浄、不浄の概念は人間そのものにも適用される。右手は浄とされ、左手は不浄とされる。インドではカレーなどを手で食べることが多いが、その際は浄の右手を使って、コメとカレーなどを混ぜながら口に運ぶ。トイレでは、紙を使わず水で洗うことが多いが、その際使うのは不浄の左手である。

なお、インドのカレーは、日本のカレーをイメージするとかなり異なる。インドではスパイスで調理したものを「カレー」と称しているので、ドライなものから、汁気の多いもの、スープのようなものまである。辛さをマイルドにするために、ヨーグルトを入れることも多い。日本のカレーは、イギリスを経由して伝わっているので、直接インドのカレーとは結びつかない。

浄、不浄の概念は、インドの階級社会の基礎ともなった。つまり、浄に位置する人間階級がバラモンである。不浄が多くなるごとにクシャトリヤ、ヴァイシャ、シュードラへと低い階級となる。

不可触民は、不浄の人間として差別されてきたが、現在の政策では、教育・雇用・議席などで優遇措置がとられている。

20年のうちに二度の独立を果たした国

バングラデシュ人民共和国

People's Republic of Bangladesh

面積	14.8万㎢（日本の約4割）
人口	1億6,935.6万（2021年）
言語	ベンガル語（公用語）
宗教	イスラム、ヒンドゥー教（2020年）

ベンガルトラとガンジス川の国

なぜか「バングラディッシュ」と誤表記・誤発音されることの多いこの国。正式には「バングラデシュ」である。公用語であるベンガル語で「ベンガル人の国」という意味である。実に、**国民の98%をベンガル人（ベンガル語を母語とする人々）が占め、彼らの大半がイスラムを信仰している。**

ベンガルというと「ベンガルトラ」を思い浮かべる方も多いだろう。ベンガルトラはバングラデシュからインド周辺の南アジア一帯に生息し、バングラデシュの国獣に指定されている。狩猟や森林破壊が要因で、個体数は減少の一途をたどり、国内でも野生のベンガルトラは100頭前後しか生息していないといわれている。ちなみに、私たちが動物園で目にするホワイトタイガーは、ベンガルトラの白変種である。

熱帯気候に属し、モンスーンの影響で雨季と乾季が明瞭である。自然環境では、ガンジス川河口デルタ（三角州）の水没が問題になっている。地球温暖化による海面上昇で水没地域の拡大が予想され、これに加えてベンガル湾を北上する熱帯低気圧サイクロンの威力が増大し、高潮による水没の危険性も増している。いずれにせよ、近い将来に人口の集中するバングラデシュ南部のデルタ地帯は、居住困難地域となる可能性をはらんでいる。地球温暖化防止対策に向けて世界的な取り組みが急務であるといえる。

バングラデシュとパキスタン

日本の国旗と似ているのは偶然か？

バングラデシュは、西隣するインドとその周辺地域とともに、長らくイギリスの植民地であった。1947年にヒンドゥー教徒が多く暮らしている地域はインドとして、ムスリムが多く暮らしている地域がパキスタン＝イスラム共和国として独立した。バングラデシュはパキスタンの一部（東パキスタン）であった。つまり独立当初は、インドをはさんで東西のパキスタンが一つの国として存在していた。このような国家のあり方を、「飛地国」（エクスクラーフェン）という。

その後、西パキスタン（現在のパキスタン）が政治的に主導権をもち、西パキスタンで使用されているウルドゥー語を国語とする言語政策が行われたり、東パキスタン（現在のバングラデシュ）が稼いだ外貨を西パキスタンの各種整備のために使用したりしたことなどから、両地域間に多くの軋轢《あつれき》が生じた。その結果、内戦へと突入し、1971年に東パキスタンは、バングラデシュとして分離し独立を果たす。バングラデシュは**わずか20年余りの間に2度の独立を経験した稀有な国**である。

ところで、バングラデシュの国旗は、日本の国旗と配色こそ異なるが、よく似たデザインとなっている（緑の地に赤い円）。諸説あるが、緑色は青葉を、赤色は太陽を表わすと同時に、パキスタンから独立するために戦った若者たちの意気と犠牲の血を象徴しているといわれる。なお、赤い円の位置は、風になびいても中央に見えるように少し旗竿側に寄っている。

２０１４年にバングラデシュのシェイク・ハシナ首相は、来日した際のスピーチで「父親のムジブル・ラーマン初代大統領が、独立に伴う１９７２年の国旗制定時に『日の丸のデザインを取り入れた』」と述べたという。蛇足であるが、太平洋島嶼国家であるパラオのデザインもよく似ている。

人口密度は世界一！　日本の4割の面積に2億人！

バングラデシュのおもな産業としてまずあげられるのは、やはり農業である。実に全労働者の40％が、第一次産業（農林水産業）従事者である（日本は３％）。**高温多湿の気候を生かして、コメやジュート（黄麻：コウマ・オウマ。麻袋やじゅうたんの裏地の原料となる）の生産が盛んである。**

稲作が盛んで米の収穫量が多いことは多くの人口を抱えることを可能にし、さらに、医療・保健衛生面の改善にともない乳幼児死亡率の低下が顕著であることから、近年、人口増加が著しい。**現在、約1億7000万の人口は今世紀半ばには2億を突破すると推測されている。**日本の４割程度の国土に２億人近くが暮らしていることから、**世界の中で最も人口密度が高い国**と称されることもある。

おもな産業として次いで工業があげられる。輸出品目（金額ベース）を見てみると、約95％を「工業製品」が占めている。バングラデシュは一般的に貧しい国のイメージが強いが、実はここ10年で工業化の進展が著しい。コロナ前の経済成長率（ＧＤＰ成長率）は年6～7％で推移していた（ちなみに日本は1％前後を推移）。この経済成長を牽引している産業は、ファストファッションに代表されるアパレル産業だ。**輸出額に占める縫製品の割合は約85％にも及ぶ。**

軽工業の代表である衣料品生産大国として思い出されるのは中国であろう。しかし、急激な賃金上昇や社会情勢の不安定化などから、少しずつではあるが中国離れが進みつつある。中国に進出している企業は、生産現場を東南アジア、そして南アジアのバングラデシュへと移転してきているのだ。

ちなみに、2019年の世界の衣類輸出額上位国は1位が中国、2位はバングラデシュである。

なぜ、「世界のアパレル産業の中心地」になったのか

なぜ、バングラデシュが衣料品生産大国となったのか。イギリス植民地時代からの綿製品やジュート関連製品の製造が、現在の衣料品製造へと繋がっていると説明されることが多い。確かに繊維・縫製産業の下地がつくられたといえるかもしれないが、実は、独立後に参入した外国企業の存在が大きいといわれる。それは、「大宇」（デウ）と呼ばれる韓国の財閥企業である（現在は解体）。

大宇はバングラデシュ国内で商社として活動し、1979年に縫製事業を開始した。これは、現在、衣料品製造大国である中国やベトナムに、本格的に外国企業が参入する1980年代よりも前の話である。当時、

欧米諸国はアジア各国からの繊維（主に綿製品）の大量流入による国内産業の衰退を防ぐために、輸出国に対し欧米向け輸出数量制限（クォータ）を割り当てた（多角的繊維協定）。そのため、韓国企業の大宇はバングラデシュで自社ブランド製品を生産することで制限を回避し、欧米諸国へ衣類の輸出を行おうとしたのだ。同時期に大宇は、バングラデシュに繊維・縫製産業の技術を伝授し、バングラデシュ企業のデシュ・ガーメンツ社の設立に携わった。同社は大宇のネットワークを利用し、販路を拡大して業績を順調に伸ばした。

この成功によって**バングラデシュの民間企業は縫製事業に続々と参入し、国も外国企業の積極的な誘致に政策転換した。**１９７０年代末には数件しかなかった国内の縫製工場は、２０１２年には５６００件まで増加している。

ちなみに、中国や東南アジア諸国が、バングラデシュよりも先に世界的に衣料品産業が発展した大きな理由は、地理的な位置関係が大きい。これらの国々で生産された衣料品は、日本やアメリカ合衆国などの先進国向けであり、これらの国々に遠いバングラデシュへの外国企業の参入は、後手に回った形になる。

21世紀になり、衣料品生産が盛んとなったバングラデシュには、世界中から生産注文が舞い込むことになった。この状況を生み出したのが、「ファブレス企業」の登場とインターネットの発達である。

ファブレスとは「工場をもたない」という意味である。アパレル産業は、流行の移り変わりが早く、商品サイクルが短いことが特徴である。そこで、あえて自社工場をもたないことで、製品開発やマーケティングに注力し、世の中のニーズや変化に柔軟に対応してきた。**アパレル産業の中でも、ほとんどのファストファッション企業は、ファブレス企業といってよい。**

ファストファッション企業は、インターネットを介して世界中の衣料品製造に特化した下請けとなる企業

（このような、製品製造に特化した企業を「ファウンドリ企業」という）へ発注する。その際、ファウンドリ企業は、短期間のうちに安価で大量に製造することが求められている。このような先進国企業からの注文に応えるために、急速な経済発展の裏で、劣悪な労働条件と職場環境が放置されてきた。

２０１３年、ラナ・プラザビルの崩壊事故という象徴的な出来事が起こった。このビルには5つの縫製工場が入居しており、違法に増改築を繰り返していたといわれている。利益獲得を優先した結果、１１３６人もの犠牲者を出す惨事を引き起こしてしまった。安価で、商品展開が早いことが特徴のファストファッション業界のひずみが、このような災難を引き起こしたのである。

「世界最貧国」を脱したといわれるバングラデシュであるが、未だ残る貧困や、急激な経済成長による劣悪な労働環境や賃金格差など問題も多く残る。生産者と消費者がともに幸せな関係になれるような、持続可能な産業のありかたを、世界規模で考えていく必要があるだろう。

インド・中国との国境が定まらない国

パキスタン・イスラム共和国

Islamic Republic of Pakistan

面積	79.6万㎢（日本の約2倍）
人口	2億3,140.2万（2021年）
言語	ウルドゥー語（国語）、英語（公用語）
宗教	イスラム（国教）

核保有国同士の対立――カシミール紛争とは？

パキスタンは東にインド、西にイランとアフガニスタン、南はアラビア海に面した国である。北部には紛争地域のカシミール地方を抱え、その先には中国西部の新疆ウイグル自治区が接している。

気候は大部分が乾燥気候（砂漠気候かステップ気候）である。北部は山岳地帯であり、南部に比べると降水量が多く、北部に水源をもつインダス川が乾燥した大地を縦貫し潤している。**このような厳しい自然環境である割に人口は多く、約2億3000万で、世界5位である（2021年）。**

１９４７年にパキスタン・イスラム共和国としてイギリスから独立し、１９７１年にはさらにパキスタンとバングラデシュに分離独立することとなった（78頁参照）。パキスタンとインドがイギリスから独立した際に、ムスリム（イスラム教徒）の多い地域はパキスタンとして、ヒンドゥー教徒の多い地域はインドとして独立した。しかし、パキスタン・インドの北部のカシミール地方では、この地を治めていたヒンドゥー教徒

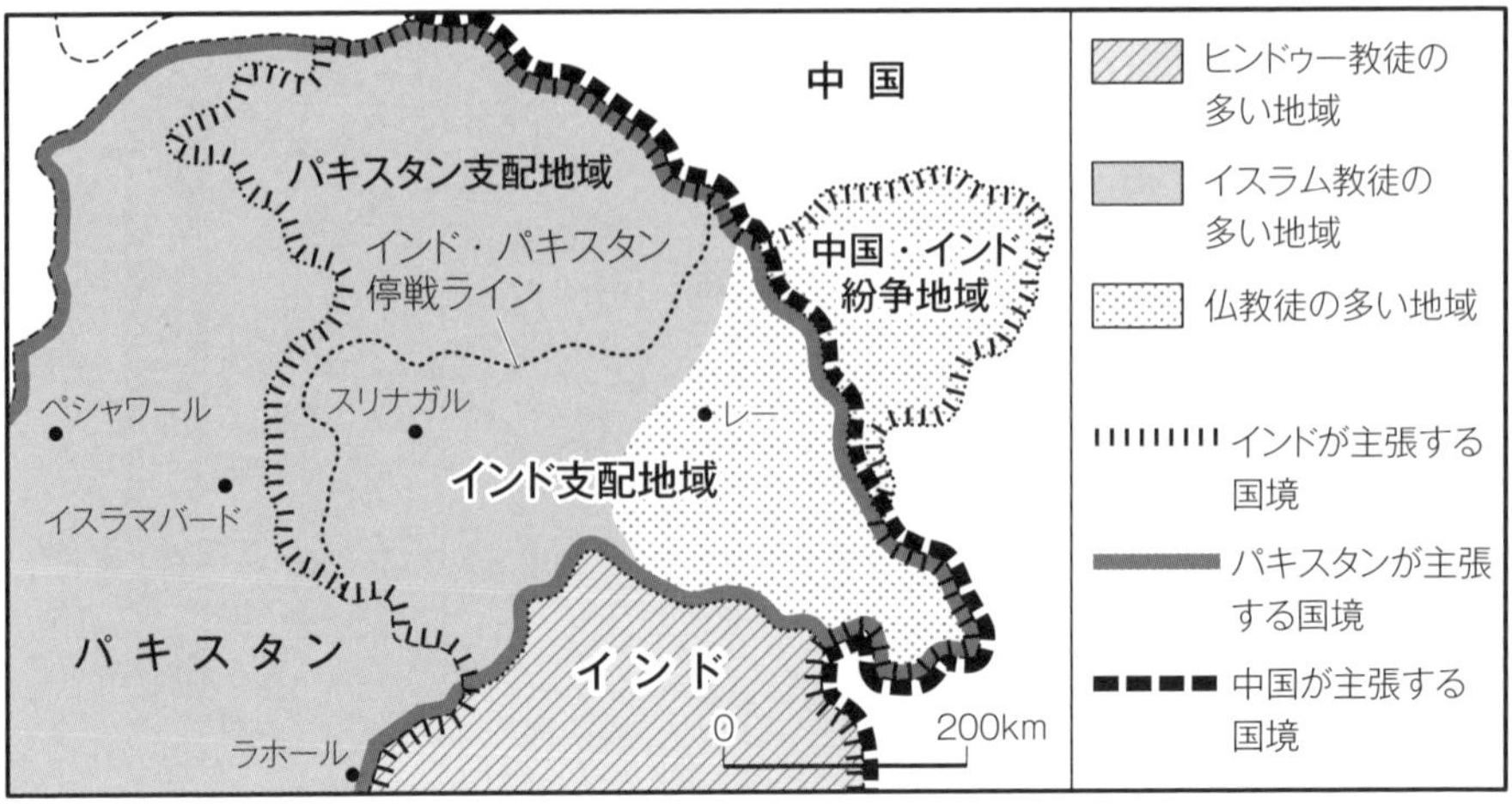

カシミール地方の宗教分布

の藩王が、住民の８割を占めるムスリムの反対を押し切ってインドへの帰属を決めた。そのため、パキスタンとインドとの間で紛争が発生。これが引き金となり、ついには１９９８年に両国が相次いで核実験を行うなど緊張が高まった。また、中国とインドとの間でも、国境線をめぐる紛争が勃発している。

カシミール地方をめぐる3国間の問題は、現在も解決しておらず、それぞれが主張する国境線は入り組み、地図上で国境線を引けない状態が続いている。

インドがパキスタン・中国の両国との関係が不調な一方で、パキスタンと中国は良好な関係を構築しつつある。そのあらわれの一つが、中国の「一帯一路」構想の一環事業である「中国・パキスタン経済回廊（CPEC：China-Pakistan Economic Corrido）」の建設である。

計画ではこの回廊は、中国の新疆ウイグル自治区のカシュガルから、紛争地域であるカシミール地方を抜けて、パキスタン南西部グワダル港までの約３０００㎞に及ぶ。パキスタン国内の道路、鉄道、港湾などのインフラ建設を全面的に中国が支援、整備するという。この回廊が完成すれば、パキスタンはカシミール地方を事実上支配し、中国はインド洋への玄関口を手に入れることになり、お互いにWin-Winの関係となるようだ。

主食は小麦なのにコメを大量に生産する経済的な理由

パキスタンの食生活は隣国インドと似て、基本的にはカレー中心である。主食は小麦を原料としたチャパティ（パン）が広く食されている。**低温乾燥の気候が小麦の生育に適しており、２５２５万トンと世界７位の生産量を誇る。**

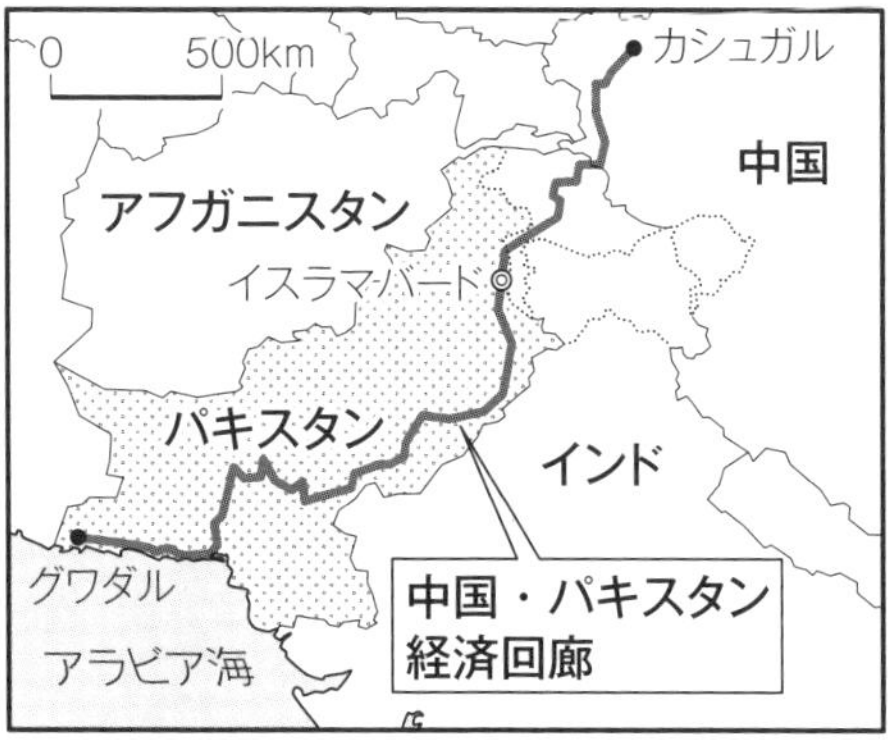

中国・パキスタンの「一帯一路」

コメの生産量も多く、８４２万トンは世界13位（日本は12位）。稲作には大量の水を必要とするが、この乾いた大地でそれを支えているのがインダス川であり、イギリス植民地時代に整備された灌漑である。

特筆すべきは、**コメの総生産量の約5割を輸出していること**。これはインド、ベトナム、タイに続いて世界4位の輸出量である。コメを生産する国でここまでの割合を輸出している国はほかにない。つまり、パキスタンはコメを食べる文化をもちながら、外貨を得る手段としての商品作物として、コメを生産しているのだ。実際に、パキスタンの総輸出額の10％近くをコメが占めている（この項のデータは２０２０年）。

中央アジア・西アジアの概観

石油が何を変えたのか？
なぜ、紛争が絶えないのか？

Central Asia
West Asia

旧ソ連5カ国「中央アジア」の現在

ユネスコは「中央アジア」の範囲を、ユーラシア大陸の中央部に広がる地域として広く捉え、**世界で最も標高が高い山脈や高原などが広がる**としている。実際、世界最高峰のエヴェレスト山をはじめ８０００ｍ級の山々が連なるヒマラヤ山脈は、カラコルム山脈を経て平均高度約４０００ｍのパミール高原へ繋がる。このパミール高原にはテンシャン山脈・クンルン山脈・ヒンドゥークシ山脈も東西から集まり、全てが標高７０００ｍを超える山脈で氷河も存在する。

このように東西方向に連なる大山脈は、南から動いてきた地殻のインドプレートがユーラシアプレートに衝突したことに由来し、高い山脈・高原だけではなく、低い盆地もつくりだした。たとえば、**テンシャン山脈とクンルン山脈の間にあるタリム盆地周辺には海面下になるマイナス１３０ｍの凹地《おうち》がある。**北西部にあるカスピ海の水面標高も海面下のマイナス28ｍで、周辺のカスピ海沿岸低地も海面下である。

東西に連なる大山脈は、南のインド洋から運ばれるはずの水蒸気を遮る。中央アジアはユーラシア大陸の中央部で、海から離れた場所であるため、**雨が少なく気温の差が大きい内陸性気候であるが、山脈の影響が重なり、さらに乾燥することになる。**

標高が高い山脈では、気温が低いために雪が降り氷河も存在するが、標高が下がると気温が上がり雨もほとんど降らないため乾燥し、樹木が生えない草原（ステップ）、さらには砂漠が広がる。**水が得られるのは、まずは山脈の山麓《さんろく》であるため、多くの都市も標高の高い地点に存在する。**農耕も、山麓あるいは山脈から流れ出す大河川の周辺や地下水が湧き出すオアシスに限られる。

中央アジアの国と地形

ユネスコによる中央アジアの範囲はこのように広く、自然環境を指標としているため、中国の西部を含むなど国境線を超えた地域設定になる。

一方、国家を単位に中央アジアの範囲を設定することが便利な場合も多く、本書もその立場をとっている。この場合には、パミール高原と周辺の山々以西が中央アジアとなる。

国家を単位とした場合、カザフスタン共和国、

ウズベキスタン共和国、トルクメニスタン、キルギス共和国、タジキスタン共和国の5カ国を指すことが一般的である。これら5カ国は、1991年に崩壊したソ連(ソビエト社会主義共和国連邦)を構成した共和国である。

ソ連時代には、ロシア語が事実上の公用語として使用され、ロシア人が大量に移動してきた。そこで現在でも、中央アジア各国では各民族語に加えロシア語が広く話されるとともに、ロシア人の構成比も高い。1991年にロシアを中心に結成されたCIS(独立国家共同体)にも参加しており、ロシアとの関係は続いているが、結束は強くはない。

西アジアはなぜ「中東」とよばれるのか

「西アジア」とは、インド亜大陸より西のアジア州を指す。西縁は、地中海と紅海《こうかい》の間にあるスエズ地峡がアフリカとの境界であり、ここを南北にスエズ運河が通る。ヨーロッパとの境界は、黒海《こっかい》と地中海を結ぶ、ボスポラス海峡・ダーダネルス海峡である。同海峡に突き出した半島が、小アジア半島とよばれてきたのは、ヨーロッパからみて同地域が最も近いアジアであることを意味している。

また、**西アジアが中東地域とよばれるのも、ヨーロッパからみて、この地域が極東のようには遠くないから**である。

西アジアは、大きくは次の3地域に分けて捉えられる。

第1は、東部のアフガニスタンとイランから構成される地域で、中央アジアから延びるヒンドゥークシ山

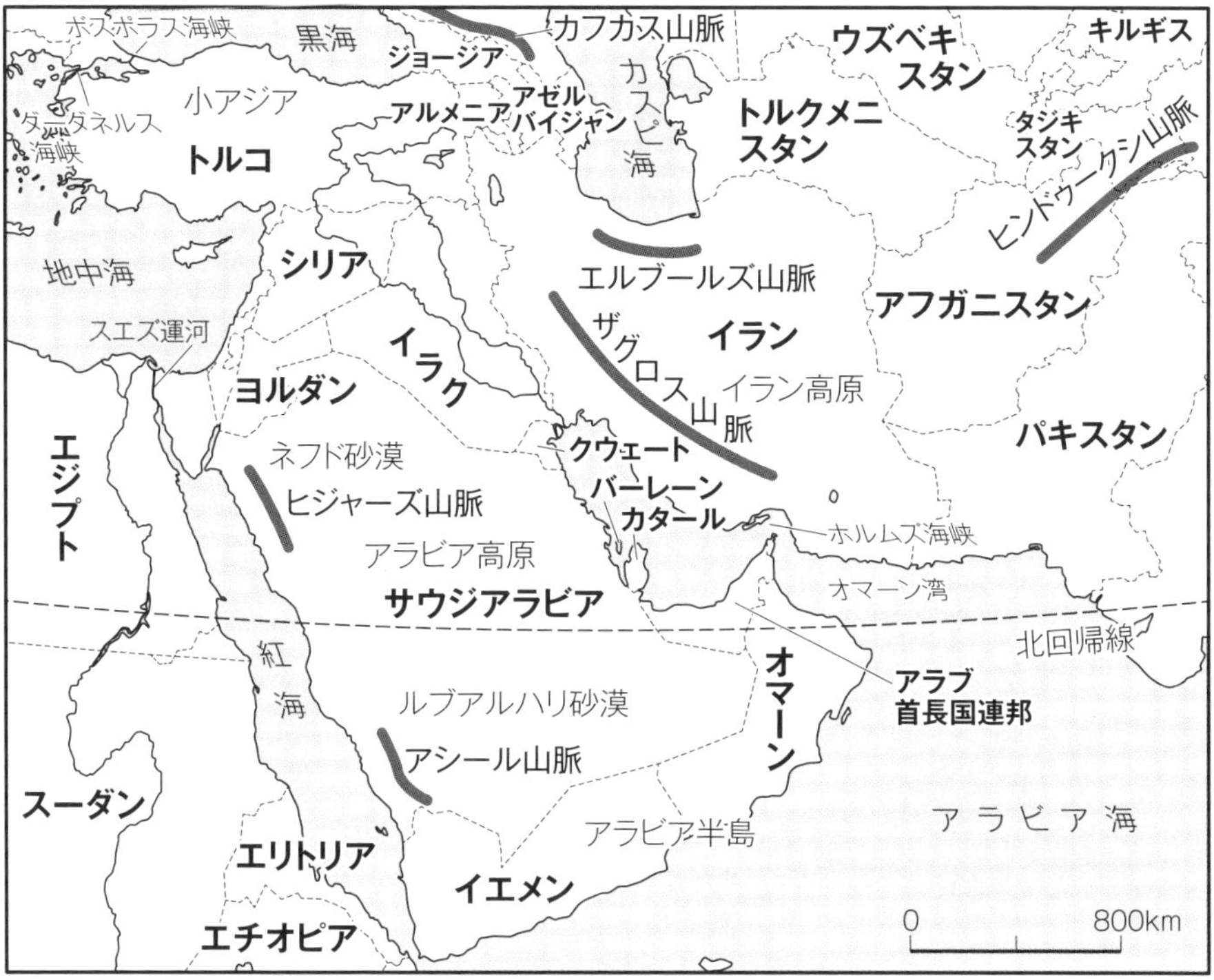

西アジアの国と地形

脈や、ペルシア湾に沿うザグロス山脈、カスピ海南岸に沿うエルブールズ山脈があり、イラン高原に代表されるように全体に高原状である。

第2は南部のサウジアラビア王国等がある地域で、アラビア半島が占める。

第3は、先にあげた小アジア半島を主とした地域で、トルコがある。この地域は高原状でイランからの山脈が続いてきており、アルプス山脈へつながるアルプス・ヒマラヤ造山帯の一部をなしている。

このように、イラン、サウジアラビア、トルコを核として地域全体をイメージすると地理的に把握しやすい。

なお、中央アジアの5カ国と同じようにソ連を構成していて独立した、カフカス山脈の南側に位置するアゼルバイジャン共和国、アルメニア共和国、ジョージアの3カ国も、西アジアの国として扱われることがある。

気候では、中央アジアとつながる乾燥地帯として捉えることができる。ただし、乾燥する理由はやや異なる。アラビア半島は海に面するにもかかわらず砂漠が広がる。これは、**高気圧に一年中おおわれる緯度帯（北回帰線《きたかいきせん》沿いの北緯20度から30度を中心とした地帯）に位置し、沿岸部でも雨が降らない**からである。トルコからイランはやや北側になるが、同様な理由（高気圧）に内陸性が重なり、乾燥地が広がる。

宗教と文化から読み解く中央アジア・西アジア

中央アジアと西アジアは、イスラム世界として、宗教と政治とを関連付けて捉える必要がある。たとえば、イランは1970年代のイスラム革命以降、宗教指導者が政治に大きな影響力をもっているし、サウジアラビア王国も国王はイスラム聖地の守護者とされている。政教分離である世俗主義を国是とするトルコにしても、宗教と政治は常に緊張関係にある。さらに、ユダヤ教とイスラムをめぐる国際政治に目を転じると、イスラエルと周辺国・地域との間にはパレスチナ問題がある。

さらにイスラムの宗派をみると、地域の多数はスンナ派であるが、イランではシーア派がほとんどである。隣国イラクはシーア派とスンナ派が拮抗し、国内での権力バランスも重なり複雑である。必ずしも、宗派の違いが直ちに対立・紛争を生むとはいえないが、微妙な関係をもつことは確かである。

一方、言語から民族を捉えると、イランを中心にペルシア語を話す人々、トルコを中心にトルコ語を話す人々、そしてアラビア語を話す人々に大別される。

中央アジア・西アジアの国々概要

	国名	面積（万㎢）	人口（万人）2021年	公用語等	主要宗教	旧宗主国等
中央アジア	カザフスタン共和国	273	1920	カザフ語、ロシア語	イスラム（スンナ派）	ソ連
	ウズベキスタン共和国	45	3408	ウズベク語、ロシア語		
	トルクメニスタン	49	634	トルクメン語、ロシア語		
	キルギス共和国	20	653	キルギス語、ロシア語		
	タジキスタン共和国	14	975	タジク語(ペルシア語系)、ロシア語		
西アジア	アフガニスタン・イスラム共和国	65	4010	パシュトー語、ダリ語（ペルシア語系）	イスラム（スンナ派）	イギリス
	イラン・イスラム共和国	163	8792	ペルシア語、トルコ語、クルド語	イスラム（シーア派）	
	イラク共和国	44	4353	アラビア語、クルド語	イスラム（シーア派・スンナ派）	
	トルコ共和国	78	8478	トルコ語、クルド語	イスラム（スンナ派）	（オスマン帝国）
	キプロス共和国	0.9	124	ギリシャ語、トルコ語	ギリシャ正教、イスラム	イギリス
	サウジアラビア王国	221	3595	アラビア語	イスラム（スンナ派）	
	クウェート	2	425			
	アラブ首長国連邦	7	987			
	カタール国	1	269			
	バーレーン王国	0.08	146		イスラム（シーア派）	
	オマーン国	31	452		イスラム（イバード派）	
	イエメン共和国	53	3298		イスラム（シーア派・スンナ派）	
	シリア・アラブ共和国	19	2132		イスラム（スンナ派）	フランス
	レバノン共和国	1	560		イスラム、キリスト教	
	ヨルダン＝ハシェミット王国	9	1115		イスラム（スンナ派）	イギリス
	（パレスチナ自治政府）	0.6	464		イスラム	
	イスラエル国	2	890	ヘブライ語、アラビア語	ユダヤ教、イスラム	
	アゼルバイジャン共和国	9	1031	アゼルバイジャン語	イスラム（シーア派）	ソ連
	アルメニア共和国	3	279	アルメニア語	キリスト教（アルメニア正教）	
	ジョージア	7	376	ジョージア語	キリスト教（ジョージア正教）	

このうち、アラビア語を話す人々はアラブ人とよばれ、エジプト・アラブ共和国、モーリタニア・イスラム共和国をはじめとした北アフリカにまで広がる。したがって、西アジアのイスラム世界、とりわけアラブ社会は、アジアを越えてアフリカ大陸まで及んでいる。

一方、トルコの北西端はヨーロッパ州にあたり、地中海沿岸諸国やキプロス共和国（島国）とともに、ヨーロッパとの交流・影響も大きい。

大国にはさまれた草原の国

カザフスタン共和国

Republic of Kazakhstan

面積　272.5万㎢（日本の約7倍）
人口　1,919.6万（2021年）
言語　カザフ語（国語、公用語）、ロシア語（公用語）
宗教　イスラム、ロシア正教、その他（2009年）

「塩水湖・カスピ海」と「干上がったアラル海」

カザフスタンは、東西約3000㎞、南北約1500㎞で、その面積は日本の7倍以上、世界9位である。東は中国に接し、テンシャン山脈から続く山岳地帯やカザフ高原が南東部にある。地形は、北西に向かって低下し、北西端にある世界最大の湖カスピ海沿岸低地は海面下である。海に面していないこの国の多くの川は、カスピ海など低い窪地に流れ込み、海に注ぐことのない内陸河川である。

一方、気候は山岳地帯周辺を除けば樹木が育たない乾燥気候で、草原（ステップ）や砂漠が国土のほとんどを占める。そこで、**カスピ海などの湖の水の蒸発は激しく、結果的に塩分濃度の高い湖である塩湖《えんこ》になる。**湖なのに「海」が付される理由はここにある。

南部の山岳地帯の豊かな雪解け水はシルダリア川となり、隣国ウズベキスタンとの国境にあるアラル海へ下る。このアラル海は、1960年頃まで世界4位の大きな湖（6・4万㎢）だった。しかし、ソ連の政策で、

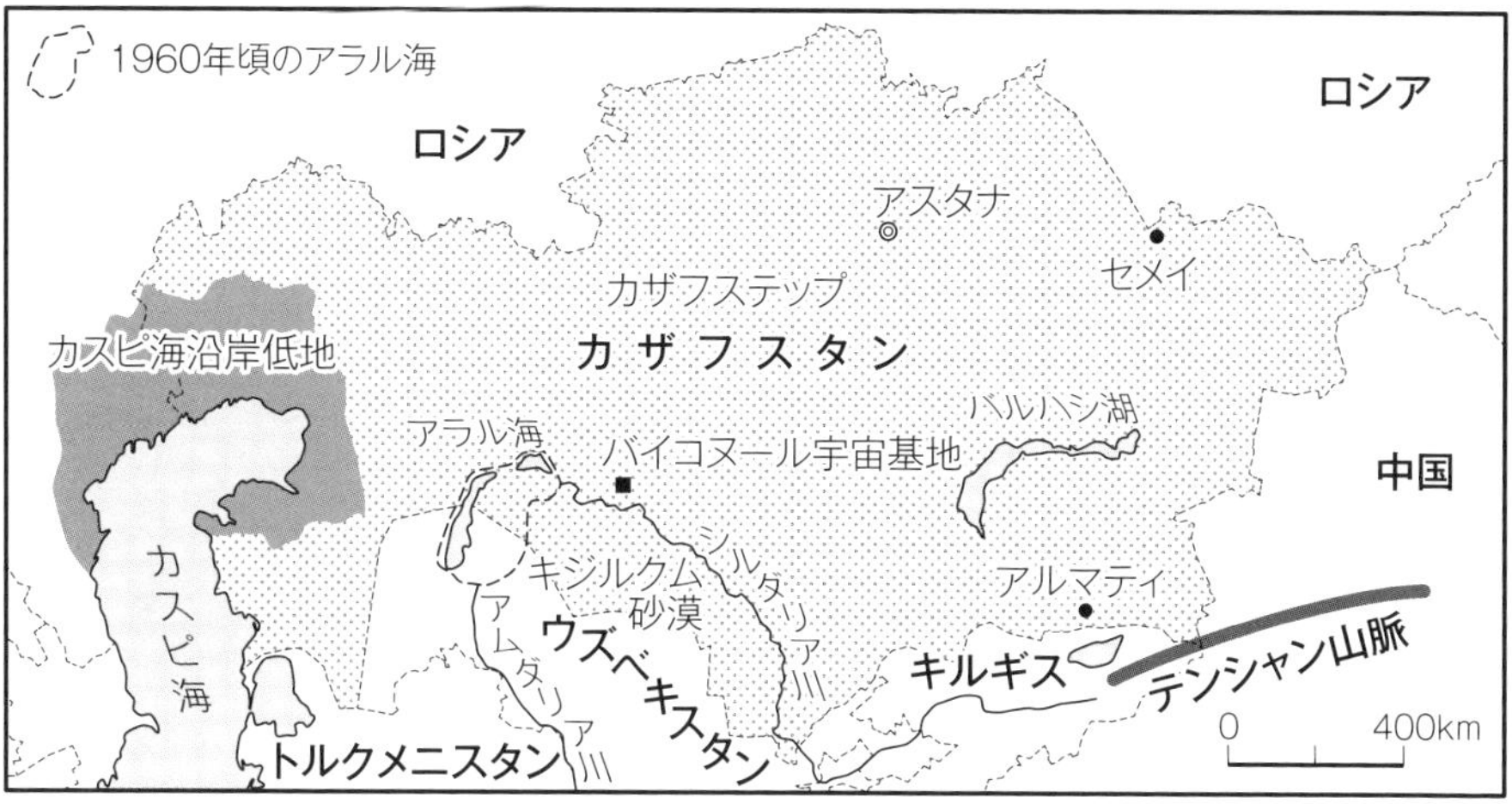

乾燥した草原(ステップ)と砂漠の広がるカザフスタン

シルダリア川の水を農業用水として乾燥地へ流し込み、綿花・米を大規模に栽培したため、アラル海に流入する水量は激減し、湖が縮小し、現在は大部分が干上がった。

その結果、漁業・海運業などができなくなっただけでなく、気候変化や農地の塩類化も引き起こし、健康や農業へも負の影響を与えている。

ロシア人も多く住む「中央アジア最大の国」

面積は日本の7倍あるが、人口は7分の1以下と少ない。

カザフ人は、トルコ系遊牧民であるが、この地域が1860年代にロシア帝国の支配下となると、小麦栽培が可能な北部のカザフステップ地域にロシアの農民が大量に入植した。1930年代にソ連の構成国となると、ロシア人に加えてソ連を構成する各地からさまざまな民族が移動し、中には強制移住させられたドイツ人や朝鮮人もいた。

このような経緯から、総人口に占めるカザフ人は約6割で、2割を占めるロシア人をはじめ他民族も多い。そこで、国語はカザフ語であるが、**公用語はカザフ語とロシア語の2つ**とされている。**宗教ではイスラムのスンナ派が約7割を占めているが、キリスト教（正教会）も2割以上**である。

1991年のソ連解体により、同年に独立してカザフスタン共和国となった。首都は当初、南東端に位置するアルマティ（カザフ語で「リンゴのある地区」の意、標高約800m、人口175万）におかれた。山岳地帯から雪解け水が得られるので、国内では比較的湿潤温暖で古くから栄えていたからである。しかし、国土開発を進める目的を背景に、1997年に国土の中央に近い乾燥地域の現首都アスタナ（標高約350m、人口97万）に移された。

独立後は、ロシアとの関係を維持しながら、中国・アメリカ・日本などとも良好な関係を築いてきた。

農業大国、そしてエネルギー資源大国

乾燥気候が広がるが、草原（ステップ）を活用した馬、羊、ラクダ、牛を飼育する牧畜は古くから盛んで、馬の飼育頭数は世界6位（2019年）、1人当たりの肉消費量は世界1位ともいわれる。農業用水が得られる場所では、小麦、綿花、テンサイ、タバコなどがソ連時代から栽培され、穀倉地帯をもつ国でもあった。

現在は、**地下資源開発・輸出が農業をしのぐ主要産業になっている**。世界に占める埋蔵量・生産量は、石炭と原油のそれぞれで世界の約2%を占め、順位は10位前後であり、石油はロシア・欧州・中国などへパイプラインで輸出されている。近年は、カスピ海周辺での石油・ガス田開発を日本を含めた外国資本が積極的に行っている。

このようなエネルギー資源大国を象徴するのが、ウラン鉱の産出世界一である。**原子力発電の燃料となるウラン鉱の世界産出の45％はカザフスタン**で、2位のナミビア（11・9％）を大きく引き離している（2021年）。原子力発電を行う国々にとっては、カザフスタンのウラン鉱を安定輸入することは極めて重要で、日本はじめ各国はウラン鉱山開発と輸入を組み合わせた開発輸入を進めている。

一方、ソ連時代に、セメイ（旧名セミパラティンスク）に置かれた核実験場の核汚染問題、バイコヌールに置かれた宇宙船発射基地の汚染水問題に加え、近年はウラン鉱開発による地下水汚染・健康被害が問題になっている。

中央アジアで最も人口が多い国

ウズベキスタン共和国

Republic of Uzbekistan

面積 44.9万㎢（日本の約1.2倍）
人口 3,408.1万（2021年）
言語 ウズベク語（公用語）、ロシア語
宗教 主としてイスラム（スンナ派）

中央アジアに「スタン」がつく国が多いのはなぜ？

ウズベキスタンは、北をカザフスタン、東をキルギスとタジキスタン、南をアフガニスタン、西をトルクメニスタンに接する（87頁地図）。多くの国名に「スタン」がつくが、かつてこれら地域に影響力をもったペルシアの言葉で「土地」を意味している。**面積は45万㎢と隣国カザフスタンの6分の1であるが、人口は3400万と中央アジアで最も多い。**旧ソ連を構成した国でも、ロシア、ウクライナに次ぐ3位である。トルコ系のウズベク人が約8割で、それにタジク人、カザフ人、ロシア人などが加わる。公用語はウズベク語で、宗教ではスンナ派を主とするイスラムが約8割である。

国土は東西に細長く、1000㎞以上に広がる。東部はテンシャン山脈につながる山岳地帯で、西に向かって高度が急激に下がり、最後は標高0mに近いトゥラン低地となる。山岳地帯からは、雪解け水を湛えたシルダリア川・アムダリア川（ダリアはトルコ語で「川」の意味）が流れ出し、トゥラン低地のアラル海へ最後は注いできた。しかし、大陸の内陸で降水量が少ないため、国土の大半が乾燥地で、川沿い以外の中央部から西部には砂漠が広がっている。

そこで、交易路沿いのオアシスを除けば、気温が低く水が入手しやすい東部の山岳・高原地域に古くから多くの人々が住んできた。首都のタシケントは、国の東端に位置し、標高488m、年降水量455㎜と湿潤で緑におおわれている。

石油、天然ガス、ウラン……地下資源大国

湿潤な温帯気候である東部の山岳・高原地帯では、さまざまな野菜やブドウをはじめとした果樹の栽培が古くから盛んである。また、水が得られるシルダリア川・アムダリア川沿いの限られた場所でも、晴天が多い乾燥気候を活かした綿花栽培などが行われ、その他の乾燥地域では羊などの牧畜業が行われてきた。

カザフスタン同様、19世紀のロシア帝国支配、1930年代のソ連の構成国を経て、1991年にウズベキスタン共和国として独立した。ソ連時代には、川の水を乾燥地域に流し込む農業開発が大規模に行われ、**ウズベキスタンは世界有数の綿花生産国**になっている（2019年で世界7位）。しかし、農業用水の取水によって両河川は水量が大幅に減り、とりわけアムダリア川は下流部では水が涸れてしまった。その結果、アラル海は大幅に縮小し、現在はほとんどが干上がっている。一方、ウラン鉱の産出が世界5位（2021年）をはじめ、**原油・天然ガスの埋蔵量も多い地下資源大国**でもある。

戦争や紛争が絶えないのはなぜか?

アフガニスタン・イスラム共和国

Islamic Republic of Afghanistan

面積 65.3万㎢（日本の約1.7倍）
人口 4,009.9万（2021年）
言語 ダリ語、パシュトー語（公用語）
宗教 イスラム

ヒンドゥークシ山脈で隔てられた多民族の国

最高峰が約7000mを超えるヒンドゥークシ山脈が国土をほぼ東西に貫き、山脈から隣接国方向へ流れ出す多くの谷沿いの低地に人々が住み着いた人口約4000万のアフガニスタンは、多くの民族から成り立っている。

最大は約4割を占めるパシュトゥン人で、パキスタンに近い東部から南部を中心に多く、国名にある「アフガン」はパシュトゥン人を指すと一般に解されている。これに次ぐのはタジキスタン・ウズベキスタンに接する北部地域におもに分布するタジク人（3割）であり、さらに中央山岳地域に多いハザラ人（1割）、北部地域のウズベク人などが続く。それぞれが言語をもっているが、公用語は、パシュトゥー語と、タジク人やハザラ人が話すペルシア語系のダリ語である。

アフガニスタンの自然や産業・社会は、このヒンドゥークシ山脈の影響を無視することはできない。面積は日本の約1・7倍であるが、国土の4分の3が高山地帯で平地は少ない。さらに、海に接していない内陸国であることから**国土のほとんどが乾燥気候であり、冬の寒さも厳しい。**たとえば、首都のカブール（人口約380万）の標高は1800mで、1月の平均気温はマイナス0・2℃である。

したがって、主要産業である農業にとっては必ずしも良い条件とはいえず、小麦・コメ・大豆・トウモロコシ・アーモンド・ブドウなどの果実の栽培が続けられてきたが、不安定な国内情勢（後述）も重なり、経済は国際支援へ大きく依存する。

そんな現況の中、ケシの栽培が盛んであり、ケシの実を原料とした**アヘンの生産量は世界の8割以上**を占める。内戦の資金源になることもあるため国際的に非難されているが、治安情勢・経済状況から撲滅《ぼくめつ》は容易ではない。

なぜ「アフガニスタン戦争」は起きたのか？

中国と地中海沿岸を結ぶ東西の大動脈シルクロードは、アフガニスタンを通り、首都カブールはじめ多くの都市が中継地として成立した。現在も、中央アジアの東西南北を結ぶアジアハイウェイがカブールや、カンダハル、ヘラートといった都市を通るのは、この国がアジア中央部の交通網の要衝であることを示している。

国際戦略上、この地をおさえることが重要であることは、歴史からみてとれる。長年異民族支配を受けてきたこの地が、国としての形態をもったのはイランから独立した18世紀半ばとされるが、その後も周辺諸国・宗主国の影響により戦争・紛争が絶え間なく続いているからである。19世紀には、ロシアと、インドを支配していたイギリスとの思惑で、アフガン戦争が起こり、イギリス保護国となった。ようやく独立を果たしたのは、１９１９年の第三次アフガン戦争に勝利してからである。

１９６４年に立憲君主制、１９７３年に共和制へ移行し、日本との交流も盛んとなったが、その後も国際紛争に巻き込まれることとなった。

２００４年の憲法で**国名に「イスラム共和国」が付されたように、イスラムが国教であり、内８割がスンナ派である。**

戦禍に生きる人々――40年以上続くアフガンの悲劇

独立後、ソ連との関係を深めたアフガニスタンであったが、その関係は微妙であった。１９７９年に隣国イランでイスラム革命が起き、アフガニスタン国内が不安定化するとソ連は軍事介入した。これは１９８０年のモスクワオリンピックへのアメリカや日本の不参加などを国際的にもたらす一方、国内では神の存在を否定する異教徒（ソ連）へのイスラム義勇兵によるゲリラ戦である聖戦《せいせん》（ジハード）を引き起こした。結局、ソ連は１９８９年に撤退するが、１９９１年に政権が崩壊し、以降は不安定な状況が続いている。

パシュトゥン人のイスラム神学生が１９９４年に設立した南部地域での自衛団を起源とする「タリバン」は、急速に制圧地域を拡大した。１９９６年にタリバンは暫定政権を設立し、女性の外出を禁止するなどイスラム法を根拠に厳しい政策を強いたが、市民の反発を招くとともに、北部地域の武装集団との内戦が激化していった。

ニューヨークの世界貿易センタービルが崩壊した２００１年の世界同時多発テロ首謀者オサマ・ビンラディンをタリバン政権が保護したことから、同年にアメリカがアフガニスタンへ侵攻し、タリバン政権が消滅。米軍が駐留しながら国際社会は安定政権樹立・継続策を模索した。しかしながら、２０２１年の米軍撤退により、**タリバン支配が再び始まり、先行きは見えない。**

緑の農地を復活させた中村哲《てつ》さん

このような状態が長期に続き、アジアの最貧国であるだけでなく、識字率《しきじりつ》は男性55％、女性に至っては30％と社会的にも大きな課題を抱え、国際社会からの支援が必須である。

アフガニスタンへの支援活動として国内外で高く評価されているのが、故中村哲《てつ》さんの功績である。中村さんは、アフガニスタンで１９９０年代から医者として診療する中で、清潔な水の確保が急務として、井戸掘り、さらには内戦で荒廃した農地を復活するための用水路建設を現地の人々と２００３年から開始。約１・7万haを潤す25㎞の用水路を造り上げ、周辺の農村復興を果たした。治安が悪化した２０１９年12月、中村さんは銃撃で亡くなったが、その遺志は引き継がれていくだろう。

世界が注目する「核問題」の行方は？

イラン・イスラム共和国

Islamic Republic of Iran

面積	163.1万㎢（日本の約4.3倍）
人口	8,792.3万（2021年）
言語	ペルシア語、トルコ語、クルド語等
宗教	イスラム（主にシーア派）、キリスト教、ユダヤ教、ゾロアスター教等

砂漠地域の人々の暮らしを支える「カナート」とは？

北は世界最大の湖・カスピ海、南はペルシア湾に接し、東西・南北とも１５００㎞を超えるイランの面積は日本の約4倍。しかし、人口は約８８００万と日本より少なく、多くの人が住むのは国土の縁辺部《えんぺん》である。**国土の約８割は乾燥地域で、中央部に砂漠が広がっている**からである。

一方、北端のカスピ海沿岸にはエルブールズ山脈、南端のペルシア湾岸沿いにはザグロス山脈が東西に連なる。これら山脈の標高は４０００ｍを超え、雪が積もりスキー場もある。そこで人々は、それら山脈からの雪解け水が得られる山麓地帯（イラン高原）に都市をつくることが多かった。典型は人口８００万を超える首都のテヘランで、エルブールズ山脈（89頁地図）の南麓、標高は１２０４ｍである。

農業も、山脈からの水を有効に使うため「カナート」とよばれる地下水路を人々は造り、小麦などを栽培してきた。カナートは、地下水路であるため乾燥地域を通っても蒸発がなく、有効に水を長距離運ぶことができ、長いものは数十キロにも及んでいる。それでも水が得られない中央部に広がる乾燥地域は、牧草地を求めて家畜とともに移動する遊牧が行われてきたが、現在はほとんどが定住生活となっている。

「ペルシア帝国」からイスラムシーア派のイランへ

現在イランとよばれているが、それは1930年代に国王が定めたもので、この国はそれまで「ペルシア」とよばれてきた。現在でも、ペルシア湾、ペルシア絨毯《じゅうたん》はじめ、旧国名はさまざまなところで使われている。ちなみに、ペルシア猫は、オリエント的イメージの猫だとして命名されたもので、ペルシアにいた猫に由来する訳ではない。

ペルシアは、古代シルクロードの十字路として栄えてきた大帝国である。エジプトからアフガニスタンにかけて、紀元前4世紀にアレクサンドロス大王によって滅ぼされたアケメネス朝から始まり、多くの王朝の帝王（ペルシア語でシャー）が広い領域を支配してきた。

それに比べ縮小した現在のイランの範囲がほぼ決まったのは、インド・中東地域を植民地支配するイギリス（大英帝国）が南側から、北側からは海への出口を欲して南下政策をもったロシア帝国が進出をねらった19世紀である。したがって、ペルシア語を代表とするペルシア文化圏の範囲は、イランの国境を越えて広がっている。

ペルシアは16世紀初めにシーア派のイスラムを国教とした後、ほとんどの国民が同派を信仰してきた。現在、世界のムスリム（イスラム教徒）全体に占めるシーア派の割合は約1割程度で、約9割を占めるスンナ派に比べとても少ない。しかし、**イランはシーア派が圧倒的多数で、シーア派最大の国**である。したがって、同派は多くの民族を束ねると同時に、教義の異なるスンナ派とは軋轢《あつれき》が生じることもある。

公用語がペルシア語であるように最大民族はペルシア人であるが、人口に占める割合は35％にすぎない。続くのは北西地域に多いアゼルバイジャン人（15％）、トルコとイラクに接する西部地域（クルディスタン）に多いクルド人（13％）であり、ここからはかつてのペルシア帝国の広がりと、そこでの多民族性がうかがえる。

資源大国なのに、なぜ経済発展が進まないのか？

イランの石油は、イギリスの石油会社が独占した20世紀初頭の油田開発から始まる。現在、**原油埋蔵量が世界4位・天然ガス埋蔵量が世界2位（2020年）のエネルギー資源大国で、主要産油国が1960年に結成した石油輸出国機構（OPEC）の最初からの加盟国**である。

主要な油田はイラク国境に近い南西部にあり、日本企業もイランと共同開発会社（イラン・ジャパン石油化学）を1970年代に設立し、ペルシア湾岸での石油化学コンビナート建設を開始した。

このように資源に恵まれるとともに、人口・労働力・国内市場規模からしてもトルコとならぶ西アジアの大国であるにもかかわらず、それらを十分に生かした経済発展にはなっていない。先にあげた日本との共同石油化学事業は、計画通り進まずに1980年代末には中止された。その理由は、1970年代末から続くアメリカをはじめとした国際関係の悪化や隣国イラクとの戦争である。

イスラム化、脱イスラム化、そしてイスラム革命

20世紀初めのイギリス支配、イランへの国名改称（1935年）を経て、第二次世界大戦後の内政は振り子のように変動する。

1940年代末、外国石油会社の資源独占に対する資源ナショナリズムが高まり、イラン政府は石油国有化政策を強行したが、1953年にはアメリカが関与したクーデターが起こされ、新たに就任した親米的国王が脱イスラム的な近代化政策を進めた。

しかし、国民はアメリカの内政介入・強硬な脱イスラム政策に反発し、1979年にはアメリカへ脱出した国王に代わり宗教指導者ホメイニ師が最高指導者となる「イスラム革命」が起こり、イスラム化が再び強まった。この革命は第二次石油危機、対米関係の悪化、さらにはイスラム革命の波及に危機感を抱いた隣国イラクが、国境線確定を口実に1980年に攻め込んでイラン・イラク戦争を引き起こした（結局、国連決議により1988年に停戦となり、従前からのシャトルアラブ川の国境線で決着）。

戦場となった国境付近は、油田《ゆでん》地帯であり、先に述べた日本との共同石油化学事業プラントも被害を受け、最終的には中止されたのである。

国際関係で問題視される「イランの核疑惑」

1989年にホメイニ師が死去してから、対米関係は良好に転じた時期もあったが、両国の内政の動向もあり、厳しい状況が続いているのが現実である。

とりわけ、2002年に発覚したイランの核活動未申告から始まる、ウラン濃縮・核兵器開発に関する疑惑は、国際的に大きく問題視されている。

国連安保理は、軍事利用の可能性があるとしてイランのウラン濃縮活動の停止等を決議してきたが、イランの不履行があり、アメリカやEUなどはイラン産原油の禁輸をはじめとした経済制裁を続けてきた。

これに対し、イランは原油輸出ルートとして重要なホルムズ海峡の封鎖など報復的態度を示唆《しさ》し、緊張の高まりは原油価格高騰を招いた。

さらに、アメリカ・中国・ロシアなどの国際政治的動向・思惑も重なるなか、イランの核疑惑は、世界的な懸念材料となっている。

シーア派とスンナ派、アラブ人とクルド人

イラク共和国

Republic of Iraq

面積 約43.5万㎢
（日本の約1.2倍）
人口 4,353.4万（2021年）
言語 アラビア語、クルド語
（共に公用語）他
宗教 イスラム（シーア派、
スンナ派）、キリスト教他

メソポタミア文明・バビロニア王国を生んだ2大河川

古代文明で有名な**「メソポタミア文明」の発祥地がイラク**である。メソポタミアとは、「２つの川の間の土地」を意味する言葉で、２つの川とはティグリス川とユーフラテス川を指している。それぞれ並行して１０００㎞以上流れ下った後、バスラ北部で合流してイランとの国境であるシャトルアラブ川となり、ペルシア湾（アラブ諸国ではアラビア湾とよぶ）に注ぐ。ただ、イランとクウェートに挟まれた自国の海岸線はわずか50㎞程度にすぎない。

日本よりやや面積が大きいイラクのほとんどは乾燥気候で、砂漠が広がっている。しかし、湿潤な上流地域から肥沃な土壌と水がもたらされるメソポタミアの平野は、**パレスチナ・シリアからつながる「肥沃な三日月地帯」の一部**である。一方、ティグリス川とユーフラテス川の源流があるトルコに近い北部は標高が２０００ｍを越える山岳地帯で、冬には雪が降る。

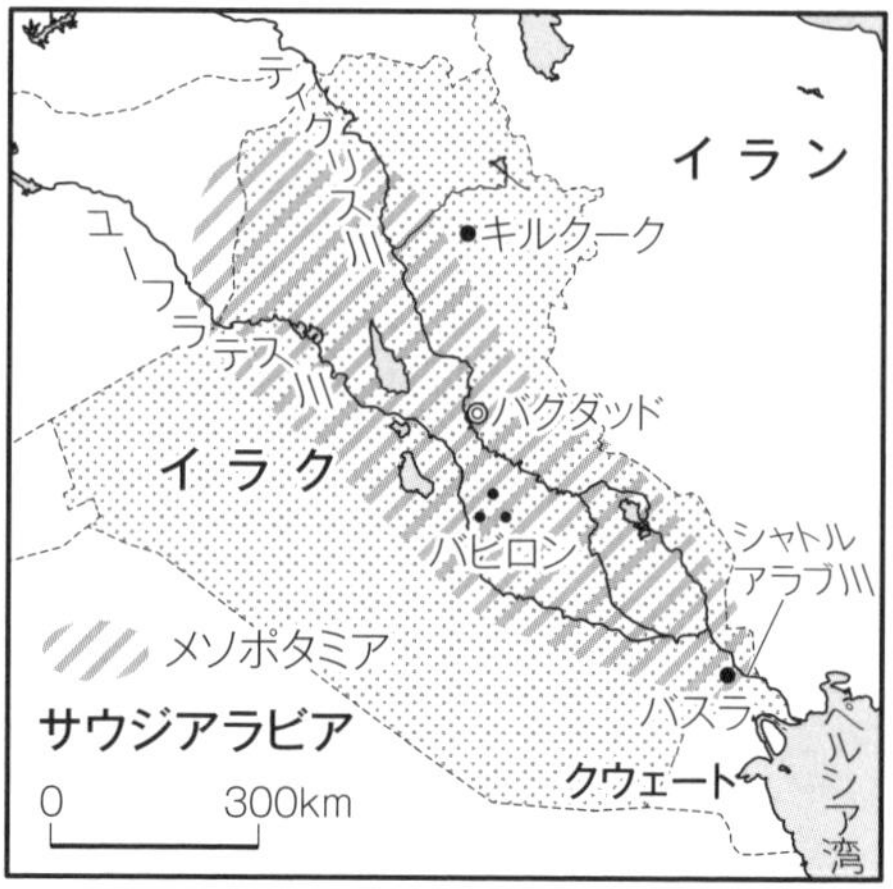

メソポタミア文明を生んだ2大河川

「目には目を、歯には歯を」といった復讐的法で知られるハンムラビ法は、イラク南部を指すバビロニア地域を中心に、肥沃な三日月地帯を支配したバビロニア王国によるもので、その都はバビロンであった。しかし、その繁栄は、紀元前で終わる。

8世紀に北アフリカから中央アジアにいたるアッバース朝イスラム帝国が成立すると、バグダッドが首都とされ、13世紀の帝国崩壊までイスラム世界の中心都市であった。その後、オスマン帝国領域、第一次世界大戦後のイギリス委任統治を経て、1932年にイラク王国として独立、1958年に共和制へ移行し、現在の国家ができた。

「肥沃な大地の農業国」から「石油依存の国」へ

メソポタミアは古代から農業適地で、灌漑《かんがい》設備により小麦、コメ、ナツメヤシ、野菜、果物、豆類などが栽培されてきた。1950年頃までは、ナツメヤシと穀物類の輸出額が石油輸出収入よりも多かった。

しかし、北東部のキルクーク油田発見（1927年）以降、欧米の国際石油資本会社（メジャー）により油田開発が進められた。1960年には石油収入を独占していたメジャーの価格引き下げに対して**5大産油国（イラク、イラン、クウェート、サウジアラビア、ベネズエラ）が、バグダッドで石油輸出国機構（OP**

EC）を設立し、イラクは1970年代に石油産業を国有化した。現在、イラクは原油埋蔵量で世界5位（2020年）、国家歳入の9割が石油収入という石油依存の国になっている。

国家をもたない世界最大の民族

約4300万の人口の多くはメソポタミア地域に居住し、首都バグダッドの人口は600万を超える。国民の約7割はアラビア語を話すアラブ民族と推計される。続くのはクルド語を話すクルド民族で、約2割を占める。**クルドは、隣国のイラン、トルコにも居住する人口1500万を超える民族であり、「国家をもたない世界最大の民族」ともいわれる。**イラクでの居住地域は、イラン、トルコ国境に近い山岳地帯でクルディスタンとよばれる地域である（126頁地図）。国全体の公用語はアラビア語であるが、クルディスタン地域ではクルド語も公用語とみなされる。

宗教では、**国民全体の9割以上がイスラムを信仰するムスリム（イスラム教徒）で、内シーア派が6割、スンナ派が4割程度**である。これを民族別にみると、アラブ民族ではシーア派7割、スンナ派3割、クルド民族はほとんどがスンナ派とされる。国内でのアラブとクルドとの対立や、隣国イランとの戦争では、シーア派とスンナ派の対立構造で語られることも多いが、各派が握る国内での権力バランスも加わり、単純ではない。

イラン・イラク戦争、湾岸戦争、Islamic State（イスラム国）

１９７９年に大統領に就任したサダム・フセインは、翌年にイスラム革命が起こったイランへ侵攻した。８年間続いたこのイランとの戦争のおもな舞台は、イラン国境に沿って分布する南東部の油田地帯であり、石油生産施設やペルシア湾岸の石油積み出し港が攻撃されたことで、石油生産・輸出は落ち込む一方、戦費が積み重なり、イラクは多くの債務を抱えた。

１９９０年になるとフセイン政権は、南西端で接する隣国クウェートへ埋蔵石油資源の獲得をねらって侵攻し、全土を制圧・併合した。これに対し、**アメリカ主導の多国籍軍がイラクを攻撃する湾岸《わんがん》戦争が開始され、クウェートの解放・停戦がなされた。**このクウェート侵攻に対しては、国連の経済制裁が科せられ、イラクの石油輸出は完全に停止させられた。再開は部分的解除がなされた１９９６年からであった。

２００３年、フセイン大統領が大量破壊兵器を隠している疑惑があるとして**米英がイラクを攻撃するイラク戦争が起こった**（２００４年に米国調査団は、大量破壊兵器は存在しないと発表）。結果、フセイン政権は崩壊し、米軍が氏を拘束、２００６年には死刑が執行された。

樹立されたその後の政権は不安定で、２０１１年に米軍が全面撤退すると、内戦がさらに激化した。このような状況から**「Islamic State（イスラム国）：ＩＳ」と自称する過激派組織が生まれ、２０１４年にはモスルをはじめとした北部地域の諸都市を掌握した。**自称国家である同国を国際社会が認めるはずもなく、同勢力は２０１７年にほぼ一掃されたが、これもイラクの不安定な内政を象徴している。

なぜ「イスラム・アラブ世界の盟主」なのか？

サウジアラビア王国

Kingdom of Saudi Arabia

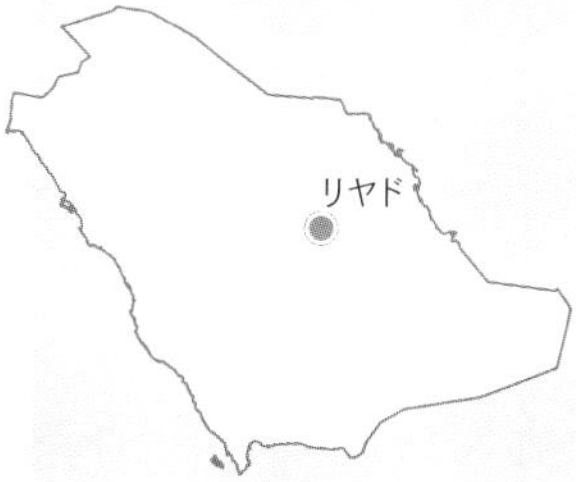

面積	220.7万㎢（日本の約5.7倍）
人口	3,595.0万（2021年）
言語	アラビア語（公用語）
宗教	イスラム（主にスンナ派）

「メッカ」「メディナ」2つの聖地をもつ国

サウジアラビアという国名は、18世紀以降この地を治めてきたサウード家の支配するアラビアの国という意味で、1932年に決められたものである。国名の通り、**国王が首相を務め、国の重要ポストは王族が占める王国で、国会や成文化された憲法はない。**建国の国是は、コーランと預言者ムハンマドの慣行（スンナ）に基づくイスラム国家の建設・維持であり、イスラムの中でも厳格な解釈と戒律をもつスンナ派のワッハーブ主義に基づく政教一致の君主制である。

これは国内に、**メッカ（ムハンマドの生誕地であり、カーバ神殿がある）とメディナ（ムハンマドがメッカから622年に聖遷《せいせん》した地）というイスラムの2大聖地**をもち、イスラム世界において特別な地位を占めていることに由来する。その象徴は、国王の称号が「2聖地（メッカ、メディナ）の守護者」とされていることである。

サウジアラビアと二大聖地

3500万人の国民の信仰も、イスラムのうちスンナ派が8割を超え、シーア派は1割である（そのほかに、キリスト教、ヒンドゥー教）。

イスラムを信仰する人々は、聖地メッカの方角（キブラ）へ向かって1日5回礼拝する。また、メッカへの巡礼である「ハッジ」は、体力と財力が許せば一生に一度は果たすべき義務とされている。

重要な2つの聖地を擁するサウジアラビアは、これら聖地を守ること、世界中から訪れる信者の訪問を受け入れ安全な巡礼ができるようにする責務を負っており、イスラム世界の盟主と認識されている。

公用語はアラビア語であり、アラビア半島から北アフリカに広がるアラブ諸国と同じである。このアラブ社会においても、豊かな石油収入による経済力と国際的影響力（例：アラブ石油輸出国機構〈OAPEC〉の主要国、アラブ諸国唯一のG20メンバー国）から、アラブの盟主でもある。

〝オイルマネー〟で砂漠地域の農業開発

サウジアラビアの国土は日本の約6倍で、**紅海《こうかい》（ときどき発生する赤潮《あかしお》に由来した名称）とペルシア湾**

（アラビア湾）に挟まれたアラビア半島の8割を占める。紅海沿いに1000mから2000mの山脈（ヒジャーズ山脈、アシール山脈）が連なるが、東側に向け徐々に高度を下げ、半島の中心部はアラビア高原とよばれる高原が占める。首都リヤドも同高原に位置し、標高は635mである（89頁地図）。

西縁の山脈地帯を除くと降水量は150㎜未満で、東部を中心に高温乾燥の砂漠がほとんどを占める。したがって、乾燥地のわずかな草で生きることができるラクダを中心に、羊や山羊を飼育し、草を求めて移動する遊牧が古くから行われてきた。このような遊牧民はベドウィンとして知られてきたが、現在は都市部への移住が進み、かつてのようなベドウィンはほとんどいないといわれる。

作物栽培ができる農地は国土の2％にすぎず、砂漠の中で水が得られるオアシスでの作物栽培が伝統的であった。

ところが1970年代以降、石油で得られた莫大な資金を使って、地下水をくみ上げ散布する施設や、石油を燃焼した熱を使って海水から淡水をつくる世界最大規模の海水淡水化施設を建設して農業用水を確保し、農業開発を推進した。その結果、1990年代には小麦を自給できるようになり、一時は輸出までした。

現在は、大量の石油や補助金を使った過剰な小麦生産が問題視されたことから、野菜栽培や畜産に力が入れられている。輸出をみると、ナツメヤシはエジプトに次いで世界2位であるとともに、欧州との気候の違いを利用した生花も目立つ。

「アメリカとの複雑な関係」はいつ始まった？

サウジアラビアの石油生産は、1938年にアメリカの国際石油資本会社（メジャー）が東部のダンマンで油田を発見したことに始まる。第二次世界大戦中、サウジアラビアは連合国側に石油を安定供給し、戦争終結について議論された1945年のヤルタ会談直後に、国王はルーズベルト大統領と会談し、**「サウジアラビアは米国に石油を安定供給する見返りに、米国はサウジアラビアの安全を保障する」**ことを確認した。ここに、アラブの盟主サウジアラビアと米国との石油を背景とした複雑な関係がみてとれる。

サウジアラビアの原油埋蔵量（2020年）は世界全体の17・2％で、1位のベネズエラ（17・5％）にはわずかに及ばないが、輸出量（2019年）では世界1位（15・8％）と、2位のロシア（12・0％）を大きく引き離している。**世界最大の陸上油田であるガワール油田をはじめ、多くの油田はペルシア湾岸地域にある。**

輸出の8割を占める原油・石油製品に国家財政が依存するサウジアラビア政府には石油鉱物資源省があり、生産は国有企業サウジアラビア石油会社（サウジ・アラムコ）である。

サウジアラビアの石油生産・輸出の特徴は、量が多いことだけでなく、生産コストが低いこと、余剰余力（生産量と生産能力の差）が大きく、政策に応じて生産量の調整ができることであり、世界の石油価格へ与える影響力が大きい。

2000年以降は、中国やインドへの輸出増加が顕著である。

「外国人労働力」と「石油産業」に依存した経済

豊富な石油収入を背景に、国民には納税の義務がないこと（イスラムの教えによる喜捨税《きしゃ》はある）、教育費無料をはじめ国は国民へ手厚い福祉・補助金政策を行ってきた。それは、就職にも及び、国民の多くは民間より給与が高く安定した公務員に優先的に採用されてきた。

サウジアラビアの失業率は２０１０年代の推計で全体が６％であるが、サウジアラビア人では12％、とりわけ若年層（15～24歳）では20％以上ではないかとされている。

労働力は外国人労働者に大きく頼っており、その割合は5割を超える。したがって、外国人の代わりに若者が就労するならば失業問題は改善されるが、多くの若者は現業的で給与が低い職場を嫌い、公務員指向が強い。

この問題の根底には、雇用者数が少ない石油関係産業への依存の高さがあり、代わる新たな産業の育成・雇用が求められている。

石油のアブダビ、金融のドバイ

アラブ首長国連邦（UAE）

United Arab Emirates

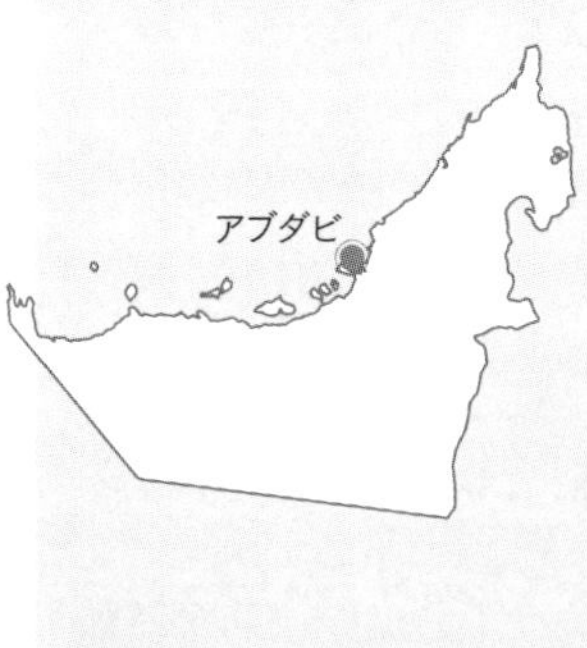

面積 7.1万㎢（日本の約4分の1。北海道程度）
人口 936.5万（2021年）
言語 アラビア語
宗教 イスラム

7つの首長国からなる連邦国家―結成の理由

アラブ首長国連邦は、英語の「United Arab Emirates」から、UAEと表記されることが多い。

国教はイスラム（スンナ派）であり、イスラムでの「君主」を意味する首長（エミレーツ）をいだく7つの国からなる連邦国家である。7つとは、**アブダビ首長国、ドバイ首長国、シャールジャ首長国、アジュマーン首長国、ウンム・アル・カイワイン首長国、ラアス・アル・ハイマ首長国、フジャイラ首長国**である。

ペルシア湾はホルムズ海峡を経てオマーン湾、アラビア海、そしてインド洋に続いている。UAEは、オマーン湾への出口付近の海岸沿いに位置している。

19世紀にインドを植民地支配していたイギリスにとって、この地帯は本国とインドとを結ぶ重要な海上交通ルートであった。そこで、イギリスはこの地帯を治めていた首長の支配を認め保護するかわりに、航海の安全を保障する協定を結び、支配を強めた。

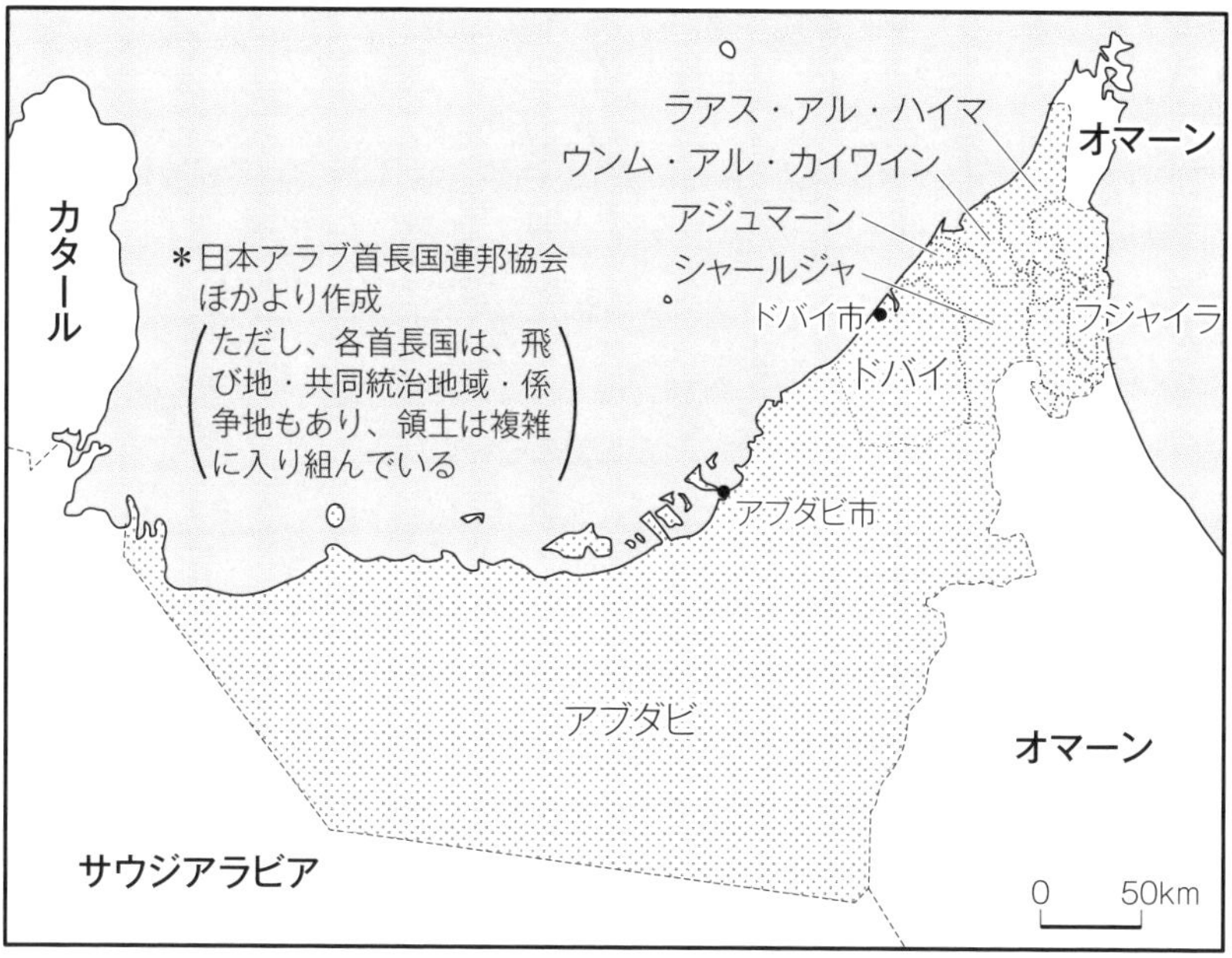

＊日本アラブ首長国連邦協会ほかより作成
（ただし、各首長国は、飛び地・共同統治地域・係争地もあり、領土は複雑に入り組んでいる）

アラブ首長国連邦の7つの首長国

その後、第二次世界大戦後にインドがイギリスから独立し、1968年にイギリスがこの地域から撤退することになると、小規模な首長国を含む7つの隣接する国々は、連邦国家として1971年に独立することで安定した国家の存立を図ったのである。

“世界一”が多く集まるドバイ

国土の大部分を砂漠が占める地形・気候、イスラムにもとづく政治といった面で共通するものの、7つの首長国ではかなりの違いがある。

面積ではアブダビ首長国が8割以上を占め、経済的基盤となる石油生産の多くは、同首長国が占めている。**人口ではドバイ首長国が半数近くを占め、連邦最大の都市は、同首長国のドバイ市**である。これに比べて北部5首長国の占める比率はわずかであり、UAEではアブダビとドバイの力がきわめて大きい。

実際、**首都はアブダビ市**であり、連邦の大統領はア

UAEを構成する7つの首長国

首長国名	面積（万㎢）	人口（人）	備考
アブダビ	約 6.7	約 200 万	アブダビ市（115 万人）が UAE の首都、主要油田が分布。
ドバイ	約 0.4	約 420 万	ドバイ市（270 万人）は UAE の最大都市、ドバイ国際空港はエミレーツ航空の拠点。
シャールジャ アジュマーン ウンム・アル・カイワイン フジャイラ ラアス・アル・ハイマ	約 0.9	約 380 万	北部 5 首長国
UAE 総計	約 8	約 1000 万	

ブダビの首長が、首相（副大統領）はドバイの首長が、連邦結成以来務めている。連邦国家の最高意思決定機関である7首長で構成する最高評議会における決定に際しても、アブダビとドバイを含む5首長の賛成が必要とされている。

ＵＡＥは、原油埋蔵量で世界8位、原油生産量で8位（２０２０年）、輸出量で世界6位（２０１９年）を占める。輸出先は、ほとんどが東アジアであり、**最大の輸出先は日本で、半分以上を占める。**日本からみてもＵＡＥはサウジアラビア（40％）に次ぐ2位で、34％を占める重要な輸入先である。

油田のほとんどはアブダビにあり、ＵＡＥ全体の埋蔵量・生産量に占める同国の割合は約9割ときわめて大きい。結果、ＵＡＥのＧＤＰや財政に占める比率も高く、政治的な影響力も突出している。

アブダビほどは石油資源をもたないドバイでは、非石油産業の育成に早くから力を入れてきた。石油収入を使って、ドバイ市を世界的な商業都市・ビジネス都市へ成長させる戦略で、他の産油国の成長モデルとされてきたものである。

１９８５年にＵＡＥの国営会社として設立されたエミレーツ航空は、ドバイ国際空港を拠点として急速に全世界へ路線を拡大した。ドバイ国際空港は２０１０年代後半には乗降客数が世界1位となり、ヨーロッパとアジア・オセアニア地域を乗り継ぐ国際ハブ空港になっている。なお、２００３年にはアブダビ国際空港を拠点とするエティハド航空が設立されている。

さらに、**世界で最も高いビルであるブルジュ・ハリーファ(アラビア語の意は「カリフの塔」、828m、163階)建築や、沖合を埋め立てた世界最大級の人工島「パーム・アイランド」造成**は、ドバイの国際金融ビジネス並びに国際リゾート(観光・ショッピング)化を象徴し、西アジアを代表する金融センター・観光国となっている。

人口の8割が「外国人労働者」

砂漠が広がっていたUAE地域はもともと人口が少なく、1950年頃は7万程度と推定されている。1960年代に油田が発見され、石油収入をもとにインフラ整備などの経済開発を進める際には、労働力不足に陥った。これを補ったのが外国人労働者であり、人口が約1000万となった現在、自国民はわずか2割程度、8割が外国人と見積もられている。最も多いのはインド人で、続いてパキスタン人、さらに中国人、フィリピン人、タイ人、イラン人などで、アラブ系よりもアジア系が多いのが特徴である。

8割が外国人となると、現業《げんぎょう》的職業での就労だけでなく、民間企業でも多くの人が働いており、管理職的な職にも従事するようになった。なお、UAEで生まれても、「血統主義」を採用しているため、UAE国籍を有しない人の数が増えている。

UAE国民は、高給の公務員としての採用・就労がこれまでほとんどであった。政府は、民間部門への就労を働きかけているが、教育費・医療費などが無料で豊かな石油収入に支えられた公的補助に慣れた国民の考えはなかなか変わらず、若者の失業率上昇が問題化してきている。

カタール国

中東初、サッカーワールドカップ開催

State of Qatar

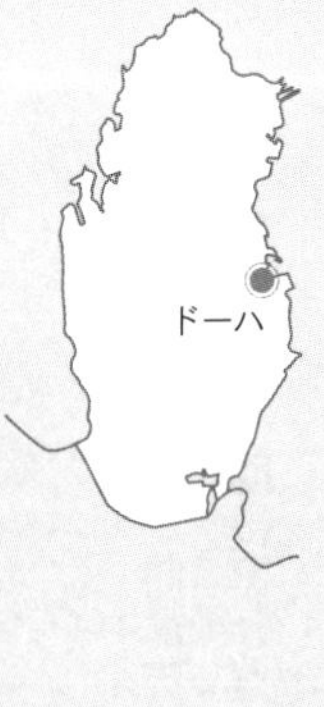

面積 1.2万㎢
人口 268.8万（2021年）
言語 アラビア語
宗教 イスラム

ドーハは都市名で、カタール国の首都

人口約２７０万の国家カタールはペルシア湾に突き出した南北１６０㎞、東西約90㎞のカタール半島を国土とし、面積１・２万㎢は新潟県と同規模である。**全土は１００m以下の平坦地で砂漠**である。首都ドーハ（人口約95万）の年降水量はわずか70㎜、平均気温は１月が16・８℃で、７月には35・２℃にも達する。

２０２２年サッカーW杯がドーハで開催された。従来北半球の夏である７～８月に実施されることが多かったが、開催地の気温が高いことが当初から問題視され、冬に向かって気温が低下する11月から12月にかけて実施された。それでも昼間の気温は30℃に達するため、多額の費用を使って建設された新しいスタジアムには冷却装置が設けられた。

中東で初の開催国であり、立派な競技場やインフラ施設など、国の発展を世界に示す国家的イベントであった。実際に統計で確認すると、カタールは２０１９年の１人当たり国民総所得が６万ドルを超えて世界トップレベルである（日本やUAEは4万ドル台）。

“石油よりもエコ”な天然ガス有数の埋蔵地

カタールの公用語はアラビア語、宗教はイスラムのスンナ派が大部分を占める。

19世紀にドーハを拠点にこの地域を治めたサーニ家を首長とした国で、政府の要職はサーニ家が治めている。UAE同様に、イギリスにとって重要な海路であったことから20世紀初めにイギリスの保護下に入った（116頁参照）。

1960年代のイギリス撤退に際しては、UAEとは異なり一首長国で国家設立を図り、1971年に独立した。独立当初は、首長の独裁体制を敷いたが、初代首長、2代目首長はともに宮廷クーデター（武力ではなく宮廷内のみで行われる）で廃位されている。

1995年に即位したハマド首長は自由化を謳《うた》う政治改革を進め、2003年の新憲法では、三権分立での議会の設置、女性の投票・立候補権利の保障が定められた（しかし、2021年の選挙で女性候補は当選しなかった）。

西部にある油田は、埋蔵量、生産量とも世界のトップ10に入らず、周辺諸国に比べれば小規模だが、面積・人口との相対関係でみると巨額の収入を1970年代以降もたらしてきた。

さらに、燃やしたときに石油よりも二酸化炭素排出量が少なくエコロジーとされる天然ガスをみると、埋蔵量（2020年）ではロシア、イランに次いで世界3位（13・1％）、輸出量（2019年）ではロシアに次いで2位（10・5％）と、大きな割合を占めている。天然ガスは、パイプラインが使えない場合は効率的に運ぶため極低温に冷やした液化天然ガス（LNG）として輸出されるが、日本の液化天然ガス輸入先としてカタールは12・1％と、オーストラリア（35・8％）、マレーシア（13・6％）に次ぐ重要な地位を占めている（2021年）。

カタール政府が設立！　衛星テレビ局「アルジャジーラ」

アラビア語でアラブをはじめとしたニュースを世界へ発信するアルジャジーラは、自由化を謳《うた》った新政権が1996年に出資して、ドーハに設立した衛星テレビ局である。アルジャジーラは、アラビア語で「半島」の意で、現在、日本を含め世界30カ所以上に支局がある。アラブ諸国のメディアとしてはかなり自由な報道姿勢で、注目されてきた。

政権はアラブのみならず、イラン、アメリカなどにも配慮した全方位外交をもとに、脱石油産業育成（ビジネス・観光等）を図っており、同放送局はその一端とみることができる。

一方、総人口に占めるアラブ人（自国民）は4割で、労働力では外国人へ大きく依存する（インド人が総人口の2割）など、他の産油国同様の課題を抱えている。

脱・石油依存！ いち早く金融業にシフト

バーレーン王国

Kingdom of Bahrain

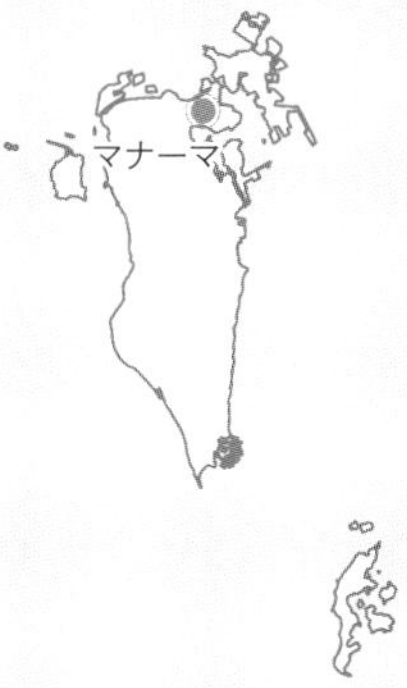

面積 778㎢（2022年。仙台市の面積とほぼ同じ大きさ）
人口 146.3万（2021年）
言語 アラビア語
宗教 イスラム

ペルシア湾に浮かぶ小さな島国

カタールの半島の西にある南北約50㎞、東西約20㎞のバーレーン島（面積約６００㎢で淡路島程度）を中心に周辺30余の島々からなる国で、国土のほとんどが砂漠である。

バーレーンは「２つの海」を意味する。この付近の海底で、アラビア半島からの地下水（伏流水）が湧きだし、真水と海水の２つが交じり合うことに由来している。この海域の水は真珠の生育に適し、中世までは真珠採集が主産業であった。ムハッラク島にある真珠産業に関する歴史的建造物等は、２０１２年にユネスコの世界文化遺産に登録されている。

サウジアラビアとは、地理的に近いだけでなく、両国の王家が同じ部族出身であるなど社会的にも関係が深く、全長25㎞の海上橋でつながっている。

18世紀にスンナ派イスラムのハリーファ家が支配し、19世紀にイギリスの保護領となり、イギリスがこの地域から撤退した1971年に独立した。

首長による独裁体制期間もあったが、2000年以降は**憲法・議会をもつ立憲君主制を確立**。元首の称号をイスラム的な首長から国王に代えたことにともない、2002年、**国名はバーレーンからバーレーン王国になった。**

公用語はアラビア語。国民のうち80%以上がイスラムであるが、内訳はシーア派が7割、スンナ派が3割と推定され、国王と同じスンナ派は少数派である。多数を占める同国のアラブ人の中にペルシア湾対岸のイラン（シーア派が多数）を祖先とする者が多いことが要因とされる。

石油の枯渇と産業多角化

油田の発見は1932年とこの地域では最も早いが、規模は大きくなく枯渇が見込まれる中、新油田・天然ガス田の開発を進めている。同時に1980年代から脱石油を進め、アルミニウム精錬業をはじめとした産業多角化を推進し、中東の金融センターにもなっている。

なお、人口約150万のうち約半数は外国人労働者と見込まれ、周辺諸国同様に自国民（バーレーン人）の就業が課題である。

イスラム圏、欧米、ロシアの仲介役

トルコ共和国

Republic of Turkey

面積 78.4万㎢（日本の約2倍）
人口 8,528万（2022年）
言語 トルコ語（公用語）、クルド語
宗教 イスラム（スンナ派、アレヴィー派）

アジアとヨーロッパを隔てる「幅1㎞の海峡」

トルコは、**アジアとヨーロッパにまたがる国**である。その境界は、ボスポラス海峡とダーダネルス海峡で、ボスポラス海峡は最も狭い箇所では約1㎞にしかすぎない（次頁地図）。そこで、海峡をまたぐ橋や鉄道トンネルがあるほか、渡し船も頻繁に運航され、日常的にアジアとヨーロッパが行き来されている。また、これら海峡は、地中海と黒海を繋ぎ、黒海周辺諸国にとっては極めて重要である。各国の船舶の航海が認められる国際海峡であり、タンカーや貨物船だけでなく、軍艦も往来している。

トルコの国土面積は日本の約2倍（78万㎢）で、アジアである海峡の東側（アナトリア地方）が大部分を占め、西側のヨーロッパ部分は面積の3％にすぎない。

しかし、人口1500万の最大都市イスタンブールの中心部は、ボスポラス海峡に接するヨーロッパに位置している。

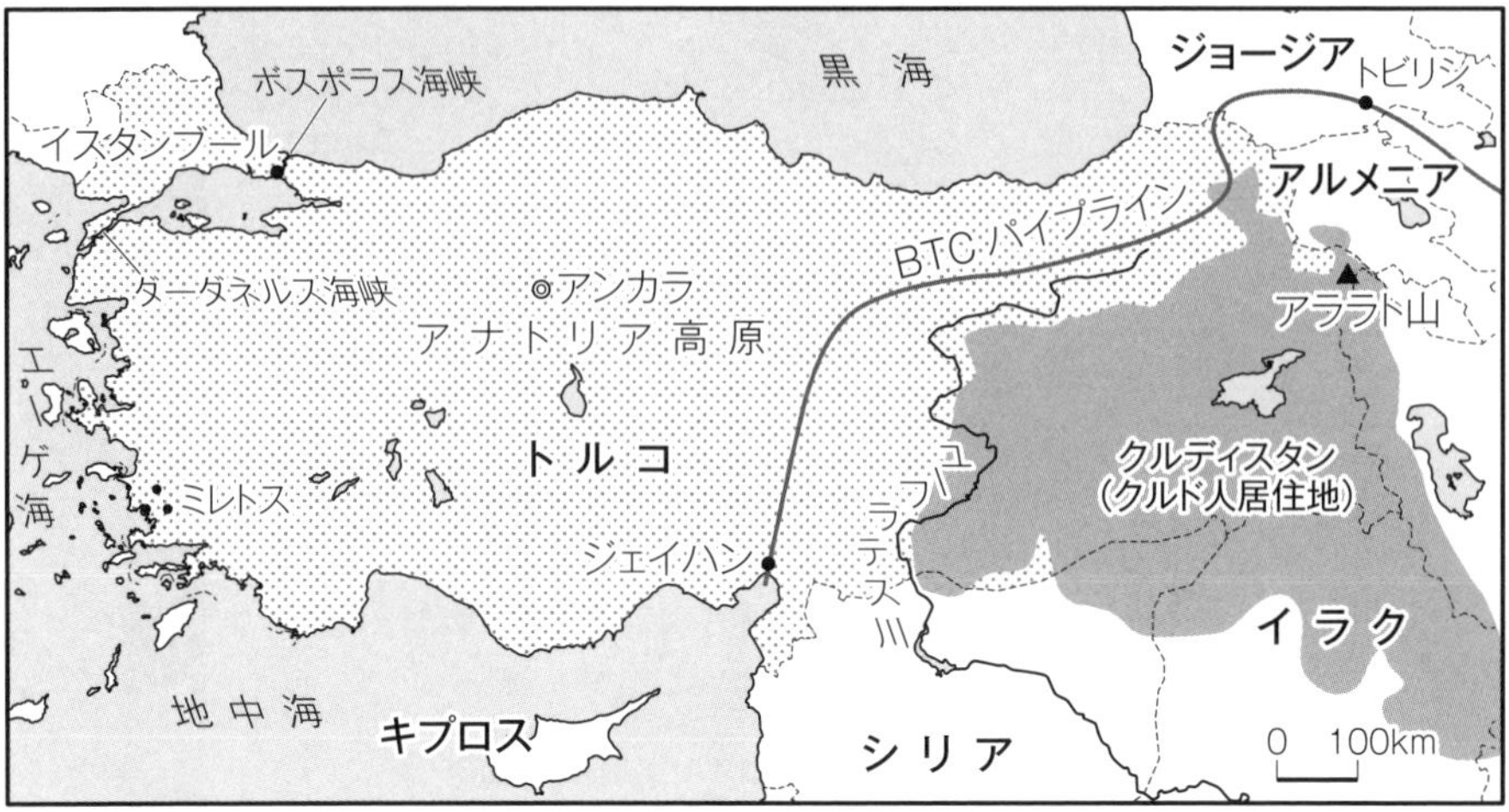

アジアとヨーロッパにまたがるトルコ

地中海や黒海の沿岸は地中海性気候で、多くの都市が古くから成立するとともに、オリーブ、ブドウや柑橘類の生産が盛んである。

ダーダネルス海峡に近いエーゲ海沿岸は古代にミレトスなどギリシアの植民都市が多数形成されて学問・文化が栄え、自然哲学の祖タレス、詩人ホメロス、歴史学者ヘロドトスなどを輩出し、遺跡も多い。

一方、国土の大半を占め小アジア半島とも称されてきたアナトリア地方は、平均高度が１０００ｍを超える高原地帯で、海岸部にある山脈で海から隔てられているため海岸部に比べ乾燥している。

首都アンカラ（人口５３０万）はアナトリア高原の中央部に位置し、標高８９１ｍ、年間降水量は４００㎜である。アナトリア高原では小麦や綿花の栽培や、羊の飼育が広く行われる。

さらに東に向かうと高原は高度をあげて山岳地帯となり、アルメニア国境近くに位置するノアの箱舟《はこぶね》伝説で有名なアララト山は、標高５１６５ｍでトルコ最高峰である。

このように高原・山脈が多いのは地殻運動が盛んなアルプス・

ヒマラヤ造山帯に位置するからであり、2023年2月にもシリア国境に近い南東部で大地震が発生した。

ローマ帝国、オスマン帝国、そして世俗主義のトルコ共和国へ

イスタンブールは、4世紀から東ローマ帝国（ビザンツ帝国）の都としてコンスタンティノープルとよばれた後、15世紀からはビザンツ帝国を滅ぼしたオスマン帝国の都となった歴史ある都市である。

オスマン帝国は、イスラム国家で、その範囲はペルシア（イラン）を除く西アジア、北アフリカ、ヨーロッパ南東部のバルカン半島地域などに広がり、アジア、アフリカ、ヨーロッパの3つの州にまたがる大帝国であった。

第一次世界大戦（1914～1918年）では同盟国側で敗れたため、広大な支配地域は英仏などに分割統治され、区割りは現在の中東各国の国境の原型となるとともに、パレスチナ問題を生じさせた。

アナトリア地域では1919年から激しい抵抗運動が展開され、1923年にトルコ共和国が建国された。抵抗運動を率いたのは、現在ケマル・アタチュルクと呼ばれる初代大統領であり、「ケマル」とは建国の祖を意味する尊称である。アタチュルクは、**イスラム暦の廃止、アラビア文字からラテン文字への転換、憲法におけるイスラムを国教とする条項の削除など、政教分離の統治**を進め、この世俗主義はトルコ共和国を中東イスラム諸国の中で最も西洋近代型の国家にした。

第二次世界大戦（1939～1945年）で中立をとった後、欧米との関係も重視し、1952年には西側の安全保障条約（NATO）に加盟した。1987年にEU加盟を申請し、2005年から正式加交渉が

始まったが、トルコ系住民が多いキプロス共和国北部地域へのトルコ軍侵攻・駐留（1970年代から）、クルド人問題（後述）などへのEUの批判もあり未だ実現していない。

2010年代以降は大統領の権限が強化される中、イスラム的な政治姿勢も垣間見える。多角的な外交関係を生かし、国際政治ではイスラム圏、欧米、ロシアなどを幅広く仲介する。

中東ではめずらしい？　自動車を輸出する工業国

建国以来の世俗主義に基づく西洋型の近代化政策は、1960年代以降、トルコを中東一の工業国へと発展させた。ナッツ類や果実、綿糸や衣料品などは古くからの輸出品であるが、現在は**テレビ・冷蔵庫・空調機・コンピュータなどの電気製品に加え、自動車の大生産国・輸出国**である。自動車産業はトルコ最大の工業で、生産台数はイタリアを上回る。日本や欧州のメーカーがトルコへ進出して現地生産し、完成車は欧州・中東地域に輸出されている。

なお、原油・天然ガスの大規模な産出はないが、周辺の産油国からパイプラインが延びて地中海まで達している。特に、アゼルバイジャン共和国のカスピ海沿岸のバクー（Baku）油田から、ジョージア共和国のトビリシ（Tbilisi）を経由して、トルコの地中海の港ジェイハン（Ceyhan〈トルコ語〉）に通じる**BTCパイプラインの稼働（2006年）は、ロシアを経由せずに中央アジアの原油を安定的に輸出できるルート**として注目されている。

「クルド人問題」と「EU加盟交渉」

人口が約8500万のトルコは、ほとんどがイスラム教徒で、その内スンナ派が8割以上を占める。そして、トルコ語を母語とするのが一般的にはトルコ人とされるが、その割合は約65%で、クルド人が約15%、さらにギリシア人、アルメニア人、アラブ人などさまざまな民族がいる。これは、トルコがヨーロッパとアジアの結節点で、古くから人々の交流があったことを明示している。

中でも**イラン系のクルド語を話すクルド人（イスラム・スンナ派）が最も多く住むのがトルコ国内**であり、その数は1000万人以上である。クルド人が住むクルディスタン地域はオスマン帝国支配下では広範に自治権を与えられており、帝国解体時には一つの国家としての独立を求めた。しかし、トルコ、シリア、イラン、イラクに分割され現在に至り、クルド人は「国家をもたない最大の民族」ともいわれる。1980年のイラン・イラク戦争におけるイラクのクルド人虐殺以降、国際社会はクルド人問題への関心を高め、イラク国内にはクルド自治政府が成立した。

この動きは、トルコ国内のクルド独立闘争を刺激・支援するとともに、トルコ政府へクルド人問題の解決を求めるEU諸国の声を強めた。トルコ政府も、公用語のトルコ語に加えクルド語の使用を認めるなどの政策をとってはいるが、依然としてEUとの溝は大きく、いつEU加盟が実現するのかはわからない。なお、クルド人が居住する東南部は、トルコ国内で経済発展が遅れた貧しい地域であることを忘れてはならない。また、トルコは内戦が続く隣国シリアの反政府派を欧米諸国等とともに支持し、**シリア難民の最大の受け入れ国**でもある。

戦禍が絶えない「3大宗教の聖地」

イスラエル国

State of Israel

面積　2.2万㎢
（日本の四国程度）

人口　約950万（2022年）

言語　ヘブライ語（公用語）、
アラビア語（特別な地位を
有する）

宗教　ユダヤ教、イスラム、
キリスト教、（2020年）

イスラエルの首都はエルサレム？　テルアビブ？

イスラエルは首都をエルサレムと主張しているが、**日本を含め国際社会の大多数には認められておらず、多くの国の大使館はテルアビブにおかれている。**

歴史を紐解くと、エルサレムは紀元前11世紀にヘブライ王国の首都であった。王国が分裂した後、３００年以上もの間ユダ王国の首都となった。一方で紀元前6世紀にユダヤ教が成立し、紀元2前世紀頃にはエルサレムはユダヤ教徒の巡礼地となった。しかし、紀元2世紀にはローマ帝国に抵抗したユダヤ人たちは、この地を追われ世界へと分散し、離散の民となる。

エルサレムは経済的な要所ではなかったが、ユダヤ人にとっては歴史的に意義のある都市であった。ユダヤ人の祖国復興の動きは、１８９７年から「シオニズム運動」として強まった。強い民族意識が、２０００年の離散した状態にもかかわらず、パレスチナの地にイスラエルを建国させたのである。

このユダヤ人の建国を推進させたのはイギリスである。1917年から支配および委任統治していたパレスチナにおいてイギリスは、第一次世界大戦中、ユダヤ人国家の成立を認める代わりに欧米で富豪となったユダヤ人（企業）の援助を受けたのである。その一方で、アラブ人に対しては、トルコ反乱を制圧させる代償として、アラブ人によるパレスチナの独立を約束した。

その結果が、第二次世界大戦後の1947年、国際連合「パレスチナ分割決議」である。パレスチナの土地はユダヤ国家とアラブ国家、そして国連管理下の国際都市エルサレムに分割され、ユダヤ人はそれを受諾しイスラエルを建国した。これが双方の対立を生じさせ、イスラエルと周辺のアラブ諸国は、1948年から1973年にかけて4度にわたり戦争を起こした。

第一次中東戦争において、エルサレムは東西に分けられ、西エルサレムがイスラエル、東エルサレムはヨルダンとなった。**イスラエルは1950年にエルサレムを首都と宣言し、1967年の第三次中東戦争により東エルサレムをも実効支配している。**

なぜ、3つの宗教の聖地になったのか？

東エルサレムの旧市街地は、ユダヤ教徒、キリスト教徒、ムスリム（イスラム教徒）がそれぞれ多く住む地区に分けられる。3つの宗教の人々が住んでいるのは、エルサレムが3つの宗教それぞれの聖地であるからである。

ユダヤ教徒にとっては、エルサレム神殿がおかれていた聖地である。紀元1世紀にローマ帝国により破壊

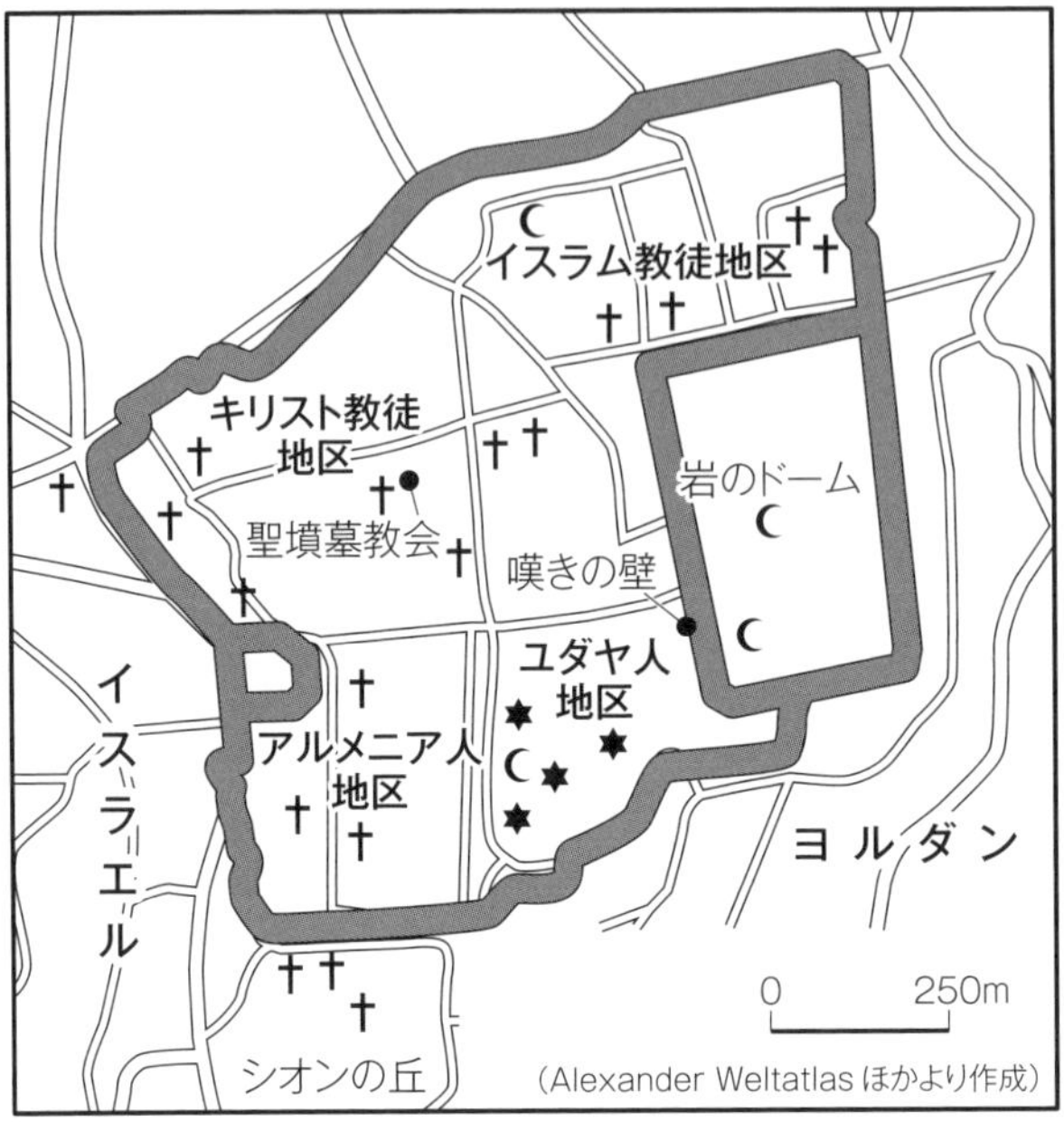

聖墳墓教会
イエスが十字架にかけられた場所

岩のドーム
イスラムの聖地

嘆きの壁
ユダヤ人にとって最も聖なる場所

シオンの丘
ダビデ王の墓や、イエスの最後の晩餐の部屋などがある

エルサレム(旧市街)

されたが、今も残る神殿の一部が有名な「嘆きの壁」である。「嘆きの壁」の前ではユダヤ教徒が祈りをささげている。

キリスト教徒にとっては、エルサレムはイエス・キリストが地上での最後の日々を過ごし、十字架にかけられた場所である。聖墳墓《せいふんぼ》教会にはキリストの墓があるとされる。そのため、2世紀以降にはキリスト教の巡礼者が多くなった。

ヨーロッパのキリスト教会や美術館には宗教画が多く陳列されているが、十字架にかけられたキリストの作品を多く見ることができる。こうした宗教画は、聖書の文字を読めない人にも視覚的にキリストの物語を理解できるのに役立った。

つまり、キリストが十字架にかけられたエルサレムは、キリストの最後の地である聖地として、聖書や宗教画を通して強く認識されたのである。

7世紀には、ここはイスラムの地となる。イスラムの預言者ムハンマドが夜の天国の旅に出た地とされ、メッカ、メディナに次ぐ第3の巡礼地とされた。

エルサレムは、11世紀にはキリスト教の十字軍の支配下となり、13世紀にはイスラム国家となる。16世紀にこの地を支配したオスマントルコは、エルサレムを3宗教に開いた。このようにエルサレムは歴史的および宗教的背景が絡み合った、難しい立場の都市である。

ユダヤ人とアラブ人は仲よくできないのか？

誰もが平和を望んでいる。好んで戦いをしたいと思っているわけではない。しかし、不幸にも世界各地で軍事衝突が起こっている。イスラエルを含むパレスチナもそうした地域の一つである。

現在、イスラエルでは、「ユダヤ人」は、「ユダヤ人の母親から生まれた人」または、「ユダヤ教に改宗を認められた人」と定義されているが、ユダヤ人の民族的共同体としての意識は、ユダヤ教を精神の糧《かて》としてすこぶる強い。

建国の経緯やアラブ諸国との対立から、イスラエルの国家財政における軍備の割合はきわめて大きい。ダイヤモンドの原石を輸入し、加工したダイヤを輸出するなどで外貨を得ているが、外国に住むユダヤ人からの収入や、ユダヤ人が多く住み、財政などの実権を握っているアメリカの援助が大きい。

現在、イスラエルの人口の4分の3はユダヤ人が占めるが、約2割はアラブ人である。イスラエルの公用語はヘブライ語だが、アラビア語も特別な地位を有する言語としている。

1979年にエジプト、1994年にヨルダンと平和条約を締結した。パレスチナ解放機構（PLO）とも１９９３年にパレスチナ暫定自治に関する原則宣言（オスロ合意）に署名したが、軍事衝突はその後も起こっている。２０２０年には、ＵＡＥ、バーレーン、スーダン、モロッコと国交正常化に合意しアラブ諸国との関係改善を図り、パレスチナの平和を模索している。

体が沈まない死海——湖なのになぜしょっぱい？

戦禍が絶えないイスラエルだが、美しい自然や都市も多い。

イスラエルの国土は乾燥した不毛地帯が多いが、**北部は地中海性気候で農業などが行われている。**科学調査に基づいて開墾や灌漑がなされ、さらに先端技術を導入することにより、耕地面積を増加させ、多くの農作物を収穫できるようになった。国土の約２割が農地である。

イスラエルと死海

大地溝帯の一部である死海《しかい》は、美しい湖である。**水面が海面下４００ｍなので、周囲から流入する河川はあっても、この湖から流出する河川はない。**つまり、水の蒸発量が多いということなる。それは塩分が多くなる要因となり、水に浸かると自然に体が浮く理由はここにある。

太字は、本文でとりあげた国

Part 2

「アフリカ」の国々が面白いほどよくわかる!

アフリカの概観

「世界の成長センター」は アジアからアフリカに!?

今世紀末、世界人口の4割をアフリカが占める!?

アフリカの人口が急増している。1900年に約1億だったのが、2000年には約8億になった。**2100年には約43億に達する**と推計されており、これは世界全体の推計109億のおよそ4割に及ぶ。これほどの人口急増がなぜ起こるのだろうか。

アフリカの人口分布には著しい偏りがある。サハラ砂漠や南部の乾燥地帯では人口密度がきわめて低い一方で、地中海沿岸、ギニア湾岸、アフリカ東部の高原地帯では人口密度が高い。

特に「サヘル」とよばれるサハラ砂漠南縁の国々で人口が急増している。女性1人が産む子供の数である合計特殊出生率は、ニ

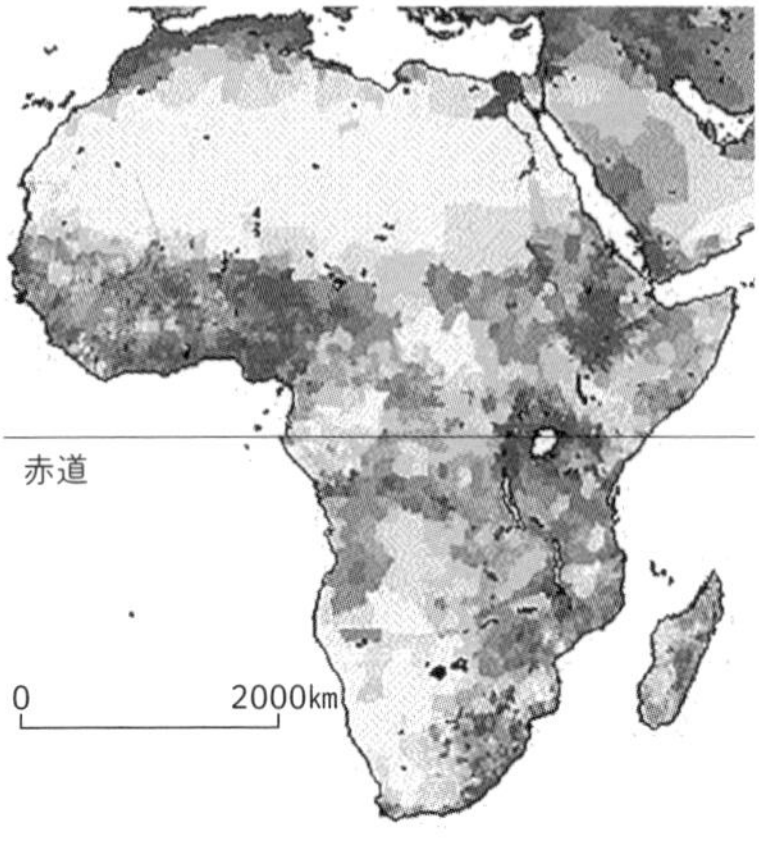

アフリカの人口密度

(NASA Earth Observatoryより作成)
色が濃いほど人口密度が大きい。

ジェールで7・0に近く、マリやチャドも6・0に近い値を示す。世界で類をみない人口爆発が、アフリカで起こっている。

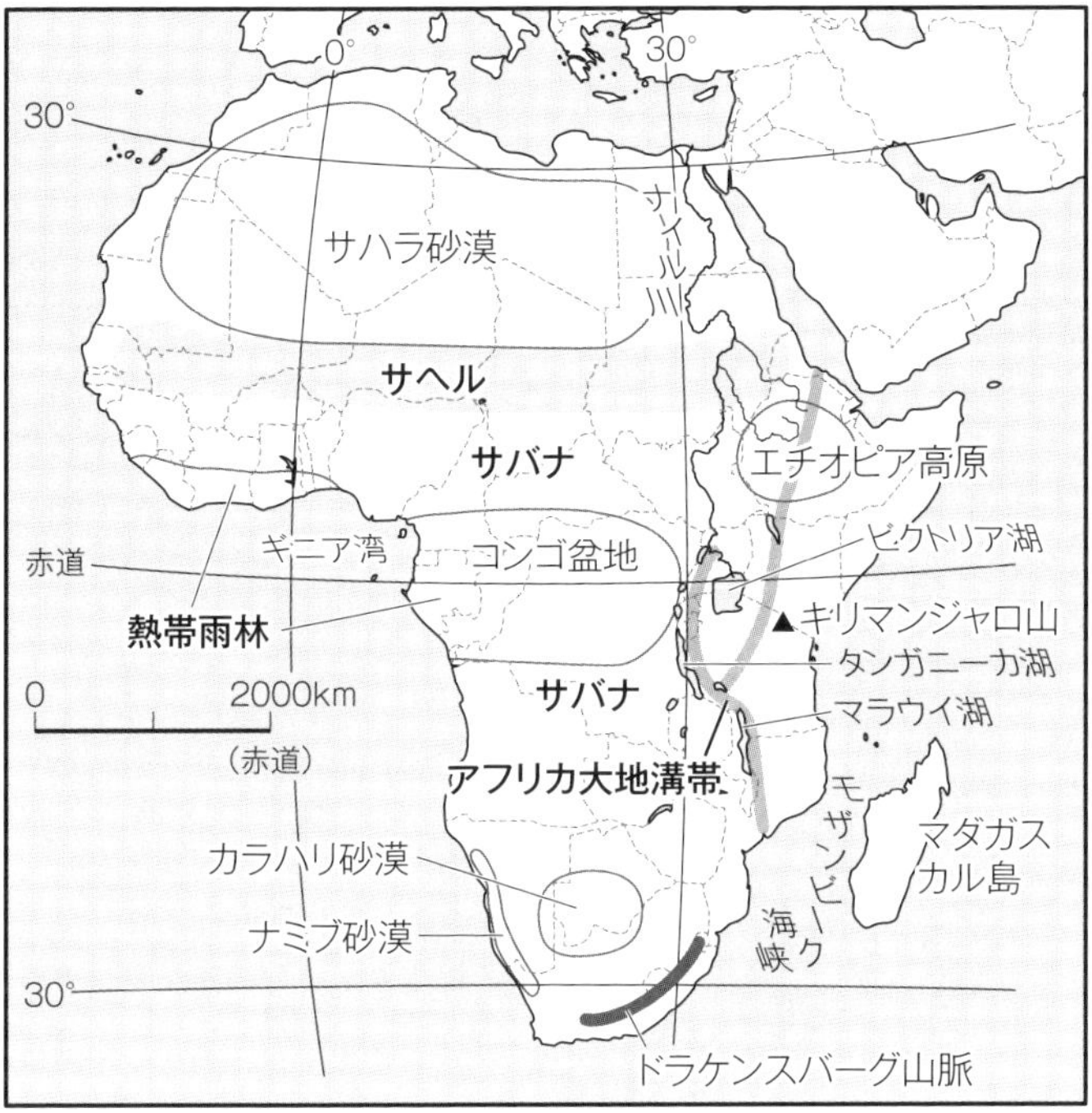

アフリカ大陸の地形と自然

「人口爆発」をもたらした理由は？

サヘル諸国を中心に人口爆発といえる状態になっているのは、**出生率が高いままで死亡率が低下したため**である。一部地域では砂漠化の進行による生活環境の悪化もみられるが、そうした地域でも人口は増えている。

アフリカ最大の人口を擁するナイジェリアでは、2019年に1000人当たりの出生数が3・7人なのに対し、死亡数が1・2人であり、年間で500万人余りが自然増加した。

死亡率が低下した背景には、医療の進歩や衛生環境の改善がある。ワクチンが普及したり栄養状態が良くなったりしたことで、マラリアやデング熱などの風土病による死者が大きく減った。それにともない人々の生活水準も、全体としてみれば向上している。たとえば携帯電話の普及率は、ケニアで２００２年に10％程度だったのが、２０１７年には92％に達した。サハラ砂漠以南のアフリカ諸国では、経済成長率が２００３年から２０１２年までの10年間で、年平均５・８％に及んでいる。**アフリカでは、人口急増と経済成長が同時に起こっている。**

「熱帯雨林」と「砂漠」が大部分を占める自然

急増する人口が経済成長に結びつく要因には、鉱産資源を埋蔵する自然の恵みがあるからにほかならない。アフリカ大陸の自然は、**「北部の砂漠地帯」「中部の熱帯雨林地帯」「南部の砂漠地帯」「東部の高原地帯」**に大きく分けられる（前頁地図）。

北部の砂漠地帯は、アフリカ大陸の３分の１を占める広大なサハラ砂漠を中心とした乾燥地帯である。

中部の熱帯雨林地帯は、赤道付近で起こる活発な上昇気流のために雨が多く、密林となっている。密林の周囲には、雨季に草原、乾季に枯れ野となるサバナが広がり、ここに多くの野生動物が生息する。

南部の砂漠地帯は、ボツワナとナミビアを中心にカラハリ砂漠が広がり、その周囲には草原や、標高の高い地域に落葉樹林も広がるなど多様性に富む。

東部の高原地帯は、高原の中に地盤の裂け目である「アフリカ大地溝帯《だいちこうたい》（グレート・リフト・バレー）」がある。これに沿ってタンガニーカ湖、マラウイ湖など、断層運動で生じた窪地にできた湖である「断層湖」が並ぶ。アフリカ大地溝帯は変動の激しい地帯であることから、近くには標高５８９５ｍでアフリカ最高峰のキリマンジャロ山などの火山も多い。

天然資源が豊富なのに、なぜ貧困はなくならない？

こうした自然の中に、石油などのエネルギー資源や、銅などの鉱産資源が豊富に存在している。**石油はおもに地中海沿岸とギニア湾岸に集中する。**「石油輸出国機構（ＯＰＥＣ）」に加盟する国はリビア、アルジェリア、ナイジェリア、ガボン、アンゴラ、赤道ギニア、コンゴ共和国の7カ国にのぼり、これはＯＰＥＣ加盟13カ国の過半数を占める。

ほかにも、南アフリカ共和国の金、ザンビアの銅、ギニアのボーキサイト、ナミビアのウランなども、産出量が世界の上位に入る。アフリカ大陸が最大の産出量シェアをもつものにダイヤモンド、クロム鉱、マンガン鉱などがあり、いずれも工業原料に欠かせない鉱産資源である。

これらの鉱山からの収益が、アフリカの人々を等しく豊かにしているとはいえない。国全体の経済は成長しても、国内での経済格差はむしろ拡大している。工業が発達していないため、鉱物は未加工のまま輸出され、地域への経済波及効果は少ない。

国家収入となる鉱山使用料も、その多くは採掘に関わるインフラ整備に当てられるほか、汚職の温床にもなっている。鉱産資源が生む権益は、開発に関わる外国企業が握り、利益の大部分を国外に持ち出してしまう実態がある。利益配分の偏りは、不法な操業による環境への悪影響とともに、アフリカ諸国の構造的な問題になっている。

「直線の国境」が紛争の種

アフリカは、近年の経済成長にもかかわらず、いまだに紛争の多い大陸のままである。その背景には、54を数えるアフリカの国々のほとんどが、ヨーロッパ諸国の植民地となった歴史が関係している。

フランスがサハラ砂漠西部からギニア湾岸、イギリスがアフリカ大陸東部、ベルギーがコンゴ盆地一帯、ポルトガルが現在のアンゴラなど、ヨーロッパの国々が植民地支配した。そのため、当初は植民地の境界を定めるために便宜的に引かれたラインがそのまま国境線となり、独立国家となった。

アフリカの国境線は直線状になっているものが目立ち、大陸全体の国境線の44％が直線である。**民族分布と無関係に国境線が引かれたことで、民族間のパワーバランスに不均衡が生じることになった。**

こうした不安定要素が、おもに国内での紛争を引き起こしている。たとえばルワンダでは、多数派のフツ族と少数派のツチ族との間で主導権をめぐる激しい衝突が起こり、1994年には約100日間で80万人以上が殺害されるという大虐殺が起こった（ルワンダ虐殺）。

またスーダンでは、北部のイスラム系住民と南部のアフリカ系住民の対立から「アフリカ最長の内戦」とよばれ200万人の死者を出した南北内戦が起きた。その後2011年には、住民投票を経て南スーダンとして独立を達成したものの、油田の権益をめぐって両国間で争いが続いている。また、西部のダルフールではアラブ系遊牧民とアフリカ系農耕民の対立から、2008年までに30万人以上が犠牲となるダルフール紛争が起こった。**こうした民族・宗派間での衝突は、時に鉱産資源の利権がかかわることで激化し、東西陣営**

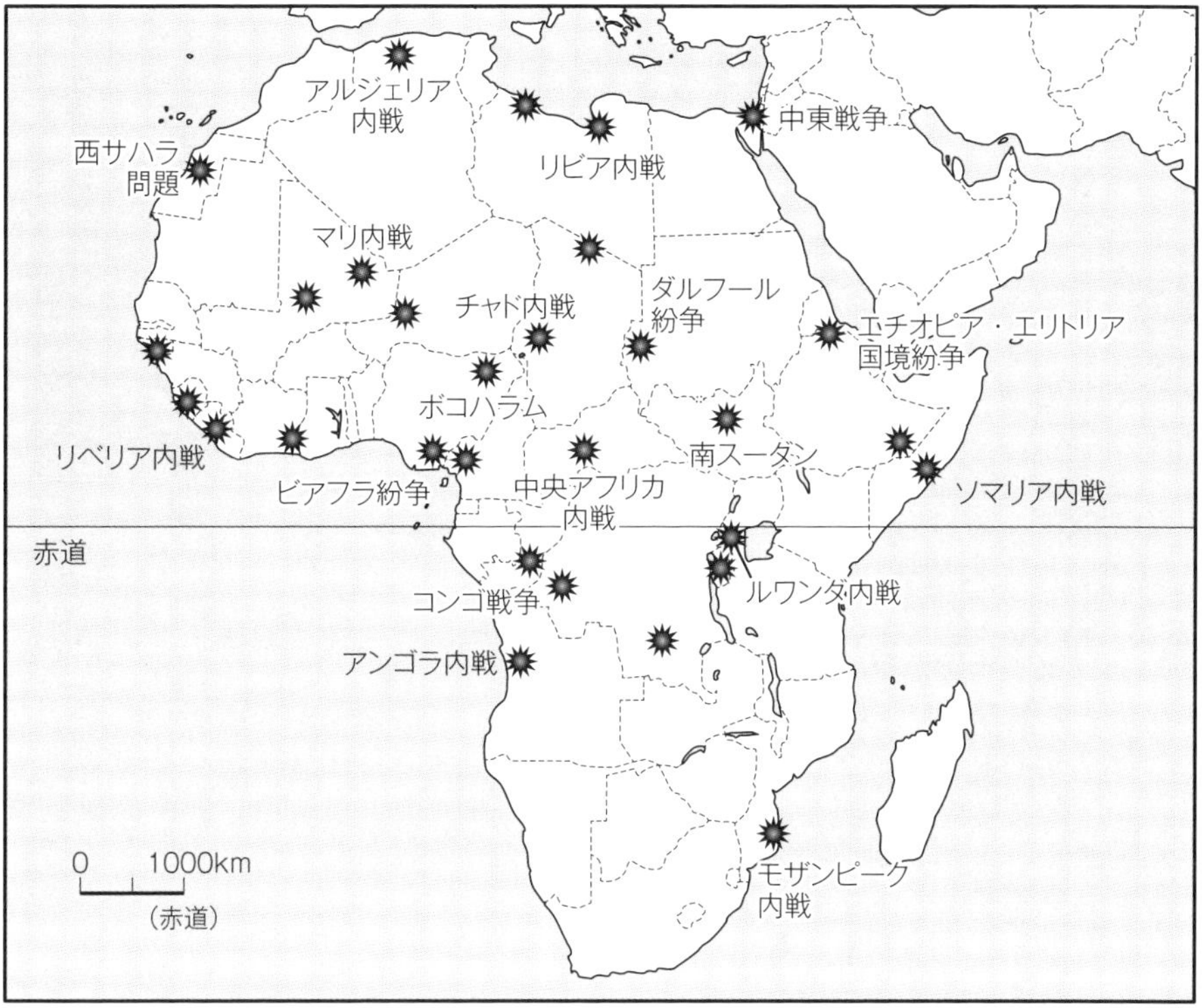

独立後のおもな紛争（国連資料などにより作成）

の介入があることで長期化する。ナイジェリアでのビアフラ紛争（1967〜1970年）は油田の支配権をめぐって激化した例であり、アンゴラ内戦は、アメリカ合衆国、ソ連、中国など他国が介入して長期化した例である。

一方で、急速な発展を遂げた国もある。ルワンダでは内戦終結後、高度人材の育成を進め、「アフリカの奇跡」と称される驚異的な復興を遂げた。女性の社会進出もめざましく、国会議員の約6割にも達する。ボツワナでは独立後、産出するダイヤモンドから得られる利益を生活水準の向上にあてるとともに産業の多角化を進め、工業化に成功した。紛争や貧困といった負の側面で語られることの多いアフリカだが、全体としてみれば経済は着実に成長し、国民生活は向上している。

ナイルの水は誰のもの？　深刻化する「水不足」

エジプト・アラブ共和国

Arab Republic of Egypt

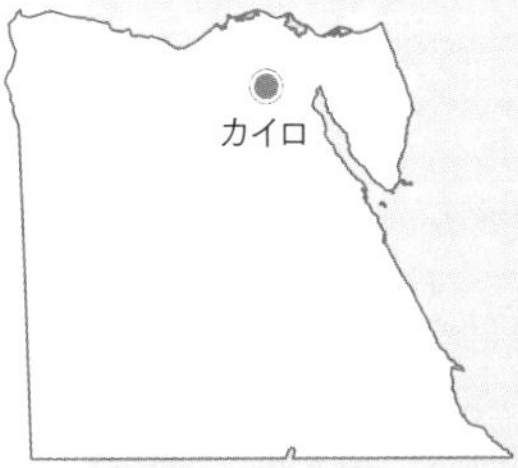

面積　100.2万㎢（日本の約2.7倍）

人口　1億926.2万（2021年）

言語　アラビア語、都市部では英語も通用

宗教　イスラム、キリスト教（コプト派）

「エジプトはナイルの賜物《たまもの》」の意味とは？

ナイル川周辺

エジプトには、ピラミッドやスフィンクスなど古代エジプト文明の遺跡が多く残る。首都カイロはアフリカ屈指の大都市であり、古代の繁栄は今につながる。こうした繁栄の源泉に、ナイル川がある。

ナイル川は11カ国にまたがるアフリカ最大の国際河川であり、長さ6695㎞は世界で最も長い（ビクトリア湖に流れ込むブルンジの川が最上流とされる）。

古来より毎年規則正しく増水し、その増水がもたらす水や養分で流域を潤してきた。こうした増水は、上流部で雨季があるために起こる。支流の青ナイル源流部にあたるエチオピア高原では、雨季が始まる6月半ばから川の流量が増え始め、8月には乾季の40倍もの流量に達する。増水し濁流となった青ナイルの水は、スーダンの首都ハルツームでビクトリア湖を源流とする白ナイルの水を合わせ、地中海へと流下する。

こうした増水した流れを、流域の人々は巧みに利用してきた。ナイル川が増水すると、人々は水門を開けて濁った水を畑に導き、耕地に水をためる。濁った水にはミネラル分の豊富な土砂が含まれており、その土砂が耕地に堆積していく。川の増水がおさまったところで、下流側の水門を開けて排水する。塩分濃度の高くなった水は川に戻り、耕地には肥料となる肥沃《ひよく》な土壌が残される。こうして小麦や綿花などの広大な畑作地帯が維持されてきた。

ナイル川の恵みを活かしたこのような持続可能な農業に支えられた繁栄を、古代ギリシアの歴史家ヘロドトスは「エジプトはナイルの賜物《たまもの》」と表現した。

世界の物流の大動脈「スエズ運河」

ナイルの恵みによって繁栄したエジプト文明の痕跡は、数々の遺跡として残っている。それらの中でも古代都市メンフィスのピラミッドは特に有名であろう。王の墓として紀元前2500年前後に築かれたピラミッドが、首都カイロの南方に点在する。またアレクサンドリアの近くには、3世紀頃からエジプトを中心に発展した原始キリスト教の一派であるコプト教の聖都の遺跡がある。

さらに7世紀以降にイスラム勢力の拠点として築かれたカイロは、14世紀には「1000のミナレットが立つ街」として世界最大のイスラム都市となり、歴史を刻んでいる。ミナレットとは、イスラムの施設にある礼拝を呼びかける尖塔《せんとう》のことである。

こうした歴史遺産による観光収入とともに、大きな経済的価値をもつものに「スエズ運河」がある。1869年に開通し、**ヨーロッパからアジアへの航路を、それまでのアフリカ南端を回り込むコースに比べ1万㎞も短縮**した。

現在でも日々多くの船舶が通行し、世界の海運にとって欠かせない航路となっている。

日本人が知らない国際河川の「水問題」

エジプトを潤すナイル川は、上流部で降る雨の水を集め、中・下流で砂漠地帯を流れる。こうした砂漠を貫流する川を「外来河川《がいらいかせん》」というが、外来河川のために水の蒸発は激しく、水量はあまり多くない。河口に達するときの流量は毎秒2830㎥と、20万㎥に達するアマゾン川の15％程度である。

こうした限られた水資源に、流域の約3億人の生活がかかっている。**エジプトでは人口の96％がナイル川の流域に居住し、生活用水・農業用水・工業用水を頼っている。**特に大量の水を必要とする農業は、ナイル川の水がなくてはまったく成り立たない。国内にはアスワンハイダムなどの多目的ダムが建設され、灌漑《かんがい》用水の供給に役立っている。

ところがこの水資源をめぐって、近年エジプトは厳しい状況におかれている。上流の各国と水の争奪戦が繰り広げられているのである。スーダンによる新たなダムの建設や、タンザニアとウガンダによるビクトリア湖からの灌漑用水取水の計画がある。

さらにエチオピアでは、支流の青ナイルに大エチオピア・ルネサンスダムが建設され、２０２０年には貯水を開始した（１４２頁地図）。

青ナイルは、白ナイルとともに二大支流の一つである。ナイル川全体の流量の6割以上を占めるため、エジプトは青ナイルの水量減少を危惧し、反対している。エチオピアにとっても、大エチオピア・ルネサンスダムは農業用水や工業用水だけでなく、６０００メガワットの電力をもたらし、発展の基礎となるもので、譲れない事情がある。

そこで流域11カ国のうち10カ国は「ナイル流域イニシアティブ」を組織し、水資源利用のあり方を話し合っている。

しかし、**既得権益を維持したいエジプトなど下流の国と、水の利用を拡大したいエチオピアなど上流の国とが対立**し、交渉は難航している。

地中海と砂漠をつなぐ文明の十字路

モロッコ王国

Kingdom of Morocco

面積 44.7万㎢（日本の約1.2倍、西サハラ除く）

人口 3,707.7万

言語 アラビア語、ベルベル語（共に公用語）。フランス語

宗教 イスラム（国教）、スンニ派がほとんど

砂漠の民「ベルベル人」の暮らし

世界遺産「フェス旧市街」やロマンス映画『カサブランカ』で知られるモロッコは、異国情緒あふれる国である。日本からの観光客は年々増え、2019年に約4万人とアフリカ諸国の中ではエジプトに次いで多い。

日本からの訪問者の目的の一つに、砂漠の観光がある。**モロッコの大部分を「サハラ砂漠」が占める。**中部メルズーガでは、波打つ砂の丘が地平線まで続き、その間をラクダの隊列が進む。かつてサハラ砂漠を越えてきた交易の隊商が、現在は観光客のラクダ乗り体験に取って代わったものの、砂漠の風景は古来より変わらない。

こうした砂の丘が続く風景が、ふつう砂漠と聞いてイメージする風景だろう。ところが**サハラ砂漠では、大部分は「ハマダ」とよばれる岩石砂漠と、「レグ」とよばれる礫《れき》砂漠で占められ、「エルグ」とよばれる砂**

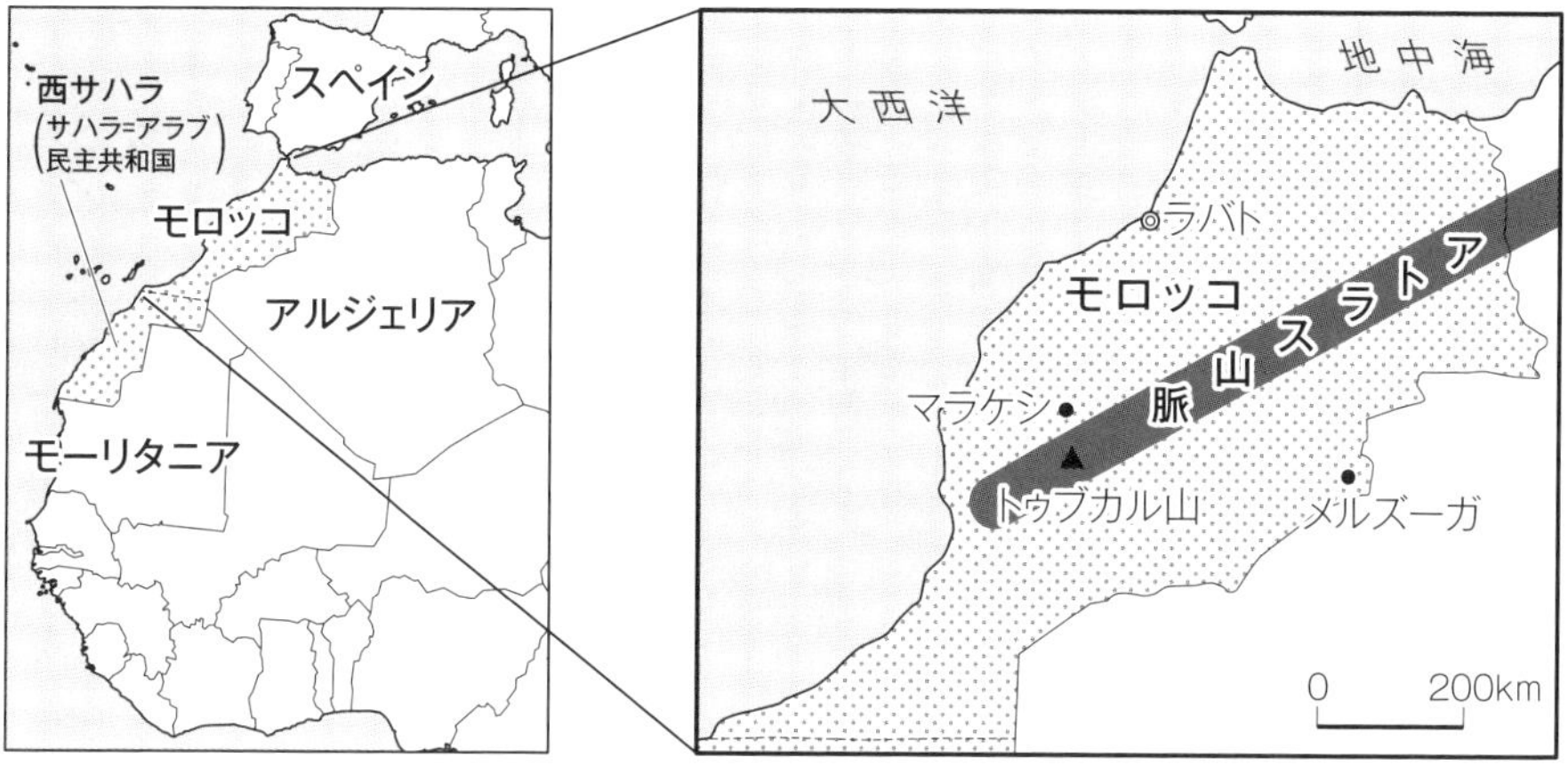

アフリカにおけるモロッコの位置と自然

砂漠はわずか12％ほどしかない。

エルグの分布は、サハラ砂漠の外縁部に多く、モロッコでもよく見られる。こうした分布は、岩盤の風化で生産された砂が風で周囲に運ばれ、湧水地など湿気のあるところで固定されるためにあらわれる。サハラ砂漠から大西洋へ向かう飛砂の量は年間２５００万トンに達し、これは砂漠西縁の海岸線１㎞の範囲を１時間に通過する砂が６６０トン余りという膨大な量に相当する。メルズーガには東西10㎞、南北20㎞の広さでエルグが広がり、下から見上げる砂丘の高さが２５０ｍに達するものもある。

こうした砂丘は、この地にベルベル人が住み着いた何百年も前からその位置を変えず、病気療養のために砂浴をする人が国内外から訪れている。

モロッコの地に古くから暮らしていたベルベル人は、イスラムを信仰する遊牧民族で、もともと北アフリカ一帯に広く居住していた。古代ギリシア、ローマ帝国をはじめとする地中海周辺地域の民族やアラブ人の侵攻によって、山岳地帯やサハラ砂漠の西部に追いやられた。モロッコでは国民の45％を占め、アラブ人の割合と拮抗している。

ベルベル人たちが生活の拠点にしたのが「オアシス」である。**オア**

シスで得られる水は、生活用水としてだけでなく、農業や牧畜にも使われる。モロッコのオアシスに必ず生育するナツメヤシは、乾燥気候に適応したヤシで、種は飼料、果実は食用、幹は木材やロープの原料、葉は屋根葺きや籠の原料に利用される。

オアシスでは、乳製品や香辛料は遊牧民から、野菜や魚介類は地中海沿岸から来る行商人から得る。それらが取り引きされる市場は、アラブ世界ではスークとよばれ、色彩豊かで活気がある。

地域経済の救世主「モロッコの秘宝」とは？

モロッコ北部を東西に走るアトラス山脈は、アフリカ大陸で唯一のアルプス＝ヒマラヤ造山帯にあたり、現在も地盤が激しく変動する地帯である。標高４０００ｍを超える山脈は、モロッコの気候を二分する。南側はサハラ砂漠につながる乾燥帯となるのに対し、北側は地中海沿岸に広がる温帯の地中海性気候となる。

地中海性気候の特徴は、夏に乾燥することである。夏の乾燥は穀物栽培には不向きで、栽培されるのはおもに樹木作物となる。樹木作物の代表例にオリーブがある。**モロッコでのオリーブ生産量は世界の６％ほどを占め、一大生産国になっている。**

伝統的なオリーブ栽培に加え、近年、生産量が増えているものにタコとアルガンオイルがある。タコは隣国モーリタニアとともに世界生産量の上位を占め、おもに日本に輸出される。**日本の輸入量の約70％がモロッコとモーリタニア産で占められ、**日本でも広く親しまれている。

またアルガンオイルは、モロッコの砂漠に生えるアルガンの木から採る。アルガンは乾燥と高温に強い常緑樹で、オリーブに似た果実からオイルが採れる。このオイルを人々は食用や薬に利用してきた。肌に塗ればは乾燥や紫外線対策にもなり、ベルベルの女性たちにとって必需品となっている。**アルガンの木はアトラス山脈近辺にしか生育しない**ため、今や「モロッコの秘宝」として世界中から注目を集めている。

砂漠緑化の植樹にも利用され、アルガンオイルの生産量は2000年代になって急増した。オイル生産の産業化により地域の雇用も生まれ、遊牧をやめ定着化した人たちの自立支援にも役立っている。

このアルガンオイルをふんだんに使ったタジン料理は、ベルベル人の生活の一部である。土でつくった簡素な建物で、土鍋のタジンを用い、地元で採れる根菜やナツメヤシ、地中海からの野菜や果物に海の幸、さらに秘蔵の羊肉や鶏肉を無水で煮込み、食べる。アフリカとヨーロッパの食の十字路にあることで、モロッコの食生活は豊かである。

この豊かな地でも、政治・経済的な問題を抱える。国土の南半分は、**通称西サハラとよばれ、分離独立を主張する勢力が「サハラ＝アラブ民主共和国」を宣言する一方、モロッコが実効支配して対立している。**

また、高い失業率を背景にした外国への頭脳流出も、国の発展の足かせになっている。こうした乗り越えるべき課題も残っているが、比較的安定した政治のもとで人々は穏やかに暮らしている。

アフリカ最古の独立国

エチオピア連邦民主共和国

Federal Democratic Republic of Ethiopia

面積	110.4万㎢（日本の約3倍）
人口	1億2,028.3万（2021年）
言語	アムハラ語、オロモ語、英語等
宗教	キリスト教、イスラムほか

コーヒー、トウモロコシ……労働人口の7割が農業に従事！

エチオピアはアフリカ大陸の北東部にある内陸国である。首都のアディスアベバを含む中央部は標高2000～3000mの高原地帯であり、気温の年較差の少ない高山気候になる。このエチオピア高原の中央部にはアフリカ大地溝帯が走り、青ナイルの源流になっているタナ湖があるなど、変化に富んだ自然環境が広がる。

エチオピアの国旗はおもに緑色、黄色、赤色の3色からなる。この3色の組み合わせは「汎《はん》アフリカ色」とよばれ、サハラ以南アフリカの10カ国以上で使われている。**汎アフリカ色は、アフリカで唯一、植民地支配を逃れたエチオピア帝国を象徴する色**で、第二次世界大戦後に独立を勝ち取ったアフリカの国々がエチオピアの強さにあやかり、この配色を取り入れたことに由来する。

エチオピア帝国は13世紀に成立し、1936年から5年間のイタリア支配を除き、独立を保ち続けた。こ

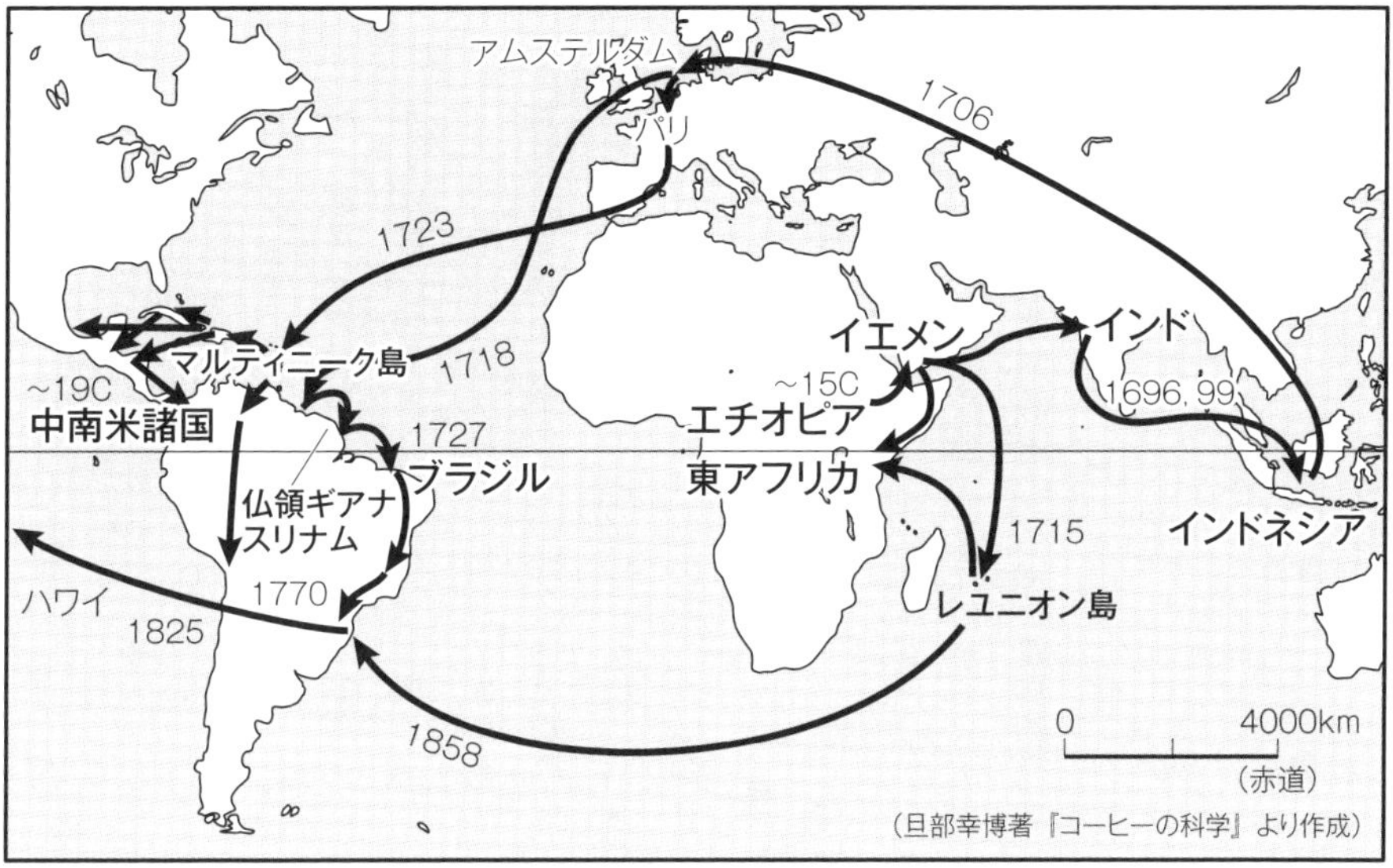

(旦部幸博著『コーヒーの科学』より作成)

コーヒー栽培の伝播(アラビカ種のおもな経路)

うしたことから、**アフリカ最古の独立国**といわれる。

古い歴史をもつ産品には、コーヒーもある。世界で最も多く流通している**アラビカ種のコーヒー豆は、エチオピア高原南西部のカッファ地方を原産地**とする。

現地では古くから飲料や薬用として普及していた。低緯度の高山帯が栽培適地であることから、16世紀以降アラビア半島やインドネシアのジャワ島などに伝わり、18世紀には南アメリカ大陸に広まった。現在でも世界の上位5位に入る生産量がある。

コーヒーやトウモロコシなどを栽培する農業がエチオピアの主要産業であり、雇用者の7割を農業従事者が占める。ところが近年、青ナイルを堰《せ》き止めた「大エチオピア・ルネサンスダム」から得られる電力などをもとに、工業化が進んでいる。

進む「土地収奪」。誰が買っているのか？

エチオピアは、日本の約3倍の面積に日本とほぼ同じ約1億2000万の人口を抱え、アフリカ第2位の人口大国である。1991年に市場経済へ移行して以来、経済成長率は対前年比10%に迫る年もあり、**アフリカの非産油国としては最高水準の経済成長**を遂げている。

アフリカの国々で経済発展が進んだ国は、多くの場合、石油などの鉱産資源の産出国である。1人当たりGNI（＝Gross National Income／国民総所得＝個人や企業が1年間に国内外で得た所得の総額）の上位国は、観光業の発達したセーシェルなどの島嶼国《とうしょこく》を除くと、ガボン、赤道ギニア、リビア、アルジェリアなど、多くが産油国であり、ガボンや南アフリカ共和国など石油以外の資源産出国も上位に入る。

そうした資源大国が、資源の国際価格に国の経済が影響を受けて経済成長が不安定なのに対し、**エチオピアは鉱産資源に頼らない経済構造があるため経済成長が安定している。**

こうした安定した経済成長には、外国資本の導入が関わっている。エチオピアは、北方のエリトリアや東方のソマリアとの紛争を終結させ、現在、政治的には比較的安定している。広い国土と豊富な低賃金労働力は、外国企業の進出に好条件となり、政府も外資を誘致する政策をとっている。

外国企業がまず目をつけたのは、農業への投資である。未開発の土地が広く残り、資本と技術さえ投入すれば農地開発を大規模に進められる。そこで得られる農産物は本国へ持ち帰る。受け入れるエチオピア側としても、近代的な農業が周辺地域に広がり、ひいては経済全体への波及効果があることを期待する。こうした、**外国企業が他国の土地を農業開発する状況を土地収奪（ランドグラビング、またはランドラッシュ）という。**

土地収奪によって、エチオピアでは20カ国以上から合計90万haの農地が開発されている。栽培される作物は小麦のほか油ヤシやトウモロコシなど、バイオエタノールの原料として使われる工芸作物も多い。いずれの作物にしても国内向けの食料ではなく、全量が出資国に送られる。

土地を買っている国は、サウジアラビア、インド、イギリスがそれぞれ10万haを超え、5万haを超える国も中国、イスラエル、アメリカ合衆国、マレーシア、トルコ、オーストリアなど、世界中に広がっている。

中国は、一帯一路構想のもとインフラへの投資も活発化させており、首都アディスアベバのアフリカ連合（AU）本部ビル、首都から港湾都市ジブチ（隣国ジブチ共和国の首都）に至る電気鉄道、大エチオピア・ルネサンスダムなどの建設も支援した。中国が主導するアジアインフラ投資銀行に加盟するエチオピアにとって、中国の投資が経済発展の頼みの綱になっている。

赤道直下、マサイ族で有名な国の電力源は？

ケニア共和国

Republic of Kenya

面積	59.2万㎢（日本の約1.5倍）
人口	5,300.6万（2021年）
言語	スワヒリ語、英語
宗教	伝統宗教、キリスト教、イスラム

赤道直下の山でも、山頂には氷河

ケニアは赤道直下にある高原の国である。国土の中央にあるケニア山（標高５１９９ｍ）はアフリカ第2位の標高をもつ。アフリカ最高峰のキリマンジャロ山（標高５８９５ｍ）は、南側の国境線から20kmほどタンザニア領内に入った位置にあるが、キリマンジャロ山の裾野にはアンボセリ国立公園など、ケニアを代表する野生動物保護区が設けられている。氷河を抱く山頂を背景にした草原に野生動物が群れをなす光景は、アフリカのサバナ地帯を代表する景観といえるだろう。

こうした高原地帯に、先住民の各種民族が暮らしている。

ケニア山と高原の国ケニア

マサイ族は遊牧民で、視力の良さやライオンを狩猟することで知られる。キクユ族は農耕民で、ケニアで約21％を占める国内最大の民族を構成している。そのほか、心肺機能が強くマラソン競技で世界的に活躍する人が多いことで知られるカレンジン族も、12％を占める主要民族の一つである。

高原に暮らす諸民族に対し、海岸部にはスワヒリ語を話す人々が居住する。この人々は、イスラム商人の活動に対応して海洋貿易と内陸貿易を仲介しながら沿岸部に広がっていった。米を主食とすることやイスラムを信仰することなど、**スワヒリ文化とよばれる独自の文化圏**を構成している。スワヒリ語は、ケニアだけでなくタンザニア、ウガンダ、ルワンダで公用語になっている。

標高1500mに位置する「国際都市」

ケニアの主体をなす高原地帯に、首都ナイロビがある。ナイロビは人口310万を超えるケニア最大の都市である。平均気温が15〜20℃とほぼ一定のため常春《とこはる》の気候とよばれ、過ごしやすい。国連環境計画（UNEP）の本部がおかれるなど、**東アフリカの政治・経済・文化の中心として、各国の要人やビジネス関係者が集まる国際都市**となっている。

こうした高原地帯は、地熱発電の場にもなっている。アフリカ大地溝帯（137頁地図）に接する変動帯にあたり、地下にはマグマの熱源がある。この熱源から蒸気を取り出して発電する地熱発電が、さかんに取り入れられている。その発電量は2010年代以降に急増し、ケニア全体の電力需要の46％を占めるほどになっている。発電容量は日本を上回り、**世界の上位10位に入る地熱発電大国**である。

この地熱発電所の建設には、日本も大きく関わる。日本政府として円借款《えんしゃっかん》を通して建設を支えており、発電タービンの多くが日本メーカーのものである。2014年にわずか32％だった国内電化率を、短期間のうちに急上昇させることができ、ケニアの生活水準の向上をもたらした。

ヨーロッパ系の入植地「ホワイトハイランド」の現在は？

急速な変化は、農業分野でも進行している。**19世紀末のイギリス統治下で始まった茶の生産は、2019年現在で中国、インドに次ぐ世界3位**となっている。ケニアの貿易品の中でも、輸出額の約20％を占める一大輸出品となっている。ティータイムを楽しむことはイギリスの伝統文化であり、その紅茶の茶葉の栽培地として、植民地であったケニアは重要視されたのである。

茶の栽培地は、首都ナイロビに近い高原地帯に点在する。品質のよい茶の栽培条件は、年平均気温が15℃前後で気温の日較差が大きいこと、年間1000㎜前後の適度な降水量があり、排水のよい土壌が分布することなどであり、ケニア中央部の標高1000〜2000mの高原地帯は、この条件に適合する。

ヨーロッパと似た気候であることからもヨーロッパ人の入植が進み、白人の占有する高原という意味で「ホワイトハイランド」とよばれた。

1980年代以降はバラなどの切り花の生産も増えている。おもにオランダの会社が関わっており、本国から移転したり現地の会社に出資したりして生産し、世界各地へ輸出されている。ビニールハウスによる栽培で時期を問わず生産でき、日本でもドバイ経由などで多く輸入されるようになった。ビニールハウスの熱源には地熱や太陽光を使い、農業用水には地下水が使われている。

こうした花卉《かき》栽培は、観光農園としても利用されている。ナイロビ北西方約90㎞にあるナイバシャ湖周辺には、数多くの地熱発電所が立地し、ナイロビに電力を供給するとともに、ビニールハウスによる花卉栽培農家が軒を連ね、風光明媚なスパリゾートとして国内外の観光客に人気である。

かつてのザイール。隣の国も「コンゴ」の理由は?

コンゴ民主共和国

Democratic Republic of the Congo

面積　234.5万㎢
人口　9,589.4万(2021年)
言語　フランス語(公用語)、スワヒリ語、リンガラ語、チルバ語、キコンゴ語等
宗教　キリスト教、イスラム、その他伝統宗教

世界で唯一！　川をはさんで両方首都の「双子都市」

赤道直下に位置し、国土面積はアルジェリアに次ぐアフリカ第2位の「コンゴ民主共和国」。隣の「コンゴ共和国」と名称が似ているのは、同じコンゴ民族をルーツとするためである。

北西のコンゴ共和国がフランス領から独立し、１９９１年にコンゴ人民共和国から改称して現在の名称になったのに対し、**コンゴ民主共和国はベルギー領から独立し、１９９７年にザイール共和国から改称**して現在の名称になった。コンゴ共和国が独立当初はマルクス・レーニン主義に基づく共産主義路線を採ったのに対し、コンゴ民主共和国は独立当初から自由主義路線を採るといった違いもある。

そうした両国間は、コンゴ川とその支流により１０００㎞以上の国境線を接し、両国の首都、キンシャサとブラザビルは川をはさんで双子都市となっている。経済的な結びつきは強いものの、両国間に橋が一つもないのは意外なことである。

コンゴ川に橋がないのは、地形と気候上の制約が要因である。地形的には、コンゴ川の中流域が広いコンゴ盆地にあるため、流れが緩やかであり、川幅が広い。気候的には、上流部がサバナ気候のため明瞭な雨季と乾季があり、流量が大きく変動する。こうした条件に加え、赤道直下にあるコンゴ盆地は熱帯雨林地帯となっており、深い森が人間による開発を拒む。

コンゴ川本流に架かる橋は、河口に近い都市マタディにおいて日本の支援で建設された、マタディ橋のただ一つだけである。

マタディに橋を架けることができたのは、コンゴ川の下流部で川幅が狭まっているからである。**アフリカ大陸の地形は、標高200m未満の土地が10%しかない。**ヨーロッパ大陸で50%を超えるのと比べると少ないことが際立ち、全体として台地状を示す。そのため、海岸に近い下流部で川が急流になる。急流部では川底の侵食が進み、川幅が狭くなるのである。

下流部で急流になることは、河川交通にきわめて不利になる。**海上交通と河川交通が分断され、海からの物資が直接、内陸に入っていくことができない。**こうしたことも、コンゴ盆地の開発が進まない一つの要因となっている。港湾都市マタディと首都キンシャサの間は、道路または鉄道による輸送に限られる。

キンシャサの人口は1960年の40万から急増し、2015年には1100万を超え、国連推計では2030年に2000万を超えるとされている。農村からの移住者によりスラム街が拡大し、路上販売などのインフォーマルセクター従事者が100万人を超える。1日1・25ドル以下で暮らす極度貧困層が都市人口の半数を占める。

一方で、キンシャサはコンゴ文化の発信地でもある。街中にはダンス音楽のルンバが流れ、活気に満ちて

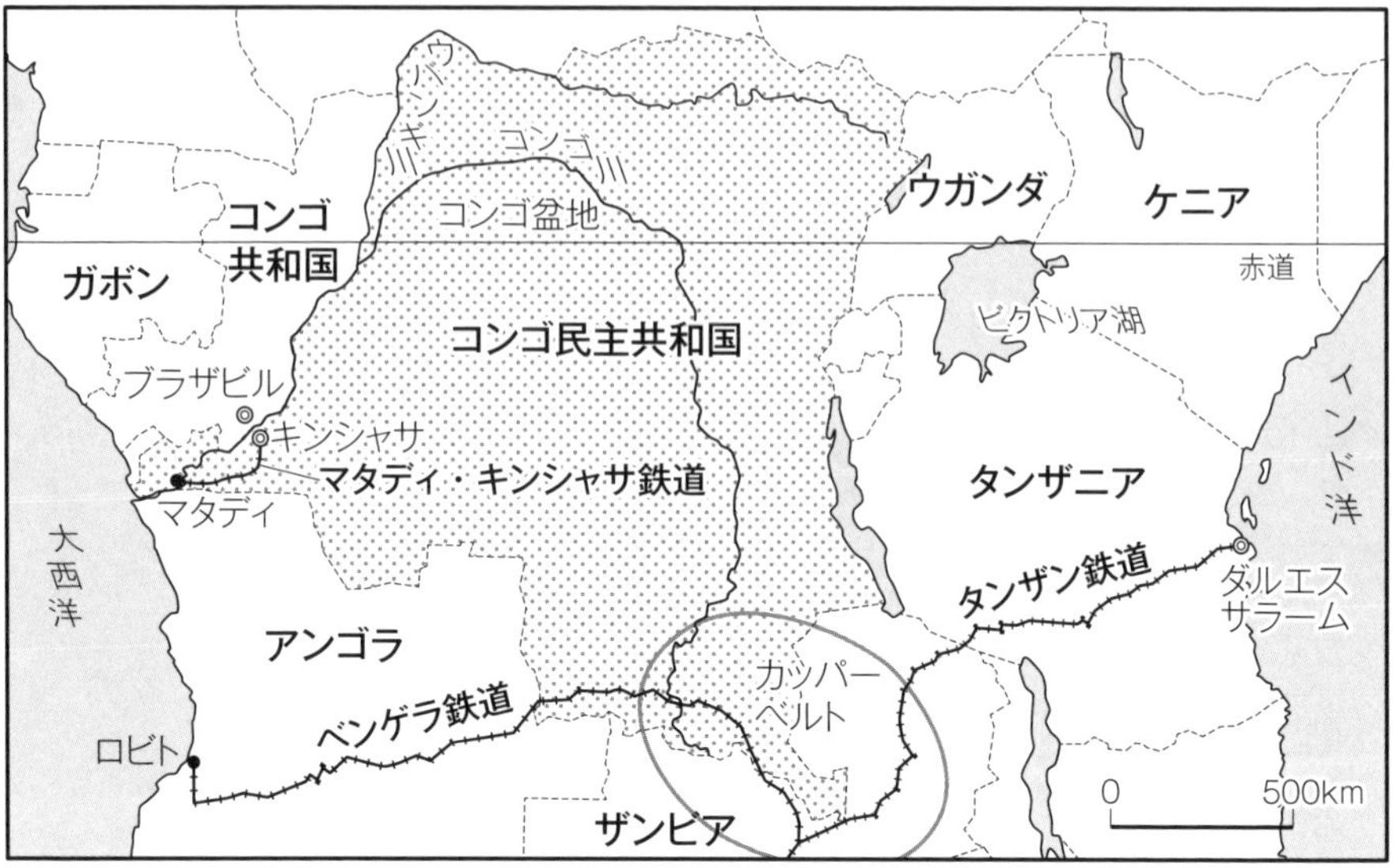

大西洋とインド洋を結ぶ大陸横断鉄道

いる。

軽快なギターとドラム、**管楽器の響きと高音の歌声が特徴のルンバは2021年、ユネスコ無形文化遺産に登録**され、世界的にも知られている。

アフリカ大陸初の横断鉄道がついに開通！

内陸の首都と外港を結ぶマタディ・キンシャサ鉄道は、開通から1世紀以上を経て老朽化し、大量輸送の役割は道路交通に移行しつつある。ところが国の南部では、長大な鉄道路線が発達し、旅客と貨物の両面で役割を増している。

これはベンゲラ鉄道とよばれ、アンゴラの港湾都市ロビトと、コンゴ民主共和国の南部地域を結ぶ。さらに南隣のザンビアへと延び、そこでタンザニアのダルエスサラームへつながるタンザン鉄道と接続する。コンゴ民主共和国南部からザンビア北部にかけて産出する銅やコバルトなどの資源を輸送するために建設された。

全長1300kmに及ぶベンゲラ鉄道は1929年にいったん開通していたが、その後のアンゴラ内戦により破壊され、休止していた。21世紀になってから中国の支援により再建が進み、輸送能力を増した形で2014年に改めて開通した。

1976年にやはり中国の支援により完成したタンザン鉄道とも接続し、2019年には両鉄道を直通する初めての旅客鉄道が運行された。**大西洋とインド洋を結ぶアフリカ大陸唯一の大陸横断鉄道**として重要性を増している。

コンゴ民主共和国の南部からザンビア北部にかけては**カッパーベルトとよばれ、銅の産出が多い。**両国は銅鉱の産出量で世界の10位以内である。

ほかにもコンゴ民主共和国では、コバルト生産が世界生産の約60％を占め1位、ダイヤモンドも約10・3％を占め上位5位に入るなど、世界有数の資源産出国である。こうした資源の輸出に、鉄道が大きな役割を果たしている。

唯一、人口2億を超えた「アフリカの巨人」

ナイジェリア連邦共和国

Federal Republic of Nigeria

面積	92.4万㎢（日本の約2.5倍）
人口	2億1,340.1万（2021年）
言語	英語（公用語）、各民族語
宗教	イスラム、キリスト教、伝統宗教

膨張を続ける「巨大都市」ラゴス

ナイジェリアは人口規模、経済成長、鉱工業生産などの面でアフリカ有数であることから、「アフリカの巨人」と形容される。**人口はアフリカで唯一、2億を超え**、現在も急速に増加している。ＯＰＥＣ加盟国で原油の産出が多く、ＧＤＰ（国内総生産）はアフリカ最多である。ゴールドマン・サックス社が提唱している、ＢＲＩＣＳ（ブラジル・ロシア・インド・中国・南アフリカ）に続く新興国のグループＮＥＸＴ11に、アフリカからはエジプトとともに挙げられている。

国土の広さのほかに、地の利がある。河口部で広大な三角州の平野をつくるニジェール川は、湿潤なギニア湾岸地域と、上流に位置するニジェールやマリなどサハラ砂漠地域とを結ぶ。川を使った舟運は増水期に限られるものの、川に沿ってオアシス都市が並び、砂漠の交易ルートになった。ナイジェリアの国名も、ニジェールに由来する。

ギニア湾岸とサハラ地域とをつなぐ地域にあるため、ナイジェリア国内の宗教分布は二分される。南部ではキリスト教、北部ではイスラムが主体となり、国内での割合はキリスト教が48%、イスラムが51%と拮抗する。民族の数は250を超える多民族国家であるが、北部のハウサ族、南西部のヨルバ族、南東部のイボ族が主要な勢力である。

1967年にイボ族を中心とする東部州が「ビアフラ共和国」の独立を宣言したことで内戦となり、150万人以上の犠牲者を出す深刻な被害が出た。

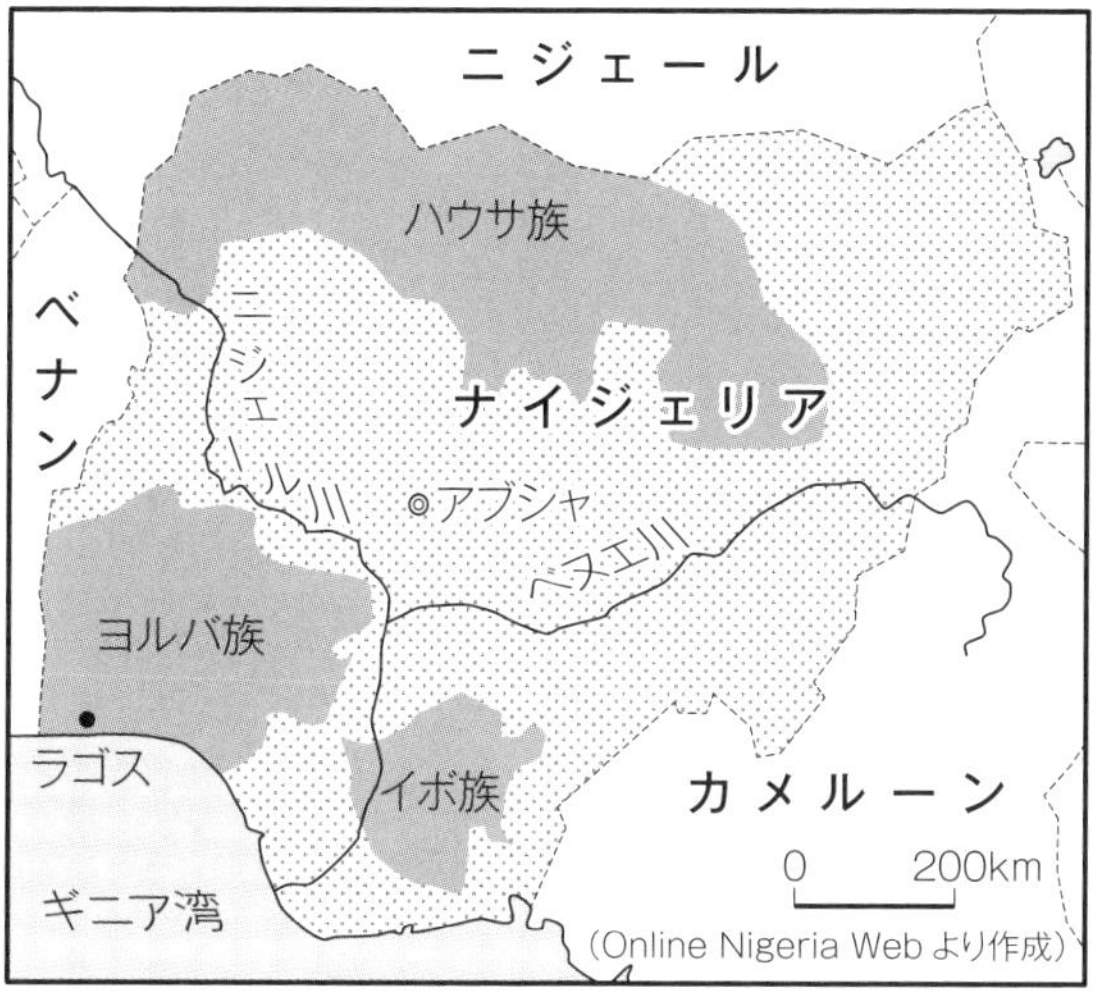

(Online Nigeria Webより作成)

ナイジェリアの主要民族分布

その後、民族融和を図る目的もあり、**どの主要民族の地域にも属さない国土の中央部に新首都アブジャが建設された。**1991年に完成したアブジャの都市計画は、日本人建築家の丹《たん》下《げ》健三《けんぞう》氏の設計による。

遷都前に首都だったラゴスでは、過密の問題も深刻化していた。首都機能は移転しても、ラゴスへの人口集中は依然として止まっていない。人口は2015年に1300万であるが、2030年には約2500万に達し、カイロを抜いてアフリカ最大の都市になると予測されている。スラム街に住む人々も多く、実際の人口は統計よりはるかに多いといわれる。中心部に近い湾岸地区には、水上まで無許可建築が立ち並び、巨大な水上スラムが形成されている。

ラゴスの中心部に林立する近代的な高層ビル群とは対照的な風景が広がる。

この**大都市ラゴスが、ナイジェリア経済の中心地**である。貿易額の多さのほか、英語を使える高度人材も多く、国際的な機能を担っている。工業製品の製造も増えつつあり、そうした雇用機会を求めて国内だけでなく隣国ベナンなどからも移民が流入している。

「ノリウッド」人気急増！　ナイジェリアはなぜエンタメ大国に？

ナイジェリア経済は着実に拡大しているが、産業構造はまだ一次産品に依存する面も抱える。農業では自給作物であるキャッサバ、ヤムイモ、タロイモなどの生産が世界最多で、これは豊富な人口を背景にする。商品作物であるカカオ豆やコーヒー豆の生産も世界屈指で、油ヤシからとるパーム油の生産でも世界上位に入る。

また鉱業では燃料生産が多く、**輸出額に占める原油と液化天然ガスの割合は、合わせて80%を超える**。それらの輸出量は、アフリカで最大を誇る。かつてアフリカの人々が新大陸に強制的に連れて行かれた拠点だったことからよばれた「奴隷海岸」は、現在では欧米や中国への資源輸出の拠点として栄える。

一次産品中心の産業構造の中で、サービス産業の成長も著しい。特に映画業界は活況で、アメリカのハリウッドにちなみ「ノリウッド」とよばれる。麻薬や貧困などの社会問題をテーマにしながら、結末はハッピーエンドで締めくくる作品が多く、庶民に親しまれている。年間2000本以上が制作され、他国への販路も拡大しつつある。こうしたコンテンツ産業の普及には、英語が公用語であることも大きな要因である。

公用語に英語が採用されているのは、かつてイギリスの植民地だったためである。ハウサ語、ヨルバ語、イボ語など国内には500以上の言語が存在するが、**どの民族もほかに優越させないために、旧宗主国の言語である英語を唯一の国家公用語とした。**

ナイジェリア人は今、高所得を求める経済移民だけでなく、高度な技術と英語を武器にしたシステムエンジニアとして、イギリスやアメリカ合衆国など世界で活躍している。

カカオだけではない豊かな資源

ガーナ共和国

Republic of Ghana

面積 23.9万㎢（日本の約3分の2）
人口 3,283.3万（2021年）
言語 英語（公用語）、各民族語
宗教 キリスト教、イスラム、伝統的宗教等

なぜ、カカオ豆農家は豊かになれないのか？

ガーナといえば、製菓商品名からチョコレートを連想する人も多い。実際にかつて世界1位だったカカオ豆の輸出量は、２０２２年現在、隣国のコートジボワールに次ぐ2位を維持している。

カカオは、おもに国土の南西部の丘陵地帯で栽培されている。北部と南東部沿岸は強い乾季がある気候なのに対し、南西部は高温多雨の気候で、カカオの栽培に適している。カカオの木から採れるカカオ豆の胚乳部をすりつぶし、カカオペーストにしてココアバターや砂糖、粉乳を加えて固めると、チョコレートができる。

カカオ豆生産によって地域経済は活況かというと、必ずしもそうではない。カカオ豆を収穫、発酵、乾燥させる作業には多くの労働力が必要であり、子供が重要な働き手となっている。したがって児童労働により教育機会のない子供が多く、国全体での識字率は80％に満たない。

またカカオ豆からチョコレートを製造する工程の多くはオランダなど先進工業国に輸送してから行われるため、ガーナからは付加価値の低い状態で輸出される。したがって農家の収入は少なく、しかも**世界的な需給状況で値が変動するために収入は不安定**である。年によっては天候不順で収穫量が減り、十分な収入が得られないために食料不足に陥ることもある。

さらに生態系への影響も大きい。イギリスが進出してから広まったカカオのプランテーションにより、原生林が激減した。現在は植林により、国土の35％にまで森林が回復している。

「ガーナと日本」の意外な関係

ガーナの国の形は長方形に近い。ギニア湾岸の西アフリカには、ガーナのような海岸から内陸に細長く入り込んだ国土をもつ国が多い。これは、欧米列強が植民地支配を進める際に、海岸から内陸へと支配地域を拡大していったためである。

15世紀にポルトガル人が渡来して以来、ガーナの地は金や奴隷の交易地となり、沿岸部は「黄金《おうごん》海岸」とよばれた。17世紀に成立したアシャンティ王国が1901年にイギリス領ゴールドコーストに併合され、1957年にはサブサハラ（サハラ砂漠より南のアフリカ）で最初に独立を達成した。ヨーロッパ支配による影響で沿岸部を中心にキリスト教徒が多く、国民の約7割がキリスト教徒である。

イギリスの植民地となってから本格化したカカオ豆の生産は地域の主要な産業となったが、独立後のガーナではカカオのモノカルチャーから脱却するために、**国策として産業の多角化が進められた。**

1965年にはヴォルタ川にアコソンボダムが完成し、生まれた電力は国内のアルミニウム精錬工業などに使われた。電力は近隣国のトーゴやベナンにも輸出され、財政収入となっている。さらに2007年には沿岸の海底に油田が発見され、2010年から商業生産が開始された。2019年時点での品目別輸出額は、37％を占める金に次いで原油が31％を占め、カカオ豆は11％にまで割合を減らしている。アルミニウムは4万トンを輸出し、工業製品の輸出も増えている。

こうした鉱工業の発展は、自由貿易の恩恵を受けている。輸出相手国上位には中国やインドなど資源需要国が並ぶが、近隣国との貿易も推進している。**西アフリカの15カ国が加盟する西アフリカ諸国経済共同体（ECOWAS＝エコワス）**を1975年に設立し、ガーナはその中心的立場を担っている。エコワスは域内の関税撤廃、人・サービス・資本の移動自由化、経済政策の協調などを推進し、最終的に共同市場を創設することを目的としている。1990年にはリベリア内戦に休戦監視団を派遣するなど、域内の紛争解決のために軍事的対応も行っている。

日本とは、カカオ豆を輸出し乗用車を輸入する貿易関係が続くとともに、国際協力機構（JICA）を通しての支援も長い実績がある。議会制民主主義を確立し、西アフリカにおける民主国家の牽引《けんいん》役となっているものの、農業、インフラ、人材育成などの点で支援を必要とし、JICAはこうした分野でガーナ経済を支えている。

日本とのつながりは古く、1928年には**黄熱病《おうねつびょう》の研究のために細菌学者であった野口英世がガーナに滞在**した。研究中に自ら黄熱病に感染し、51歳で没したものの、その遺志は現地に設立された「野口記念医学研究所」に引き継がれ、デング熱など西アジアで猛威をふるう感染症の対策に、現在も貢献している。

アフリカ初の女性大統領誕生！

リベリア共和国

Republic of Liberia

面積 11.1万㎢
（日本の約3分の1）
人口 519.3万（2021年）
言語 英語（公用語）、各部族語
宗教 キリスト教、イスラム、その他

国名の由来は「自由の国」――あの〝自由の国〟との関係は？

自由を勝ち取った人たちが建国したことから、**自由を意味する「リバティ」がリベリアの国名の由来と**なっている。17世紀以降、アフリカ大陸からアメリカ大陸に奴隷貿易で連れて行かれた人たちとその子孫が、19世紀にアフリカに戻り、新しくつくった国がリベリアである。

19世紀初頭、アメリカ合衆国では解放された元奴隷とその子孫が増加していた。自由の身となったものの、人種差別が根強く残る社会の中で貧困から抜け出せない状況があり、彼らを救おうとする奴隷制反対派の人々がいた。また彼らの増加が奴隷制維持の不安定要因になると考える奴隷制推進派もいた。そうした人々の間に、解放奴隷の国外移住を期待する声が高まっていた。

こうして、アフリカ系の人々をアフリカへ帰すことを目的とした「アメリカ植民協会」が結成された。募金による資金で、のちにリベリアの一部となる土地を購入し、１８２２年に移民が始まった。１８４７年にはアフリカ最初の共和国として独立を果たし、1867年までに約6000人が移住した。

首都モンロビアの名称は、解放奴隷のアフリカ移住を支援した、当時在職のアメリカ合衆国のモンロー大統領にちなんでいる。**リベリアの国旗が星条旗に似ているのは、こうしたアメリカとのつながりを反映している。**

独立は達成したものの、その後の発展は順調ではなかった。**アフリカ系アメリカ人たちはアメリコ・ライベリアンとよばれ、先住民族との間に摩擦を生んだ。**周囲への侵攻によりリベリアの土地は拡大したが、それにともなって国内の先住民族の割合は増えていった。英語が公用語であるものの、先住の16民族で人口の97%を占め、アメリコ・ライベリアンは圧倒的な少数派となっている。

1980年には軍事クーデターによりアメリコ・ライベリアンによる支配は終わり、それ以後、内戦に突入していく。2003年に内戦が終結するまでに、約27万人が犠牲となった。

内戦前はアフリカ屈指の鉄鉱石や天然ゴムの輸出国で、経済は比較的安定していたものの、エボラ出血熱の流行もあり、近年の経済成長は一進一退である。

アフリカ初の女性大統領が誕生するなど、現在は民主化が進んでいる。こうしたリベリアの経済を支える柱に、外国からの船籍収入がある（次頁コラム参照）。

COLUMN

世界中の船を所有!? ——便宜置籍船《べんぎちせきせん》とは

リベリアは、世界中の船舶の船籍を有している。日本でも、外航船舶の約6%がリベリア船籍となっている。これは、船籍の登録にかかる費用が低く抑えられており、自国で登録するよりコストを削減できるためである。こうした目的で外国籍を取得する船舶を便宜置籍船といい、それを認める国を便宜置籍船国という。

便宜置籍船国の立場としても、一隻の登録費用は安くても世界中から多く集まれば大きな収入が得られるという利点がある。リベリアには、やはり代表的な便宜置籍船国であるパナマと合わせて世界の約3割の船籍が集まり、その収入は国家の貴重な収入源になっている。

便宜置籍船の利点として、安い登録費用のほかにも、船員の国籍に関するルールが緩いため人件費の安い国の船員を雇えることもある。

日本の外航船舶の8割以上が外国船籍をもち、船員としてフィリピンやインドなど多くの外国人が雇われている。

日本の海運業ではプラザ合意以降の円高進行に対応するため、ドル建てで運営するために外国籍登録が求められたという事情もある。

こうしたことを背景に、日本企業が所有するリベリア船籍の船が増加した。本来、日本に支払われるべき税収が失われるという日本にとっての欠点はあるものの、リベリアと船主の双方に利点があるのは、グローバル化による恩恵といえよう。

15世紀にはリベリアの海岸一帯は胡椒《こしょう》海岸や穀物海岸とよばれ、ヨーロッパとの交易が行われた。背景には、単調な海岸線が多いアフリカ大陸にあって天然の良港に恵まれたことがある。

リベリアの海岸は、砂が海へ突き出すように細長く延びた砂嘴《さし》地形が多く、その内側では外洋の荒波を防げる。こうして一次産品の輸出拠点が現在の便宜置籍船戦略に発展し、リベリアは世界に名だたる海洋国家となった。

商船船舶登録の多い国（2020年）

『データブック　オブ・ザ・ワールド　2023』より

1位	パナマ	15.8%
2位	リベリア	13.1%
3位	マーシャル諸島	11.6%
4位	（香港）	9.0%
5位	シンガポール	6.2%
6位	マルタ	5.6%
7位	中国	4.3%
8位	バハマ	4.1%
9位	ギリシャ	2.6%
10位	日本	2.0%

独自の進化を遂げた動植物の宝庫

マダガスカル共和国

Republic of Madagascar

面積 58.7万㎢
（日本の約1.6倍）
人口 2,891.6万（2021年）
言語 マダガスカル語、フランス語（共に公用語）
宗教 キリスト教、伝統宗教、イスラム

「バオバブの並木」はアフリカ随一の観光名所

マダガスカルには動植物の固有種が多い。**哺乳類・爬虫類・両生類の90％以上、植物の約85％が、マダガスカル島にしかない固有種といわれる。**日本でも知られたものにワオキツネザルやアイアイがいる。ワオキツネザルは島の南部の狭い範囲にのみ生息するサルで、尾の白と黒の輪状の模様とキツネに似た顔であることが「輪尾狐猿」という名の由来になっている。体温調節機能が発達していないため、座ったまま両腕・両足を大きく広げた面白いポーズで日光浴する姿が、日本の動物園でも見られる。

アイアイもサルで、マダガスカルの樹林地帯だけに生息する。童謡で南の島に住む、丸い目と長い尻尾をもったサルと唄われ、子供たちにも知られる。

またバオバブの木も、マダガスカルの自然景観の代表例である。サバナ地帯に多く分布するバオバブは、幹が徳利のような形で、大きいもので高さは30ｍ、直径は10ｍに及ぶ。葉は幹の上部につき、乾季に落葉する。果実は食用、種子は植物油として化粧品への加工、樹皮は薪炭やロープ材など、余すところなく利用される。島の南西部のムルンダバはバオバブが林立することから「バオバブ街道」とよばれ、エコツアーの目的地にもなっている。

こうした独特の種が多いのは、マダガスカル島が古くから島であったことが関係している。マダガスカル島は、1億6000万年前のジュラ紀にインド亜大陸とともにアフリカ大陸から分離し、8500万年前の白亜紀にインドとも分離し、それ以来、ずっと島であり続けている。アフリカ本土からはモザンビーク海峡を隔てて約400㎞離れており、**ほかの陸地と隔絶された中で、多様な動植物が独自の進化を遂げてきた。**

また気候的にも多様性に富む。南東から貿易風が1年を通して吹きつけるため、東海岸は雨が多い熱帯雨林気候である。島の中央部は標高が800~1800mの中央高地とよばれる高原地帯で、1年を通して穏やかな温帯気候になる。中央高地の風下側にあたる西側では、雨季と乾季のあるサバナ気候やステップ気候、さらに南西部の一部は砂漠気候になる。

このように、同じ気候帯が南北の帯状に連なるのがマダガスカル島の気候分布の特徴で、それに対応して植生分布も、東海岸の熱帯雨林から西海岸のステップや砂漠まで帯状配列する。

「アフリカに一番近いアジアの国」といわれる理由

多様な自然環境の中で、民族も多様性がある。現在、人口の96%を占めるのがマレー=ポリネシア系マダガスカル人で、かつてマレーシアやインドネシア方面から海を渡ってやってきたアジア系にルーツをもつ。

そのため、アフリカにいちばん近いアジアともいわれる。のちにアフリカ大陸やインドからの移住、さらにフランスの植民地支配によるヨーロッパ文化も流れ込み、アジア、アフリカ、ヨーロッパの文化が混じり合っている。

フランスが進出したのは17世紀で、アフリカ周回航路の中継地として重要視された。変化に富んだ海岸線は、船舶の寄港地として優れていた。ロシアのバルチック艦隊が日露戦争末期、ウラジオストクに向かう地球大回航の際に、マダガスカル北部のヌシベー島に2カ月間停泊して態勢を整えたことでも、航路の要地であることがわかる。

このマダガスカル島で、ヨーロッパ人がプランテーション作物として注目したのが、バニラである。アイスクリームやヨーグルトなどで日本でもなじみ深いバニラは、ラン科のつる性常緑植物で、高温多湿な環境に適する。開花期に乾燥が必要な栽培条件も、乾季のあるマダガスカルの気候に適合した。現在、**バニラビーンズの輸出量で世界一**になるほどに栽培が広がっている。

プランテーションによる開発や、食糧としてのワオキツネザルの違法狩猟などにより自然が脅かされている面もあるが、西部には世界自然遺産に登録されたツィンギ・デ・ベマラ厳正自然保護区があるなど、自然保護も進められている。ツィンギとは、現地の言葉で「先の尖った」を意味し、剃刀《かみそり》のような尖った岩が多数並ぶ特異な景観が広がっている。石灰岩《せっかいがん》が溶けてできたカルスト地形であり、この岩の上をワオキツネザルが自由自在に歩き回る光景は、太古の自然そのものである。

「世界で最も不平等な国」の現在は？

南アフリカ共和国

Republic of South Africa

面積 122.1万km²（日本の約3.2倍）
人口 5,939.2万（2021年）
言語 英語、アフリカーンス語、バンツー諸語の合計11が公用語
宗教 キリスト教、ヒンドゥー教、イスラム等

鉱産資源とともに発展した経済

南アフリカ共和国は、アフリカ大陸でただ一つのＢＲＩＣＳ（ブラジル・ロシア・インド・中国・南アフリカ）構成国で、新興工業国とされる。確かにアフリカ随一の経済成長を遂げているが、その発展の源泉は鉱産資源に依存する経済構造がある。

あらゆる鉱産資源に恵まれ、産出量が世界で10位に入る例に石炭、鉄鉱石、金鉱、ダイヤモンド、白金、マンガン鉱、クロム鉱などがある。

石炭は、古生代に変動帯だった南東部の海岸線に沿ってのびるドラケンスバーグ山脈の周辺で産出する。またダイヤモンドは内陸のキンバリー周辺で産出する。１９１５年までの44年間にわたって採掘され、人間が掘った世界最大の穴とよばれるビッグホールが生じた。その直径は５００ｍ、最大の深さは１２００ｍもある。

さらに金鉱は最大都市ヨハネスバーグ近郊で多く産出し、坑道の深さが深度4000mを超える金鉱山もある。一時は世界最大の産出量を記録したこともあり、その埋蔵量は現在も屈指である。

こうした豊富な鉱産資源は、古くから争いのもととなってきた。17世紀、最初にオランダ人が入植し、喜望峰の近くにケープタウンがつくられた。その後、この地の地政学的重要性に気がついたイギリスが侵攻し、オランダ人は内陸に追われた。オランダ人が内陸の地にトランスヴァール共和国とオレンジ自由国を相次いで建国したのち、そこでダイヤモンドが発見される。イギリスはこれらの資源を求めてさらに侵攻し、「ボーア戦争」によりイギリスが勝利する。

1910年にはイギリスの支援を受けて、連邦国家として独立を果たした。この間、先住民族であるコイ族やサン族は土地を奪われ続け、ヨーロッパ系経営の農場での労働力などとして使役された。独立後もヨーロッパ系の支配が続き、先住民は低賃金で危険な鉱山での仕事にも従事した。

第二次世界大戦後は、民族主義の台頭を警戒したヨーロッパ系が、**アフリカ系や混血を徹底的に差別するアパルトヘイトが実施された。**学校や病院などが人種で分けられたり、それぞれ居住区が厳格に分離されたりした。人口において75%を占めるアフリカ系が、国土の13%に過ぎない居住区に押し込められるといった極端な人種差別政策だった。

アパルトヘイトを継続する南アフリカ共和国に対し、国際社会は非難や経済制裁を加えた。そうした圧力に耐えかねた政府は、1991年に隔離政策を撤廃し、初めて全人種による選挙が実施された。その結果、反アパルトヘイト運動の指導者だったネルソン・マンデラが大統領となり、人種差別を禁止する新憲法が制定されるなど、民主化が進んだ。

南ア経済最大のボトルネックは「雇用問題」

資源の多い国土は、自然環境も変化に富む。南東部に横たわるドラケンスバーグ山脈は、南側では海岸まで急斜面で落ち込むのに対し、北側ではそのまま高原地帯につながる（137頁地図）。この地帯はハイベルトとよばれ、ヨーロッパと似た気候であることからヨーロッパ人の入植が進んだ。首都プレトリアなどの大都市が集中するほか、羊などを飼育する企業的牧畜も行われている。牧場と牧草地の面積は、国土の7割に達する。

また国の西部は、沿岸部にナミビアから続くナミブ砂漠、内陸部にボツワナから続くカラハリ砂漠が広がり、乾燥地帯である。こうした砂漠地帯に銅や亜鉛などの鉱産資源が豊富に埋蔵され、産出されている。南西部のケープタウン周辺は、夏に乾燥、冬に降雨がみられる地中海性気候となる。ここではブドウや柑橘類が栽培され、ワインの生産量は世界で十指に入る。

鉱業が産業の柱とはいえ、工業も急速に伸びている。輸出額で4割を占める鉱産資源に対して、工業製品も肩を並べるに至った。政府の外資導入政策とともに、低賃金労働力と大市場を求めた欧米企業の自動車工場の進出が特に目立つ。金融業の進展も著しく、**ヨハネスブルグ証券取引所の時価総額は、アフリカ大陸で最大である。**失業率は20〜30％で高止まりし、人口の8割を占めるアフリカ系の3分の2が貧困層におかれるといった経済格差は依然として残るものの、発展余地は大きい。

0
1000km
太字は、本文でとりあげた国
北極圏
アイスランド
グレートブリテン及び北アイルランド連合王国（イギリス）
アイルランド
スウェーデン
フィンランド
ノルウェー
ロシア
エストニア
ラトビア
リトアニア
ロシ（飛び
ベラルーシ
デンマーク
オランダ
ポーランド
ドイツ
ウクライナ
ベルギー
チェコ
スロバキア
リヒテンシュタイン
ルクセンブルク
オーストリア
ハンガリー
フランス
スイス
ルーマニア
モルドバ
セルビア
ブルガリア
アンドラ
モナコ
サンマリノ
イタリア
ポルトガル
スペイン
バチカン
ギリシャ
マルタ
①スロベニア
②クロアチア
③ボスニア・ヘルツェゴビナ
④モンテネグロ
⑤コソボ
⑥北マケドニア
⑦アルバニア

Part 3

「ヨーロッパ」の国々が面白いほどよくわかる！

ヨーロッパの概観

民族、歴史、地形…が複雑な文化を生む

Europe

ゲルマン系・ラテン系・スラブ系の国はどこ？

「ヨーロッパ」とは、ギリシャ神話に出てくる王女の名前が語源とされている。この麗しい名のもとに多くの国が集まる。

まず、その範囲だが、西は大西洋、南は地中海、北は北極海という明瞭な自然の境界がある。一方、東についてはウラル山脈までとするものをはじめ、さまざまな見解がある。ここでは、ウラル山脈をヨーロッパとアジアの境界とする伝統的な考えに従う。ただし、ロシア連邦については、例外的にウラル山脈以東、つまりシベリアを経て太平洋に至る領域を含んでいる（182頁地図）。

ヨーロッパには小国が多い。日本の国土面積よりも大きな国は、ロシア連邦を除いても、ウクライナ、フランス、スペイン、スウェーデンの4カ国のみである。

長い歴史をもったヨーロッパの文化は複雑きわまりないが、大きく分けると、**ゲルマン系、ラテン系、ス**

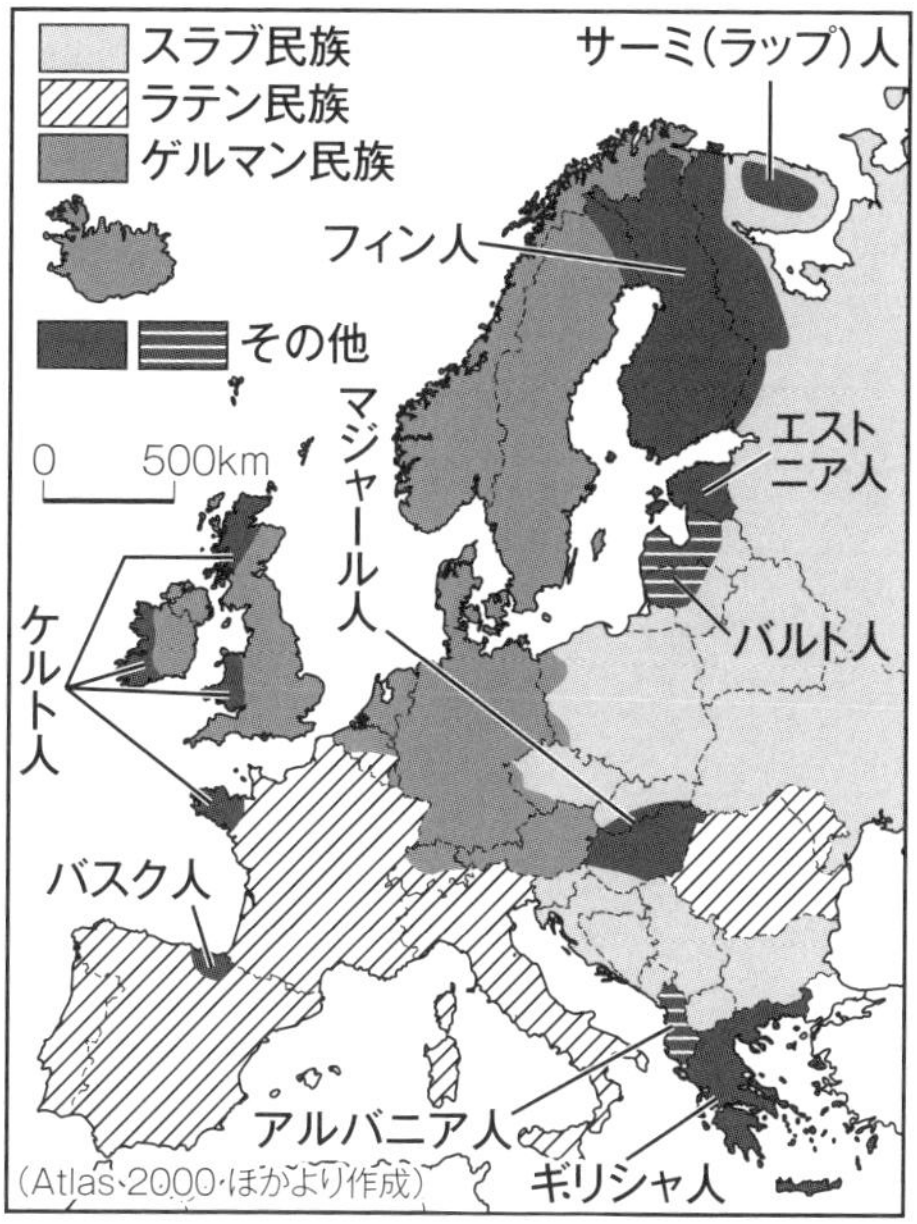

ヨーロッパの民族分布

ラブ系の3つの民族グループがある。

ゲルマン系は、イギリス、ドイツ、オランダ、スカンジナビア諸国などヨーロッパの中央部から北西部に住む。ラテン系は、フランス、イタリア、スペインなど南部の地中海沿岸に広がり、スラブ系はヨーロッパ東部に住んで、それぞれの国家を形成してきた。そのほか、アジアやアフリカからの民族も侵入してきており、その構成は複雑である。

ヨーロッパでは40を超える言語が使用され、スイスやベルギーなど民族のまじる国では、一国の中でも複数の公用語が用いられている。

「ヨーロッパの屋根・アルプス山脈」と「大ヨーロッパ平原」

山がちな日本からヨーロッパへ行くと、低地が目立ち、河川もゆったりと流れていると感じる。ヨーロッパ南西部では山地が比較的卓越するが、北東部は東ヨーロッパ平原が広大な面積を占める。ヨーロッパの山地は新旧2つある。

まず、**スカンジナビア半島の山地は約2億年前までに活動を終えた「古期《こき》造山帯《ぞうざんたい》」に属し、なだらかな山**

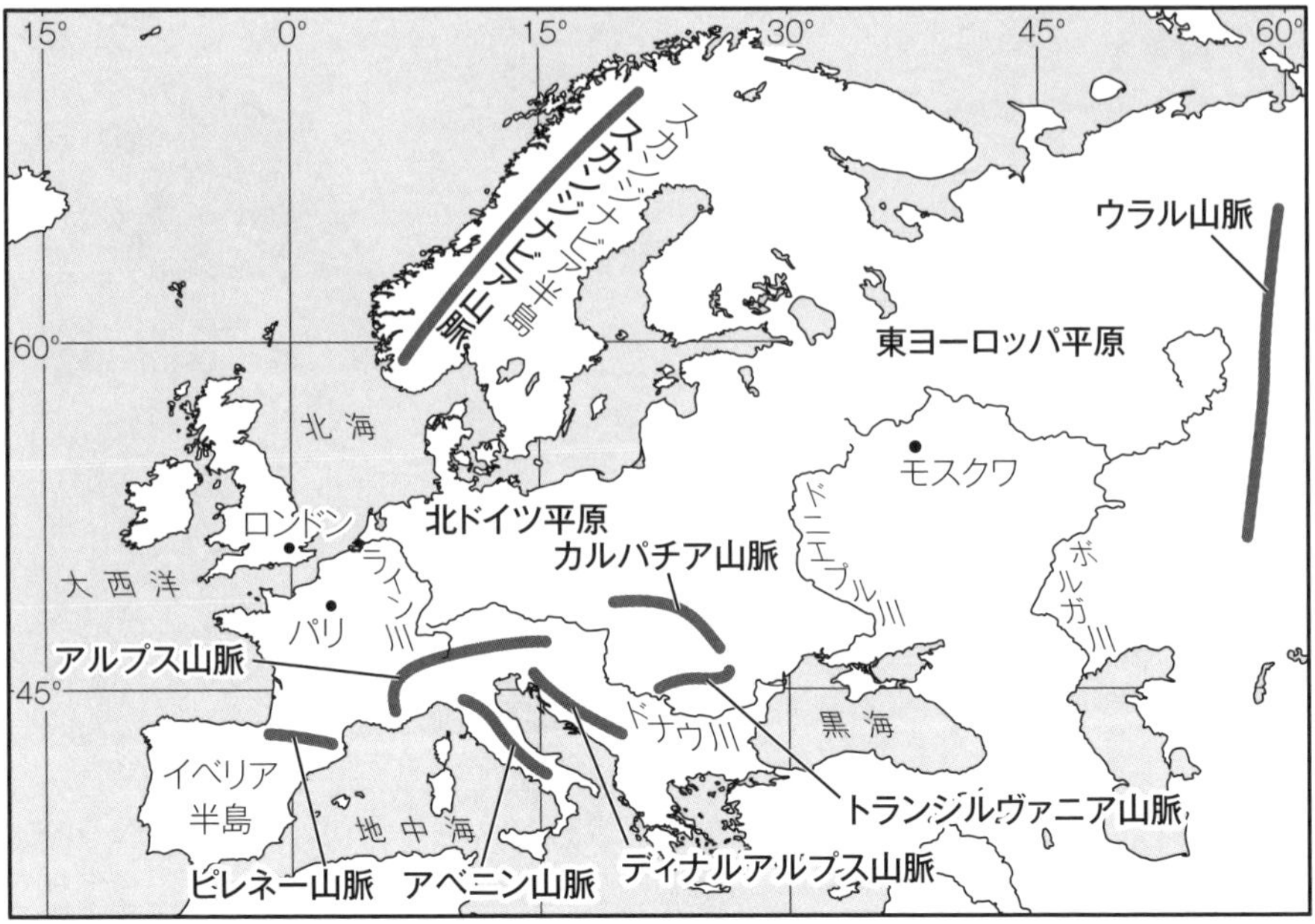

ヨーロッパの地形

容である。氷期に氷食作用（氷河が流動する際に侵食すること）を受けたため、海岸部には入江の多いフィヨルド（ノルウェー語で「入江」の意）が多い。

地中海に沿う地域は「新《しん》期《き》造《ぞう》山《ざん》帯《たい》」に属し、「ヨーロッパの屋根」とよばれるアルプス山脈がそびえる。中生代末期から新生代にみられた「アルプス造山運動」は、ヨーロッパに向かってアフリカ大陸が北に移動することで生じた、激しい褶曲《しゅうきょく》（変形）をともなう大規模なものであった。最高峰のモンブラン（４８１０ｍ）を中心に、西にピレネー山脈、東にカルパチア山脈が続く。

パリ盆地からウラル山脈以西に広がる大平原は、大ヨーロッパ平原とよばれ、古い地質時代の地層が長い間侵食されて形成された。この平野は、**ドイツ北部からポーランドに至る北ドイツ平原や、その東部に広がる東ヨーロッパ平原**のように、個々のより狭い平原に分けて認識されている。

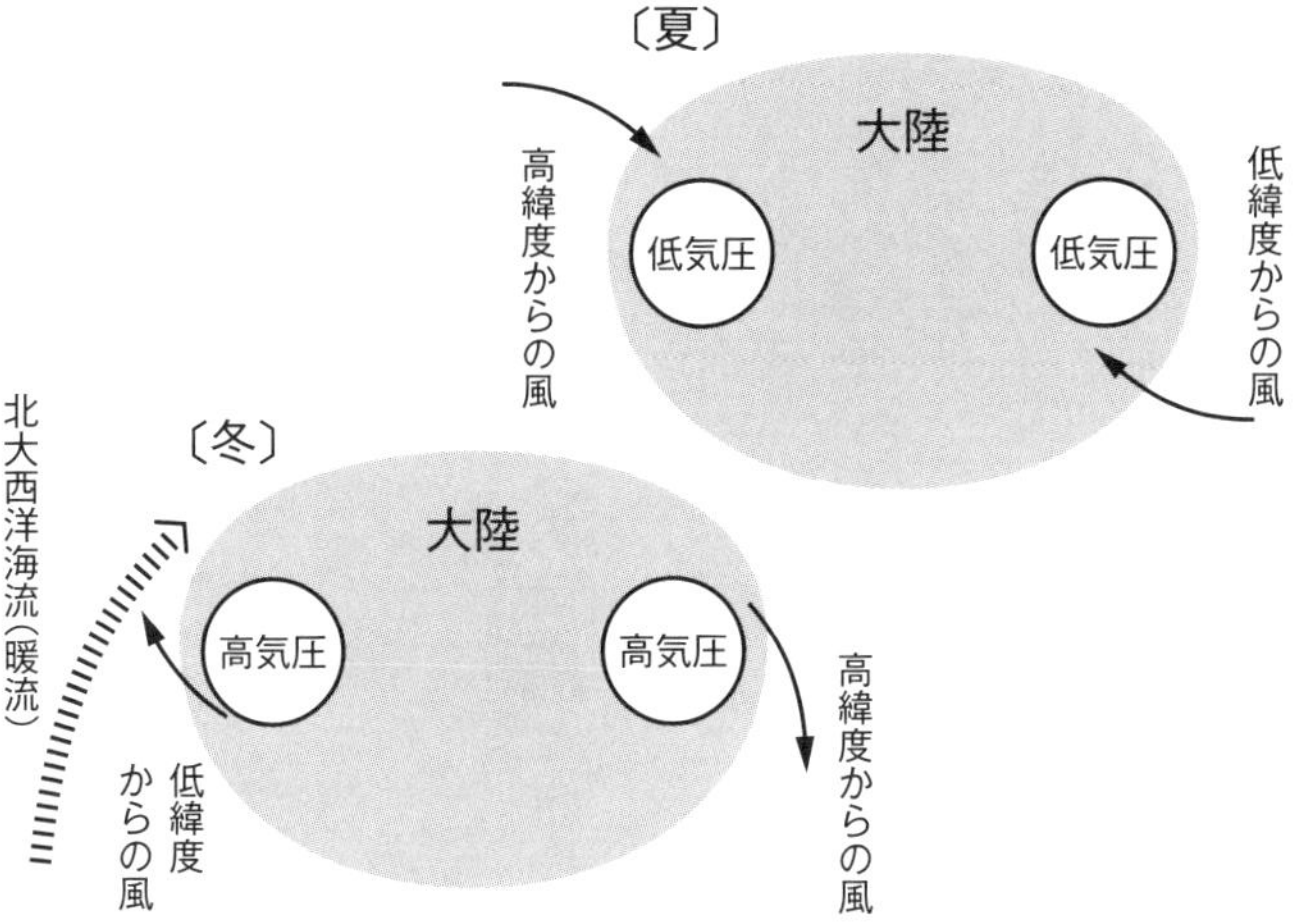

東岸気候と西岸気候（北半球の仮想大陸による）

日本より高緯度のヨーロッパがなぜ温暖な気候なのか

地中海に面する南仏マルセイユが札幌とほぼ同緯度であることからもわかるように、ヨーロッパは比較的高緯度に位置している。しかし、全般的に、夏の涼しさのわりに冬には温暖な気候が広がっている。これはなぜだろうか。

まず、日本列島が位置するのは大陸の東岸であるが、これに対してヨーロッパは西岸である。そこに偏西風《へんせいふう》という亜熱帯高圧帯から亜寒帯低圧帯に向けて吹く風があり、地球の自転による転向力を受けて西風となる。**大陸の西岸は、海洋上を吹き抜けるこの偏西風の影響によって、温和な気候となる**のである。

また気圧配置についてみると、大陸には夏に低気圧、冬に高気圧が生じやすい。大陸西岸の季節風は、**夏には高緯度から、冬には低緯度から吹いてくる**。そのため、夏に冷涼、冬に温暖な気候が期待できるのである。加えて、北大西洋海流という暖流も、冬の寒さを和らげてくれる。

われわれは、残念ながら大陸の東岸に住むため、夏には南東の湿った高温の風を受け、冬には北西からの低温の季節風に身を縮めることになる。

なお、ヨーロッパの地中海沿岸地方は、夏は亜熱帯高圧帯におおわれ、高温で乾燥した気候になり、植生も背の低いものが多い。一方、冬には低気圧や寒冷前線の通過によって降水量が比較的多い。

また、西ヨーロッパの海岸部には山地が少ないため、海洋性の温暖な気候が比較的内陸部にまで広がる。しかし、より内陸部に向かうと大陸性の気候に移っていき、夏は暑く、冬は厳寒となる。

ヨーロッパの再編と統合、そしてブレグジッド

歴史的には、スペイン・ポルトガルを中心に15世紀末から世界へ進出し、大航海時代が始まった。南北アメリカ、アジア、アフリカなどに植民地を求め、金、銀、香辛料などに加えて、奴隷などの貿易が行われるようになる。

その貿易による富の蓄積と新しい技術開発をもとに、18世紀中頃には、世界に先駆けてイギリスに産業革命が起こった。綿工業を中心とする工業化を進めるために、原料を植民地や保護国に求めたのである。こうして**ヨーロッパが「世界の工場」となり、植民地や保護国が原料を供給する、国際分業**が始まった。

この過程でヨーロッパが世界の多くの地域に与えた影響は、経済にとどまらず、言語、宗教、科学、習慣、教育、政治制度など広い範囲に及んだ。このようなヨーロッパ中心の地域編成のプロセスは、世界の「ヨーロッパ化」とよばれ、当然、日本もその影響下に組み込まれた。

第一次・第二次世界大戦によってヨーロッパ内が荒廃するとともに、かつてのヨーロッパ諸国の植民地が独立した。一方では、アメリカが資本主義国のリーダーとして政治的にも経済的にも台頭し、ソ連をはじめ社会主義国も次々と誕生したため、西ヨーロッパの地位は低下した。

西ヨーロッパ諸国がほかの諸国と競争していくためには、国境を越えた協力が必要になったのである。加えて、戦争という愚を決して繰り返さないという確約もあった。

協力の本格的な出発点は、1952年に結成された「ECSC」(ヨーロッパ石炭鉄鋼共同体)であり、1958年には「EEC」(ヨーロッパ経済共同体)が発足し、経済的な統合がさらに進展した。1967年からは「EC」(ヨーロッパ共同体)となったが、マーストリヒト条約の発効にともなって、**1993年から「EU」(ヨーロッパ連合)へと発展した。**この間、加盟国も当初の6カ国からしだいに増加し、今世紀には東ヨーロッパ諸国も加わり、クロアチアが加盟した**2013年には28カ国になった**(2022年現在、27カ国)。

EU統合の深化とともに、国境の障壁性はますます低くなっている。EUによる経済統合が進むと国境を越えた物資の移動が簡素化された。

現在、加盟国のほとんどが「シェンゲン協定」を実施し、その範囲内では人々の越境移動は基本的に自由になっている。ドイツやフランスでは、国境に近接する地域において、買い物のために隣国に出かける人や、フランスで安価な一軒家を購入するドイツ人などがみられる。こうした現象は、**EUの統合下でも、税制のしくみや物価などが国によって異なる**ために生ずる。

しかし、EUによるヨーロッパ統合が進むことで、EU全体の政策と加盟国の自主性とのバランスを取ることが難しくなってきた。難民問題への対応や金融政策、加盟国間の所得格差などによって、EUの政策に肯定的なドイツのような国がある一方で、否定的な国もある。後者の例として、**イギリスは2020年1月にEUを離脱した**（191頁参照）。

社会主義国家群の成立と崩壊——「東ヨーロッパ」

ロシアでは、労働者や農民を中心にした「ロシア革命」（1917年）の後、社会主義革命が全土に波及し、ソビエト政権（ソビエトとは労働者、農民、兵士の代表による評議会のこと）が発足した。

第二次世界大戦後は、ヨーロッパ東部の国々が社会主義国家に加わり、ソビエト連邦（以下ソ連）を頂点とする「東ヨーロッパ」ができあがった。東ヨーロッパと西ヨーロッパの間には、「鉄のカーテン」とよばれる物理的・精神的な境界が設置され、ドイツは、西と東に分割された。東西ヨーロッパの対立は軍事的にもみられた。

しかし、西側諸国との経済格差の拡大、硬直した政治・経済体制など、さまざまな問題が表面化した。1980年代後半のソ連の「改革（ペレストロイカ）」後、政治・経済の民主化・自由化の動きが活発化し、1989年には、「東欧革命」が生じた。「ベルリンの壁」崩壊はその象徴で、1991年には社会主義「東ヨーロッパ」を結束していた諸組織が解体された。ヨーロッパの地図から社会主義国が消えたのである。

「中心」と「周辺」——ヨーロッパの構造から見えるもの

ヨーロッパは、世界で最も工業化・都市化が進み、教育水準の高い地域の一つである。しかし、長い時間を経て、経済活動や人々の生活水準の点で、明確な「中心」とその「周辺」が形成された結果を、今、見いだすことができる。

「中心」とは、イギリス南部からベネルクス〈ベルギー・オランダ〈ネーデルラント〉・ルクセンブルク〉、ドイツ、フランス北部を南下し、スペインの北東部に至る地域を指す。その形状とEU旗の色から「ブルーバナナ」ともよばれる。中でも、近年、イタリア北部、南フランスなどの地帯、ヨーロッパの「サンベルト」の発達が著しい。**中心地域は次第に南下しつつある**のだ。

中心には高度な産業が集まり、製品や情報などを周辺に送り出す。周辺から中心へは労働力・資金が流れ、中心の観光客は周辺へと出かけていく。

このような「中心」と「周辺」の配置は、従前と同様に今後も流動的である。もちろん、こうしたヨーロッパ内にみられる地域間格差の是正に向けて、多種の試みがある。たとえば、EU内で周辺の開発のためになされる資金援助があるにもかかわらず、地域間格差は依然として解消されない。

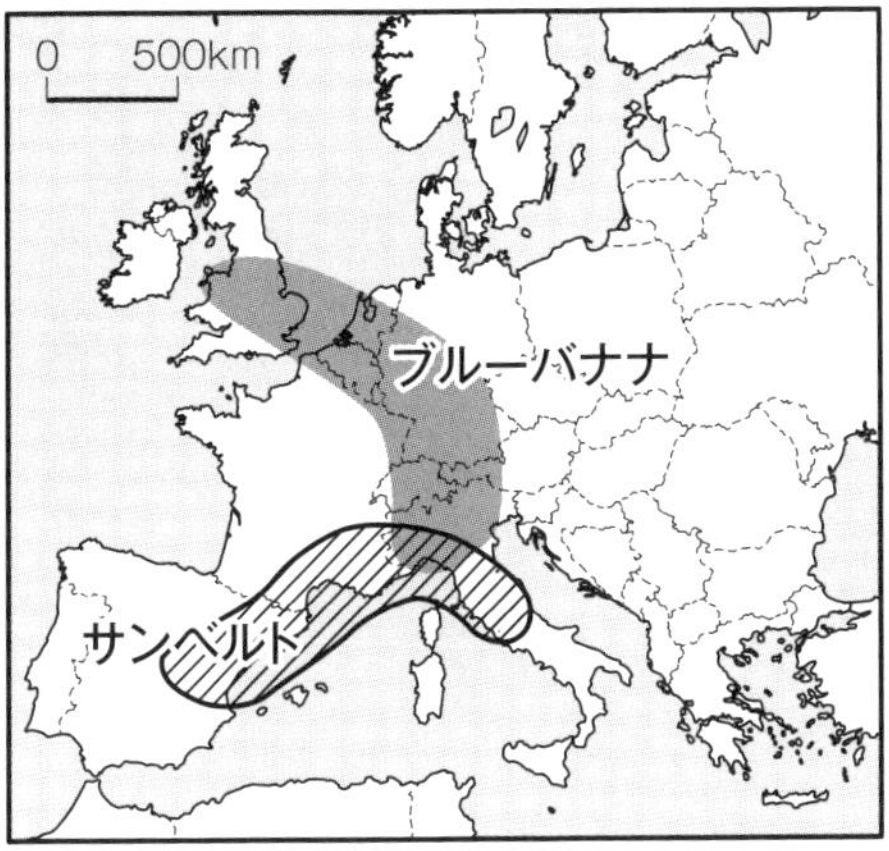

ブルーバナナとサンベルト

EU離脱後のイギリスの行く末は？

グレートブリテン及び北アイルランド連合王国（イギリス）

United Kingdom of Great Britain and Northern Ireland

面積 24.2万㎢（日本の約3分の2）
人口 6,728.1万（2021年）
言語 英語（ウェールズ語、ゲール語等使用地域あり）
宗教 英国国教会等

W杯にイギリスが4チーム出場できるのはなぜ？

イギリスは、国連はじめ国際社会ではＵＫ（United Kingdom：連合王国）と略称される。なぜならば**グレートブリテン島の3つの王国（イングランド、ウェールズ、スコットランド）とアイルランド島北東部の北アイルランドが連合してできた国**であるからである。

４地域は独自の議会や教育制度をもち、スコットランドと北アイルランドには、独自のポンド紙幣もある。また、各地域では英語（イングランド語）以外の現地語（ウェールズ語等）が公的に使用され、２言語での表記がされている。

このように各地域が独立性をもっているため、サッカーのワールドカップには、イギリスから、イングランド、スコットランド、ウェールズ、北アイルランドのチームが参加している。ラグビーでも、イギリス、フランス、イタリア参加の国際ラグビー大会は、「６カ国対抗（Six Nations）」（北アイルランドはアイルランド

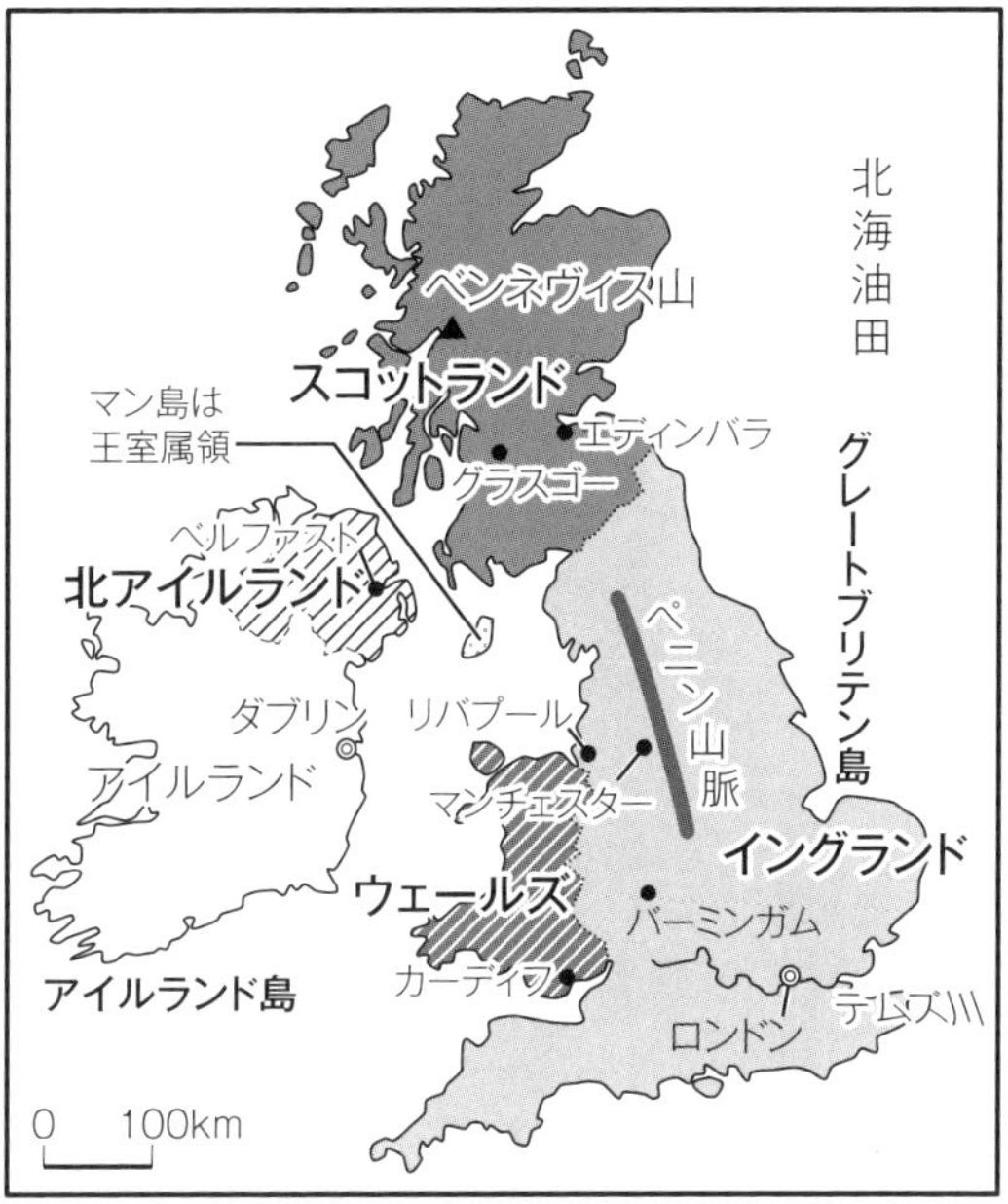

イギリスを構成する4つの地域

との混成チーム）とよばれるが、理由は同じである。

イギリスの面積は約24万㎢で日本の64％、人口は約６７３０万で日本の55％であるが、イングランドが面積の半分以上、人口では80％以上を占めている。

そもそも、10世紀に成立したイングランド王国が、13世紀にウェールズを、18世紀にスコットランドを、19世紀にアイルランド島を統合しており（北部を除く地域は20世紀半ばにアイルランド共和国として独立）、現在はイングランドを中心にした「グレートブリテン及び北アイルランド連合王国」である。

温暖で平坦な島国は「穀物自給国」

イギリスは島国で、暖流である北大西洋海流が周囲を流れるため、北海道よりも高緯度（北緯50度以北）に位置するにもかかわらず温和で、湿潤な温帯気候である。グレートブリテン島の中央部を南北にペニン山脈が貫くが、最高地点が９００ｍにも達しない緩やかな山地であり、全体に平坦である。スコットランドは、イングランドに比べ山がちだが、国内最高峰ベンネヴィス山も１３４４ｍである。

そこで、ほぼ全土が放牧地や耕作地に利用されてきた。**機械化された労働生産性の高い農業**が特徴で、全産業に占める農業の割合は低いものの、小麦は自給、輸出余力をもち、食糧自給率も60％程と低くはない。

「世界の工場」から「石油産出国」、そして、「グローバルな金融センター」へ

18世紀半ばの蒸気機関の発明から始まった世界最初の「産業革命」は、石炭を産出するイングランド中央部のバーミンガム、マンチェスターやスコットランドのグラスゴーなどで進んだ。綿花・羊毛などの原料を輸入して繊維製品などを世界へ輸出するイギリスは、「世界の工場」と称され、強大な軍事力を背景に19世紀にはインド、オーストラリア、カナダ、南アフリカをはじめとした世界各地を支配して大英帝国を形成し、工業化が進んだ。しかし、第二次世界大戦後は、植民地の独立、生産設備の老朽化、日本をはじめとした新興工業国の台頭による国際競争力の低下が重なり、１９６０年代以降長期にわたり経済の停滞が起こり、英国病、斜陽の国などといわれた。

また、スコットランド沖の北海で油田が１９６０年代に発見され、イギリスは１９８０年以降、石油輸出国になった。21世紀に入ると産出量が減り輸入国になったが、**石油自給率は約7割で先進国としては高い。**

一方、１９８０年代以降は**金融業を中心とした第三次産業の育成**が図られた。その象徴が、首都ロンドンのドックランズ地区の再開発である。

ロンドンは、ローマ時代の植民都市に起源をもつ。流れが穏やかで水深があり舟運に適したテムズ川の河口から約60㎞上流に位置している。この地点は、海水の干満がみられる最上流地点のため、満潮時に外洋船

が容易に達することができ、港に最適であったからである。

ロンドンの中心部は、**バッキンガム宮殿、議会、英国教会など政治的機能が集まる「ウェストミンスター地区」(西側)と、ロンドン発祥の地で経済機能が集まる「シティ地区」(東側)**に大別される。シティは、1マイル(約1・6㎞)四方の狭い地区に、銀行・株式取引所・証券会社・保険会社等が産業革命・資本主義の進展にともない集中したことで世界初の金融街となり、世界に広がる大英帝国の経済拠点となった。

さらに、シティの東側のテムズ川河畔は、輸出入品を積んだ船が出入りする港湾地区であるドックランズが形成された。1960年代以降、船が大型化して新しい港が海岸部に建設されると、ドックランズは再開発され、高層ビルが林立する一大オフィス地区となった。同地区には、欧州主要都市に路線が多いロンドンシティ空港や見本市施設も整備されて世界的な金融機関が集まり、ニューヨークと並ぶ、グローバル金融センターとなっている。

ロンドンの繁栄、イギリスの南北問題とEU離脱

人口900万のロンドンに象徴されるように、イングランドの南部は第三次産業・先端産業が集まり経済発展している。

一方、**産業革命を担った北部の重工業地帯は、基幹産業であった炭鉱や工場の閉鎖が続き、経済的には停滞している。**イングランドにおけるロンドン以外の地域の経済停滞を浮き彫りにしたのが、EU離脱をめぐる選挙であった。

保守党政権は、EU離脱に関する国民投票を2016年6月に実施した。国全体の選挙結果は、離脱票が51・9%、残留票が48・1%と、離脱がわずかにではあるが上回り、**イギリスは2020年1月にEUを脱退した**。この動きは、ブリテン（Britain）がEUを離脱（Exit）したため、ブレグジット（Brexit）とよばれている。しかし、地域ごとに離脱票の占める率を高い順に確認すると、イングランド（53・4%）、ウェールズ（52・5%）、北アイルランド（44・3%）、スコットランド（38・0%）であり、離脱が上回ったのはイングランドとウェールズだけであった。さらに詳しくみると、イングランドのロンドンでは離脱が40%以下でしかなかったのに対し、経済が停滞し失業や移民労働者などが問題視されているイングランド北東部で離脱が60%を超えていた。ここからは、経済停滞地域での人々の不満が離脱賛成への背景にあることがわかる。

一方、北海での漁業をはじめ、EU諸国との直接的関係が深いスコットランドでは残留票が60%を超え、選挙区ごとにみても離脱が過半数を占めた地区はなかった。にもかかわらず、人口の多いイングランドで離脱票が多かったため、国家イギリスとしてはEU離脱となったのである。

スコットランドでは北海油田開発が進んで石油収入が増えた1970年代から、イギリスからの独立運動があり、2014年9月には独立を問う住民投票がイギリス政府了解のもと実施された。このときは独立反対が約55%を占めたが、2016年のEU離脱決定を受け、独立を求める声は再度高まっているようである。

プロテスタント系住民が多い北アイルランドでは、カトリック系住民が多く1922年にイギリスから独立したアイルランドとの間にさまざまな問題を抱え、武力による激しい独立運動もあった。

1998年に「北アイルランド和平合意」が成立した後は、イギリスもアイルランドもEUに加盟しているため、アイルランド島内では陸路で接する国境での人や物の往来が自由になり、関税も廃止されて実質的な統合が進んでいた。イギリスがＥＵから離脱した際にも、アイルランドと交流が進み一体化している北アイルランドは、これまでの和平合意をふまえＥＵの関税圏に残ることになった。そのため、イギリス本土と北アイルランドとは同じ国内であるにもかかわらず、物流検査・通関手続きが物品によっては必要となっている。

ＥＵ後のイギリス、英連邦をどう使う？

２０２２年９月にウエストミンスター寺院で行われたエリザベス女王の葬儀には、１６８カ国から２０００人以上の参列があった。その際、英王室に次いで最前列を占めたのは、カナダ、オーストラリア、ニュージーランド、バハマなどの14カ国で、密接な関係をもつアメリカ合衆国はかなり後列だったため疑問の声も聞かれた。この理由は、**14カ国が英国王を元首とする「立憲君主制」をとっているから**である。

イギリスと植民地・保護領等は**１９３０年代に英連邦（コモンウェルス Commonwealth of Nations）を結成した。**第二次世界大戦後、植民地が独立してもこの組織は存続し、インド、パキスタン、南アフリカ、ナイジェリアなど**56カ国が現在加盟している。**特に立憲君主制の14カ国には、国王の名代として儀礼的な職務を行う総督が、政治の実権を握る首相から任命されている。

英連邦は、対等な独立国家の自由な連合体で、スポーツ交流などが目立つが、植民地時代のイギリスの影響による英語使用や教育制度はじめ社会制度面での共通性も多く、就業・就学といった人口移動（移民等）での結びつきも強い。そこで、イギリスがＥＵから離脱し、大陸欧州からの距離をおく現在、動向が注視されている。

ヨーロッパ中央部の大国

ドイツ連邦共和国

Federal Republic of Germany

面積　35.8万㎢（日本の約94％）
人口　8,340.9万（2021年）
言語　ドイツ語
宗教　カトリック、プロテスタント、ユダヤ教

首都ベルリンはなぜ国土の東はずれにある？

ドイツの首都ベルリンは、国土の東はずれに位置するが、なぜこのような位置にあるのだろうか。**これは、領土の変遷と深い関係がある。**１８７１年、プロイセン首相ビスマルクの主導のもと、連邦国家である「ドイツ帝国」が発足し、ドイツの統一はようやく成し遂げられた。その範囲は現在よりも広大で東側にも広がっていた。それゆえ、**当時のベルリンは首都として国土の中心に位置していた**のである。

しかし、第二次世界大戦後、オーデル川とナイセ川よりも東側はポーランドの領土となった。その結果、ドイツの領土は西側へと縮小した。その後、東西分裂時代には西ドイツの首都は暫定的にボンにおかれていたが、東西ドイツ統一後、ベルリンが晴れてドイツの首都となった。

第二次世界大戦に敗れたドイツは、１９４９年、アメリカ・イギリス・フランスの占領地域のドイツ連邦

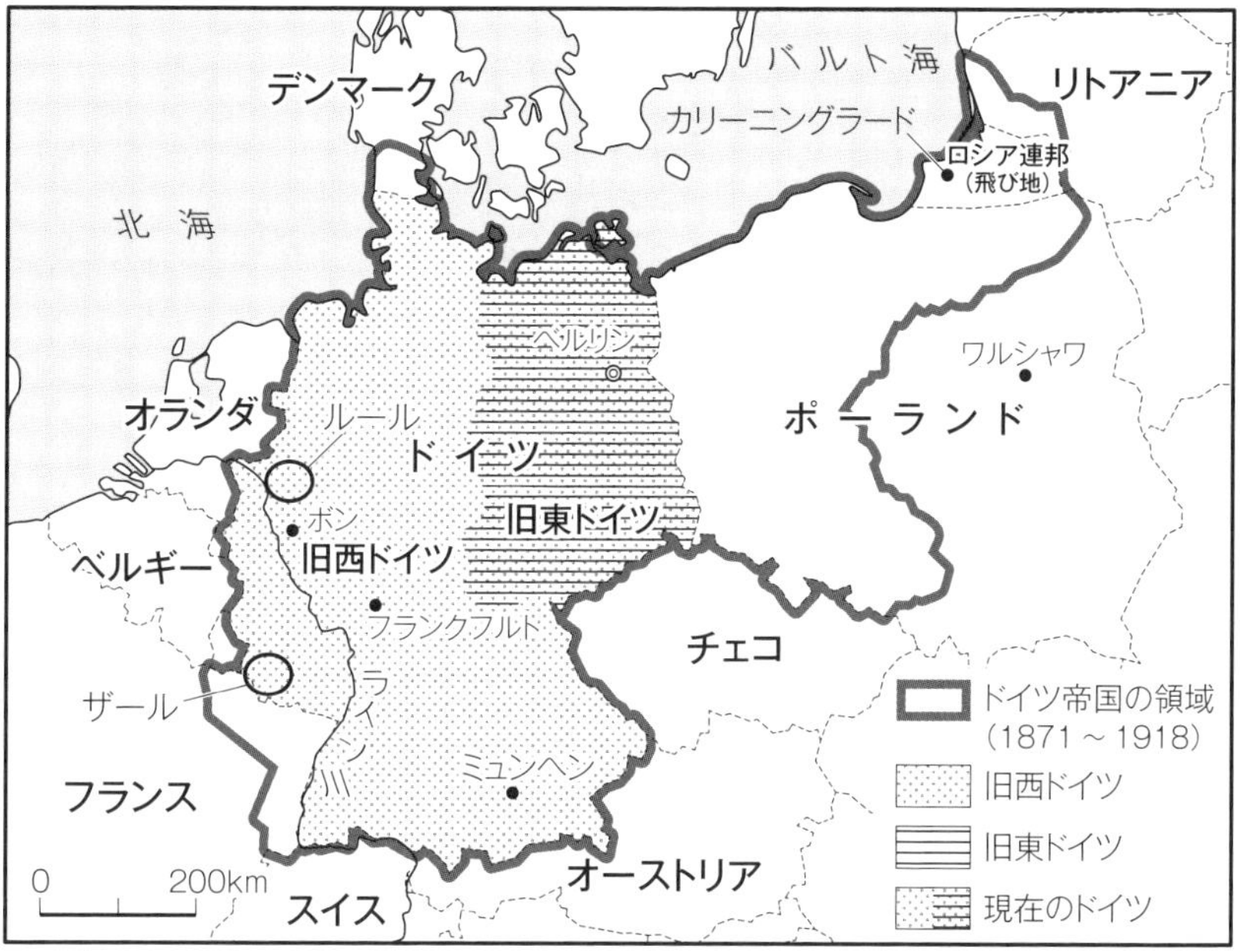

ドイツの国土の変遷

共和国（西ドイツ）と、旧ソ連の占領地域のドイツ民主共和国（東ドイツ）へと分裂した。

西ドイツは、「NATO」（北大西洋条約機構）に加盟して西側陣営の国となり、東ドイツは「ワルシャワ条約機構」に加盟して東側陣営に属し、冷戦構造の最前線として対立が続いた。

冷戦の象徴といえるのが「ベルリンの壁」である。経済不況が続く東ドイツから西ドイツ（西ベルリン）への移住者が継続的にみられ、1961年8月には西ベルリンの周囲に延長約150kmを超える「ベルリンの壁」が設置された。しかし1989年11月に「ベルリンの壁」が壊されたことは、「東欧革命」の劇的な風穴となった。壁の一部は「文化財」として現在も残されており、観光資源となっている。

しかし、東西統一後のドイツでは、失業率や産業発展などにみられる東西差があまり解消されないまま続いている。

東西統一後、西ドイツからみると首都はボンからベルリンに移された。ほとんどの政府機関や各国の大使館等が移転したボンには、電信・郵便等の本拠地がおかれ、経済的にみればかつての首都時代をこえて発展した。一方のベルリンには首都機能が集積し、インフラ整備等が進んだ。ＥＵ加盟国の東方拡大とともに、**東ヨーロッパと西ヨーロッパの「文化の十字路」などと呼ばれ、ドイツとその首都・ベルリンの地理的重要性は高まっている。**

良質な炭田とライン川――めざましい復興を支えた工業の基盤

西ドイツは、第二次世界大戦の痛手からめざましい勢いで復興し、「20世紀の奇跡」とまでいわれた。その成功の原因は、工業の発展により輸出を拡大して莫大な利益を生み出したことにある。

こうした発展の第一歩は、第二次世界大戦直後、貧困と失業がひどかった西ドイツに、共産主義が拡大することを危ぶんだアメリカが、「マーシャル・プラン」（欧州復興計画）という経済復興計画を実施し、大量の融資を行ったことであった。それを機に経済発展を遂げた西ドイツであるが、東西統一後も順調に成長し、ドイツはヨーロッパにおける最大・最強の経済大国となった。ＧＤＰ（国内総生産／２０２１年）は、約４兆２６００億ドルで、イギリスの３兆１３００億ドル、フランスの約３兆ドルを大きく上回っている。

ドイツで工業が大きく発展した背景には、ルール地域やザール地域で産出する石炭と、ライン川の水運があった。ルール地域では、「石炭」と隣接するフランスのアルザス地域産の「鉄鉱石」とで、製鉄業や鉄鋼業が発展し、資源や製品はライン川を船で運ばれたのである。

しかし、現在のルール地域では、石炭の産出のみならず鉄鋼業も大きく減少し、点在するかつての立坑や工場群は産業遺産となり、観光資源として活用されている。エネルギーは、風力や太陽光などの再生可能エネルギーへの依存を高めている。また、石炭・褐炭《かったん》から、ロシア産天然ガスを利用した発電への移行も進めてきたが、2022年のウクライナ侵攻で計画に狂いが生じている。

一方、ドイツでは化学工業も発達した。その背景の一部は石炭産業にあり、コークス製造の過程で生まれる副産物（コークスガス、アンモニア、ベンゼンなど）が、化学肥料や溶剤の生産、製薬と結びついたのである。繊維産業の発展とともに生じた合成染料の開発も、化学工業の成長と結びついた。著名企業にはバイエル社（レヴァークーゼン）、BASF社（ルートヴィヒスハーフェン）などがあり、輸送に恵まれたライン川沿いでの立地が目立つ。

また、ドイツは世界有数の自動車生産国でもある。メルセデス・ベンツ、BMW、アウディ、フォルクスワーゲンなどの自動車会社による自動車は世界中で親しまれている。

これらに加えて、ゾーリンゲンの刃物、マイセンの磁器、ライカやカール・ツァイス社の光学製品など**優れた工業製品を生産し、世界中でブランド力を保っている。**このようなドイツの工業製品の素晴らしさは、科学と技術と企業の見事な結合、技術力のある労働者の意欲や勤勉さと関係があるといわれている。

なぜドイツにトルコ人が多いのか？

西ドイツでは、経済が復興し始めた1950年代半ば頃から、労働力不足が問題となった。まず、イタリアとの間で外国人労働者募集協定を締結し、労働者を受け入れたが不足は解消されず、同様の協定をスペインやギリシャ、トルコなどにも拡大した。

一時的滞在の後にいずれ帰国する形態とされる、**外国人労働者は「客人」として歓迎され、ガストアルバイター（ゲスト労働者）と呼ばれた。**ガストアルバイターは、炭坑や製鉄工場、建設現場などでの重労働、清掃などの単純労働に就くことが多く、ドイツ経済の発展に貢献した。

多くのガストアルバイターは、契約期間終了後は帰国するはずであった。しかし、トルコ人や旧ユーゴスラビア人は、本国での職や給料などを勘案して西ドイツにとどまるようになった。政府は帰国奨励をしたものの、母国から家族を呼び寄せて定着して子供も生まれたりして、外国人人口は増加するようになった。現在のドイツの人口の約3割（2400万人弱）が移民または移住を背景にもつ人々といわれ、そのうちトルコ人は300万人を占める。この中にはすでにドイツ国籍を有するトルコ人も含まれている。

トルコ人が多く居住するのは、マンハイムやデュースブルクのような工業都市やベルリンやミュンヘンなどの大都市である。彼らは特定の地区に集住する傾向が強く、トルコ系の商店や飲食店などが集積しモスクもあるトルコ人街が形成されている。

ドイツ政府は、外国人居住者に対して出身国の文化を認め、自立できるように職業訓練や語学教育を行うなど、多文化社会・多民族社会への道を歩んでいる。しかし、ドイツ人がもはや従事したくない仕事を担い、また国内に定着するようになったことで、**ガストアルバイターはネガティブなイメージをもつようになった。**さらに、外国人への敵視や排斥行為に及ぶ例もみられる。

「ドイツといえばソーセージ」の地理的理由

ベルリンの年平均気温は、約10℃であり、東京に比べると気温で5℃低い。年降水量は東京の半分以下である（約600㎜）。国土の北部にはかつて大陸氷河におおわれて侵食されたためにやせた土地もみられる。それゆえにドイツでは食料を穀物だけに頼ることができず、家畜を飼育して補ってきた。

ドイツでは中世に、広く分布した森林のうち、耕作適地がモザイク状に開墾された。豚は、穀物を与えなくても成育し、雑草や集落の周囲に残された森林内の木の実で育つために重宝され、ドイツの風土に合う重要な食料源になった。

冷蔵庫のない時代、秋に豚を太らせて、餌の少なくなる冬にさばいて保存する必要があった。塩漬けにしたりソーセージなどの保存食に加工したり、厳しく長い冬を越して春を迎える貴重な食料となった。

今でも豚の解体を行う農家もみられ、自家用のソーセージやベーコンなどの加工品を作っている。血を集めてブルートヴルストにし、大腸や膀胱《ぼうこう》は裏返して洗浄後にソーセージ等の皮とされる。ゼラチンを含んだ豚の皮はソーセージのつなぎに、脂肪は大半をラードにして、残りはソーセージに混ぜる。

ドイツのソーセージは、原料となる肉の混合比率、スパイスの種類、太さなどによって、さらには産地によって、その種類は1500を超えるといわれている。ウインナーのような細い物は焼いたりゆでたりして、太い物（直径5～8㎝程度）はスライスしてパンにはさんで食べられることが多い。このように豚のすべての部位を食料に生かす、昔のドイツ人の知恵が今も伝統として残っている。

ドイツといえば、ソーセージのほかにジャガイモのイメージも強い。しかし、ドイツでジャガイモが食用として栽培開始されたのは17世紀末頃である。18世紀後半の大飢饉を救ったジャガイモは19世紀にかけて急速に普及し、さまざまなジャガイモ料理も増え、主食の地位に近くなって現在に至る。

伝統産業を支える「マイスター制度」

豚を解体し、さまざまなソーセージなどを専門的に作る食肉業者になるには、「ゲゼレ」（職人）や「マイスター」（職匠、親方）の資格が必要である。ただし、弟子に肉の解体・加工などの指導ができるのはマイスターのみである。

ゲゼレやマイスターになるには、個々の技術ごとにある資格試験に受からなければならない。しかし、受験資格を得るまでには、職業学校に通わなければならないし、実際の職場で見習い（レーアリング）として従事する必要がある。

マイスター制度は、ドイツの伝統的な職人教育制度である。食肉加工やベーカリーなどのほかに、大工、テーラー、家具製造など手工業のほとんどに資格制度があり、それぞれの分野で高い技術が受け継がれている。また、ドイツ人社会にも浸透するとともに、高く評価されている。

パリを中心に成長した農業大国

フランス共和国

French Republic

面積 64.1万㎢
人口 6,790万（2022年）
言語 フランス語
宗教 カトリック、イスラム、プロテスタント、ユダヤ教等

セーヌ川に浮かぶシテ島はどうして世界都市パリになった？

首都パリをほぼ東西に流れるセーヌ川に浮かぶ川中島に、ケルト系のパリジーという民族が住んでいた。これが「パリ」の地名の由来である。パリ発祥の地・シテ島には、現在、ノートルダム寺院、裁判所、警視庁など重要な建物が集まる。

パリは、豊かな農業地域が展開する自然条件に加えて、諸民族の交流・交易の場として成長してきた。その結果、12世紀末には名実ともにフランスの首都となっていた。

13世紀には、**城壁で囲まれた立派な都市**が完成し、当時の人口は20万と推定される。市域の最も外側の城壁が築かれた19世紀半ばには、人口は２００万に達し、世界の大都市となった。

城壁は、都市を外敵から守るためのものであり、戦争になると門を閉じて戦った。城壁内の人口が増えると、古い城壁を壊して外側に新たに建設することが繰り返されてきた。このような都市は**城壁都市または囲**《い》

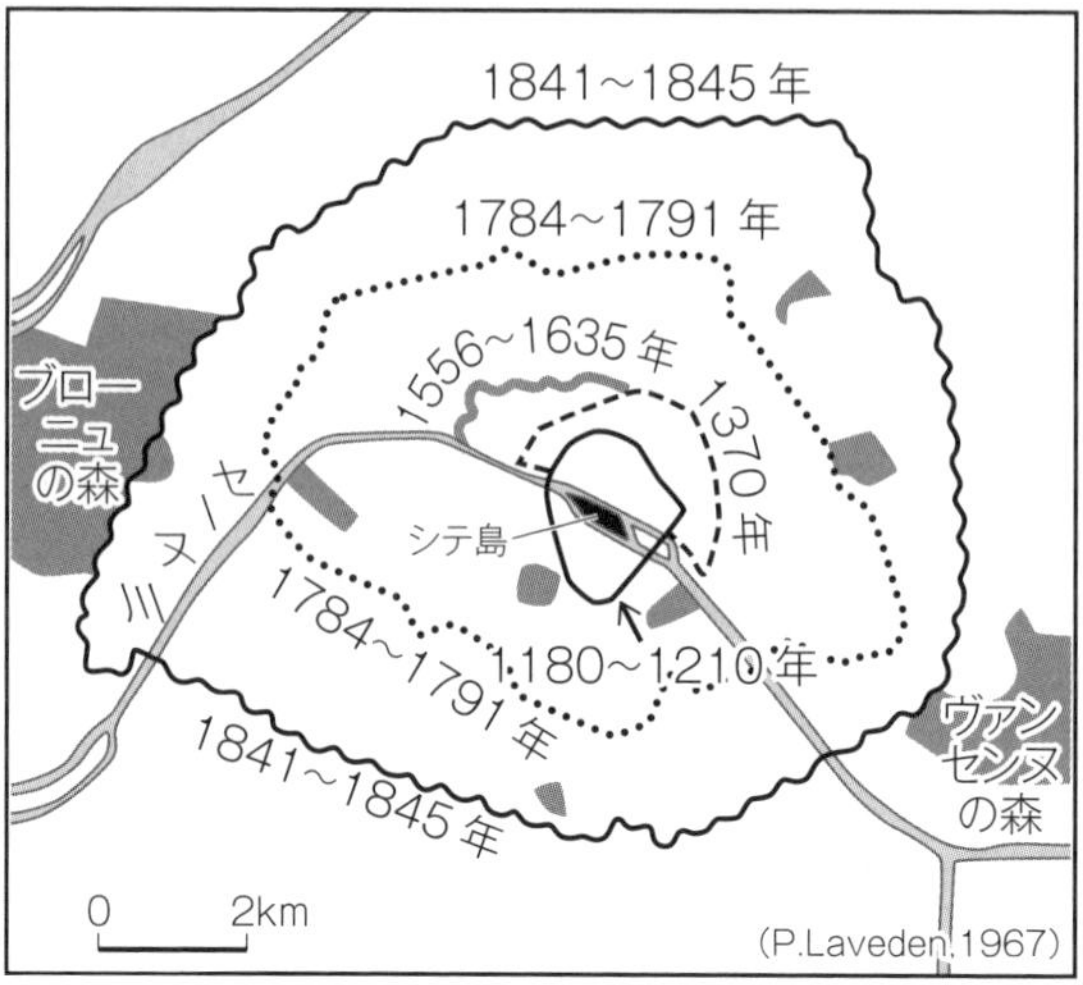

城壁都市パリの拡大

郭《かく》都市と呼ばれ、多民族からなるヨーロッパに多くみられる。

パリの城壁は、19世紀後半以降、大砲の射程延伸や市街地のさらなる拡大とともに存在意義を失った。それらは住宅や公園などに置き換わり、一部のみが遺構として残されている。

長い歴史の中で、パリ市内における地域的な特色が生まれてきた。たとえば、パリっ子たちは「セーヌ川左岸（南岸）で頭を使い、右岸（北岸）で金を使え」という。その背景には、13世紀中期に左岸にソルボンヌ大学が開学し、一方、右岸には現在の市役所の場所にあった港と市場により商業が早くから発達していたことなどがある。

フランスにおける都市空間の特性の一つに、現在でもみられる「職住近接」がある。パリもその例外ではなく、たとえば、地上階でレストランを経営する者は同一建物の2階以上に住み、従業員も同じ屋根の下に住んだりする。

そのため、アメリカや日本の大都市のように、職住が分離して都心部の人口が空洞化することはそれほど進んでいない。とはいえ、都心部の再開発が進む中でパリ市の人口減少はわずかながら進んでいる。

ブームを超えて浸透する「オーガニック農業」

フランスは、農牧業に適した肥沃な土地が広く、気候が多様であることから、多種類の農畜産物を産する西ヨーロッパ最大の農業国である。**牧畜と作物栽培農業を組み合わせた混合農業**を基盤としているが、19世紀後半からは、鉄道網の拡張や非農業人口の増加にともなって、商品化をめざす農牧業が発展した。

パリ近郊、中央地域の大規模経営による穀物生産は、機械化が進み、生産性が高い。一方、地中海沿岸では比較的小規模で集約的な農業が行われ、アルプス、中央高地、ピレネーでは畜産が盛んであるなど、地域的な分化・専門化が進んできた。

ヨーロッパ統合により、フランスは**EUの共通農業政策「CAP（Common Agricultural Policy）」の影響も受けてきた。**１９６０年代当初は、価格保証による生産と消費の維持が政策の中心であったが、財政負担の増加や農産物の過剰生産に陥った。それに歯止めをかけるために、１９９０年代以降、価格保証中心の共通農業政策の大幅な改革がなされてきた。

２０２０年代の政策は二つの柱からなる。一つ目は、農家への所得補助や市場施策など直接生産者側に影響する政策である。二つ目は、環境保全や農業・農村の競争力強化などに関する振興政策である。

フランスでは「有機農産物」（ＢＩＯ）が、消費者の食の安全志向の高まりや、農薬使用減少による農地の環境保全で重要性を高めている。

イル・ドゥ・フランス――すべての機能がここに集まる

パリ市と周辺7県をあわせた「パリ首都圏」はイル・ドゥ・フランス地方とよばれている。この領域には、フランスの経済、研究、文化などの多くの機能が集中する。

これは、19世紀から本格的に開始された中央集権制が、パリへの諸権力の集中を促進してきたためである。それらが寄り集まって強力な磁力を発揮し、パリにあらゆる機能を引きつけたうえに、人々の心情にもパリへの憧憬《しょうけい》をつのらせてきた。これらの諸機能をさらに強化するように、歴代の権力者はパリ中心部に宮殿などのモニュメントを建築することによって、権力シンボリズムを刻み込んできたのである。

フランス国土が、パリの社会・経済的影響下に組み入れられていく過程は、「パリ化」と表現されてきた。パリ化の進展は、より強力に、より広域化しつつある。たとえば、地中海沿岸やアルプスのリゾート地は、パリっ子のための観光目的地として進展しつつあるとする見解も可能である。

また、フランス北部の諸都市は、かつては繊維・製鉄工業などの工業都市であったが、これらが衰退すると、自動車産業や化学工業などをパリから導入することによって初めて産業構造を変え、息を吹き返したといえる。

これらは、鉄道や高速道路の建設によってパリとの近接性が高まったことが主因であると考えるべきであろう。とりもなおさず、パリ化である。ＥＵ統合下で、パリのゆくえが、当然、フランス国土全体の構造の方向付けをするのである。

スイス連邦

Swiss Confederation

アルプスに独自の道を開く多言語国家

面積　4.1万㎢
（九州と同じくらい）
人口　869.1万（2021年）
言語　ドイツ語、フランス語、イタリア語、ロマンシュ語
宗教　カトリック、プロテスタント、イスラム（2019年）

「石を投げれば時計店か銀行にあたる」

外国人旅行者の中には、「スイスでは、石を自分の後方に投げると時計店か銀行にあたる」と揶揄《やゆ》する人もいる。たしかに時計店が多い。時計は、スイスが誇る輸出品である。

スイスの面積は九州ほどで、国土のほとんどは山地や丘陵地におおわれる。水力発電には恵まれているものの、そのほかのエネルギー源や原材料は少ない。

時計やカメラをはじめとした精密機械の高度な技術と高い付加価値産業は、スイス人の勤勉さによるものである。しかし、**工業化の基礎は化学工業**であり、古くから発達していた繊維産業の染色によるものであった。近年では、**特に医薬品工業の成長が著しい。**

スイスは、１８１５年のウィーン会議で「永世中立国」として認められた。この政治的安定に加えて、金融機関が預金者の秘密を厳守することで、国際的な信用を得ている。スイス最大の都市チューリヒは、国際金融市場として成長し、その他の都市にも銀行をはじめ金融機関が多い。

2003年の国民投票の結果、EUには加盟していないが、近隣諸国とは経済・文化的な結びつきが強い。

アルプス山脈の恵み——観光と農業

スイスはアルプス諸国の中で最も早く、19世紀から人々の観光目的地となってきた。

標高の高いアルプス山脈は、氷河が侵食してつくった険しい山地やU字谷、氷河湖を有する。また現存する氷河もあり、それらが観光客を惹きつけてきた。1870年代以降、アルプスのパノラマ地点へのロープウェイや登山鉄道が整備され、本格的な登山をすることなく自然の雄大で美しい景色を楽しめるようになったのである。

こうした自然美に加えて、20世紀初頭以降にスキーの人気が高まると、多くの山岳リゾートが、夏も冬も楽しめるバカンスの目的地としての世界的知名度を高めた。近年では古城や都市、牧草地がおりなす風景も、重要な観光資源となっている。そのため、**金融業と化学工業のほかに、観光産業もスイスの重要な産業**としての地位をもつ。ただし、スイスの都市や著名な観光地では物価が非常に高いのが難点で、それを避けて比較的安価なオーストリアに滞在する人々もいる。

山がちなスイスであるが、農地と放牧地、採草地を合わせると国土の4割近くになる。U字谷では、その横断形はU字型の断面を示すが、谷底部分が耕地や採草地として利用されてきた。

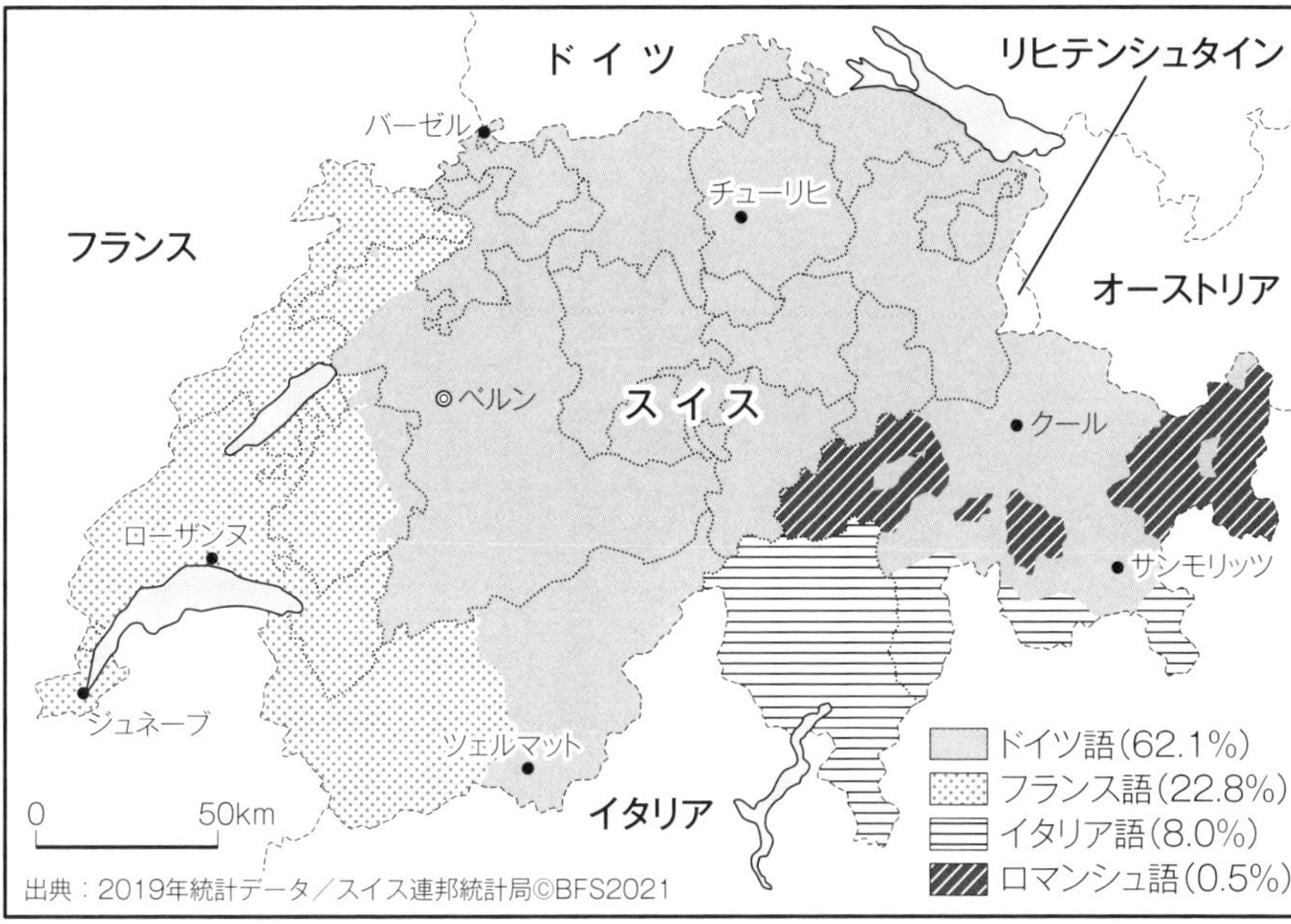

出典：2019年統計データ／スイス連邦統計局©BFS2021

スイスの言語分布

山地では、森林限界を越えた高原草地が放牧地となる。それは斜面の向きによって大きく異なるが、標高1500〜2800mに達する。この放牧地は「アルプ」または「アルム」とよばれ、アルプス山脈の名称はこれに由来する。

冬の間は、谷間の集落の牧舎で乳牛・若牛や羊などが飼育される。夏になると、家畜の多くはアルプへと移動し、谷間の集落やその周囲では冬の飼料となる草が生産される。アルプにはチーズ小屋があり、伝統的にはここでチーズの製造がなされ、現在では観光資源ともなっている。

スイスのチーズは高品質で、輸出もしている。戦争時のための備蓄と生産能力の維持という国防の点から、またアルプや農村の文化景観維持という観光資源の点からも、農業が保護されているのである。

多民族・多言語国家でも内紛が生じないのはなぜか？

公用語は、ドイツ語、フランス語、イタリア語、さらにロマンシュ語の4つである。ロマンシュ（レトロマン）語は、古いケルト語の影響を受けたものとされ、国の東部で3・5万人程度が使用している。民族としては、ドイツ系が6割を超え、国土の中央部から北東部に広がる。フランス系は約2割で、西部に、イタリア系は約1割で、イタリアに近い南部に集中する。このように、スイスは多言語・多民族、ひいては多文化国家である。

多民族国家でも、言葉の問題から内紛が生じないことにはさまざまな説明があるが、連邦制が敷かれ、「カントン」とよばれる州が大きな力をもち、民主主義が発達しているからとされる。

国防は常備軍ではないが、「国民皆兵《かいへい》制」で、兵役義務がある。

"低い土地"と戦い抜いてきた国

オランダ王国

Kingdom of the Netherlands

面積	4.2万㎢（九州とほぼ同じ）
人口	1,750.2万（2021年）
言語	オランダ語
宗教	カトリック、プロテスタント、イスラム、無宗教他（2022年）

「花とチーズの国」が天然ガス開発でどう変わった？

オランダといえば、チューリップやヒヤシンスなどの球根の輸出で有名であるが、切り花も重要な輸出品として名を連ねる。アムステルダムのスキポール国際空港の近くには「アールスメア生花中央市場」があり、花や植物の流通拠点になっている。この市場には、オランダや近隣諸国のみならず、世界中から花や植物が集まり、EU諸国をはじめとして、世界各国に送られる。その一部は日本にも空輸されている。

チューリップなどの球根類は、16世紀後半頃から栽培されてきた。オランダの農業は、労働力を多く用いて、肥料を多く投入し、きわめて集約的である。そのため、**球根・花など、高い技術と集約制が求められる園芸農業が盛ん**である。

加えて、酪農が全土に広がる。**世界有数のチーズ輸出国で、ゴーダチーズが著名**である。春から晩夏にかけて各地で行われる「チーズ市」は、風物詩として多くの観光客を集めている。

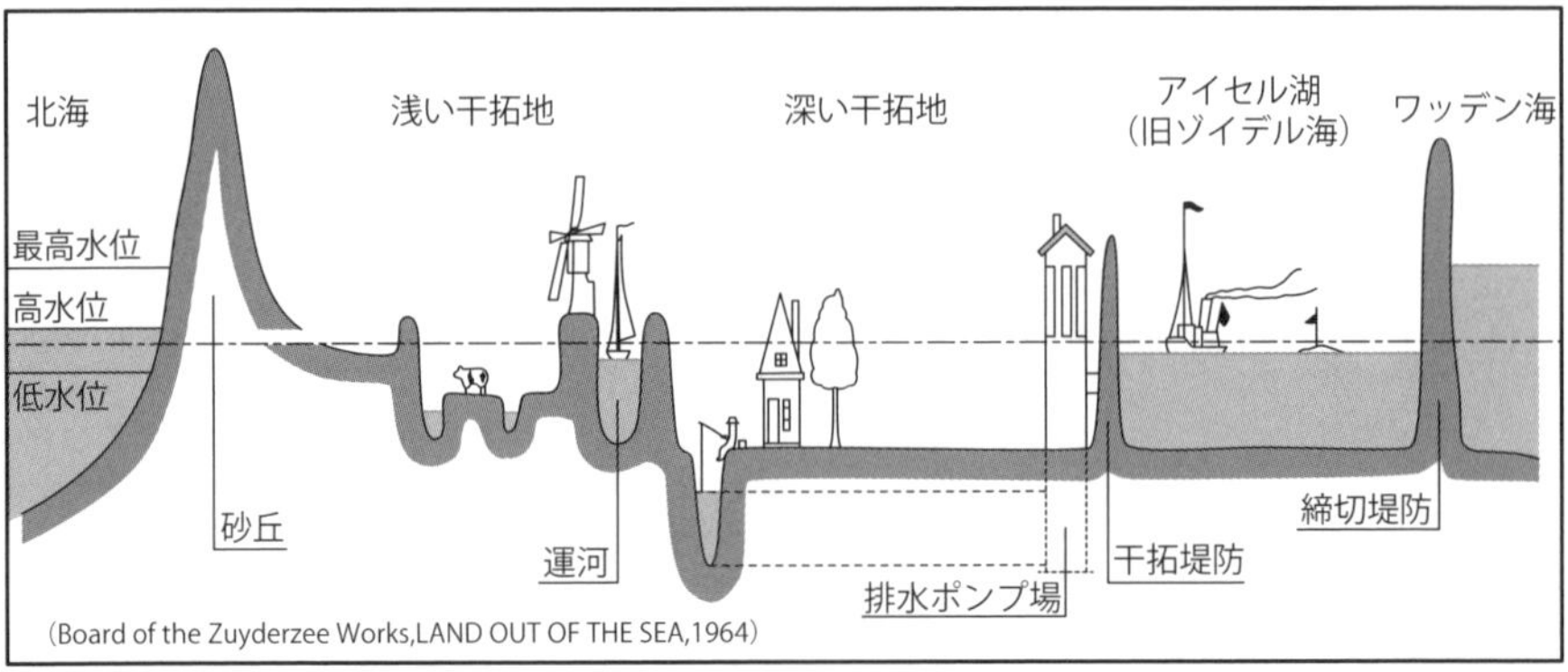

(Board of the Zuyderzee Works,LAND OUT OF THE SEA,1964)

オランダの国土の断面模式図。国土は海面下

かつて農牧業中心であったこの国が、工業に大きく転換した理由の一つは、国土北東部のフローニンゲン州で**天然ガスが発見され、1960年代から採掘された**ことである。そのため、エネルギー自給率は高まり、近隣諸国に輸出もされている。

しかし、採掘で地震被害が頻発し、2030年までに閉鎖することが発表されたが、ロシアのウクライナ侵攻で状況は変わりつつある。

国土の4分の1が海面下——国の基盤をつくる干拓事業

国名の「ネーデルランド」は「低い土地の国」という意味である。九州地方より小さな国の4分の1ほどが海面下に位置する。

オランダの歴史は、海に向かって土地を造成することに努める過程であった。小規模な干拓《かんたく》事業は、13世紀からすでに始まっていたという。しかし干拓が本格化したのは、16世紀後半から17世紀であった。この時代は、オランダが海外で領土を拡張し、資本が潤沢な時代だった。築堤《ちくてい》の技術が進み、風車による排水も各地でなされた。19世紀になると、風車は蒸気ポンプに代わった。

最大規模の干拓事業は、1918年に国営事業として始まったゾイデル海の干拓である。1932年に長さ29㎞に及ぶ北海堤防が完成し、**ゾイデル海は淡水化され、アイセル湖となった。**アイセル湖には、4つのポルダー（干拓地）があり、その面積はおよそ2500㎢に達する。オランダ人の干拓事業の長い歴史をみると、国民気質としての質実剛健、計画性、進取の気性などがうかがえる。海よりも低い土地をもつオランダ人は、つねに堤防、運河、排水などの水管理に細心の注意を払ってきた。近年の地球温暖化傾向は、国民の一大関心事である。将来海水面が上昇すれば、国土の危機となるからである。

オランダ人は、自転車を好んで利用する。通勤・通学はもちろんのこと、買い物やレジャーなどにも使われる。自転車は低平な国土に適しており、何よりも環境に優しい乗り物である。

オランダの国土とランドスタット

国の中核をなす4大都市

アムステル川河口に、首都のアムステルダムが位置する。中心市街地は、中央駅を中心として半円形に広がる。約1600の運河と1000の橋があり、まさに「水の都」である。

政府と王宮はハーグ（デン・ハーグ）にある。ロッテルダムは、世界最大クラスの港であるユーロポートをもつ。巨大な港湾地区には、用途の異なる複数の港が立地し、その一部には石油化学工場群がみられる。ユトレヒトは、大学を有するとともに、ゴシック様式の大聖堂を有する歴史都市でもある。

以上の4都市を含めほかの諸都市が、**オランダ西部に環状に分布することから「ランドスタット（環状都市）」とよばれる。**この都市圏は全人口の4割以上を集め、国土の中核をなしている。

なお、ランドスタット西部にあたる南北ホラント州のポルトガル語読み「オランダ」が日本に伝わった。

シエスタも闘牛も今は昔？

スペイン王国

Kingdom of Spain

面積	50.6万km²（日本の約1.3倍）
人口	4,748.7万（2021年）
言語	スペイン（カスティージャ）語、他、各自治州ごとに公用語が定められている
宗教	カトリック、イスラム等

「アンダルシアのフライパン」——暑く乾燥した地域

スペインとポルトガルが位置するイベリア半島は、地形からみるとピレネー山脈で西ヨーロッパから遮断されている。夏にパリから南下してピレネー山脈を越すと、それまでのよく耕された緑の大地から、赤茶けた岩山と高原が広がる異質の世界に入り込んだ感じになる。

スペインの中央部には、標高700mの高原が広がる。このメセタとよばれる高原は、内陸性の気候で乾燥が激しく、**ほかの西ヨーロッパの国々のような手入れの行き届いた緑の畑や牧草地はみられない。**

スペインの夏は、非常に乾燥して暑く、草は枯れ、茶色の大地が広がる。さらに、サハラからの熱風が吹くと、気温は40℃を超えることもあり、「アンダルシアのフライパン」などとよばれる。そうした条件を生かし、**太陽の熱を集めて水を沸かし、その蒸気でタービンを回す「太陽熱発電」が増えている。**

冬は温暖で、夏は乾燥しており、確かに日中高温になることもあるが、日本に比べると過ごしやすい。

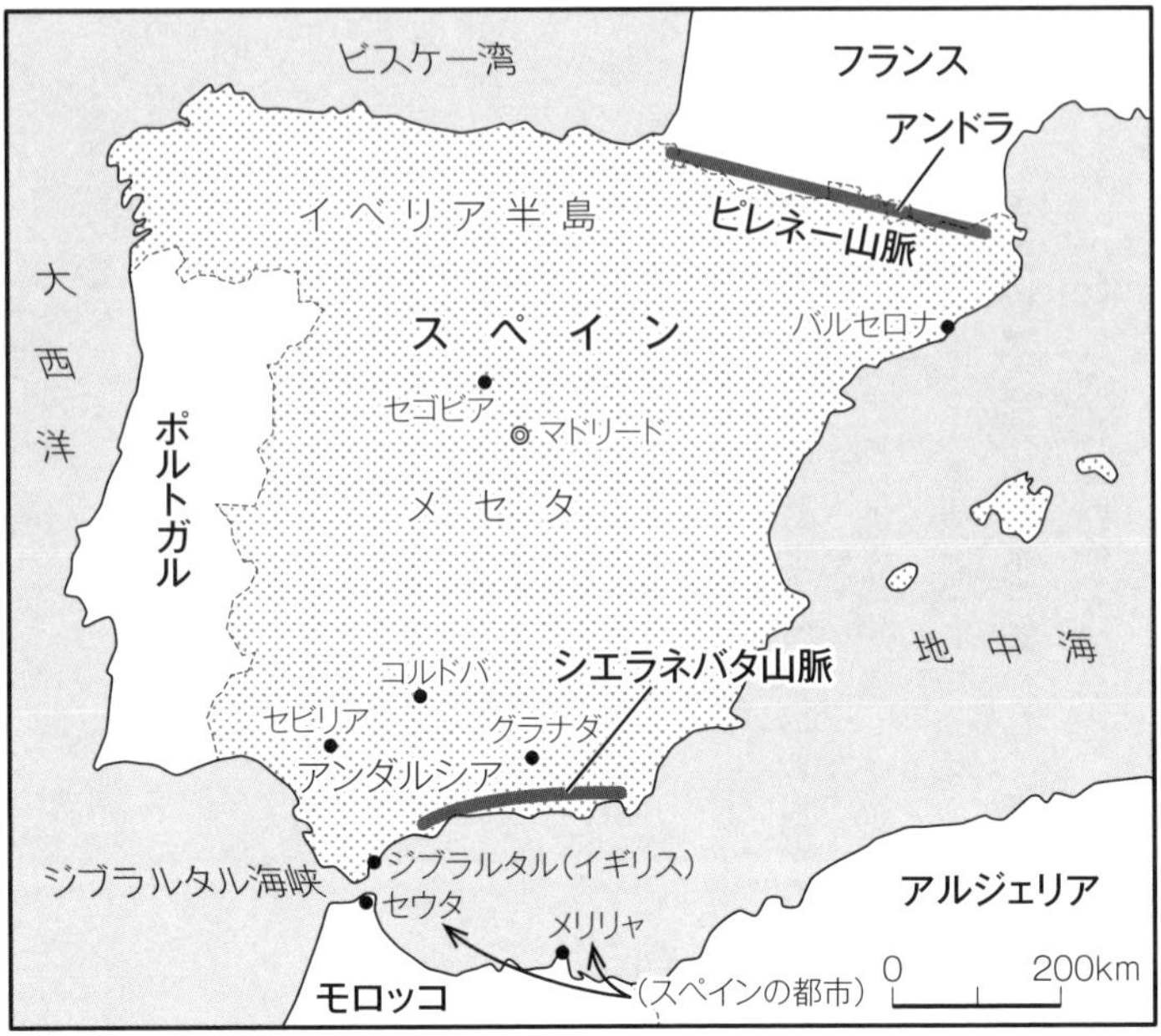

イベリア半島とスペイン

ローマ帝国とイスラム帝国の足跡

スペインは、紀元前206年以降、ローマ帝国の支配地となり、ローマ人は道路や運河、橋などを整備した。現在でもセゴビアなどにローマ時代の水道橋が残っている。

8世紀に入ると、北アフリカからジブラルタル海峡を渡ってアラブ民族がスペインとポルトガルを占領し、イスラム文化が席巻した。イスラム様式の建築物が造られ、現在もコルドバのメスキータ（イスラム寺院）の内部には、赤と白の縞《しま》模様を呈したアラビア風のアーチがあり、人々を夢幻の世界に引き込んでいる。

セビリアの大聖堂では、イスラム寺院の四隅に建てられた尖塔《せんとう》（ミナレット）がキリスト教の大聖堂の鐘楼《しょうろう》になって現存する、ヒラルダの塔もみられる。また、グラナダのアルハンブラ宮殿は、スペイン最後のイスラム王朝が建設したもので、整然とした中での多彩な装飾は東方的な耽美《たんび》と退廃を感じさせる。

このように、スペインには、イスラム文化の影響が色濃く残り、ヨーロッパの文化とは異質である。そのため、西ヨーロッパの人々は、「ピレネーの向こうはヨーロッパではない」「アフリカはピレネーから始まる」などという。

15世紀の終わり頃、キリスト教の復権を求める動きとイスラム勢力から領土を回復する運動である、「レコンキスタ」（国土回復運動）により、統一国家が成立した。

その後のスペインは、**カトリックの牙城《がじょう》であり、大多数のカトリック教徒の信仰心はあつい。**この点でスペインは、間違いなくヨーロッパの一部なのである。

なぜ植民地帝国から ヨーロッパの「周辺国」になったのか？

16世紀、スペインは、アメリカ大陸で、ブラジル（ポルトガルの植民地）を除くメキシコ以南のラテンアメリカ地域を植民地とした。その結果、世界一の植民地帝国として発展し、繁栄の黄金期を誇った。

ところが、１５８８年、無敵艦隊がイギリスに敗れて以降、スペインの栄光は衰退していった。

１７０４年には、**スペイン南部のジブラルタルがイギリスの海外領土になった。**ジブラルタル海峡は、ヨーロッパとアフリカを分け、地中海と大西洋を結ぶ戦略上の要地であり、その幅は最も狭いところで約15㎞しかない。長年スペインはジブラルタルの返還を求めているが、イギリスは返還に応じていない。

ヨーロッパの概観（１８７頁参照）で説明したように、ヨーロッパは、ブルーバナナに該当する「中心」と、それ以外の「周辺」とに分かれる。スペインは、ポルトガルやギリシャ、南イタリアとともに生産性の低い農業が産業の中心を占める「周辺地域」に位置づけられ、ヨーロッパ中心地域への出稼ぎ者が多く、また中心地域に農産物や原料を供給する地域としての性格をもち続けてきた（ただし、スペイン北東部に位置するバルセロナ地域のみはサンベルトに含まれる）。

現在のスペインは、GDP（国内総生産／2021年）でみると世界15位、EU内ではドイツ、フランス、イタリアに次ぐ経済大国である。しかし、製造業の競争力は小さく、観光産業や不動産業の重要性が大きいという特徴がある。一般に失業率は高く、2012年には経済危機を経験した。

世界最高峰のサッカーリーグ「ラ・リーガ」に熱狂！

バルセロナに、サグラダ・ファミリア（聖家族贖罪）教会がある。この教会の建設が始まったのは1882年のことで、翌年からは大建築家アントニ・ガウディが設計・建築を引き継いだ。ガウディは1926年で亡くなったが、現在も建築は続き、2026年に完成する予定である。

また、スペインは、天才芸術家パブロ・ピカソを生んだ国でもある。彼は、スペイン内戦中の1937年に、「ゲルニカ」を制作し、愛国的情熱を表現した。

スペイン人は概して保守的であり、伝統的な祭りを大切にし、生活を精いっぱい楽しむ。

生活習慣としては、昼食を家で摂り、その後にシエスタ（昼寝）の時間をとっていた。しかし、最近は職住の分離、EU加盟などによるグローバルな商慣習の普及などで、この習慣はかなり薄れてきている。一方で、夜10時頃からレジャーを楽しむ人々は多い。レストランやバール、映画館などのレジャー施設は夜遅くに営業が始まり、夜明けまで営業しているところもある。

フラメンコは、歌と踊りとギター演奏が一体となったもので、スペイン南部のアンダルシア地域で発達した。それぞれの名手は、アーティストとしての地位も獲得してきた。2010年には、ユネスコによって、スペインの無形文化遺産に登録された。フラメンコは、もともと個人の家などで行われていたが、飲食店での上演が増え、20世紀後半には劇場や祭りの場などでも実施されるようになった。

闘牛《とうぎゅう》も著名なスペイン文化であるが、これは競技ではなく、フェスタ（祭り）で、国民的娯楽であった。アレナとよばれる円形の闘牛場では、赤いケープをまとい、剣を持ったマタドール（剣士）が獰猛《どうもう》な牛に向かって敏捷に、スリリングに動き、観客を興奮と熱狂の渦の中に巻き込む。一流のマタドールは国民的英雄である。しかし、闘牛は残酷であると動物愛護団体などが非難したことをうけて存続か中止かで議論が続き、バルセロナを含むカタルーニャ州では2011年を最後に実施されていない。

現在、大衆娯楽として重要性を増しているのは、サッカーである。スペインのサッカーリーグ「ラ・リーガ」は、観客動員数ではドイツのブンデスリーガやイングランドのプレミアリーグには及ばないが、レアル・マドリード、FCバルセロナといった世界トップクラスの人気チームをもつ。それらに有力選手が集まり、「ラ・リーガ」の実力も高く、新たにサッカー文化が醸成されつつある。

イタリア共和国

Italian Republic

気候から産業まで、南北格差をかかえる国

面積 30.2万㎢（日本の約5分の4）
人口 5,924.0万（2021年）
言語 イタリア語（地域によりドイツ語、フランス語等少数言語あり）
宗教 カトリック、プロテスタント、ユダヤ教、イスラム、仏教

火山も地震も多い――日本との類似点・相違点

イタリアは、さまざまな点において、日本とよく似ているといわれる。たとえば、国土は南北に長く、山がちであり、長い海岸線と多くの島々からなり、火山も地震も多い。その上、温泉地も多数あり、両国民とも温泉を楽しむことには長い歴史をもっている。

イタリアも日本も建国は古く、特にイタリアは紀元前にローマ帝国を誕生させている。しかし、王国として独立したのは１８６１年であり、日本の明治維新に近い。

一方、イタリアでは、**都市国家の伝統が長く続いてきたために、民族としてのまとまりに欠け、地域間の差異が大きい。**面積は日本よりやや狭い程度（約30万㎢）であるが、人口はその半分程度である。

イタリアと日本は同じ温帯に位置しながら、降水量と気温は大きく異なる。

イタリアの気候は、南下すればするほど典型的な地中海性気候となる。地中海性気候の特色の一つは、夏季に高温で降水量が少ないことである。これは北アフリカの乾燥した亜熱帯高圧帯が、夏の間、北上するためである。一方、冬には雨が降り、温帯冬雨気候《おんたいとううきこう》の特色を示す。冬の降雨によって、小麦の栽培が可能となっている。

イタリア南部では、年降水量が500㎜未満の地域もみられる。こうした地域では植生《しょくせい》もまばらであり、母岩である石灰岩が露出した風景が続く。この風景は、古代から続いたものではなく、中世から近世に栄えた毛織物工業によるといわれる。牧羊のために森林が伐採され、牧草地と化したのである。

国土の中央部のローマを経て北部に行くと、地中海性気候の影響は弱まる。アルプス山麓のトリノやミラノの冬の平均気温は、高緯度にあるロンドンやパリよりも低くなる。このように、**イタリアの気候も日本と同様に多様性に富む。**

「人生を楽しむ達人」のライフスタイルと産業

ラテン系民族に特有な明るい気質からか、イタリア人は「人生を楽しむ達人」といわれている。人々は外出する際にも、衣服や身だしなみに十分注意を払う。このような暮らし方を基盤にして、国内のファッション産業が発展してきた。

イタリアファッションは、1970年代以降、世界的にも注目されて、衣料品や靴などは重要な輸出品となった。衣料品生産は中・高品質から高品質製品主体に移りつつある。その結果、こうした製品の輸出はイタリアの貿易にとっても重要なものとなっている。当然、日本にも輸入され、フランスファッションなどと競合している。

村落や都市の中心部には教会が位置し、それを核として集落が拡大してきた。教会はまた住民のシンボルともなっている。イタリア人は屋外の空間を好み、広場や狭い露地に出て、他人との談話にふけることが多い。

家屋は、おもに石材が使われて古いものが多いが、人々はその内装に凝る。たとえば、家具類は入念に選ばれ、光線にも配慮がなされる。部屋の壁は自ら張り替えたり、塗り直したりと、居住空間の美化には努力を惜しまない。

西欧料理のルーツとワイン

西欧料理のルーツは、イタリアに求められる。たとえば、食卓上のフォークとナイフは、ヨーロッパではイタリアで最初に登場した。フォークは15世紀末から使われ、その後国内に普及した後、フランスやイギリスに伝わっていった。ヨーロッパでも、中世までは料理は手で食べていたのである。

「イタリア料理」を端的に示すのは難しい。なぜなら、前述のように都市国家の集合体であるために、料理に地方色が豊かだからである。スパゲッティやマカロニなどの乾燥パスタは、従来、南部でよく食べられていた。南部では硬質の小麦（デュラム小麦）が栽培されていたからである。米を用いたリゾット料理は、ポー川中流域の稲作が盛んなロンバルディア州やピエモンテ州が起源である。アルプスの山麓ではトウモロコシが栽培され、その粉を加工したポレンタという料理が著名である。これらの料理は、外国へ移民した人々によって外国に広まった。アメリカ合衆国でスパゲッティやピザが普及したのはイタリア移民による。

イタリア人はまた、ワイン好きで有名である。イタリアでは、ワインは「ヴィーノ」とよばれる。山がちなために卓越する傾斜地の影響で日射量が多く、また温暖で降水量の少ない国土のほとんどでブドウが栽培され、**フランスとともに世界で最もワイン生産量が多い国**である。両国のワイン生産競争は激しく、時には「ワイン戦争」ともいわれる。

全国、津々浦々の人通りの多いところには、「Ｂａｒ（バール）」の看板が目立つ。コーヒー（エスプレッソ）をはじめ、サンドウィッチ、ワイン、ビールが飲める。立ち飲みもでき、毎日の仕事の前後に立ち寄り、人々の憩いの場となっている。

GDP、失業率……南北格差はこうして生まれる

イタリア北部には、経済上の首都といわれる**ミラノと、トリノ、ジェノヴァを結んだ工業の三角地帯**が位置する。

ポー川流域は早くから灌漑《かんがい》が行われ、豊かな農業地帯であったため、資本の蓄積が進み、商工業が成長する基盤があった。特に養蚕《ようさん》業が栄え、生糸《きいと》はフランスにも輸出された。19世紀半ばには、綿織物・毛織物工業も加わり、繊維工業地帯が発達した。アルプスから流れる水や水力発電も重要な資源であった。

現在、ミラノとその周辺部には鉄鋼、機械、衣料などの各種工業が集まり、トリノには自動車工業に加え

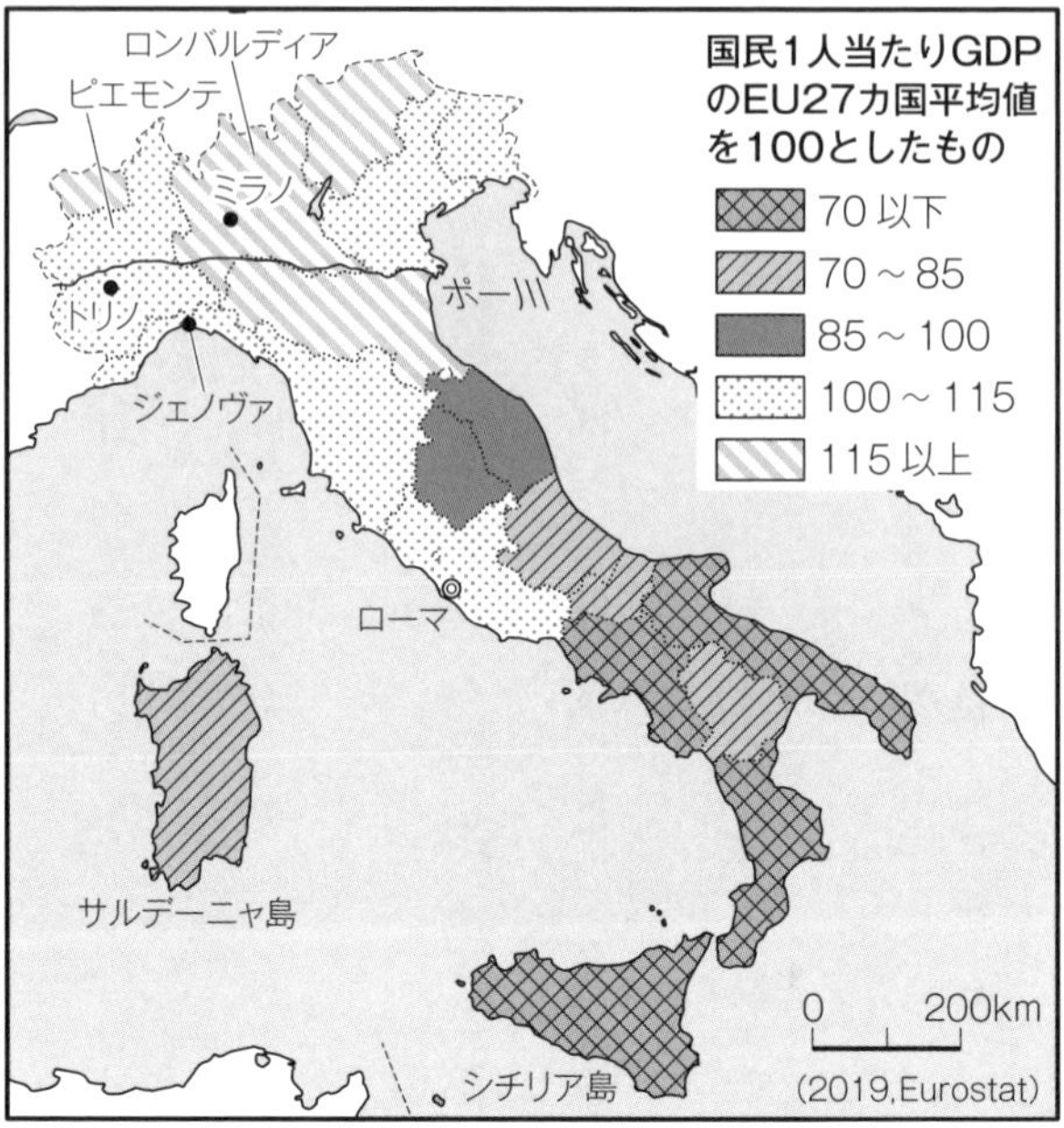

イタリアにおけるGDPの地域差

て、航空機や情報などの先端技術産業も立地している。

一方、中部から南部にかけては、夏の乾燥と土壌侵食などの自然条件に加えて、一部の農業主が大規模な農地を所有する、大土地所有制などの社会問題をかかえている。そのために北部に比べて工業化が遅れ、農業経営規模も小さい。

沿岸部では、ブドウ、小麦、野菜などの集約的農業がみられるが、内陸部では、オレンジ、レモン、オリーブなどの栽培と、羊や牛の牧畜が粗放的に行われている。

北部の工業化は、南部の低賃金の労働力に支えられている。南部から北部への人口移動が著しく、先進諸国でこうした例はめずらしい。南部の人々は、国内だけにとどまらず、ドイツやフランスにも労働者として流出している。

1950年代から、政府が中心となって、南部の農業、農地改革や道路・水道の整備、国内外からの企業誘致などに取り組んできたが、南北格差は根本的には解消されていない。

地理的・経済的にも〝EUの周縁国〟

ギリシャ共和国

Hellenic Republic

面積 13.2万㎢
（日本の約3分の1）
人口 1,044.5万（2021年）
言語 現代ギリシャ語
宗教 ギリシャ正教

「紺碧のエーゲ海」の裏の素顔

日本人にとってギリシャとは、輝く太陽、紺碧のエーゲ海、「ヨーロッパ文化のゆりかご」としての神殿群のイメージがある人も多いだろう。

ギリシャの国土は日本の3分の1ほどである。地形は山がちで、島が非常に多い点は日本と類似する。国土面積の5分の1を島が占め、島の数は、無人島まで含めると1万近くになる。

土地の大半はやせており、森林が少なく、石灰岩が露出する風景が目立つ。しかし石灰岩が変成された大理石が産出され、古代の神殿建築物などに利用されてきたのである。

農業も重要な産業である。しかし、農業経営は一般に小規模で、生産性は高くない。国土の北部を除く大半は、夏の乾燥と高温の地中海性気候に対応して、オリーブ、綿花、タバコなどが栽培され、ワインの生産もみられる。

一方で、観光業は成長部門であり、古代ギリシャの伝統、エーゲ海、石灰岩のまちなみなどを目的に、世界中から観光客が訪れる。

国民の大半が信仰するギリシャ正教は、11世紀にローマ教会と絶縁して派生した。全国各地に教会が目立ち、長い黒衣に身を包み、豊かなひげをたくわえた聖職者が街を歩く。

ギリシャ正教は、キリスト教の中でもとりわけ教義と儀式が重んじられ、象徴的かつ神秘的な傾向があるといわれる。たとえば、神の重要性が強く、敬神の念はあつい。一生のうち洗礼や結婚、年中行事、葬儀にいたるまで、宗教にかかわる度合いが大きい。このように人々と宗教の結びつきが強いのである。

財政赤字・急速な工業化・環境問題――山積する難問

国の財政赤字が続き、2010年にはギリシャ国債が暴落した。その背景には過剰な公務員数、過大な社会保障給付費があるといわれている。しかし、EUの経済政策、ドイツやフランスの援助によって最悪の事態を回避できた。

工業化の程度はもともと低かったが、首都アテネから第二の都市テッサロニキまでの高速道路沿いに、繊維や鉄鋼業などの近代的工場が立地している。亜炭《あたん》と褐炭《かったん》の産出量は世界有数である。

アテネ都市圏には人口のみならず、工場も集中する。首都への過集中により、たとえば、大気汚染などの環境問題が深刻化している。大気汚染に由来する酸性雨がむしばむ、古代アテネの象徴でもあるパルテノンやエレクテイオンの保全・保護活動も始まっている。

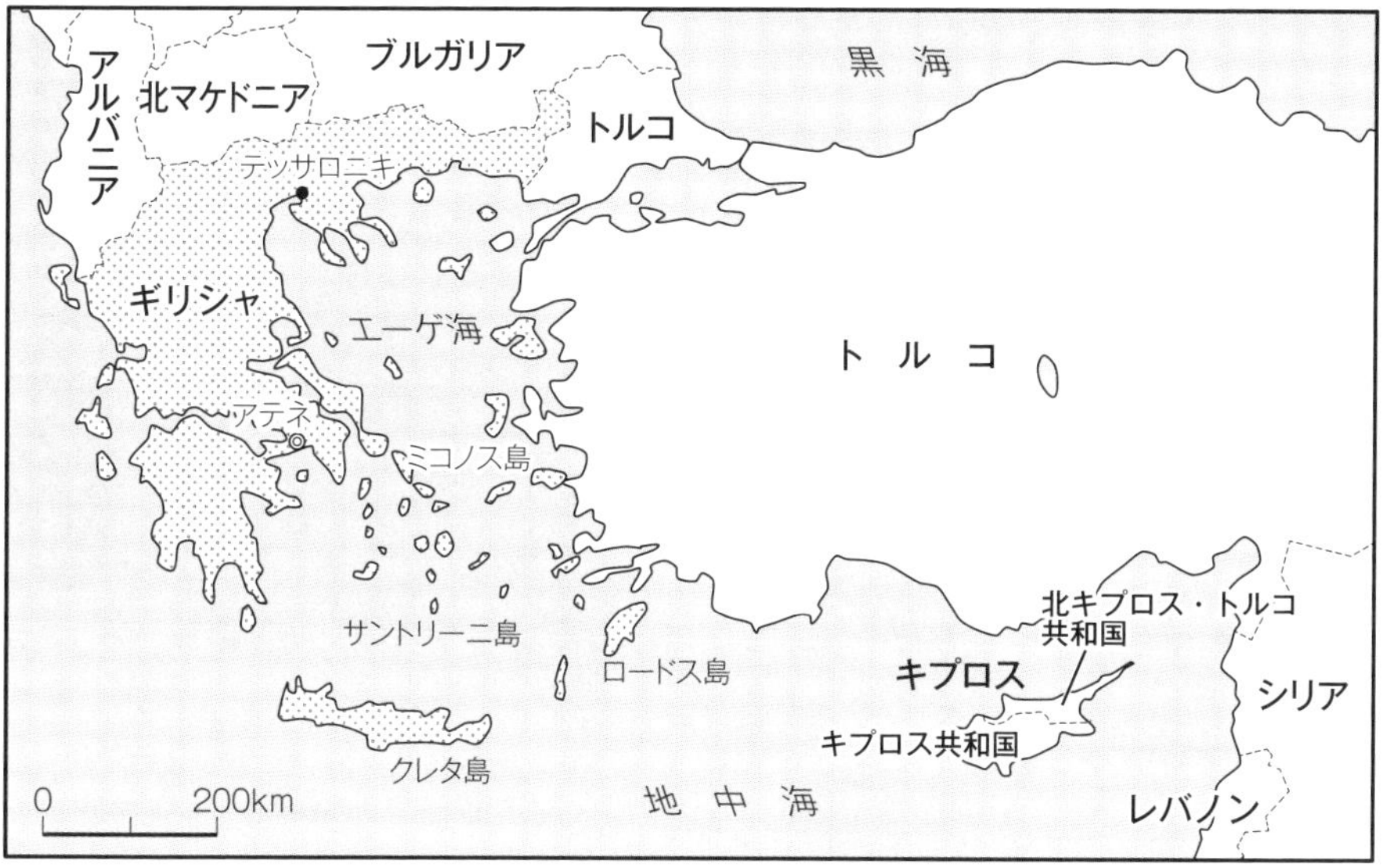

ギリシャとトルコの関係

バルカン半島・トルコ・シリア難民

ギリシャは「民族のるつぼ」であるバルカン半島にあり、その建国は何世紀にもわたる異民族支配の末になされたものである。とりわけ、近年、**隣国トルコとの領土問題**は絶えない。キプロス問題では、南部のギリシャ系住民によるキプロス共和国政府と、北部のトルコ系住民による北キプロス・トルコ共和国とが対立している。両者の境界には国連平和維持軍が駐留する。

地理的位置のため、シリア難民の影響も大きい。２０１５年頃以降、難民が増えると、当初トルコは難民をＥＵに送出しない方針であった。しかし２０２０年にトルコが方針転換し、多くの難民がトルコからギリシャに移動するようになると、これに対してギリシャが反発し、両国の新たな火種になっている。

ギリシャは１９８１年に「ＥＣ」（現ＥＵ）加盟を果たしたが、**ポルトガルとともに**、**位置的にも**、**経済的にも周縁部に位置する**といわれていた。しかし、バルカン半島の国々を背後にひかえ、中近東とも近い位置関係にある。この地の利を生かしてこそ、今後の国の発展が見込めるのであろう。

北欧の工業・福祉大国

スウェーデン王国

Kingdom of Sweden

面積 43.9万㎢（日本の約1.2倍）
人口 1,046.7万（2021年）
言語 スウェーデン語
宗教 福音ルーテル派が多数

夏は午前2時に太陽が昇り、冬は午後3時に太陽が沈む

かつては氷河が国土をおおい、それが溶けた跡には、無数の湖沼や河川が残った。国の面積は日本の約1・2倍の約44万㎢で、その半分以上が森林である。スウェーデン人はこよなく自然を愛し、その精神が多数の国立公園を生み出している。国土の南北の長さは1600㎞近くに達し、南部には広葉樹がみられるが、国土の大半に針葉樹林が広がる。この森林は、当然、資源にもなる。かつては木炭の生産が多かったが、新しい技術の発達によって、**木材、パルプ・紙が今でも主要な輸出品**になっている。

人口のほとんどは南部に住むが、首都のストックホルムでも北緯60度近くに位置する。高緯度ゆえに、人々は「白夜《びゃくや》」を味わう。**5月下旬から7月中旬まで、真夜中でも太陽が北の空に見え、星が輝くほど暗くはならない。**しかも、午前2時頃には太陽が昇る。

一方、冬になると日の出は午前9時過ぎ、日没が午後3時頃になり、太陽の光を見る時間が短い。このため、北欧の人々の「太陽へのあこがれ」の強さは、10〜14時間は日照がある日本人には想像しがたい。

高緯度にありながら、冬には低緯度からの気団が入り込み、暖流の北大西洋海流の影響もあって、南部は温帯気候である。ストックホルムの2月の平均気温はマイナス2℃程度、年平均気温は7℃程度である。この気温状況はストックホルムよりも18度も低緯度の函館と類似する。

移民を送り出した農業国から、移民を受け入れる国へ

スウェーデンは20世紀初頭まで農業国としての性格が強かった。しかし、土地がやせて生産性も低いため、19世紀半ばから20世紀まで、およそ100万人の移民が送り出された。現在の人口が1000万強であるので、当時の移民数の多さがうかがえる。移民先はアメリカ合衆国が多く、特にミネソタ州に移住した農民が多かった。

この国の産業革命はヨーロッパの中では遅く、1860年代後半から始まった。その要《かなめ》は鉄鉱石資源の存在である。トーマス製鋼法の発明により、リン分を含む鉄鉱石からリンが除去されて、質の良い鉄鋼が生産されるようになると、**金属工業を中核として北欧一の工業国**に成長した。近年では、自動車、通信機器、金属製品などの製造業や、バイオ関連産業などの先端産業も発達している。

国の経済水準が高まると、他国からの移民が増えた。現在では、人口の25%程度を移民が占める。その多くは、国土南部に集中する大都市に存在する。かつては近隣諸国からが多かったが、近年では中東やアフリカから難民として移入する例が多い。**外国人移民の入国には積極的で、「多文化社会」の形成をめざしてきた。**

しかし、移民の子供の教育、犯罪の増加といった問題が顕在化し、反移民の動きも広がっている。

貿易と福祉――NATO加盟は？

スウェーデンは、非武装・中立政策をとり、国際的には平和運動のリーダー役を務めてきた。また、諸外国との貿易にも積極的である。輸出入ともに機械製品が多く、先進国相互間の貿易、すなわち「水平貿易」が主体である。**1995年のEU加盟により、外交も北欧中心からEUに向けられ、特に貿易相手国はEU諸国中心となって、市場が拡大している。**

スウェーデンでは、かつてイギリスの社会保障が目標とした「ゆりかごから墓場まで」を超えて、「胎内から天国まで」をモットーとして福祉国家を築いてきた。その背景には、かつて階級社会が厳存し、貧乏国であったため、階級なき徹底した平等社会が求められて、1930年代から福祉政策が国家政策の中核になったことがある。しかし、1970年代以降、経済不況により経済成長は減速し、失業率も増加しつつある。

世界最高水準をもった社会保障制度は、高福祉社会を築いてきたが、国民の減税、公的部門の削減、民営化の推進など、新たなタイプの福祉国家を求める選択が迫られている。

スウェーデンは、スイスやオーストリアのような永世中立国ではなく、周囲の安全保障環境の変化を受けて立場を変えつつある。特に、2022年のロシアによるウクライナ侵攻の影響下で、同年NATOに加盟申請した。一方、NATO加盟国であるトルコは、スウェーデンに亡命したクルド人の引き渡しを求めるなどの緊張関係も生じている。

アイスランド

Iceland

"地球の裂け目"が見られるめずらしい島国

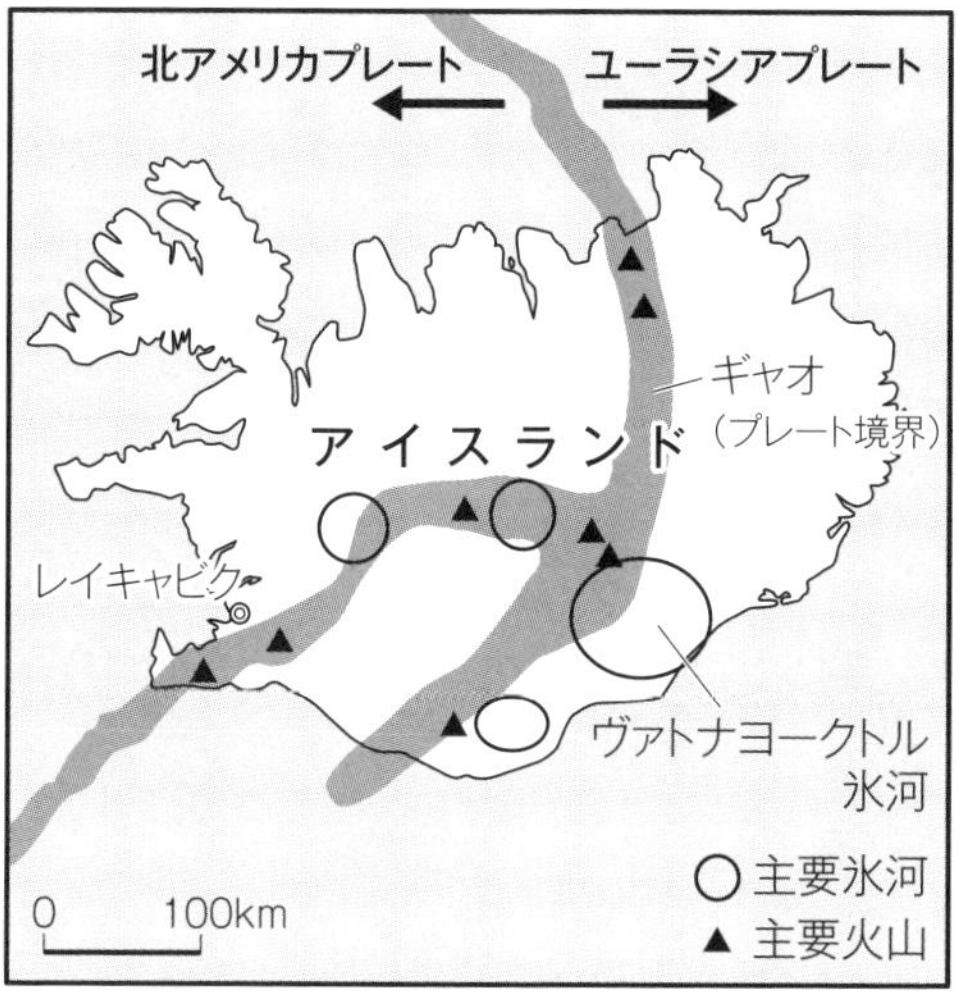

アイスランドの中央を通るプレート境界

氷と火山と温泉の国

アイスランドは、北大西洋の中央部を南北にはしる「地殻」（プレート）の境界である「海底山脈」（大西洋中央海嶺《かいれい》）が地上に現れたアイスランド島（面積10万㎢で北海道よりやや大きい島）にある。

この島では、北東から南西方向にユーラシアプレートと北アメリカプレートとの境界である窪地（断層）が連なり、「ギャオ」とよばれる。このギャオを境に、**大地は年平均1㎝の早さでそれぞれ東西に動き、わずかずつではあるが島は割れつつある。**

このように地殻活動が盛んなため、火山活動が活発で、温

面積	10.3万㎢（北海道よりやや大きい）
人口	37.0万（2021年）
言語	アイスランド語
宗教	福音ルーテル派（国教）

泉が数百箇所あるとされる。

北緯60度を越え、北端は北極圏に入るため、国土面積の1割以上が氷河におおわれる。しかし、暖流である北大西洋海流が周囲まで達しているため、同緯度の他地域に比べると温暖である。そこで、火山活動で流れ出した溶岩がおおう荒地が面積の6割以上を占めるものの牧草地も2割程度あり、羊が飼育されている。

国名アイスランドが「氷の国」、首都レイキャビクが「(温泉で)蒸気の立つ湾」を意味するように、**氷と火山と温泉の国**である。

9世紀頃にノルウェー人等が入植し、13世紀以降のノルウェーおよびデンマークによる支配を経て、1918年にデンマーク国王を元首とする国として独立。1944年に共和制をとるアイスランド共和国となった。したがって、**デンマークを中心とした北欧諸国との交流が強く、北欧諸国に区分される。**

総人口は37万で、9割以上が都市に住み、特に首都レイキャビク都市圏には21万人が集まっている。ほとんどがアイスランド人で、ノルウェー語などとルーツが同じアイスランド語が公用語である。

豊富な自然エネルギーの活用と観光

豊富な自然エネルギーを活用し、**発電では水力発電が7割、地熱発電が3割を占め、国全体のエネルギー消費に占める石油の割合はきわめて少ない。**火山活動で豊富な地熱は、発電のみならず、都市部で完備されている住宅供給網を活用した温水・蒸気暖房や、温泉プール、魚の養殖、温室栽培、融雪などと組み合わせて活用されている。また、豊富で安価な電力を使って、アルミニウム精錬も盛んである。

それら火山・温泉や、氷河やオーロラ、地上で見ることができるプレート境界（ギャオ）を求めて人口の数倍に上る観光客（2019年は201万人）が訪れ、観光業は基幹産業である。

伝統的には漁業が盛んで、**輸出額の4割は水産物が占める**。また、クジラを食する文化をもつ捕鯨国であり、漁業権や捕鯨問題からEUには加盟していない。

米ソ冷戦の終わりは、レイキャビクから始まった

レイキャビクで1986年、アメリカのレーガン大統領とソ連のゴルバチョフ書記長が核兵器削減について合意した首脳会談は、米ソが敵対していた東西冷戦が終息へ向かう始まりとされている。

レイキャビクが会談場所に選ばれた理由には、アイスランドがアメリカと欧州・ソ連の中間に位置することがある。地球儀でワシントンとモスクワの最短経路をみると、そのほぼ中間地点にアイスランドがある。

アイスランドは北大西洋の中央だけでなく、東西で対立した米ソ間でも中央であったのである。

バルト三国で最も大きな国

リトアニア共和国

Republic of Lithuania

面積 6.5万㎢
人口 278.7万(2021年)
言語 リトアニア語
宗教 カトリック

小さいけれど、それぞれ独自の光彩を放つ3つの国

リトアニアは、バルト海に面したエストニア、ラトビアとともに「バルト三国」とよばれる。三国は南北に並んでおり、北からエストニアが4・5万㎢、中央のラトビア、南のリトアニアが6・5万㎢、いずれの国も九州よりは広いが北海道よりは小さい。リトアニアの南にはポーランドとの間にロシアの飛地がある。この地域は氷河によって土地が削られ、低地となっており、特にリトアニアには湖沼《こしょう》や湿地が多い。

バルト三国の関連性は興味深い。エストニア、ラトビアは、森林面積が国土の50%を超え、リトアニアより森林面積の割合が高い。リトアニアは、国土が比較的平坦で約40%が農地で、約35%が森林である。石油が採掘され、石油精製は国の主要産業となっている。

また、**歴史的にエストニア、ラトビアは、北ヨーロッパ諸国やドイツとの関係が深いのに対して、リトア**

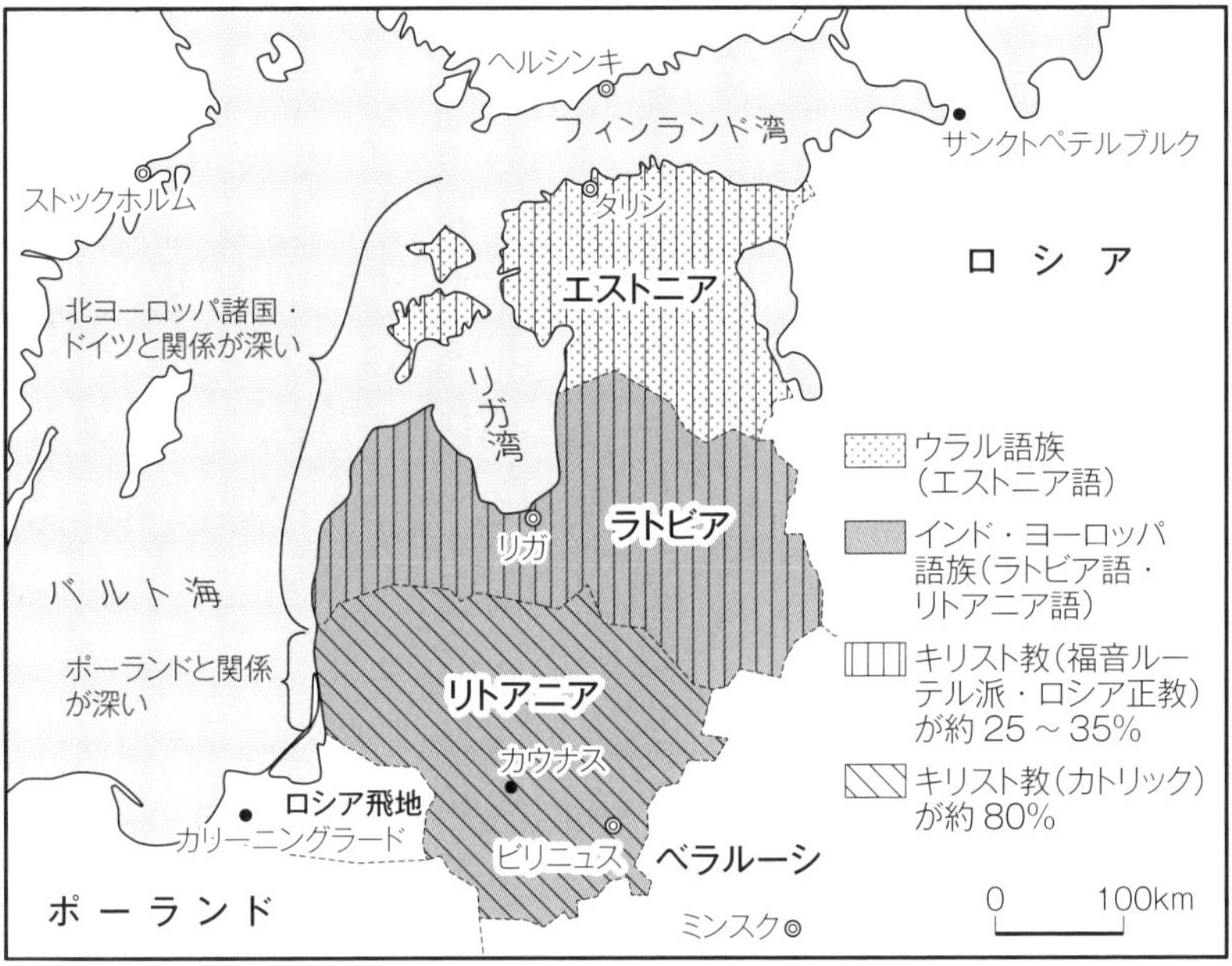

バルト三国の共通点と相違点

ニアはポーランドとのつながりが強い。

リトアニアは紀元前からバルト系民族が居住していたが、13世紀に初代リトアニア大公ミンダウガスがリトアニア国王となる。14世紀にはリトアニア国王がポーランド国王を兼ね、16世紀にはポーランドとの連合国家（二民族一共和国）となった歴史をもつ。その後、ロシア帝国やソ連に併合されたが、独立後もポーランドとのつながりは強く、国内でもポーランド語が使われ、貿易でもポーランドとの取引は多い。

一方、言語では、エストニアの公用語であるエストニア語はウラル語族のフィン・ウゴール語派（フィンランド語などが属する）に対して、**ラトビア語とリトアニア語はインド・ヨーロッパ語族ケルト語派に属している。**エストニアとラトビアはキリスト教徒が25〜35％程度で福音ルーテル派や正教が比較的多いのに対して、**リトアニアは８割がカトリックである。**

三国の文化は異なるが、三国とも18世紀に国土の大部分がロシア帝国領となり、1920年にソ連より独立するも1940年に再び併合される。1991年にロシアから独立し、三国で歩調を合わせ、EUやNATOに加盟した。

ロシア系住民（ロシア、ウクライナ、ベラルーシなど）は、リトアニアでは人口の約5％と多くないが、エストニアでは約30％、ラトビアでは約40％となっている。エストニア、ラトビアでは、それぞれの国の言語で国をまとめていくという政策から、ロシア語に強いアイデンティティをもつロシア系住民がそれぞれの国の国籍がとりにくく、これにより国民としての権利や便宜が受けられないといった問題が生じている。それぞれの国の国民としてのアイデンティティと出身の国のアイデンティティとぶつかる問題であるが、ロシアに併合されていたという歴史的なことと絡み合い、複雑な問題となっている。しかし、三国ともロシアとは良好な関係を保ちながらも一線を画している。

外交官・杉原《すぎはら》千畝《ちうね》の活躍

リトアニアと日本との関係で注目されるのは、1939～1940年にかけてリトアニアのカナウス（当時の暫定首都）領事館に副領事として赴任していた杉原《すぎはら》千畝《ちうね》の活躍である。

当時、ナチス・ドイツによるユダヤ人迫害が激しくなり、多くのユダヤ人がポーランド（ドイツに分割）などから命からがらリトアニアへ逃れてきた。当時のヨーロッパにはユダヤ人が安心して住める場所はすでになく、シベリアを経由して日本に渡り、そこから第三国（主にアメリカなど）に逃れる方法が、唯一残された希望であった。

当時、日本とドイツは同盟関係にあったため、日本の外務省は正規の手続きができない者にビザ（入国査証）を出すことは認めなかったが、杉浦は外務省の意向に反し、「命のビザ」とよばれる日本通過ビザを彼らに発行したのである。その数は6500にも達した。その後リトアニアはソ連に併合され、これにより領事館も1940年に閉鎖された。杉原は、終戦後1947年に帰国するものの、独断でビザを発行したことの責任をとらされ外務省から解職される。

しかし、杉原は命を助けたユダヤ人からは感謝され、リトアニアでは杉原の功績が称えられ、カナウスの旧日本領事館に杉原記念館が設立された。首都ビリニュスには「スギハラ通り」と名付けられた通りや、日本からの桜が寄贈された「杉原千畝桜公園」には杉原の母校である早稲田大学が寄贈した「杉原モニュメント」がある。

120年間地図から消えていた国

ポーランド共和国

Republic of Poland

面積	31.3万㎢（日本の約5分の4）
人口	約3,801万（2022年）
言語	ポーランド語
宗教	カトリック

他国に翻弄され続けた国

ポーランドはドイツ、チェコ、スロバキア、ウクライナ、ベルラーシ、リトアニア、そしてリトアニアとの間にはロシアの飛地もあり、バルト海に面しながらも7カ国に取り囲まれるように隣接している。この地理的な位置は、各国との交流を容易にし、国を繁栄させる条件となる反面、さまざまな勢力が入りやすく国の存在を脅かすことにもなる。

１０２５年にポーランド王国が成立し、15〜17世紀には東ヨーロッパの大国となり繁栄した。しかし、18世紀後半にはロシア、プロイセン、オーストリアの3カ国により3度にわたって分割され、国は滅亡した。第一次世界大戦後、約１２０年ぶりに共和国として独立をはたした。１９１８年のことである。この間、世界中に移り住んだポーランド人が祖国愛を失わなかったことが、国を再興させた大きな要因であった。しかしながら、１９３９年にナチス・ドイツ軍によるポーランド侵攻を発端として第二次世界大戦が始まると、

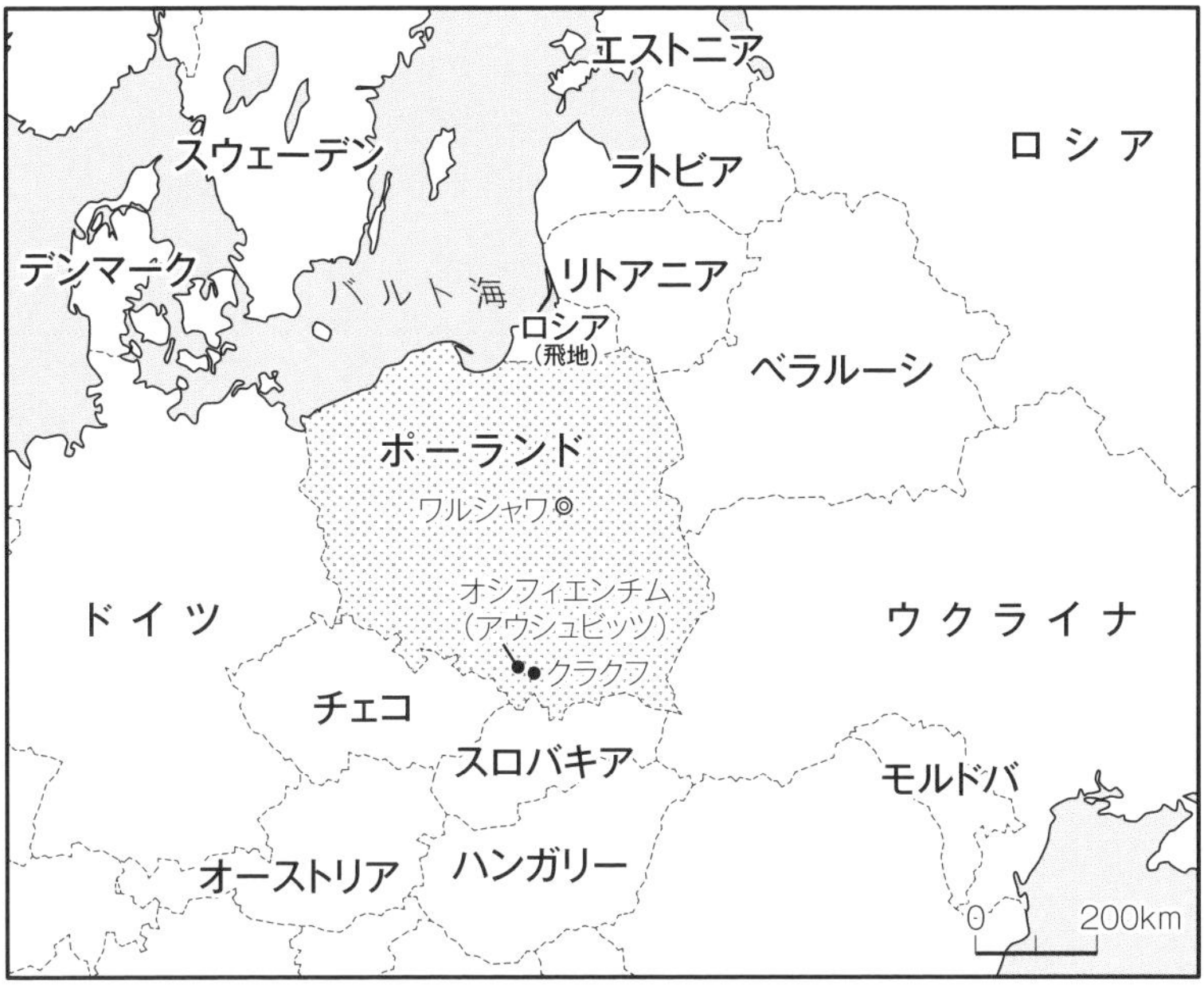

7カ国に囲まれたポーランド

ポーランドはソ連とドイツに分割された。戦禍にも巻き込まれ、人口の約5分の1が死亡した。大戦後ポーランドは復活し、ソ連の影響下で社会主義政権が発足した。なお、この際の国土は戦前より西に移動している（次頁地図）。

社会主義国家ではあったが、自由を求める運動は活発で、1980年には、ハンガリー動乱、プラハの春に続いて、民主化への運動が活発化した。経済混乱による労働者ストが拡大し、スト権と独立自主管理労働組合「連帯」が合法化され、社会主義国としては前例のない権利を獲得した。しかしながら、1981年には軍政となり、1982年には「連帯」は非合法化される。

ソ連でペレストロイカが起こるとポーランドでも民主化運動が活発化した。1989年には復権した「連帯」が国会選挙で圧勝し、東欧革命といわれる東ヨーロッパで初の非共産政権、民主主義国家であるポーランド共和国が誕生したのである。

ポーランドの国土の変遷

その後、ソ連軍の撤退、資本主義への転換、西側資本の導入、**１９９９年ＮＡＴＯ加盟**を経て、アメリカをはじめ西側諸国との関係を強め、**２００４年にはＥＵへの加盟を果たした。**現在はＮＡＴＯの東端に位置し、ロシアおよびロシアと軍事的関係の強い国と接しているため、ロシアが軍事行動を起こすと非常に緊張する国の一つである。

なお、ポーランドは、政治的・軍事的連合のヨーロッパの東端というだけでなく、**キリスト教においても、リトアニア、スロバキアなどともにカトリックの東端**であり、ここより東のヨーロッパ諸国では、ロシア正教などの東方正教の信者が多くなる。

負の世界遺産・アウシュビッツ

第二次世界大戦中、ナチス・ドイツ（1933～1945年のアドルフ・ヒトラー率いるナチ党政権）はヨーロッパのユダヤ人を根絶するという計画を立て、ヨーロッパ最大の強制収容施設を1940年に開設した。**ドイツの収容所であるが、ドイツが占領していたポーランド南部オシフィエンチム（ドイツ語名アウシュビッツ）などにあった。**

人種差別の「絶滅政策」（ホロコースト）の象徴ともいえるアウシュビッツでは、収容されたユダヤ人の9割、100万人をこえる人々が、ガス室に入れられたり、伝染病にかかったりするなど劣悪な居住環境のもとで命を失った。

アウシュビッツ強制収容所は、ポーランド第二の都市クラクフ近郊にあり、火葬場、絶滅収容所、強制労働収容所から成る集合体である。1979年に負の文化遺産として、隣村ビルケナウ（ポーランド名ブジェジンカ）のアウシュビッツ第2強制収容所（1942年に開設）とともに世界遺産として登録された。現在の登録名は、「アウシュビッツ・ビルケナウ――ナチス・ドイツの強制絶滅収容所」である。

現在、アウシュビッツ強制収容所は博物館となり、ポーランドの主要な観光資源の一つとなっている。このことも、他国に翻弄された歴史の一つとみることもできよう。

農業は盛んだが土地生産は低い

アウシュビッツへの観光拠点となる都市クラクフは、17世紀初頭まで首都であり、歴代の王の居城「ヴァヴェル城」や石畳の広場がある旧市街など、歴史を感じさせる美しい都市である。

他方、ポーランドはスラブ語で「平原」を意味するように、**国土の大部分が平原地帯**である。国土の4割近くが農地であり、ライ麦、リンゴ、テンサイなどの栽培が盛んで生産量も多い。

しかし、氷河時代に大陸氷河で覆われていた国土は、湿地や湖沼が広がり、土地がやせていて農業にはあまり向かない。それに加え、冷涼な気候のために寒さに強い作物の生産に限られ、社会主義時代から零細な個人農を中心として農業経営が行われてきた。そのため、現在でも小農家が多く、土地生産性が低いことが課題となっている。外国資本の導入などにより農業の再生が試みられ、EU諸国向けの有機栽培などが行われている。

また、石炭や銀などの鉱山資源にも恵まれている。石炭を基盤とする重化学工業を中心とした工業開発が進められたが、EUに加盟後は外国企業の進出も増え、自動車や電子機器の生産も行っている。

貿易としてはドイツとの関係が強く、**輸入、輸出ともドイツとの額が突出して大きい**。このように、ポーランドからみれば、ドイツとは歴史的にも経済的にも、良きにつけ、悪しきにつけ、強い関係をもち続けているといえる。

中央ヨーロッパのアジア系国家

ハンガリー

Hungary

「侵攻を受けやすい」のは地形が原因だった!?

ハンガリー人（マジャル人、またはマジャール人）の祖先は、もともとウラル山脈付近に居住していたが、9世紀頃に西へ移動してきた。10世紀半ばにキリスト教を受け入れ、当時の王、イシュトヴァーン1世は、ローマ教皇からハンガリー王の戴冠を受け、1000年にハンガリー王国が成立した。

アジア系のマジャル人とはいえ、隣接するゲルマン系やスラブ系、トルコ系、そのほかの民族とも混じっている。それは、ハンガリーの周囲には、オーストリア、ポーランド、ルーマニア、トルコなどが位置し、それらとの国境は頻繁に変更されてきたことにもよる。

オスマン帝国のヨーロッパ侵攻（16〜17世紀）で、ハンガリーは領土を失い、最終的にハプスブルク家の支配下になった。1867年にはオーストリア＝ハンガリー帝国が成立したものの、第二次世界大戦後は共産圏ブロックに入った。

面積 約9.3万㎢（日本の約4分の1）
人口 971.0万（2021年）
言語 ハンガリー語
宗教 カトリック、カルヴァン派

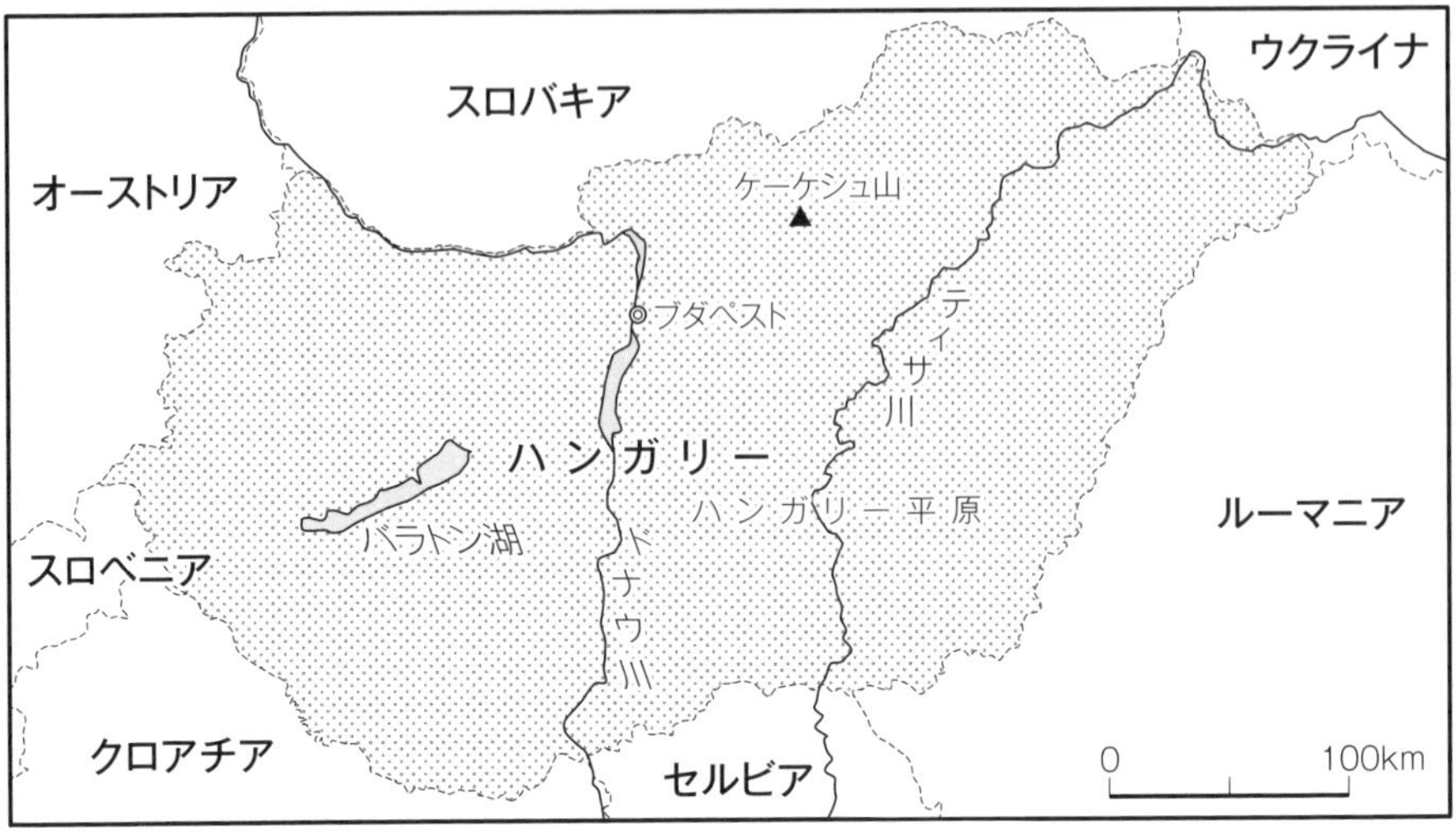

平坦なハンガリー平原で隣国と接するハンガリーの地形

1989年、ハンガリーは当時進めていた民主化運動の一環で、オーストリアとの国境を開放した。その直後から、西ドイツへの亡命を求める東ドイツ国民がハンガリーに殺到した。これは、ベルリンの壁崩壊へ、さらには東欧革命に至る一連の民主化への契機となったイベントである。

こうしたハンガリーで生じた一連のイベントの背景には、ハンガリーの地理的位置のほかに地形がある。平地と丘陵地が卓越する地形は、**他国との障壁が低く、国境の頻繁な変更をもたらしてきた。**ちなみに、国内最高地点は、国土北部のマートラ山地にあるケーケシュ山（1014m）である。

ブダペストはなぜ「ドナウの真珠」とよばれる？

ブダペスト（ハンガリー語ではブダペシュト）は、ドナウ川を挟んで西岸のブダと東岸のペストとが、19世紀後半に合併してできた地名である。オーストリア＝ハンガリー帝国のハンガリー側の首都となったブダペストは、王宮のあったブダ地区と、商業的色彩の強かったペスト地区ともに、さまざまな機能を含みながら発展していった。

ペスト地区では、ドナウ川沿岸に国会議事堂、中心広場の近隣にさまざまな劇場、鉄道駅などが整備され、首都の政治的・文化的機能を高めた。ブダ地区の荘厳な王宮やマーチャーシュ教会も含めて、ドナウ川の沿岸都市が真珠のように輝いたのである。

ペスト地区とブダ地区との交流のために、恒久的な橋が必要とされた。セーチェーニ鎖橋《くさりばし》（あるいは単に鎖橋）は、ドナウ川に架かる最初の恒常的な橋であり、1849年にブダ地区とペスト地区が結ばれた。そのほか、オーストリア＝ハンガリー帝国王妃、エリザベート（エルジェベート）の名前をとった橋も1903年に完成している。しかし、多くのドナウ川の架橋《かきょう》と同様に、第二次世界大戦で破壊され、エルジェベート橋は1964年に再建されている。

1989年の東欧革命以後、ハンガリーでは、鉄道などのインフラ整備、市街地の再整備などが急速に進んだ。西ヨーロッパやその他の地域から、ブダペストを中心に観光客が季節を問わず多く訪れている。

その100年前の1896年、ブダペストにヨーロッパ大陸初の地下鉄が開通した。当時のヨーロッパではロンドンに次ぐ早さである。当初整備予定であった路面電車に代わって地下鉄が導入された。

ペスト地区の中心部から北東に伸びる、劇場や高級ブティックが立ち並ぶアンドラーシ通りの地下の浅いところを、レトロな列車が走る。現在、ブダペストには4路線の地下鉄が走るが、この最古の路線は1号線である。クラシックな駅構内の建築様式もあり、地上のアンドラーシ通りとともに、ユネスコ世界遺産に登録されている地下鉄である。

ロシアと欧州の境界に位置する国

ウクライナ

Ukraine

″ウクライナの悲劇″の根源は、地理的条件にある

ウクライナは、ヨーロッパの東部に位置している。黒海《こっかい》に面しているが、内陸国としても性格づけられる。その周囲は、時計回りに、北から東はロシアに、黒海を挟んでトルコ、南西はモルドバとルーマニアに、西はハンガリー、スロバキア、ポーランドに、さらに北西はベラルーシに接している。

なかでも、歴史的に東のロシア、西のドイツとオーストリアという大国に囲まれる位置関係は、激動のウクライナ史に大きく影響してきた。こうした性格は、同じような位置条件をもつ、ポーランドやルーマニアなど、いわゆる東ヨーロッパ諸国と同様で、常にそれらの大国の動向と運命をともにしてきたともいえる。

複数の大国に囲まれた位置のもと、ウクライナは、しばしば戦争の舞台になってきた。また、黒海に注ぐドニエプル川などの大河川はあるものの、山脈という自然の障壁がないために、民族移動や争いが頻繁に行われてきた。

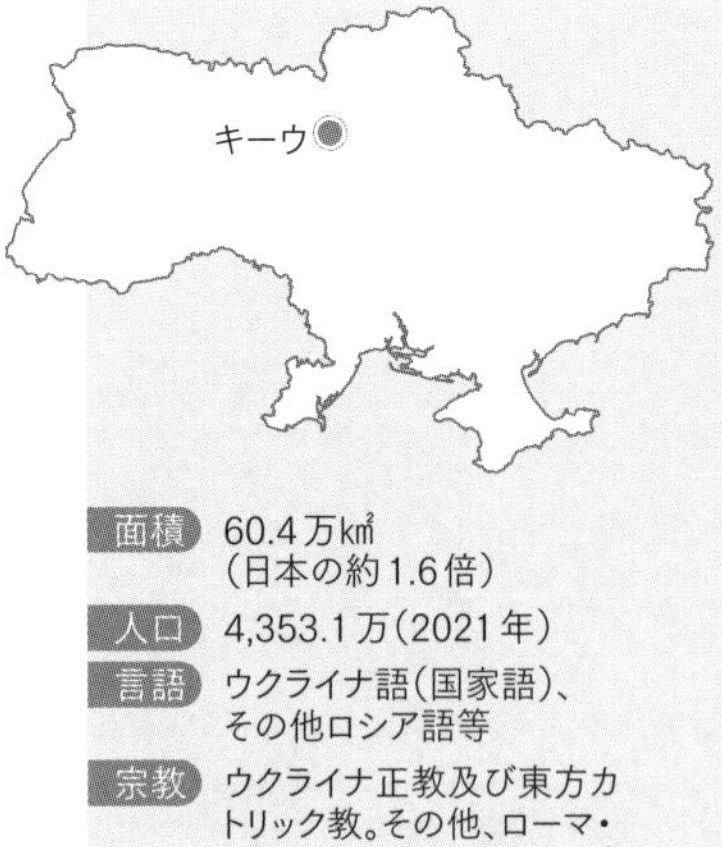

面積	60.4万㎢ (日本の約1.6倍)
人口	4,353.1万(2021年)
言語	ウクライナ語(国家語)、 その他ロシア語等
宗教	ウクライナ正教及び東方カトリック教。その他、ローマ・カトリック教、イスラム、ユダヤ教等

紀元前から紀元後はスキタイ人が支配していたが、3世紀以降はドイツ系の東ゴート族やフン族が侵入した。9世紀末にキエフ大公国（キエフ・ルーシ）が誕生し、その際に、キリスト教化されている。

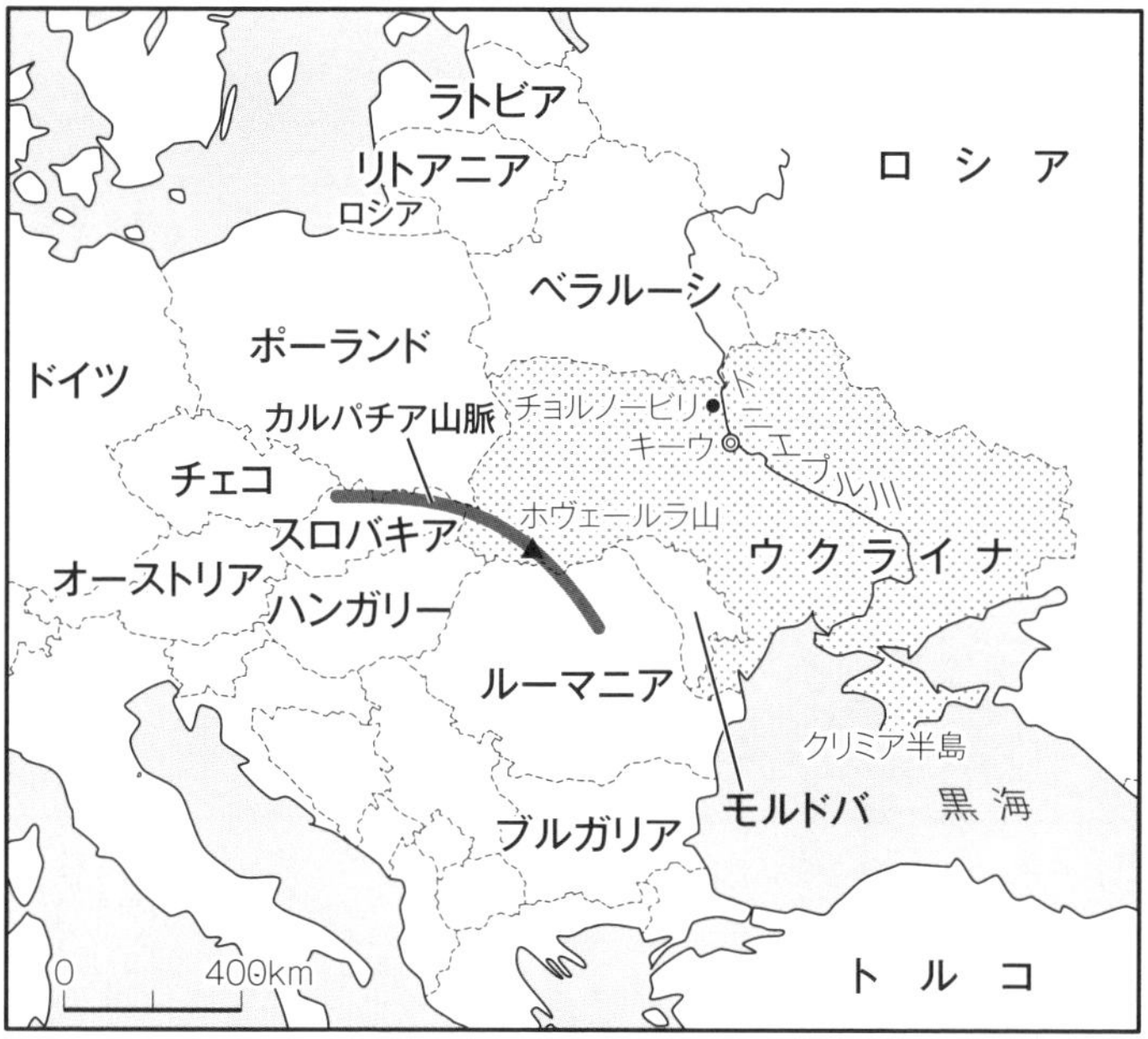

ウクライナと周辺国

14世紀末、キエフ大公国が衰退すると、その後は周囲の国々によるパワーバランスの支配下におかれた。当時は、東はモンゴル帝国、西はリトアニアとポーランド、ハンガリー、モルドバであったが、その後、東はロシア、西はポーランドに支配された。

18世紀から19世紀にかけては、ロシア、ドイツ、オーストリアの影響下に入り、第二次世界大戦後はソ連に編入された。ペレストロイカ後、1991年に独立を果たした。独立後は、「CIS」（独立国家共同体）の加盟国であった。しかし、後述のように**2014年のロシアによるクリミア自治共和国の一方的編入で、ロシアとの関係は悪化し、同年にCIS脱退を表明した。**

ウクライナの主要言語は、ウクライナ語で唯一の公用語である。スラブ系の言語であり、共通性の高い他言語は、ベラルーシ語やポーランド語である。

しかし、ロシア帝国時代やソ連時代には、ロシア語がウクライナの事実上の公用語とされてきた。こうした経緯や、現在国内に居住するロシア系住民（割合は20％弱）からは、ロシア語の第二公用語化を求める動きもある。

広大で肥沃な平原――国土の7割以上が農地

ウクライナは、日本の約1・6倍の広い国土をもつ。その大部分は、東ヨーロッパ平原で占められる。**肥沃な平原と丘陵が大部分であるが、国土の7割以上が農地**である。南西端には、カルパチア山脈が走り、国の最高峰ホヴェールラ山（標高2061m）がある。

自然景観は、国土の北西から南東に向かって、森林、森林ステップ、ステップへと移行する。このうち、ドニエプル川流域のステップが肥沃な黒土（チェルノーゼム）をもつ地域で、世界有数の穀倉とも性格づけられる。**降水量が少なく、小麦の冬栽培に適している。**

黒海に突き出したクリミア半島では、地中海性気候のように、冬は温暖で、夏は暑くて乾燥した特徴があらわれる。

ここは19世紀半ばに「クリミア戦争」の舞台になった。さらに、2014年、半島の大部分を占め、またロシア人が多いクリミア自治共和国を、同国の国民投票の結果をもとにロシアが編入した。それによってロシアとの関係が悪化し、緊張関係が続く中、2022年2月、ロシアはウクライナに対する軍事侵攻を開始した。

「緑の都キーウ」——キエフからの名称変更

ウクライナの首都キーウは、国土のほぼ中央に位置する。これまで長らくロシア語呼称の「キエフ」が使用されてきたが、ウクライナ語の発音に近い「キーウ」への変更が世界的に生じ、2022年、日本の外務省も表記をキーウに改めた。

キーウは、ドニエプル川沿いに立地し、中心市街地は右岸の高台にある。人口は約300万で、その規模からみるとヨーロッパ有数の大都市である。都市の発展基盤で重要な点は河川交通であり、ドニエプル川の水運で黒海に出ることができる。

キエフ大公国の成立時に、キーウが首都となった。この時代に建造された、聖ソフィア大聖堂とキエフ・ペチェールシク大修道院は、ユネスコの世界遺産に登録されている。その後キーウは、隣接諸国の支配下におかれたが、1991年のソ連崩壊とともに、独立したウクライナの首都となった。

空中写真でキーウを見ると、森林が多いことがわかる。市街地には公園が多く、ドニエプル川沿いにも森林が分布しており「緑の都」とよばれる。しかし、2022年のロシアのウクライナ侵攻で、キーウも一時戦闘の舞台となった。

ロシアから欧州へ「天然ガス・パイプライン」

ウクライナの南東部では、石炭や鉄鉱石が豊富に産出される。旧ソ連時代には、ウクライナは鉄鉱石の約50%、石炭の30%を生産していた。これに基づいた鉄鋼業が、国土東部で発展している。

一方、石油や天然ガスは、ロシアやトルクメニスタンからの輸入に大きく依存している。また、ロシアの天然ガスはヨーロッパ各国に輸出されているが、そのパイプラインの路線のいくつかは、ウクライナを通過している。2022年のロシアの軍事侵攻で、ヨーロッパ各国はこのパイプラインを利用した天然ガス輸入を大きく減少させている。

「チョルノービリ（チェルノブイリ）原子力発電所」のある町は今……

チェルノブイリは、国土の北部に位置する都市で、ベラルーシとの国境まで10km程度と近い。チェルノブイリはロシア語読みの地名で、日本の外務省は2022年3月に、ウクライナ語由来の「チョルノービリ」に呼称変更した。

ウクライナ北部に、プリピャチと呼ばれる、ベラルーシとの国境まで10km程度と近い都市が存在した。ここに、ウクライナ初の原子力発電所が整備され、隣接する都市名のチェルノブイリが付された。プリピャチは、発電所従業員等が居住する計画都市で、事故当時は5万人弱が居住していた。

1986年4月26日、原子力発電所4号炉で事故がおこり、結果的に放射性物質が大気中に放出された。

プリピャチでは、住民は全て避難・移住し、現在は無人となっている。発電所の残りの炉は、2000年までに運転停止され、4号炉は石棺でおおわれた。

ボルシチはロシア料理？

日本では、ボルシチはロシア料理とイメージされているが、実はウクライナ料理である。ウクライナに来るロシア人の多くが、本格的なボルシチを味わうことを楽しみにしているという。

ボルシチの素材は地域によって異なる。地域ごとに出汁材料（牛、豚、鶏の肉と骨）に多様なバリエーションがあるが、いずれもスメタナ（サワークリーム）を混ぜて食べることと、主材料にテーブルビート（ビーツ）を使用している点は共通している。夏には「冷やしボルシチ」も食される。

ウクライナの代表的な料理には、「ヴァレーニキ」（ウクライナの水餃子）もある。小麦粉に卵や水を加えて薄くのばしてつくった皮で、肉やキノコ、キャベツ、ジャガイモなどの具を包み、それを沸騰したお湯で茹でる。具としてイチゴなどを入れるデザートヴァレーニキもある。いずれにしてもスメタナをかけて食べる。

ヨーロッパとアジアにまたがる世界最大面積の国

ロシア連邦

Russian Federation

面積	1,709.8万㎢（日本の約45倍、米国の2倍近く）
人口	1億4,510.3万（2021年）
言語	ロシア語
宗教	ロシア正教、イスラム、仏教、ユダヤ教等

世界の8分の1の面積を占める国

面積は日本の45倍、国内の時差は10時間

ロシア連邦は、ヨーロッパからアジアにまたがる広大な領域をもち、東西1万１０００㎞、南北は４５００㎞におよぶ。国土面積は約１７００万㎢で、日本の45倍にも達し、**世界の8分の1を占める世界最大の国**である。西端の東経20度から東端の西経１７０度まで及ぶため、11の標準時が設けられ、10時間も時差がある。

国土の大部分は、北緯40~70度といった高緯度に偏っているため、黒海沿岸の温帯から北極海沿岸の寒帯まであるが、全般的に冬の寒さが厳しい。また、気温の日較差と年較差が大きく、降水量や湿度が比較的小さいという大陸性気候の特徴がよくあらわれている。

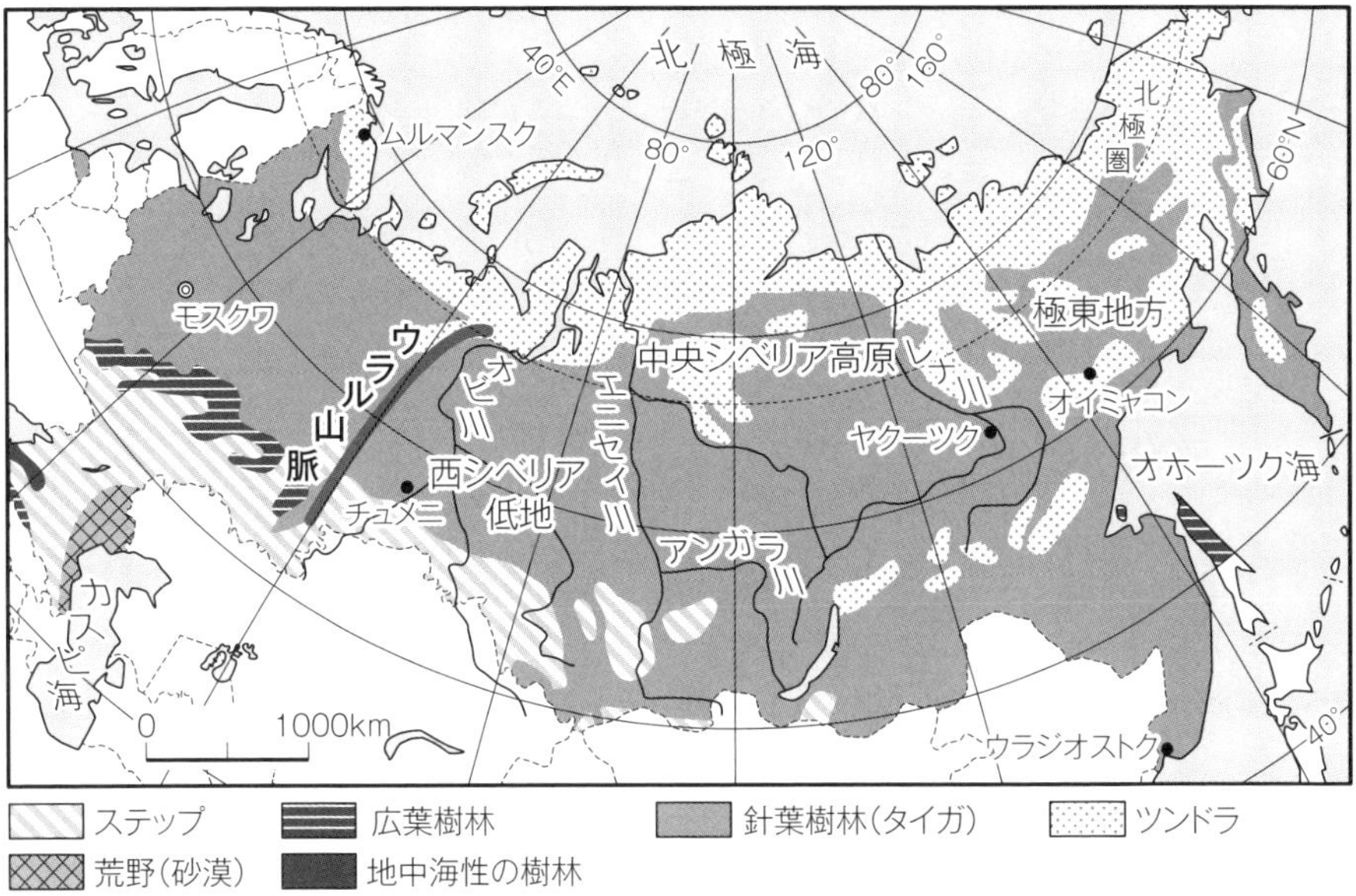

（Bol'shoy Atlas Rossii 2005 ほかより作成）

ロシアの植生

河川や沿岸は冬に凍結し、200日以上も氷に閉ざされるところもある。氷結しないのは、北大西洋海流の影響を受けるコラ半島のムルマンスク付近と黒海沿岸地域だけである。

植生は、気候と連動して緯度と平行に特徴があらわれる。北極海沿岸には夏に蘚苔類《せんたいるい》や地衣類《ちいるい》が生育するツンドラ、南に行くにつれて、針葉樹林（タイガ）、広葉樹林、さらには短い草地のステップ、砂漠へと移り変わる。

ステップは、ヨーロッパ・ロシア南部からシベリア南部にかけて広がる。ここは、**「チェルノーゼム」と呼ばれる有機質に富む肥沃な黒色土が分布**し、小麦栽培を中心に旧ソ連の穀倉地帯を形成してきた地域である。

ソ連からロシア連邦へ
——受け継がれた多民族国家

かつてのソビエト社会主義共和国連邦は、15の主要民族がそれぞれの民族名をもつ社会主義共和国を組織し、それらが連邦を構成していた。民族構成をみるとロシア人が半数を超え、これにウクライナ人の2割弱で続いていた。これ以外はいずれも5％未満で、白ロシア人、アジア系のウズベク人、タタール人、カザフ人、キルギス人などであった。15の社会主義共和国以外の民族は、自治共和国、自治州、民族管区に編成され、少数民族の自治が保証されていたのである。

１９８０年代半ばに成立したゴルバチョフ政権は、ソ連の改革（ペレストロイカ）を進めた。さらに「マルタ会談」（１９８９年）で冷戦を終結、軍事費の削減に努めた。さらに共産党の一党独裁を放棄、共和国への権限移譲、国営企業の独立採算制の導入、市場経済の導入などの新しい政策を打ち出した。

しかし、計画経済から市場経済への転換はつまずき、逆に経済の混乱をもたらした。同時に、共産党の中央統制が緩み、各共和国の民族運動が激化し、ソ連崩壊の道をたどることになった。

まず、リトアニア、ラトビア、エストニアのバルト三国で分離独立運動が急速に高まった。いずれも旧ロシア帝国の支配下におかれた歴史的な共通点をもっていた。バルト三国の独立運動はソ連内のほかの共和国の自治権拡大運動を刺激した。**1991年9月にはバルト三国が独立、12月にはロシア連邦をはじめとするほかの共和国も独立して、世界最大の社会主義国家は解体・消滅することになった。**

ロシア連邦もまた、ソ連と同様に多民族国家である。スラブ系のロシア人がおよそ8割を占めるが、ウクライナ人やモンゴル系など１００以上の民族からなる。少数民族は連邦内に共和国・自治州・自治管区をつくっている。ソ連の崩壊期に各共和国で生じたように、ロシア連邦内の共和国でも独立への動きがみられる。

北カフカスの小国チェチェン共和国では、独立をめざす動きに反対するロシア軍との間で、戦闘が繰り広げられた。チェチェン共和国の独立を認めると、旧ソ連崩壊と同じようにロシア連邦崩壊につながることを恐れ、ロシア連邦側も強硬であり、紛争が続いている。

同様の動きは、ジョージアでも見られる。また、ロシアは、ソ連から独立した国への侵攻も進めている。黒海のクリミア半島を、2014年に不法に「編入」した。

ウクライナ南東部では、ロシア系住民が卓越するドネツクおよびルガンスク人民共和国が2014年に一方的に独立を宣言した。2022年、ロシアはウクライナに侵攻すると住民投票の結果を受けてこの地域を含む4つの州を併合宣言した（同月9月）。ただし、多くの国連加盟国は、両国家の独立も、4州のロシアへの併合も認めていない。

計画経済はなぜ産業をダメにしたのか？

農産物の輸入国から世界最大の小麦輸出国へ

ソ連時代には、かつてロシア帝国時代に存在した大農場が解体され、平均で2万ha弱の国営農場と、その半分程度の規模の集団農場ができ、農業の集団化が進められた。集団化によって、大規模機械化農業のもと計画的な生産が可能になったが、自主性が認められないことで、農民の生産意欲減退などの問題が起きた。また天候不順などの影響も受け、ついには農産物の輸入国となった。

ペレストロイカ（1980年代後半の改革）以後、農場の大半は、株式会社や生産組合などへと私有化されたが、その多くは看板を掛け替えただけで、実質的には大きな違いはなく、1990年代半ばまで農業生産は減少した。

現在では農業企業が穀物やテンサイ、ヒマワリといった商品性の高い畑作物の大規模生産を担っている。それは、黒色土地帯、とくに国土の南西部でみられる。とくに、**小麦については、世界最大の輸出国となり、中東や北アフリカへと移出される。**また、**食肉生産量が増えるなど、畜産も成長部門**である。

一方で、住民の個人副業が、ダーチャ（菜園付きセカンドハウス）などでなされており、ジャガイモなどの農産物生産において非常に大きな役割を担っている。

重工業開発の表と裏

ソ連時代は、中央集権化された計画経済のもとに、重工業の発展政策が進められてきた。豊富な鉱産資源を合理的・総合的に結合し、生産性の高いコンビナート方式の工業地域が開発され、1960年代までは、工業は順調な発展を続けた。

重化学工業の発展は順調であったが、消費財部門の生産は遅れ、国民の生活必需品は不足した。また、計画経済による硬直化した経済は、品質向上や技術革新を妨げた。石油危機以後、西側諸国では、鉄鋼を中心とする重厚長大産業から、エレクトロニクス技術を中心とする軽薄短小型産業への転換が進んだが、ソ連ではその動きに取り残されることになった。

その後、ペレストロイカにより市場経済が導入されたが、当初は混乱し、物不足も進んで市民生活も苦しくなった。21世紀に入ると経済特区を設置して国内工業政策がとられるようになった。

軍需産業は、ソ連時代と同様に現在でもロシアで重要な位置づけにある。また、**ソ連時代に世界初の有人宇宙飛行を実現させた宇宙開発の技術レベルも高い。**

豊富な地下資源に基づく鉱業は、原油や天然ガスといった資源価格の高騰をうけて比較的順調である。これによる財政的余裕を、特区に集中投資して、外貨も利用しつつ、製造業やハイテク産業発展につなげようとしている。しかし、ウクライナへの侵攻によって、EUをはじめとする主要な資源供給先を失う状況になっている。

眠れる資源の大地——シベリア開発はどうなっている？

シベリアとはどんなところか？

シベリアは、ウラル山脈以東に広がる地域である。西から、**西シベリア低地、中央シベリア高原、**山地帯が多い**極東地方**の3地域に区分される。

シベリアを流れる河川の多くは、北流して北極海に注ぐ。冬季の6～7カ月間は凍結し、船での航行はできないが、平坦なそり道として使われる。**短い夏の期間には、北極海の沿岸航路とともに重要な交通路となる。**シベリアの重要な都市が河川沿いやシベリア鉄道沿いにあるのもこのためである。

西シベリア低地は、大部分がタイガ（亜寒帯の針葉樹林）におおわれた標高200m以下の広大な平野で、沼や湿地が多く、泥炭地が広がっている。中央シベリア高原は、ほとんど1000m以下の台地で、西シベリアよりもさらに大陸的な気候で、特に冬の寒さは厳しい。夏は20℃を超える日があるが、冬の平均気温はマイナス40℃以下となることもある。

シベリアにはブリヤート、ヤクート（自称サハ）、ネネツ、エヴェンキ（ツングース）など27の先住民族が住み、共和国や自治管区を形成している。

エヴェンキ人は東シベリアの広い地域に居住する先住民で、日本では「北方ツングース」として知られる。彼らは東シベリアのタイガで、狩猟・漁労《ぎょろう》とトナカイ飼育を組み合わせて生業としてきた。トナカイは、もともと人や荷物を運ぶ役畜として飼育されていたが、現在では肉や皮をとるために遊牧している。

レナ川流域に居住するヤクート人は、狩猟・漁労のほかに、夏はテントで生活して馬や牛、ときにはトナカイを遊牧していた。しかし、ロシア人の進出により、鉱山・建設労働者が増加すると、都市周辺では穀物や野菜を栽培したり、新しく工場労働者として働いたりする者も増えている。

鉱産・林産・水力資源――開発の最大の障害は？

シベリアは、鉱産・林産・水力資源など豊かな資源に恵まれた地域である。しかし、帝政ロシア時代は「流刑の地」であり、1904年のシベリア鉄道開通以降に、開発が進められた。

シベリア鉄道は、当時のロシアのみならず、その後のソ連、さらには世界の政治・経済・軍事にとって重要な路線であった。モスクワからウラジオストク間の9297kmにおよび、その間の列車移動は現在でも約7日を要する。

シベリアの本格的な開発は、1950年代末以降である。西シベリア（チュメニ）油田の開発、エニセイ川・アンガラ川の巨大な水力発電所建設、林産資源の開発など、数カ所に工業地域を設定して工業化を進めてきた。ソ連崩壊後は、資源価格の高騰により、シベリアの鉱業は持ち直しつつある。

1984年に完成したバム鉄道（バイカル・アムール鉄道）は、第二のシベリア鉄道と呼ばれ、工業化を加速させた。今日、アジアとヨーロッパを結ぶ物資の輸送路線として航路のほかに陸路での輸送も注目されているが、その中でバム鉄道は補完路線としての重要性を高めている。しかし、シベリア開発の最大の障害は、労働力不足と消費地であるヨーロッパロシアからの遠隔性である。高賃金が保証されるものの、厳しい自然環境の中で生活するための社会的インフラが十分とはいえない。

日本とロシアを結びつける島、対立させる島

ロシアの「極東開発プロジェクト」

北海道の漁港には、ロシアの漁船が岸壁に横付けされ、カニ、エビ、ウニなどの魚介類が水揚げされている。**ロシアからの水産物の輸入は、天然ガス、石炭、原油などの鉱物資源に次いで重要である。**

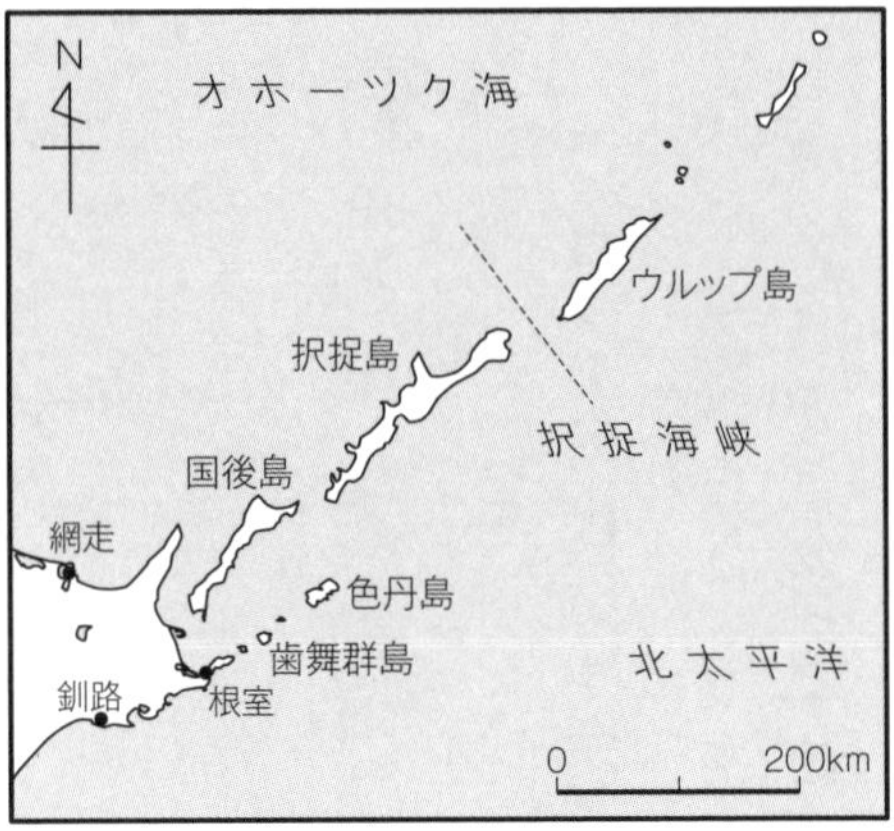

北方領土（北方４島）

逆に、北海道や新潟から、日本の中古車や機械、食料品が積み込まれる。北方四島やロシア極東地域には日本の商品が目立っている。

１９９０年代半ば以降、サハリンでの開発に日本も深く関係している。ロシアでは、極東地方の経済的遅れが目立っていたが、日本をはじめとする外国資本が主導した「サハリンプロジェクト」で、**サハリンでの原油・天然ガスの開発**が進行しつつある。

２０００年代に入ると、サハリン北部で事業化が実現し、国内向けにまた輸出向けに原油・天然ガスが生産されている。

日本の自動車産業のロシア進出も目立っているが、その工場立地の中心はヨーロッパロシアで、特にサンクトペテルブルクに集中している。日本車の品質が高く評価されてきたが、２０２２年のウクライナ侵攻で撤退するメーカーもみられる。

「北方領土」はなぜロシアに占領されたままなのか？

第二次世界大戦後、**歯舞群島《はぼまいぐんとう》、色丹島《しこたんとう》、国後島《くなしりとう》、択捉島《えとろふとう》のいわゆる北方領土は、旧ソ連、そしてロシア連邦に占領されたままである。**日本政府は、日本固有の領土として返還を求めている。もちろん、豊富な漁業資源の宝庫としても重要である。

北方領土問題の経緯

1855年	日露和親条約により国境をウルップ島と択捉島の中間に定め、樺太を雑居地と決める。
1875年	樺太・千島交換条約で、樺太全島がロシア領、千島全島が日本領と定められる。
1905年	ポーツマス条約で、ロシアは樺太の北緯50度以南を日本へ永遠に譲渡する。
1945年	ヤルタ協定で、ソ連参戦の代償として、南樺太・千島列島がソ連に引き渡されることを決定（日本は、これは連合国の秘密協定で拘束されないと主張）。ポツダム宣言で、日本の主権を本州、北海道、九州、四国および連合国の決定する諸小島に限定（日本は諸小島については未定であり、最終的には平和条約で決定されるべきだと主張）。
1951年	サンフランシスコ平和条約で、日本は千島列島と南樺太などを放棄（日本は、北方領土はこれらの範囲に含まれないと主張）。
1956年	日ソ共同宣言で国交を回復。ソ連は日ソ平和条約締結後、歯舞群島、色丹島の返還を約す。

北方領土問題の経緯は表の通りである。１９５６年以降、歴代政府において、ソ連もしくはロシア連邦との間で領土問題がしばしば話題に上るが、いまだ進展せず、ロシアに占領されたままである。

１９９１年４月、当時のゴルバチョフソ連大統領が訪日した際に、**日本と北方４島住民がビザ（査証）なしで交流できることに合意し、翌年より実現した。**４島とは、歯舞群島、色丹島、国後島、択捉島である。「ビザなし交流」では、日本側からは元島民とその家族、領土返還運動者、報道陣などに限られているが、毎年数百人が出かけた。

１９９９年からは、元島民とその家族は「自由訪問」というかたちで訪問が可能になっている。

しかし、２０２２年のウクライナ侵攻を非難する日本に対して、ロシアは「自由訪問」を違法化しようとして、問題解決は暗礁に乗り上げている。

アメリカ合衆国
アラスカ
ユーコン・テリトリーズ
ノースウエスト・テリトリーズ
ヌナブット（テリトリー）
ニューファンドランド
カナダ
❶ニューブランズウィック
❷ノバスコシア
❸プリンスエドワードアイランド
ブリティッシュコロンビア
アルバータ
サスカチュワン
マニトバ
ケベック
オンタリオ
アメリカ合衆国
①メーン
②ニューハンプシャー
③バーモント
④マサチューセッツ
⑤ロードアイランド
⑥コネティカット
⑦ニュージャージー
⑧ペンシルベニア
⑨メリーランド
⑩デラウェア
⑪コロンビア特別区（ワシントン）
⑫ウエストバージニア
⑬インディアナ
〔ハワイ〕
ワシントン
オレゴン
モンタナ
ノースダコタ
ミネソタ
アイダホ
ワイオミング
サウスダコタ
ウィスコンシン
ミシガン
ニューヨーク
カリフォルニア
ネバダ
ユタ
ネブラスカ
アイオワ
イリノイ
オハイオ
コロラド
カンザス
ミズーリ
ケンタッキー
バージニア
ノースカロライナ
アリゾナ
ニューメキシコ
オクラホマ
アーカンソー
テネシー
サウスカロライナ
ミシシッピ
アラバマ
ジョージア
テキサス
ルイジアナ
フロリダ
太字は、本文でとりあげた国
0 1000km

Part 4

「アングロアメリカ」の国々が面白いほどよくわかる！

アングロアメリカの概観

なぜ、移民はアメリカ・カナダを目指すのか

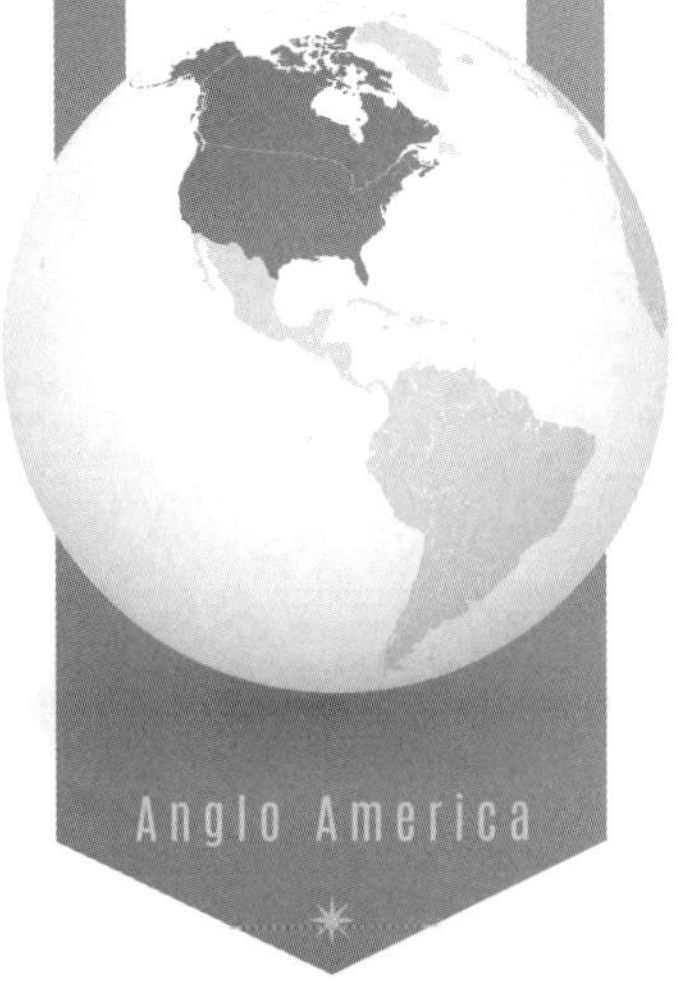

Anglo America

コロンブスの壮大な勘違い！　辿り着いたのは……

1492年、コロンブスによってアメリカ大陸は「発見」された。しかし、コロンブス自身は「新大陸」を「発見」したのだとは思っていなかったらしい。彼は「インド」の西部に到達したと信じていたのだ。当時の世界地図には「アメリカ」は記載されていなかったので、仕方がないのかもしれない。そのため、彼が到達した島々は西インド諸島であり、アメリカの先住民はインディアンになってしまった。もちろん、アメリカの先住民はインディアン（インド人）ではない。通常使っている分にはそれらを混乱することもないと思うが、アメリカの国勢調査ではアメリカン・インディアンと表記し区別している。

アメリカ大陸にはコロンブスの名にちなむいくつもの地名がある。最も有名なものは、首都コロンビア特別区、ワシントン市（ワシントンD.C.。正式名称「コロンビア特別区（District of Columbia）」）といったほうが通りがいいかもしれないが……。

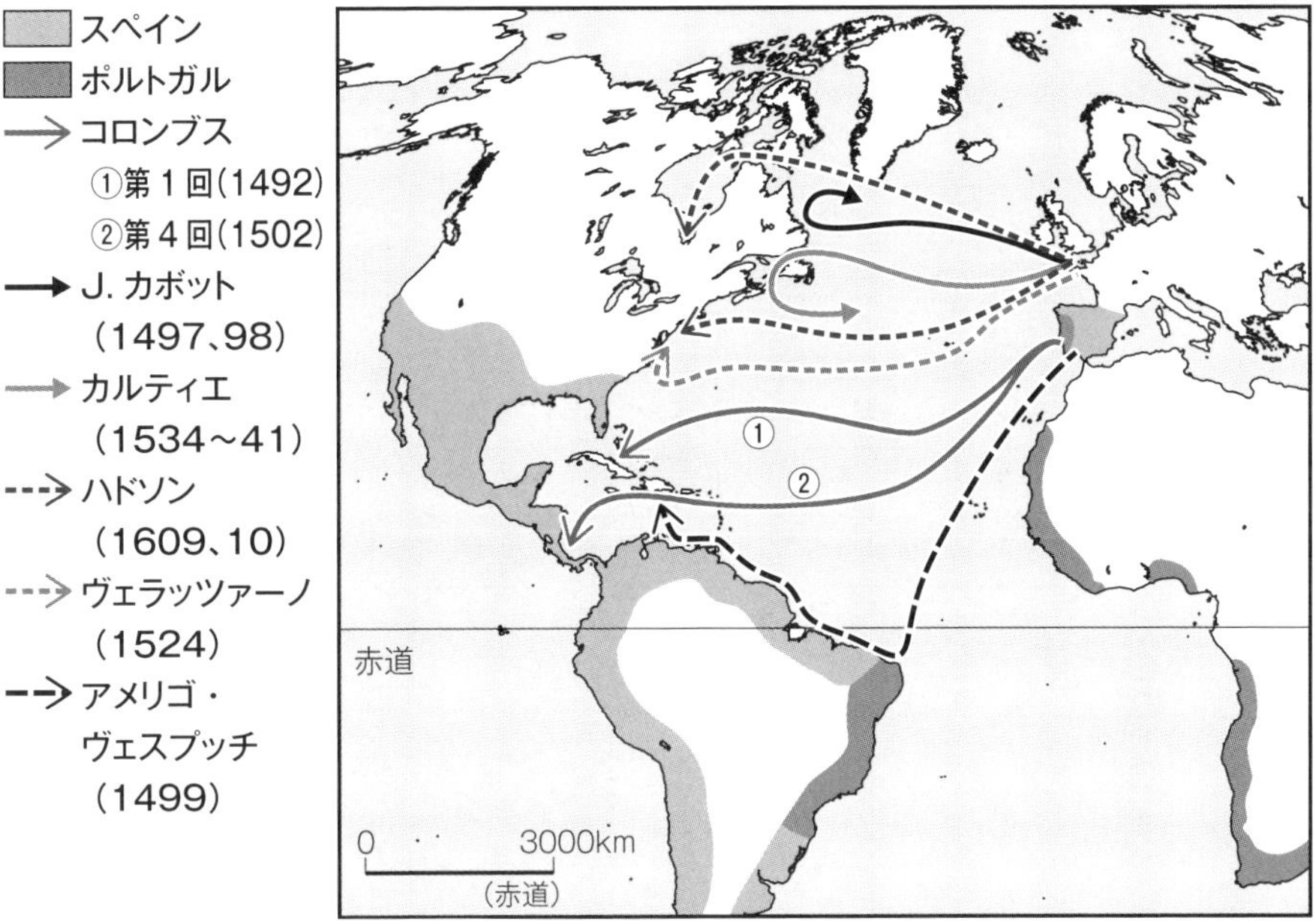

北アメリカの探検

しかし肝心の大陸名はというと、イタリアの探検家アメリゴ・ヴェスプッチに由来する。彼は、南アメリカを複数回にわたって探検し、1503年頃「新世界」という論文を発表する。そこで、アメリカが「大陸」であることを述べたのである。

アメリカ大陸がコロンブスによって「発見」されてから530年。アメリカは世界各地から多くの人々を惹きつけてきた。結果、先住民の子孫であるアメリカン・インディアンは人口の1%にすぎない。一方、この地の多数派は「ヨーロッパ」人の子孫たちである白人で、人口の約75%を占める。

当初はイギリス系の移民が多く、この地域の基礎を作ったことから、「アングロ」アメリカといわれるようになった。しかし現状では、ラテンアメリカ出身者が多いヒスパニック（スペイン語系住民）が約19%にもなる。さらにいわゆる「奴隷」の子孫が中心の黒人が14%。「アングロ」アメリカは変化しているのである。

アメリカへの合法移民（2020年）

単位（人）

ヨーロッパ　合計	**70,284**	カナダ	11,297
イギリス	10,398	**メキシコ**	96,900
ロシア	8,213	**カリブ海諸国**	71,422
ドイツ	4,220	**中央アメリカ**	35,931
フランス	4,212	**南アメリカ**	60,237
イタリア	3,346	**アフリカ　合計**	**76,789**
アジア　合計	**260,706**	エジプト	6,720
インド	44,367	エチオピア	6,468
中国	39,642	南アフリカ	2,927
ベトナム	29,334	**オセアニア　合計**	**4,748**
フィリピン	24,112	オーストラリア	2,843

「2020 Yearbook of Immigration Statistics」による

ビッグテックも大統領も——移民が活躍する社会

アメリカが世界各地から多くの人々を惹きつける理由。それはアメリカのもつ可能性＝アメリカンドリーム＝のなせる業《わざ》なのかもしれない。

ビッグテック（Big Tech＝Alphabet〈Google〉、Amazon、Meta、Apple、Microsoft）はアメリカで創設され、世界を牽引する巨大ＩＴ企業であるが、これらの企業の設立は最近のことである。最も古いアップルですら、その創立は１９７６年。創立から50年にも満たない。

これらの企業の創設者について見てみよう。

グーグルの共同創設者の１人、セルゲイ・ブリンは、ロシア生まれ、両親とともにアメリカにやってきた移民である。現在グーグルの親会社であるアルファベットの最高経営責任者サンダー・ピチャイは、南インド、タミル・ナードゥ州生まれのインド人。アマゾンをつくったジェフ・ベゾスはアメリカ生まれであるが、母親の再婚相手はキューバ移民、ベゾスは義父の姓である。アップルの創設者スティーブ・ジョブズの実の父親はシリア人。フェイスブック（メタ）の共同創設者であるエドゥアルド・サベリン。両親はユダヤ系ブラジル人で彼自身はサンパウロ生まれだ（２０１１年アメリカ国籍を放棄した）。アメリカで最も影響力のある実業家の１人、イーロン・マスク。彼は南アフリカ生まれ。18歳で母親の出身地カナダに移住、その後、奨学金を得てアメリカのペンシルバニア大学で学んだ。

政治の世界でも移民やその子孫が活躍している。アメリカの第44代大統領バラク・オバマの父親はケニアからの留学生であった。クリントン政権（民主党）で商務長官、続いてブッシュ政権（共和党）で運輸長官を歴任したノーマン・ヨシオ・ミネタの両親は日本からの移民。

カナダも同様である。移民の受け入れに寛容な国として知られており、人口の約23％が移民である。彼らはカナダ社会のさまざまな分野で活躍している。第29代首相のジャスティン・トルドーは移民の登用に積極的で閣僚にも任命している。

世界各地から異なる背景をもった人々が集まる北アメリカ。時に緊張をもたらすこともあるが、多様性がこの地域の発展の原動力であり、発展がまた多くの人々を惹きつけている。

日本の25倍の面積！　広大なスケールと多様な気候風土

アメリカ合衆国もカナダも大陸的スケールをもつ国だ。合衆国の国土面積は９８３万㎢、カナダは９９８万㎢。日本の面積は約38万㎢なので、**どちらの国も日本の25倍もの面積の広大な大陸であるがゆえに、**

自然環境もまた多様である。

試みに西経90度線に沿って北から見ていこう。まず北極海諸島沿岸からツンドラ気候の地域が広がる。農耕は不可能であり、狩猟を生業とする極北先住民のイヌイットが居住している。もっとも現在では観光産業や政府機関から収入を得ている先住民も少なくない。

ハドソン湾南部沿岸は、冷帯気候で広大な針葉樹林が広がる。ここには多くの野生動物が生息している。ちなみにカナダで最も長い歴史を誇る企業はハドソン湾会社。１６７０年にこの地でとれる毛皮など独占貿易のためにつくられたイングランドの国策会社がルーツで、現在カナダ唯一のデパートや各地のスーパーなどを経営している。この地はまた、地下資源も豊かで、スペリオル湖周辺では鉄鉱石が採掘され、五大湖沿岸の工業地帯の基盤となった。気候は比較的厳しく冬にウインターストーム（冬の嵐）に襲われることもある。

さらに南下しよう。ミシシッピ川流域の大平原は世界有数の農業地帯である。これを背景としたシカゴの穀物相場は世界経済に大きな影響を与えている。大農業地帯の北部はコーンベルトと呼ばれ飼料作物であるトウモロコシと大豆の耕作と豚などの飼育が盛んである。南部は亜熱帯の気候のもと、かつては黒人奴隷を労働力とした綿花栽培が盛んであったが、現在は大豆を中心に多角的な経営が行われている。この大平原は北極からの寒気団とカリブ海からの暖気団の衝突するところでトルネード（巨大竜巻）がしばしば発生する。

メキシコ湾岸では石油・天然ガスが採掘され、工業化も進んでいる。この付近の気候は日本南部と似ていて温暖であるが、しばしばハリケーンが襲う。

次に北緯40度付近、日本でいえば岩手県や秋田県のあたりを、東から西に見ていこう（A—Bの線）。

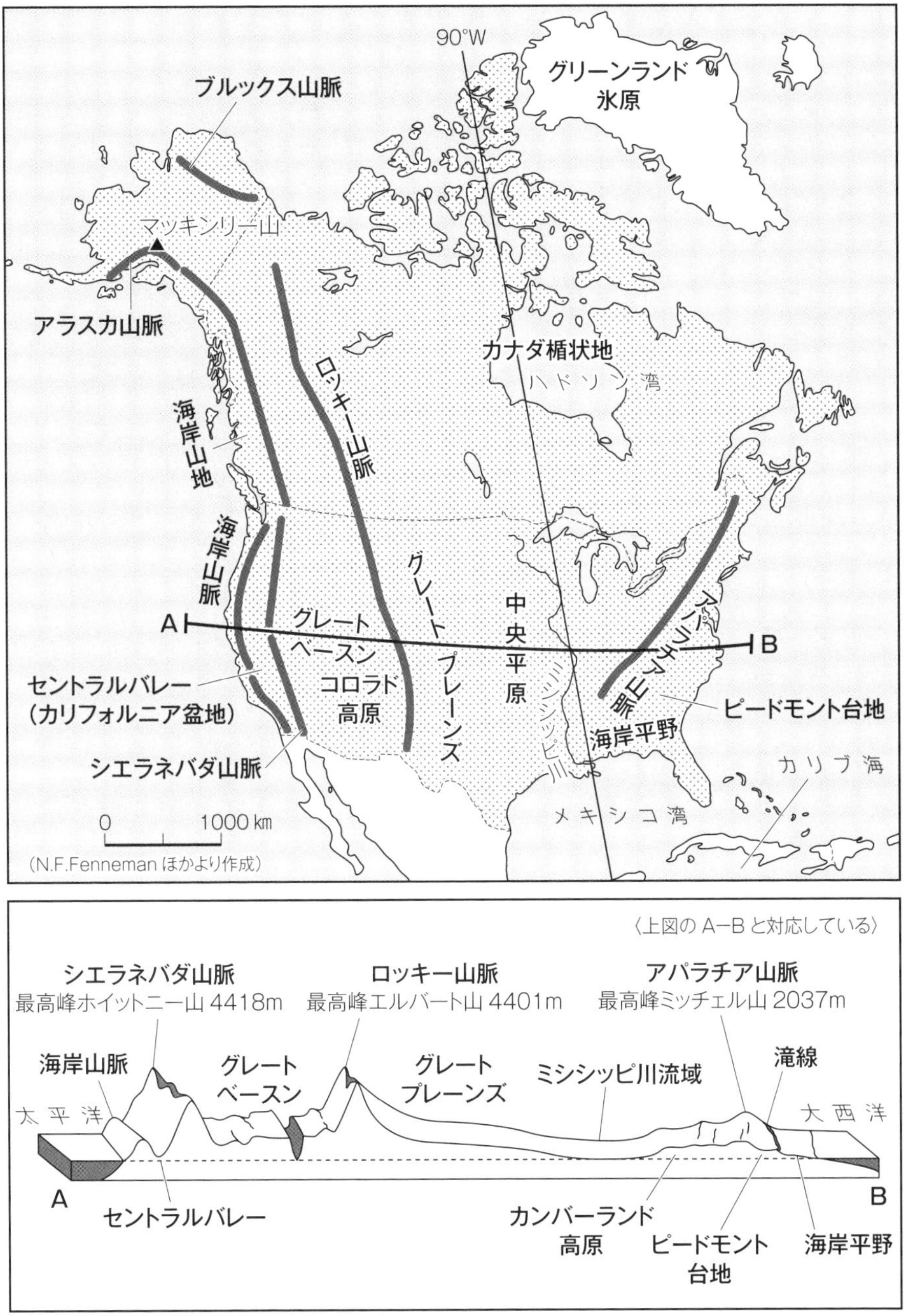
90°W
グリーンランド
氷原
ブルックス山脈
マッキンリー山
アラスカ山脈
カナダ楯状地
ハドソン湾
ロッキー山脈
海岸山地
海岸山脈
グレート
ベースン
グレートプレーンズ
中央平原
コロラド
高原
A
B
アパラチア山脈
セントラルバレー
(カリフォルニア盆地)
ミシシッピ川
ピードモント台地
海岸平野
シエラネバダ山脈
カリブ海
メキシコ湾
0
1000 km
(N.F.Fenneman ほかより作成)
〈上図の A−B と対応している〉
シエラネバダ山脈
最高峰ホイットニー山 4418m
ロッキー山脈
最高峰エルバート山 4401m
アパラチア山脈
最高峰ミッチェル山 2037m
海岸山脈
グレート
ベースン
グレート
プレーンズ
ミシシッピ川流域
滝線
太平洋
大西洋
A
B
セントラルバレー
カンバーランド
高原
ピードモント
台地
海岸平野

アングロアメリカの大地形

大西洋の海岸には、ニューヨークやフィラデルフィアなどの巨大な都市が連なっている。次いでアパラチア山脈がある。山容はなだらかで、高くても2000m程度である。しかし、谷は深く、初期の開拓者はここを越えるのに苦労した。現在でも開発から取り残されている一方、古いアメリカ文化が息づいている地域でもある。

アパラチア山脈を越えると大平原が広がっている。世界有数の農業地帯である。この大平原は西に行くにしたがって降水量が少なくなる。西経100度付近から西側は、19世紀にはアメリカ大砂漠と呼ばれていた。気候的には乾燥しているもののグレートプレーンズの地下にはオガララ帯水層という巨大な「水」があり、この「水」を使った灌漑農地が広がる。

急峻なロッキー山脈は環太平洋造山帯の一部である。日本と同じように火山もあれば、地震も起こる。しかし、地下資源は豊かで、ゴールドラッシュの目的地でもあった。

さらに西に行くと太平洋である。過ごしやすい気候の「西海岸」はアメリカ人にとっても人気の地域である。

ベストもワーストも……「世界一」が多い国

アメリカ合衆国は世界一の超大国だ。近年は中国の台頭が目立つとはいえ、経済の総合力を示すGDP（国内総生産）は世界一を続けており、2位中国の1.5倍（2020年）。1人当たりのGDPではルクセンブルクやスイスといった規模の小さいいくつかの国がアメリカ合衆国を上回っているが、一定の規模をもつ

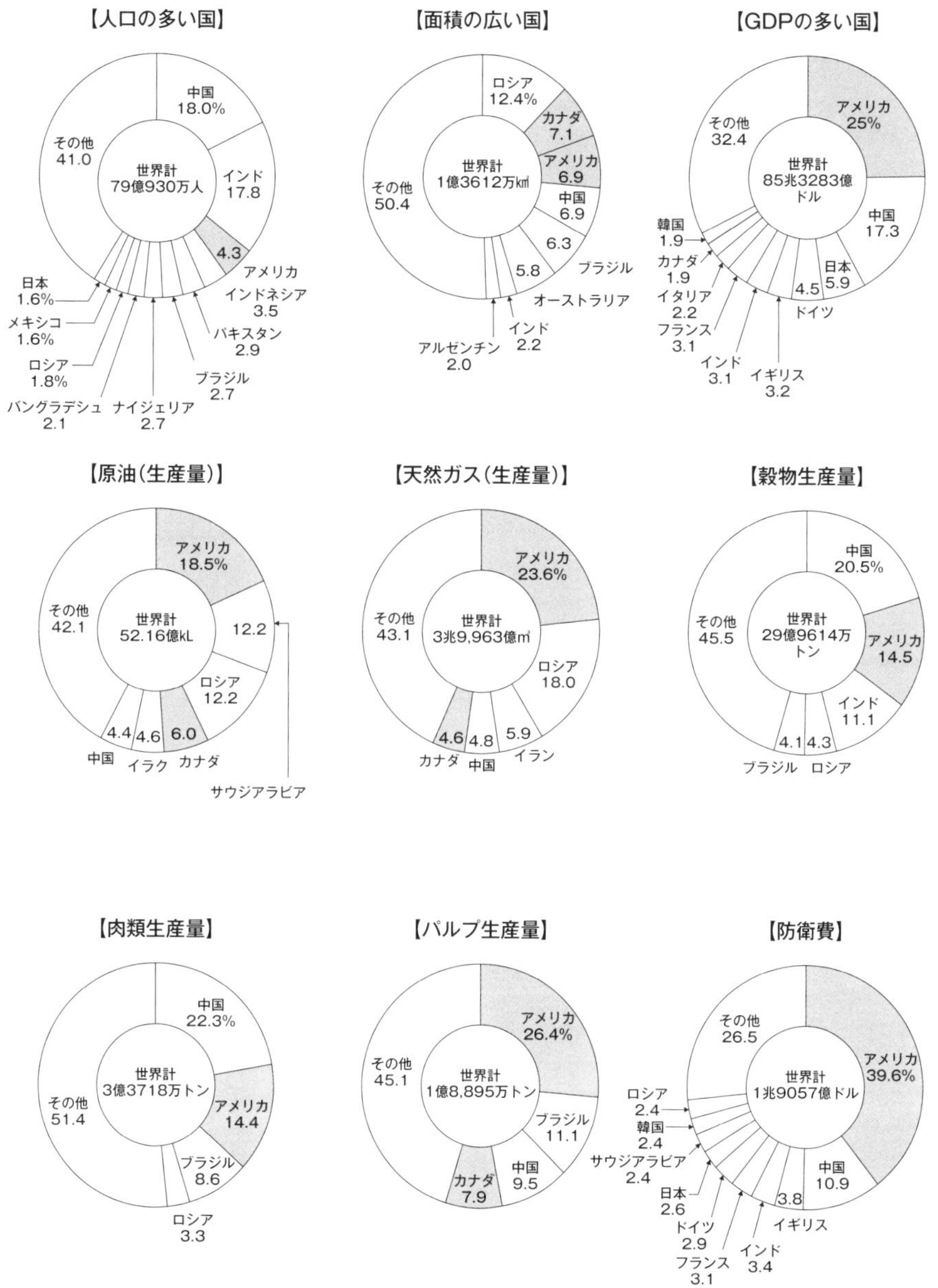
【人口の多い国】
世界計 79億930万人
中国 18.0%
インド 17.8
アメリカ 4.3
インドネシア 3.5
パキスタン 2.9
ブラジル 2.7
ナイジェリア 2.7
バングラデシュ 2.1
ロシア 1.8%
メキシコ 1.6%
日本 1.6%
その他 41.0
【面積の広い国】
世界計 1億3612万㎢
ロシア 12.4%
カナダ 7.1
アメリカ 6.9
中国 6.9
ブラジル 6.3
オーストラリア 5.8
インド 2.2
アルゼンチン 2.0
その他 50.4
【GDPの多い国】
世界計 85兆3283億ドル
アメリカ 25%
中国 17.3
日本 5.9
ドイツ 4.5
イギリス 3.2
インド 3.1
フランス 3.1
イタリア 2.2
カナダ 1.9
韓国 1.9
その他 32.4
【原油（生産量）】
世界計 52.16億kL
アメリカ 18.5%
サウジアラビア 12.2
ロシア 12.2
カナダ 6.0
イラク 4.6
中国 4.4
その他 42.1
【天然ガス（生産量）】
世界計 3兆9,963億㎥
アメリカ 23.6%
ロシア 18.0
イラン 5.9
中国 4.8
カナダ 4.6
その他 43.1
【穀物生産量】
世界計 29億9614万トン
中国 20.5%
アメリカ 14.5
インド 11.1
ロシア 4.3
ブラジル 4.1
その他 45.5
【肉類生産量】
世界計 3億3718万トン
中国 22.3%
アメリカ 14.4
ブラジル 8.6
ロシア 3.3
その他 51.4
【パルプ生産量】
世界計 1億8,895万トン
アメリカ 26.4%
ブラジル 11.1
中国 9.5
カナダ 7.9
その他 45.1
【防衛費】
世界計 1兆9057億ドル
アメリカ 39.6%
中国 10.9
イギリス 3.8
インド 3.4
フランス 3.1
ドイツ 2.9
日本 2.6
サウジアラビア 2.4
韓国 2.4
ロシア 2.4
その他 26.5

（『世界国勢図会2022/23』他より作成）

世界におけるアメリカの地位（2021年）

国の中ではアメリカが世界1位といっていいだろう。経済力の背景となる人口は世界3位。農業生産や鉱工業生産も世界有数。石油や天然ガスの生産量は世界1位（2022年）である。

カナダも負けてはいない。ある調査によれば、カナダは世界一暮らしやすい国であるという。

しかし、世界一であるのはこうした「よい」指標ばかりではない。

国際経済から見ると、**アメリカは対外債務「世界一」の〝借金大国〟**で、貿易でも赤字を続けている。国民生活では、億万長者の数が世界一なのに対して、貧しい人の割合も先進国の中ではトップクラス。世界的な大学・研究機関が多く存在している一方で、初等中等教育が十分に機能していない地域があるという。人口当たりの殺人数も先進国のトップクラス。

当然のことながら、これが「世界一」が世界一ある国の実態である。

「移民大国」はどこへ向かうのか？

アメリカ合衆国

United States of America

アメリカ合衆国は、なぜ「合州国」でない？

複雑な大統領選のしくみ――「選挙人」って何者？

アメリカ合衆国は、英語では「United States of America」と表記する。これをこのまま漢字にすれば、「合州」国。アメリカはイギリスの13の植民地が元になって建国したが、それぞれの植民地は異なった性格を有していた。各州の代表が集まってこの国の行く末を議論した大陸会議が、現在の上院のルーツである。**今でも上院議員は規模にかかわらず全50州2名の合計１００名**である。

一方、下院は合衆国憲法制定時に広く民衆の意見を政治に反映させる場として設けられた。民衆の合議によって政治を決めていく。まさに「合衆」国。下院議員数は各州最低1名は保証されるが、あとは人口比例。アラスカ州など6州では1名だが、カリフォルニア州は52名（２０２２年）。

面積　983.4万㎢（日本の約26倍）
人口　3億3,699.8万（2021年）
言語　主として英語（法律上の定めはない）
宗教　信教の自由を憲法で保障、主にキリスト教もう一つ、重要なのは大統領選挙。**「州の連合体の代表」と「市民の代表」**としての2つの側面をもたせるため、ちょっと変わった制度で選ばれる。

大統領戦は4年に一度行われる。有権者は州ごとに大統領にふさわしいと思う人に投票する。しかし、その得票数によって大統領が直接選ばれるわけではない。上下院議員数等に基づいて各州とワシントンD.C.に割り当てられた「選挙人」とよばれる人がいる。選出に関わる投票をするのはこの選挙人であり、選挙人は基本的に、事前に行われた有権者による州の選挙で最大得票を得た候補に投票する（「勝者総取り」の方式）。州によって選挙人の数が異なるため、州ごとに行われる選挙の総計で最大の得票を得た候補が必ずしも大統領に選出されるわけではない（2016年の大統領戦では、ヒラリー・クリントンがドナルド・トランプよりも得票数で290万票も上回ったが、選挙人の数で下回ったためトランプが大統領となった）。

地域性を認めつつ、民衆の合議で国を動かしていく。アメリカ政治の姿が選挙の在り方にあらわれている一方で、一般の得票数の敗者が大統領となる大統領選挙制度の問題点も議論されている。

北東部——世界の中心「メガロポリス」と古きアメリカ

巨大な都市群「メガロポリス」とは

まずはボストン。その都市圏にはハーバード大学やマサチューセッツ工科大学などが立地する。世界的な商業都市で国連本部のあるニューヨーク、アメリカ合衆国建国の地で世界遺産都市となっているフィラデルフィア、港湾都市ボルティモア、連邦首都ワシントンD．C．。アメリカ北東部に連なる、それぞれ個性をもった巨大都市だ。

これらの巨大都市は高速交通路で結ばれ、その郊外は互いに重なり、一体となって巨大な都市化地帯をつくっている。夜、この地域の人工衛星からの画像は、まるで宇宙の中の星雲のようである。１９６１年、フランス人地理学者ゴットマン博士がこの地域の研究成果を発表した。そのタイトルが『メガロポリス』である。

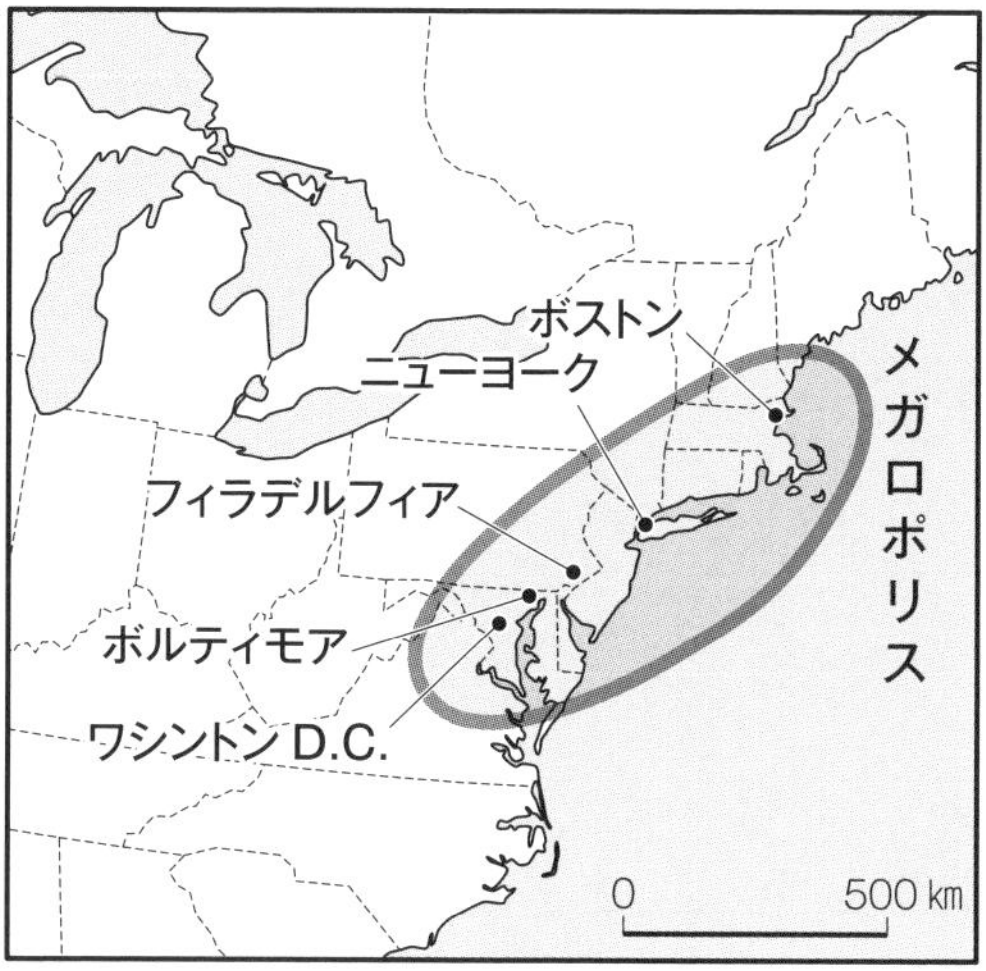

アメリカ東北部に連なるメガロポリス

この地域の特徴は「都市」としての性格である。都市中心部では高層化が進み、超高層ビルが立ち並ぶ。「摩天楼《まてんろう》」（スカイスクレイパー）である。周囲には森林や田園も存在するが、その中に整然とした住宅街が広がる。自動車交通が発達し「低密度」なアメリカならではの景観である。森林や田園も「都市」と密接につながった空間になっているのである。さらにもう一つの重要な特徴は、「世界性」。**メガロポリスは世界各地から多くのヒト、モノ、カネ、そして情報を集めている**のだ。

ハドソン川が育てた「世界都市ニューヨーク」

世界経済の中心ウォール街、演劇の街ブロードウェー、高級ブランド店が軒を連ねる五番街、そしてイースト川に面する国連本部。ニューヨークはメガロポリスの中でも最も巨大な世界都市である。

世界の多くの大都市は水と陸の接点に位置しているが、ニューヨークも例外ではない。大西洋とハドソン川がその発展を支えてきた。大西洋をはさんで、ヨーロッパに最も近い都市の一つであり、地形的にも天然の良港としての条件を備えていた。北アメリカの大西洋岸は、チェサピーク湾を境に南は隆起、北は沈降している。したがって、南は遠浅で良港になりにくいのに対し、北は沿岸部の水深が深く天然の良港がならぶ。なかでも、ニューヨークは沖合にあるスタテン島が天然の防波堤の役割を果たしており、好条件を備えている。

より重要なのはハドソン川の存在である。19世紀前半ハドソン川と五大湖を結ぶエリー運河（ニューヨーク州バージ運河）が開通した。これによってニューヨークは、**大西洋岸に連なる都市の中で、広大な内陸部との結びつきが最も強い都市**となった。

バーボンの故郷——古きアメリカの香り

アメリカ東部に南北に連なるアパラチア山脈（267頁地図）。最も高いミッチェル山でも2037mだが、この山地は初期の移民たちにとって大きな障壁となり、この地でとどまらざるを得なかった人々も少なくなかった。彼らの子孫には入植時の暮らしを今に伝えている人々もいる。地形的制約などから経済活動は限られており、貧困地帯になっている。

アメリカを代表する酒、バーボンのふるさとでもある。イギリス系移民が、原料にアメリカ原産のトウモロコシを用いて「ウイスキー」をつくったのが始まりとされる。1920年に禁酒法が成立すると、山の深いこの地が「密造」の中心地になった。現在でも**バーボンの90%以上がこの地域で醸造されている。**古いアメリカの「香り」が今に引き継がれている。

中西部——20世紀の発展を支えた工業・農業の中心地

五大湖沿岸工業地域はなぜ「フロストベルト」といわれるのか

「フォーチュン500」は世界の企業を対象とした総収益ランキングである。2022年版では、アメリカ国内の1位はウォルマート、2位アマゾン、3位アップル。**流通業やハイテク産業が中心**である。

1996年版では、1位ゼネラルモーターズ、2位フォード・モーター、3位エクソン。これに示されるように、自動車産業は20世紀のアメリカの象徴であった。その本拠地は五大湖沿岸の都市デトロイト。1980年代、ガソリン価格の上昇、環境問題の顕在化などを契機に経営不振に陥ったが、2000年頃まではアメリカを代表する企業として君臨していた。

五大湖沿岸は世界的な重工業地帯であった。周辺の石炭や鉄鉱石の資源が五大湖の水運によって結び付けられたこと、巨大な都市化地域「消費地」に近接していたことが立地基盤となった。

しかし、資源が少なくなり海外から輸入するようになると、この地域の優位性は失われた。古い工場や機械は生産性も低く、人件費も高い。一方、新興の工業国では、人件費も安いうえ、最新の設備を備えた工場が建設されたので、競争力に劣るこの地域の工場は相次いで閉鎖されることになった。経済のグローバル化がこの地域を変化させたのだ。

もちろん、すべての都市が衰退しているわけではない。鉄の町として有名であったピッツバーグは、ハイテクや金融、教育、サービス業を中心とした産業構造に移行することにより輝きを取り戻している。

とはいえ、この地域全体としては、経済的に衰退傾向にあり、冷帯に属するこの地域の気候から「フロストベルト」と呼ばれるようになった（281頁参照）。

世界と日本の食料庫――「プレーリー」と「グレートプレーンズ」

シカゴには1848年設立のアメリカで最も古く、取引量最大の商品取引所が立地する。ここで形成されるトウモロコシや小麦、大豆の価格は、国際的な指標となっている。その理由は単純でこの地域が世界的な大産地で生産物の多くが輸出されるからである。日本の食もこの地域に頼っている。**日本で消費される小麦の約4割・大豆の約7割がアメリカからの輸入**である。

シカゴのあるイリノイ州の西隣アイオワ州は「コーンベルト」の中心で、トウモロコシの生産量はアメリ

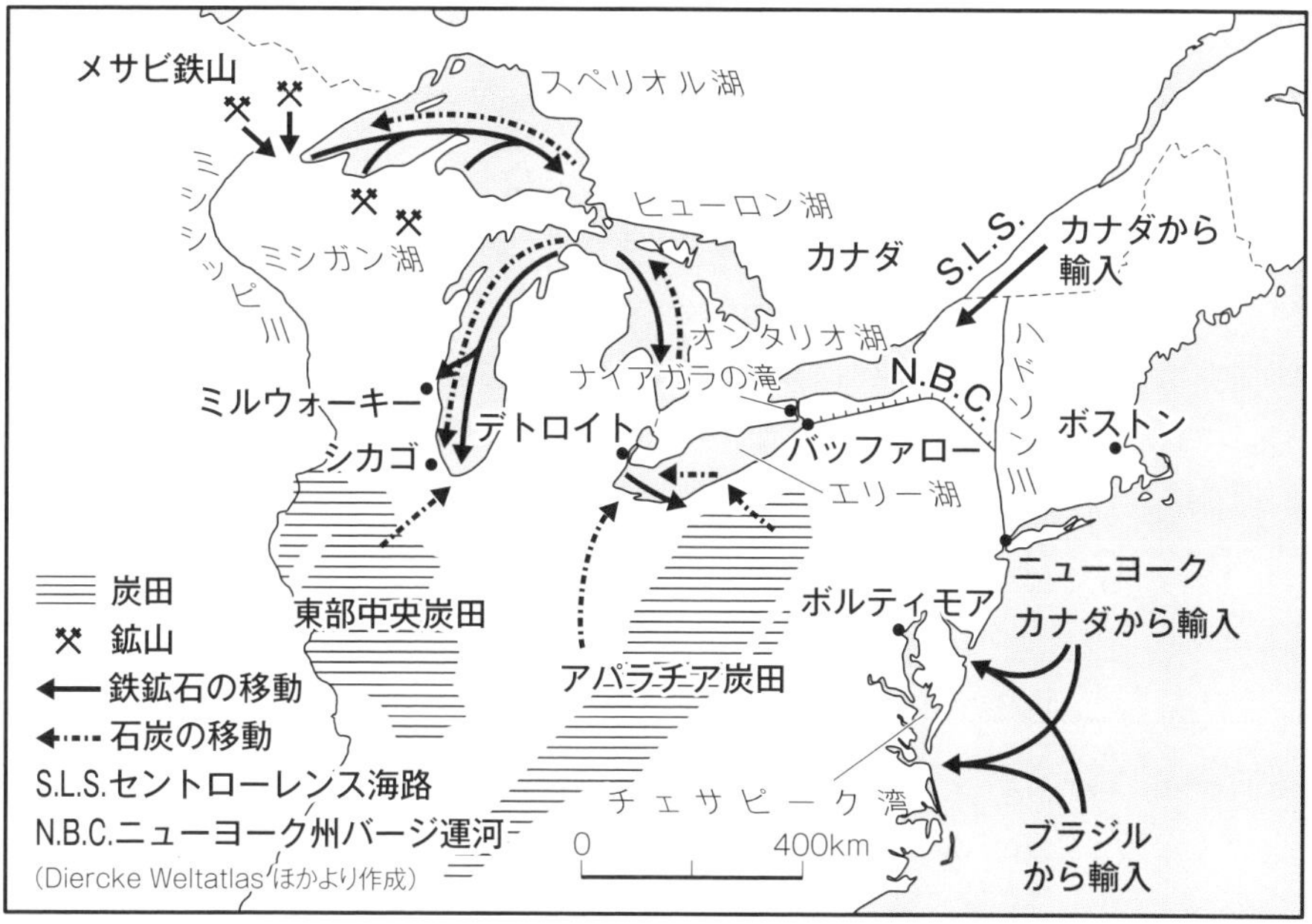

五大湖沿岸の工業地帯

カ一。大豆の生産も1、2位を争う。豚の飼育頭数もアメリカ一。この基盤となっているのが「プレーリー」である。世界中で最も肥沃な土壌をもつ大草原を農地に作り替えたのだ。

ヨーロッパの伝統農業は飼料作物の栽培と畜産を組み合わせた「混合農業」であるが、ここでは飼料作物としてアメリカ原産のトウモロコシが採用された。ヨーロッパの伝統とアメリカの大地の組み合わせによって、世界的農業地帯が生まれた。

1820年のアメリカの地図に、「アメリカ大砂漠」と記されている地域がある。ロッキー山脈の山麓、現在の地図ではグレートプレーンズと記されている、この地域に小麦の栽培を導入したのは、**帝政ロシアの厳しい統治から逃れてきたロシア系やウクライナ系の移民**である。降水量が少なく、しばしば干ばつやダストボウル（砂嵐）、などの自然災害に苦しんだ。

しかし、ここには豊かな地下水が眠っていた。20

世紀の技術はそれを利用することを可能にしたのである。地下水をくみ上げて自走式のスプリンクラーで水を撒くセンターピボット灌漑による円形の農地は、衛星画像でもはっきりと見ることができる。

碁盤目状の区画――西部開拓を進めた「タウンシップ制」とは

中西部は、特徴的な景観を有している。まっすぐな道が東西・南北に続き、碁盤目状の土地区画がなされている。東西・南北の道路は、ほとんど人手の加わっていない土地を開拓するためにつくられた計画道路で、**「タウンシップ制」とよばれる土地区画に基づく。**

タウンシップ制は、連邦政府土地局が、広大な西部を開拓するにあたって、1785年に制定した公有地条例による。まず、主経線と基線を定め、一辺6マイル（約9・7㎞）の正方形をつくる。これをタウンシップと呼ぶ。その中の1マイル四方の区画はセクションとよばれ、さらにそれを4分割して基本単位とした。公有地条例では、連邦政府の財源を賄うために有償で払い下げられたが、1862年のホームステッド法では、5年間居住すれば、開拓農家1戸あたり基本単位の農地（160エーカー、65ha）が無料で与えられることになった。**この条例によって、西部開拓は一層進展した**のである。

現在、アイオワ州の農家1戸当たりの農地面積は約355エーカー（144ha）。ホームステッド法による基準区画の2倍以上である。大型機械を用いた現代的農業経営には広大な土地と、直線的な土地区画は大変便利であった。

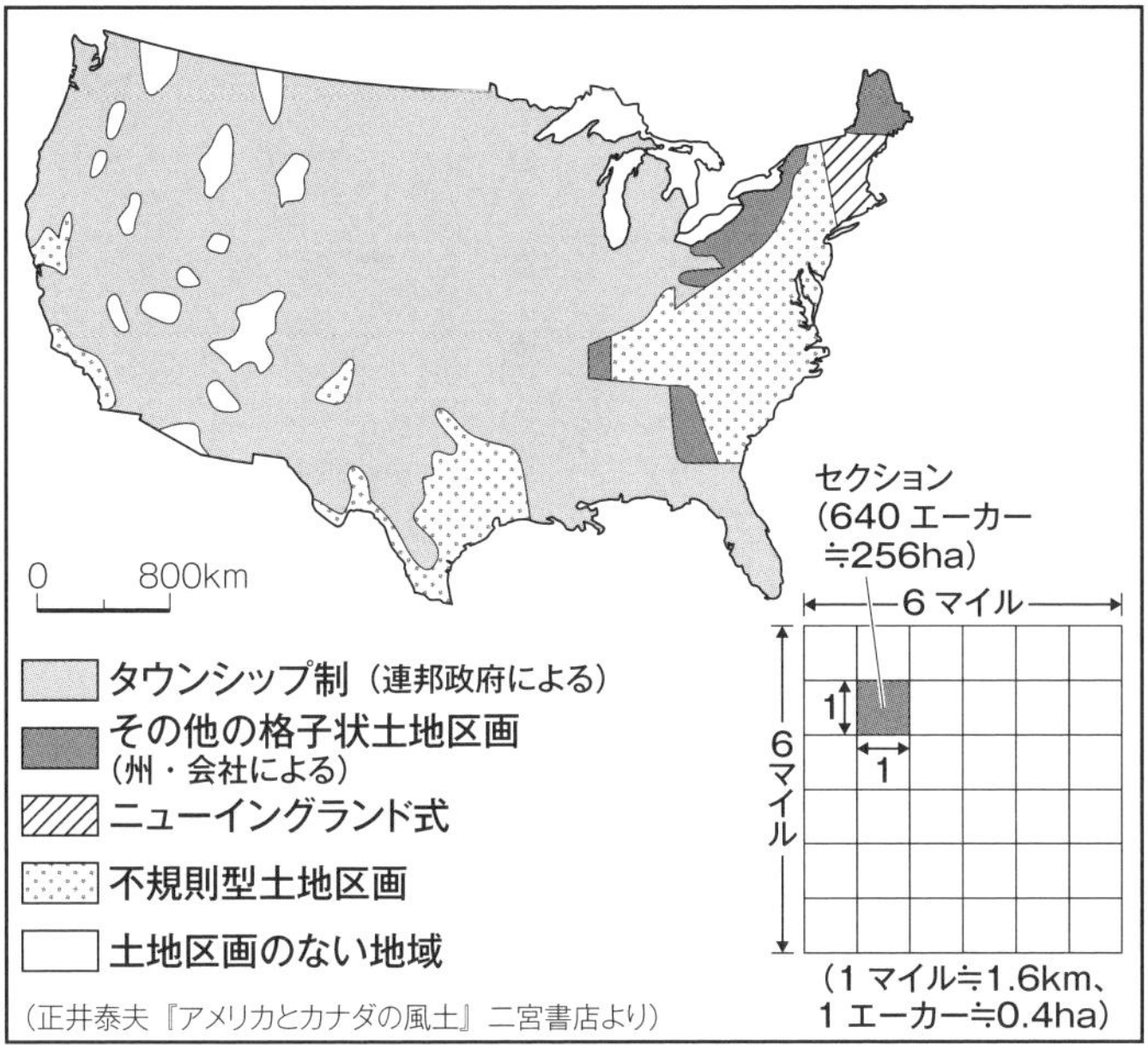

（正井泰夫『アメリカとカナダの風土』二宮書店より）

アメリカの土地区画とタウンシップ制

アメリカン・ウェイ・オブ・ライフ——変わるアメリカの生活と都市構造

『大草原の小さな家』で知られる「小さな家」シリーズは、インガルス一家の生活を描いた物語である。自らの手で大地を切り開き、家族が支えあって生活していく姿は、アメリカ人の理想といっていいかもしれない。その舞台は開拓時代の中西部にある。

現代のアメリカ人の暮らしはどうだろうか。週日は、夫婦はそれぞれの職場で過ごし子供は学校。一緒に過ごす時間は限られている。一方、週末は家族そろって郊外のバイパス沿いの巨大なショッピングモールで過ごす。日本でも郊外のバイパス沿いに大きな駐車場を備えたショッピングモールがにぎわっているが、そのモデルがアメリカである。

広い国土空間を効率的に結びつける手段として自動車は効率的であった。経済が発達してくると都市は拡大していく。都心部には商業・サービス業などが集まり、住宅地は郊外に広がる。

ファミリー層は郊外に広い庭のある一戸建ての住宅を購入し、都心部の職場に自動車で通勤する。こうした状況が進むと、都心部では交通渋滞を引き起こすようになる。

また、自動車の普及とともに主要都市を結ぶ「インターステートハイウェー」（州間高速道路）の建設が進められた。これらが交わる主要な都市では、都心部の渋滞を防ぐために環状バイパスが建設された。

広い敷地を必要とする空港も郊外につくられる。居住人口が増加すると、都心部にあった商業・サービス業が展開するようになる。その象徴が巨大なショッピングモールである。

都心部の地位は相対的に低下し、都心部周辺には老朽化した建物が増え、低所得者がそこに残される。治安が悪化し、活力も失われていく。こうした状況下では地価はますます低下する。これを「インナーシティ問題」という。しかし、都心部周辺はもともと条件の良い場所なので、再開発しようとする動きが始まる。これを「ジェントリフィケーション」という。

発展を続けていた郊外であるが、コロナとＩＣＴの発達により変革が始まっている。コロナ禍の影響で店舗をもたないオンラインショップは成長を続ける一方、客足の落ちたショッピングモールの中には閉鎖されてしまった例も少なくない。アメリカ人の暮らしと都市構造は変化を続けている。

サンベルト――〝貧困の南部〟からの脱却

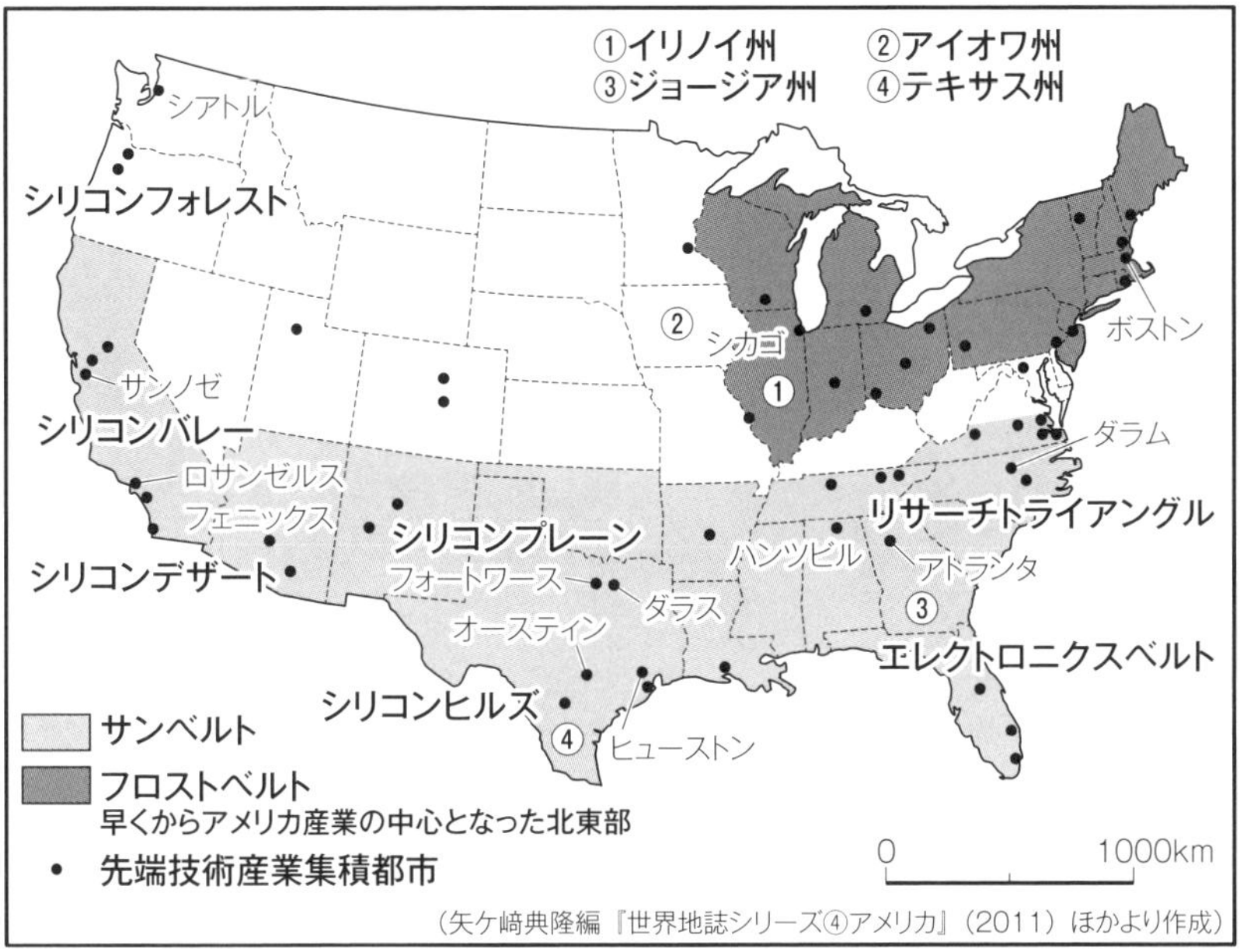

（矢ケ﨑典隆編『世界地誌シリーズ④アメリカ』（2011）ほかより作成）

サンベルトとフロストベルト

「世界一利用者数の多い空港」が南部に集中する理由

世界で最も旅客数が多い空港はどこか。２０２１年の統計によるとその答えは、アトランタ国際空港（ジョージア州）、２位はダラス・フォートワース国際空港（テキサス州）。アメリカ南部に位置する空港が１、２位を占めている。これはなぜだろうか。

２０２０年の国勢調査によれば、**アメリカの人口重心はミズーリ州南部。調査のたびに南に移動している**のだ。このままでいけば、２０５０年の国勢調査では中西部から南部へ移動することは確実である。さらに結びつきの強い中南米諸国との位置関係も重要である。

空港旅客数に象徴されるように、**アメリカ合衆国南部の力は近年非常に大きくなっている**。かつて、「貧困」「人種差別」といった言葉で語られてきた南部諸州は、今では輝かしい「サンベルト」と呼ばれているのだ。南部諸州はどのように発展したのだろうか。

連邦政府の目が南部に注がれるようになったのは１９３０年代になってからである。世界恐慌時、ニューディール政策の一環としてＴＶＡ（テネシー川流域開発公社）が設立された。テネシー川の総合開発では多目的ダムが建設され、それによって得られた水と電力が新しい産業を生み出すきっかけとなった。

オークリッジ国立研究所。現在エネルギー省の管轄にあるこの研究所には、若く才能のある多くの研究者が集まっている。前身は原子爆弾の開発製造拠点。テネシー川の総合開発で水と電力が得られたこと、山間部で秘密が保持しやすいことが、ここにおかれた理由である。

第二次次世界大戦後、旧ソ連のスプートニク打ち上げに触発された航空宇宙産業も南部に集積した。ロケットの打ち上げに適したフロリダ州ケープカナベラル、アラバマ州ハンツビル、テキサス州ヒューストンに基地が設置され、その周辺に関連産業が集まった。今日、エレクトリックベルト、シリコンデザートと呼ばれる先端企業の集積地が形成されている。電気自動車の開発で有名なテスラの本拠地も、テキサス州オースティンにある。

温暖な気候も重要な資源である。アメリカ人の多くは屋外活動が大好きだ。南部では、冬でも屋外活動を楽しむことができ、夏の暑さは冷房によって緩和された。しかも、生活費は安いので、この地域に引き付けられるのだ。

アメリカ合衆国議会の下院は、国勢調査の結果に基づいて各州に議席が割り当てられるため、人口が増えれば議員の数も増加する。つまり、経済の発展により政治的発言力も増しているのだ。

アメリカ最大の課題「人種問題」の今

スポーツの世界やエンターテインメント業界、政治の世界では多くの黒人が活躍している。アメリカ合衆国の最大の課題の一つである人種問題は解決したのだろうか。

貧困率を見てみると、黒人は白人の約2倍、大学卒業者の比率でも白人は30％を超えているのに対し、黒人は20％。社会・経済指標から見る限り、まだ問題を抱えている。

この問題が一層明確になるのが南部諸州である。人口に占める黒人比率は全国平均では12％程度なのに対して、南部のミシシッピ州、ルイジアナ州では30％を超えている。そしてこれらの州では、他州に比べて貧困率が高いのである。

機械化が進展する以前のプランテーションでは膨大な人力が不可欠であり、奴隷制度は必然であった。「南北戦争」で北軍が勝利し、奴隷解放宣言が出されたものの、黒人の多くは経済的な自立はできず、厳しい生活を強いられてきた。

経済的な弱さだけではない。社会的・政治的にも差別は続いてきた。1964年に公民権法が成立して、日常生活における差別が禁止された。その後は黒人の社会的・経済的地位を改善すべく、さまざまな政策がとられてきた。とはいえ必ずしも十分ではない。例えば初等中等教育は地域が担っているが、経済水準や人種ごとのすみわけが顕著なので、結果として教育格差が生じるのだ。人種差別は空間の問題としても考えられなければならない。

差別や貧困、文化の衝突。これらは乗り越えなければならない課題である。しかし、これらの課題を克服しようとするエネルギーが、優れた芸術や文化を生み出してきた。ジャズは、黒人文化と白人文化への葛藤の中で生まれた。フライドチキンは世界中で愛されている食文化であるが、これも奴隷制度の中で生まれたのである。

そして今日、白人と黒人、そしてヒスパニックの文化が融合した新しいアメリカ文化はこの地から生まれるかも知れない。

西部山岳地域と太平洋――アメリカ人のあこがれの地

なぜシアトルで巨大企業が生まれるのか

「あなたの住みたい街はどこですか?」このようなアンケートは、よくアメリカでとられている。調査年や調査対象の属性による違いはあるものの、カリフォルニア州のサンフランシスコやサンノゼ、コロラド州コロラドスプリングス、ワシントン州シアトルなどは常連だ。住みたい街の基準は人により異なるかもしれない。しかし、職と余暇を考慮に入れない人はほとんどいないだろう。西部山岳地域と太平洋岸はこの両面で魅力がたくさんある。

カリフォルニア州は、製造品生産額、農業生産額とも全米1位。当然雇用力も大きい。レクリエーションの場も事欠かない。自然の中でリフレッシュしたければ、ヨセミテなどの国立公園、海がよければマリブやサンタモニカなどのビーチリゾート、テーマパークではディズニーランド・パークやユニバーサルスタジオ・ハリウッド、サンフランシスコやロサンゼルスなどには、ナイトライフを過ごすスポットもたくさんある。

ビッグテックと呼ばれる巨大なIT企業。世界の産業形態を大きく変えた企業である。代表的なアルファベット（グーグル）、メタ（フェイスブック）、アップルが本拠地を置くのがシリコンバレー。サンフランシスコ・ベイエリア南部に位置している。第二次世界大戦前まではのどかな農村地帯であったこの地が発展した理由は、2人の人物にある。

1人はスタンフォード大学のフレデリック・ターマン教授。全米一の電子工学科の基礎をつくった。彼は、研究の成果を大学の外に持ち出すことを許可したので、周囲に多くのベンチャー企業が生まれたのだ。もう1人はウイリアム・ショックレー博士。トランジスターの研究でノーベル物理学賞を共同で獲得した人物である。1956年、彼はこの地に研究所を設立した。彼の元に集まった優秀な研究者が独立して、多くの企業の礎を作ったのだ。

人が人を呼ぶ。緑豊かで快適な自然環境と相まって、この地が世界のIT産業のインキュベーターとなったのだ。

アメリカは「大西洋国家」から「太平洋国家」に変わる？

アメリカはおもにヨーロッパからの移民によってつくられた大西洋国家である。独立以降、順次西部への開発を進めてきた。19世紀末に太平洋岸に到達し、フロンティアは消滅した。しかし、その後の地域別の人口変化を見ると、今でも西への動きは続いている。

アメリカ大陸のその先には太平洋が広がっている。古くから「海と川は人々を近付け、山は人々を遠ざける」といわれている。実際、太平洋を越えてアジアとの結びつきは強まっている。**アメリカと中国、日本との貿易は、隣接するカナダ、メキシコに引けを取らない。**

現在、アメリカで「中国脅威論」が広がっている。これからも政治的には対立が深まるかもしれないが、経済的にはもはや後戻りをすることができない。世界の多くの人が持っているスマホ、iPhone。そのパッケージには次のように書かれている。「Designed by Apple in California Assembled in China」(カリフォルニアのアップル社でデザインされ、中国で組み立てられた)。スマホの中身を見てみよう。液晶パネルやマイクロプロセッサー、コンデンサーなど多くの部品が使われているが、その中でもセンサー類など高度な技術を必要とする部品には、日本や韓国の製品が数多く使われている。

アメリカから設計図が、日本や韓国からは高度で技術集約的な部品が供給され、中国で製品化される。アメリカとアジアの共同製品といっていいかもしれない。

隔てられた国土――アラスカとハワイの大きな意義

本土から離れた〝飛地〟の歴史と気候

エクスクラーフェンとは「飛地」のことである。この典型例がカナダをはさんで本土と隔てられているアラスカ州である。アラスカ州はもともとロシア領であった。1867年にロシアからわずか720万ドルで買収したのだ。

当時の国務長官、ウィリアム・スワードはこの買収に熱心に取り組んだが、当時の評価は「スワードの愚行」。厳しい気候のため、毛皮の取引以外に目立った産業もないただ広いだけの土地であった。ロシアですらその経営に行き詰まっていたのだ。

ところが、毛皮の取引以外にも、**漁業や林業、そして地下資源。アラスカの生み出す富は大きかった。**20世紀の初め、金鉱が発見されるとゴールドラッシュに沸いた。1968年には油田が見つかった。厳しい環境条件から開発は困難であったが、全長約1300㎞におよぶパイプラインが建設され、主要な産業になっている。

より重要なのはその位置である。成長著しい東アジアとアメリカの東海岸の間にある。冷戦時代には、東アジアとヨーロッパを結ぶ航空の結節点になっていた。冷戦の終結によってシベリア上空が解放されたので、この地を経由することはなくなった。しかし、2022年のロシアのウクライナ侵攻によって、ロシア上空を飛行することができなくなり、再びアラスカ上空が航空路になった。航空機の性能の向上により着陸することはほとんどないが、陸上局からの航空支援システムなしでは飛行することは難しい。**交通上の要衝であるという意義は、**現在でも変わっていない。

太平洋と地球のオブザベーション・ポイント

太平洋上に浮かぶハワイ諸島は毎年多くの日本人が訪れる観光の島。「常夏の気候、美しいビーチ」としての人気が高く、ハワイの自然は魅力が多い。また、外国語が苦手な多くの日本人にとって、「日本語が通じる外国」で、安心して出かけることができる。一方、アメリカ本土の人にとっては本土と異なる文化は魅力的。ハワイは世界的なリゾートアイランドである。

しかし、ハワイの価値は観光だけでない。太平洋全域を、そして地球全体さらには宇宙を見渡すには絶好の位置にある。アメリカ合衆国軍最大の規模をもつインド太平洋軍の総司令部がオアフ島ホノルルに置かれているのもそのためである。

アメリカ海洋大気庁が観測を常時行っている太平洋津波警報センター。大気状況、特に温室効果ガスの長期的な観測を行っているハワイ島マウナロア山の標高３３９７ｍにあるマウナロア観測所。日本の国立天文台もハワイ島マウナケア山頂（４１３９ｍ）に観測基地をおき、すばる望遠鏡で宇宙を観測している。ＵＳＧＳ（アメリカ地質調査所）のハワイ火山観測所では火山活動の観察から地球内部の姿を探っている。

※アメリカ合衆国のセンサスでは、White, Blackを使用しているため、本項では白人・黒人の表記とした。

「自然」「資源」「観光」の大国

カナダ

Canada

面積 998.5万㎢
人口 3,815.5万（2021年）
言語 英語、フランス語が公用語
宗教 キリスト教徒、無宗教（2021年）

国土は広いが人が住むには厳しい気候

カナダの国土はロシアに次いで世界第2、日本の約27倍の広さをもつ。しかし、国土の大部分は冷帯、特に北部はツンドラ（地下に永久凍土が広がり降水量が少なく、森林はなく夏の短い期間に苔類《たいるい》などの植物がはえる）気候の寒帯であり、寒さは厳しい。比較的温暖な海岸沿いの南東部や西南部に人口は集中しているが、**人が暮らすには厳しい気候の場所が多く、人口は日本の約3割程度**である。

さらに、氷河により削られた土地がハドソン湾周辺に広大な範囲でみられ、氷河湖や湿地となっている。また、国の西にはロッキー山脈が走り（267頁地図）、そのため農地に向いていない場所が多く、**農地は国土面積の6%に満たない。とはいっても、農地だけでも日本の面積の1・5倍はあることになる。**植物油採取のためのひまわりやなたねをはじめ、寒さに強い小麦や大豆、大麦などは世界有数の生産量を誇る。

冷帯ではタイガとよばれる針葉樹林が広がる。国土の4割程度は森林地帯であり、そのため木材に関わる工業が盛んである。新聞用紙の生産は世界一であり、製材、パルプも世界有数の生産量をもつ。

地下資源には恵まれており、銅、ウラン、タングステンなど世界有数の産出量がある。石油のように流動性がない粘性の高い油分を含む砂岩層である「オイルサンド」(油砂《ゆさ》)も豊富であり、それにより石油の産出量は世界有数となり、主要な輸出品ともなっている。一方で、オイルサンドの採掘の過程で大量の熱を必要とするため、その際に排出される二酸化炭素が多いことなどが課題となっている。このような**二酸化炭素などを回収、貯留する技術開発が、政府などによって取り組まれている。**

冬の寒さが厳しいカナダの都市では、ドームにおおわれた「モール」とよばれる商店街があり、外は寒くてもドームの中は暖かく快適に買い物などすることができる。家の中は、どこでも常に暖かくし、冬でも半袖の人もいる。カナダ人が、家の一部しか暖めない日本の家屋などに来ると「カナダより寒い」とつぶやく人もいる。

「アメリカと交流がないのは銃だけ」

厳しい自然環境の中でも、鉱産資源を生かし、農林業が盛んである。こうしたカナダ経済の発展には隣国アメリカ合衆国の存在が大きい。新聞用紙の消費先の多くはアメリカであり、カナダでの生産品の多くはアメリカで消費され、輸出額の約4分の3はアメリカとの取引である。

また、農牧業をみてもカナダの農牧業はアメリカの農牧業の北への延長ととらえることもできる。

たとえば、春小麦地帯は、アメリカ中北部からカナダ中南部にかけて連続的に広がる。小麦は寒さに強いとされ、アメリカ中部の小麦地帯は秋から冬にかけて種をまき初夏頃に収穫する冬小麦だが、寒さのより厳しい地域では、春に種をまいて秋に収穫する春小麦になるのである。

降水量が少ない地域では、地下水などを汲み上げ、スプリンクラーを円形に回転させ肥料とともに散水するセンターピボットとよばれる灌漑《かんがい》方式を採られることが多く、機械化された企業による大規模農業となっている。

鉱工業におけるアメリカとの関係は、イギリスの自治領となった1867年頃から強まった。アメリカはカナダに対して大規模な工業投資をし、天然資源開発の融資も行った。それにより、1940年代にアルバータ州で石油が発見され、カルガリーは石油の町といわれ、今でも石油会社が多い。

さらに、ケベック州での鉱産資源、オンタリオ州でのウラン開発が始まった。しかし、1960年代に入ると、アメリカの経済的な進出に抵抗して、自国の経済を強化するようになった。しかしながら、アメリカとの関係は依然として強く、カナダでの自動車生産台数は多くなっているが、その多くはアメリカの自動車メーカーが進出して生産したものである。

このように貿易については、輸入額においてもアメリカが5割を占めることからアメリカとの関係は強く、観光をはじめとする人々の交流も多い。**アメリカとの交流がないのは「銃」だけ**ともいわれ、カナダでは銃の所有が制限されている。カナダ人が「カナダはアメリカより安全だよ」という背景には、銃の所持の考え方の相違によるところがある。

ナイアガラの滝・ロッキー山脈——カナダの大自然

カナダ東部のエリー湖とオンタリオ湖の間には、ナイアガラの滝がある。カナダ領とアメリカ領にまたがっており、カナダ側の滝をカナダ滝、アメリカ側をアメリカ滝とよぶ。カナダ滝は規模も大きく迫力がある。

ナイアガラの滝は水量が多く、世界各地から観光客が集まる。この周辺はカナダ最大の果樹地帯であり、ブドウやリンゴなどの果樹園が広がっている。カナダは水資源が豊富で、**水力による発電量も多く、国の発電の約6割は水力による。**

ロッキー山脈には、バンフ国立公園やジャスパー国立公園などがある。この国立公園に入るときは、入園料が徴収され、その入園料は国立公園の環境保全のための財源となる。そこで渡されるパンフレットには「あなたはクマの国にいます」という注意が促される。

公園内では、自然界の動物や植物が大事にされ優先される。たとえば、集落にクマやエルク（シカ科）が現れると、森に帰るまでレンジャーや警察が動物を刺激しないように監視（保護？）している。野生のクマやエルクが目の前で見られることは大自然の魅力でもあるが危険でもある。しかし、このような対策をしながら人間との共存をはかり、自然と人間との調和を図っている。

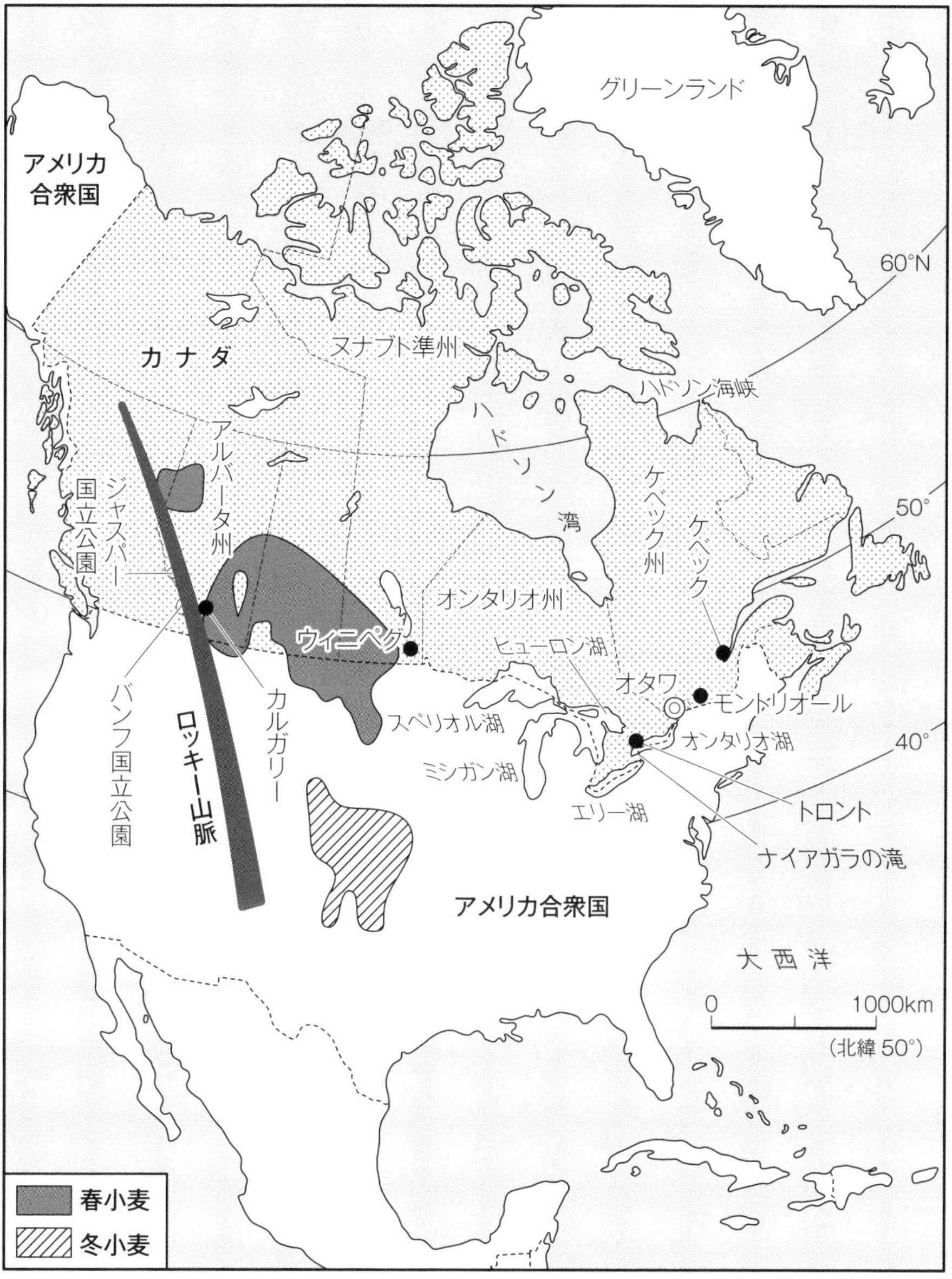

カナダの地形と北アメリカの小麦地帯

「オーロラ」は重要な観光資源

オーロラは、北半球、南半球とも緯度60度から70度の「オーロラベルト」とよばれる範囲で見られやすい。電気をもった粒である電子や陽子が、地球の磁気により引き寄せられて、これらの粒と空気の粒が当たって、白や赤、緑の光を出す現象である。

カナダはそのオーロラベルトの下にあり、アラスカや北欧の国々とともに、オーロラ観光の拠点の一つとなっている。カナダでも特にホワイトホースとイエローナイフが有名で、どちらも交通の便が比較的よく、町の郊外は明かりが少なくオーロラ鑑賞に適している。

オーロラは夏でも発生するが、空が明るいために見えにくい。夏の終わりの8月からオーロラの鑑賞シーズンとなるが、この頃は暗くなるのが遅いので夜遅くからの鑑賞となる。暗い時間が長く、晴天率が高い冬の夜に鑑賞することがベストともいえるが、冬の夜は寒く、マイナス20℃以下になることもある。防寒具をしっかり着ていても、外でオーロラの出るのを待つのはつらい。いくら待っても出ないときもある。近年では、暖房のきいた

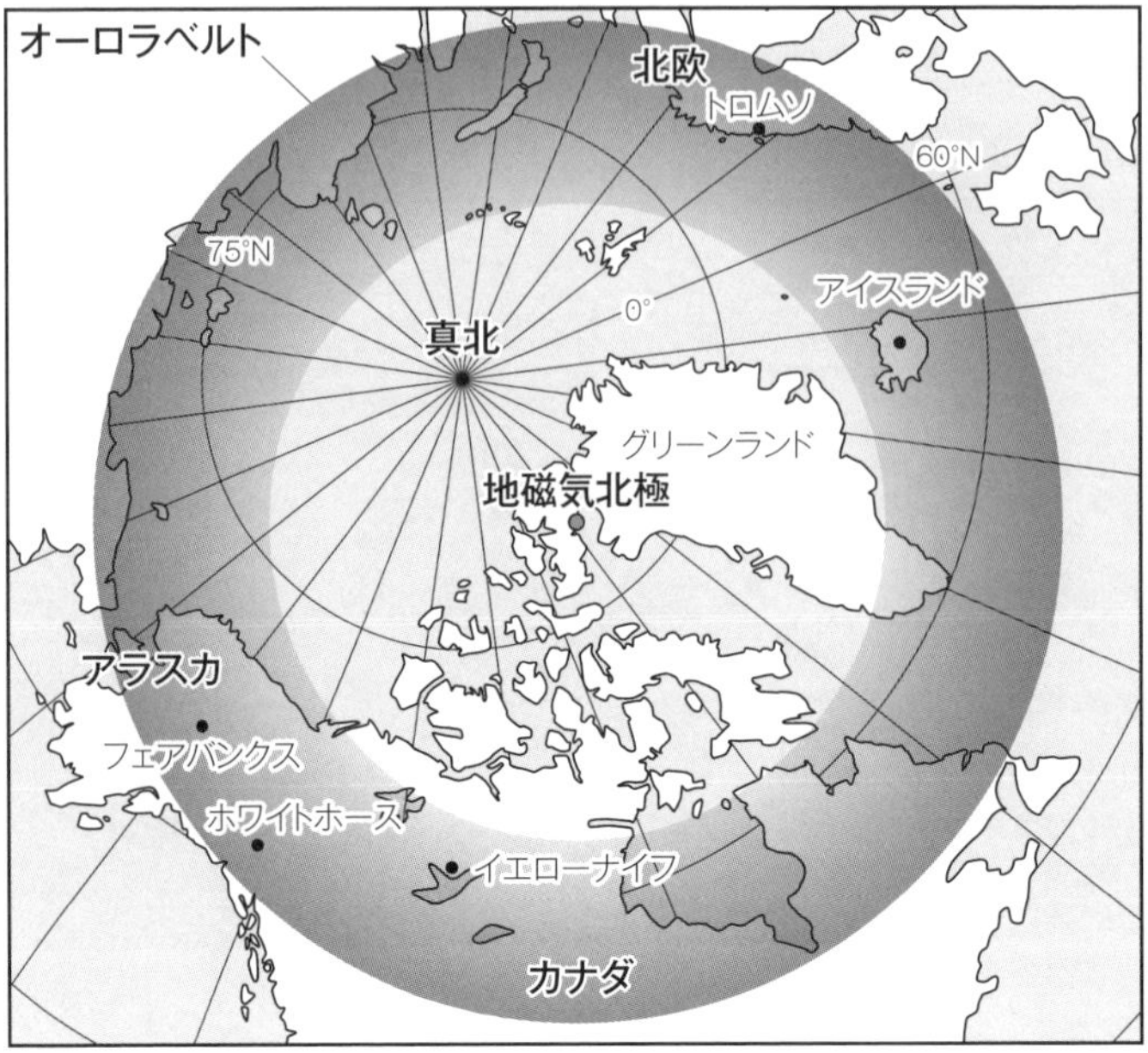

北半球のオーロラベルト

透明のドームの中から鑑賞する施設もできている。

オーロラといっても白い雲のようないくつかの筋が頭上に走るだけで終わることもあるが、緑をはじめいくつもの色がカーテンのように舞うオーロラは感動的である。肉眼で見るよりも写真のほうが光に反応してより一層きれいに見えることもある。

特に、日本人に人気のあるオーロラだが、先住民の伝説では、死者の魂の舞ととらえていたり、動物たちの精霊の踊りとしたり、役割を終えて旅をした創造主としたり、不吉の前兆とみなしたり、オーロラが見られる地域では必ずしもいい印象をもたれているわけではない。

フランスが入植し、イギリスが支配した国

1600年代の初め、この地に豊富にあるビーバーの毛皮の買い付けにフランス人が入植し、ケベックに植民地を形成した。当時、フランスをはじめとするヨーロッパの上流社会では、男性のおしゃれとしてフェルト帽が注目を浴びていた。ビーバーの毛皮は優秀なフェルトとして重用され、そのため西ヨーロッパではビーバーが乱獲され、16世紀までにほぼ全滅してしまった。したがって、カナダで先住民とビーバーの毛皮を交易できることは、フランス人にとって好都合だったのである。

この頃、イギリスもカナダの植民地化に興味をもちはじめ、1670年に交易独占権をもつ「ハドソン湾会社」を設立し、この地での領土を主張した。**イギリスとフランスは、世界各地で植民地の取り合いで対立を深めたが、北米でも両国の軍が衝突した。**

1750年代から北米でイギリスとフランスの武力衝突が始まり、当初のフランス軍の優勢からイギリス軍が盛り返した。1763年のパリ条約で、フランスは北米より撤退。北米はイギリスとスペインの植民地となったのである。その後、1867年に連邦が結成され、カナダは自治領として承認されたが、1949年には国名から「自治領」が外れ、1982年「カナダ憲法」により完全な独立国となる。

当時のカナダの国旗は、イギリス連邦の一員とはっきりわかるユニオンジャックが入っていたが、カナダ人としてのアイデンティティを高めるなどの理由で、1965年に赤いカエデの葉を1枚配した国旗となった。有名なメープルシロップは、国花でもあるサトウカエデの樹液を煮詰めたものであり、ケベック州やオンタリオ州での生産が多い。

「カナダの公用語」はいくつ？

カナダの国としての公用語は英語とフランス語である。イギリスの植民地であったことからイングランドやスコットランド系の住民が3割ほどいて、宗主国であったイギリス系住民であるということにアイデンティティをもつ人も多い。他方、フランス語を主として使うフランス系住民は2割ほどいる。1957年からカナダにおいてフランス系ナショナリズムの復活がみられるようになり、フランス語も国の公用語とされたのは1969年である。イギリスの植民地となる以前にフランスの植民地であったケベック州では、州の公用語はフランス語のみである。

ケベック州のフランス系住民は、カナダからの分離独立を求め、1980年、1995年に州民投票を行ったが、僅差で独立反対派が上回った。なお、1998年に最高裁は「州による連邦からの一方的な独立は違憲である」との判断をくだし、法的にはケベック州の独立は難しくなった。分離独立を主張していたケベック州のフランス系住民は、自分たちを「フランス人でもないし、カナダ人でもない、私はケベック人」といっている。

このような動きは経済にも影響を与え、かつてのカナダの心臓部はオンタリオ州のトロントとケベック州のモントリオールであるといわれていた。そのため、首都はトロントとケベックの中間地点となるオタワにおかれた。**しかし、ケベック州の分離独立の声があがったことから、モントリオールにある企業がトロントに移転し、トロントとモントリオールの二極構造から、トロントを中心とする単極構造に変化した。**

他方、北方民族であるイヌイットの自治が連邦政府から認められ、1999年に発足した、イヌイット語で「わが土地」を意味するヌナブト準州では、英語、フランス語、イヌイット語が公用語となっている。

国（連邦政府）の公用語とともに、州による公用語もあり、「カナダの公用語はいくつか?」という問いは、州レベルまで考慮すると難しい問いとなる。

フランス系・イギリス系・アジア系……国策としての多文化主義

カナダはイギリス、フランスからの移民およびその子孫だけでなく、アイルランド、ドイツ、ウクライナ、オランダなどのヨーロッパ系や人口の1割を占めるアジア系など、200以上の民族から構成されているとされる。フランス系がケベックをはじめとする東海岸に多いのに対して、アジア系は太平洋に面した西海岸で多くなる。

カナダでは、**1971年に世界で初めて「多文化主義」が国策として導入された**（英語とフランス語の枠組みの中でという限定はあった）。

1988年には「多文化主義法」が採択され、すべてのカナダ人、特にイギリス系やフランス系以外のマイノリティーが、民族的・文化的背景にかかわらず、社会・政治などで同等の機会を享受できるとされた。ヌナブト準州の発足もこの法が背景にある。

カナダの先住民はイヌイットのような北方民族だけでなく、ネーティブ・ピープル（ファースト・ネーションズ）がおり、それらもまた多くの民族に細分される。それら先住民は総人口の6％に満たない。

自治を認められたイヌイットは、以前イグルーという氷雪で作られた家に住み、アザラシなどを糧とする狩猟活動を行っていた。

しかし、現在は政府により定住化が推進され、定住のための家屋も提供され、仕事がなければ生活保護なども受けられる。一方で、こうした生活はストレスをまねき、生きがいをなくし、アルコール依存症や麻薬に手を出し、自ら命を絶つ人も少なくない。休暇などで伝統的な生活を楽しむ人もいるが、犬ぞりに代わるスノーモービル、手漕ぎに代わるエンジン付きの船などを購入せねばならず、収入の多い先住民に限られている。

バハマ
キューバ
ドミニカ共和国
北回帰線
①
②
メキシコ
ハイチ
③
ベリーズ
ジャマイカ
ホンジュラス
④
⑥
⑤
⑦
グアテマラ
⑧
ガイアナ
エルサルバドル
スリナム
ベネズエラ
ニカラグア
（仏領ギアナ）
コスタリカ
コロンビア
パナマ
赤道
エクアドル
ブラジル
ペルー
ボリビア
南回帰線
パラグアイ
①セントクリストファー・ネイビス
②アンティグア・バーブーダ
③ドミニカ国
④セントルシア
⑤バルバドス
⑥セントビンセント・グレナディーン諸島
⑦グレナダ
⑧トリニダード・トバゴ
アルゼンチン
チリ
ウルグアイ
太字は、本文でとりあげた国
0
1000km

Part 5

「ラテンアメリカ」の国々が面白いほどよくわかる！

ラテンアメリカの概観

貧困・富裕、大都市・アマゾン……コントラストの強い国々

Latin America

地球の裏側「日本とラテンアメリカ」意外な結びつき

地球上で最も遠い場所・地球の裏側、それが「対蹠点《たいせきてん》」である。沖縄県那覇市は北緯26度12分、東経１２７度40分にある。その対蹠点は南緯26度12分、西経52度20分。ブラジル南部パラナ州にあたる。ラテンアメリカと日本の距離は遠い。南アメリカ大陸への直行便はなく、途中アメリカなどの都市を経由して、約1日の時間がかかる。季節が反対になることや時差のことを考えると、心理的な距離はもっと遠くなるだろう。

遠距離にもかかわらず、日本との関係は深い。**ラテンアメリカは日本人の有数の移住先であった。**第二次世界大戦後も、ブラジル、ペルー、ボリビア、アルゼンチン、ドミニカなどへ多くの移民を送り出した。現在、ブラジルは約２００万人の日系人が住む世界最大の日系人居住地である。また、正確な統計はないが、ペルーでは日系人アルベルト・フジモリ氏がかつて大統領になるなど社会の各分野で活躍している。一方、

南米移住者募集ポスター
（1963年頃：沖縄公文書館提供）

日本にはブラジル、ペルーなどから約30万人の日系人が滞在しており、**中国人、韓国・朝鮮人に次ぐコミュニティーを形成している。**

貿易では、鉄鉱石や銅鉱などの地下資源、コーヒーや大豆、鶏肉、サケなどの農畜産物および海産物の重要な輸入先になっている。

自然環境からみても結びつきがある。南アメリカ大陸の西側を南北に走るアンデス山脈は、日本列島と同じ環太平洋造山帯に属している。火山が多く、地震などの被害を受けることもある。1960年5月、チリ中部のコンセプシオン付近（バルディビア）で起こった地震による津波が日本を襲い、三陸海岸で大きな被害があった。逆に2011年の東日本大震災の津波はチリを襲っている。世界的な津波警報システムのおかげで人的被害はなかったものの、多くの家屋が流出したという。

揺れる政治――社会情勢が安定しないのはなぜ

2022年、ブラジルでは大統領選挙が行われ、現職のボルソナロ大統領が破れ、左派のルーラ元大統領が勝利した。ラテンアメリカには、ブラジルを筆頭に、選挙のたびに方向転換が起こり、そして時には軍事介入が起こるなど政治が安定しない国が多い。その理由の一つが「経済のコントラスト」だ。日本人は、何

●メキシコ
1929年から中道右派政権が続いたが、2018年大統領選で左派、ロペス・オブラドール氏が勝利。初の左派政権が誕生
●コロンビア
中道右派、右派政権が続いてきたが、22年の元左翼ゲリラのペトロ氏が勝利、左派政権が発足
●ベネズエラ
1998年大統領選で反米左派、チャベス氏が勝利。通算4選。2013年以降、マドゥロ氏が独裁色を強める
●ブラジル
2002年大統領選で左派、ルーラ氏が勝利。06年再選。18年に極右、ボルソナロ氏が勝利、22年ルーラ氏が勝利し、左派が政権を奪還
●ホンジュラス
2005年大統領選で左派、セラヤ氏が勝利も09年に軍によるクーデターで失脚。21年11月大統領選でカストロ氏が勝利し、左派政権が復活
●ニガラグア
2006年大統領選で反米左派、オルテガ氏が返り咲き当選。21年11月までに連続4選し、独裁色を強める
●ペルー
2000～2010年代前半は中道、中道左派が政権を握った。21年6月に大統領に選出された左派のカスティジョ氏が2022年に弾劾され副大統領のディナ・ボルアルテ氏が同国初の女性大統領に就任。5年ぶりに左派政権が復活
中南米で進む左傾化
●独裁色の強い左派政権
●緩い左派
●ボリビア
2005年12月の大統領選で反米左派、モラレス氏が先住民として初当選し、19年まで3期務める。右派による「クーデター」を経て20年にアルセ氏が当選、左派政権が復活
●チリ
民政移管後は中道右派と中道左派政権が続いた。2021年12月の大統領選で左派、ボリッチ氏が勝利。22年3月に初の左派政権誕生へ
●アルゼンチン
2003年大統領選で左派、キルチネル氏が勝利。15年に中道右派が政権奪取。19年大統領選でフェルナンデス氏が勝利し、左派政権が復活

（毎日新聞〈2022年2月5日〉を2023年5月時点の実情に合わせて一部改変した）

中南米を席巻した左派政権

かと平均を気にする国である。学生は試験のたびに「平均点は？」と聞いてくる。会社員も「平均的」な業績を気にしている。しかし、**ラテンアメリカには「平均的」なるものは存在しない。**

具体的な指標で見てみよう。貧富の格差を示す指標としてしばしば使われるのがジニ係数（0から1の範囲で表され、値が大きいほど格差が大きいことを示す）。国連開発計画（UNDP）の「人間開発報告書（2021／2022）」によると日本は0・33。最も低い国は中央ヨーロッパにあるスロバキアの0・23。北欧や東欧には低い国が多い。

アメリカ合衆国は先進国の中では格差が大きい国として知られているが、それでも0・41である。一方、ラテンアメリカ諸国では、ブラジルで0・49、コロンビアで0・54、アメリカより低い値の国は、世界で一番貧しい大統領として有名だったムヒカ氏を生んだウルグアイ（0・40）など数カ国にすぎない。

地方に大農場を所有し、都会には大邸宅、そしてレジャーはヨーロッパの別荘で過ごす富裕層。一方、都市の周辺部に広がるスラム街で、その日の暮らしもままならない人々。**こうした経済格差が、政治的な不安定さをつくり出す。そしてそれが治安の悪化につながり軍の介入のきっかけになる。**

低地と高山、熱帯雨林から氷河、そして砂漠

コントラストは、社会・経済面だけではなく、自然環境にも見出せる（327頁地図）。

赤道直下、アマゾン川流域の大密林地帯セルバ。高温で多雨な自然は、長い間、人の侵入を阻んできた。最南部はチリとアルゼンチンにまたがるフエゴ島。南緯55度に達するこの島では、氷河が低地にまで流下し

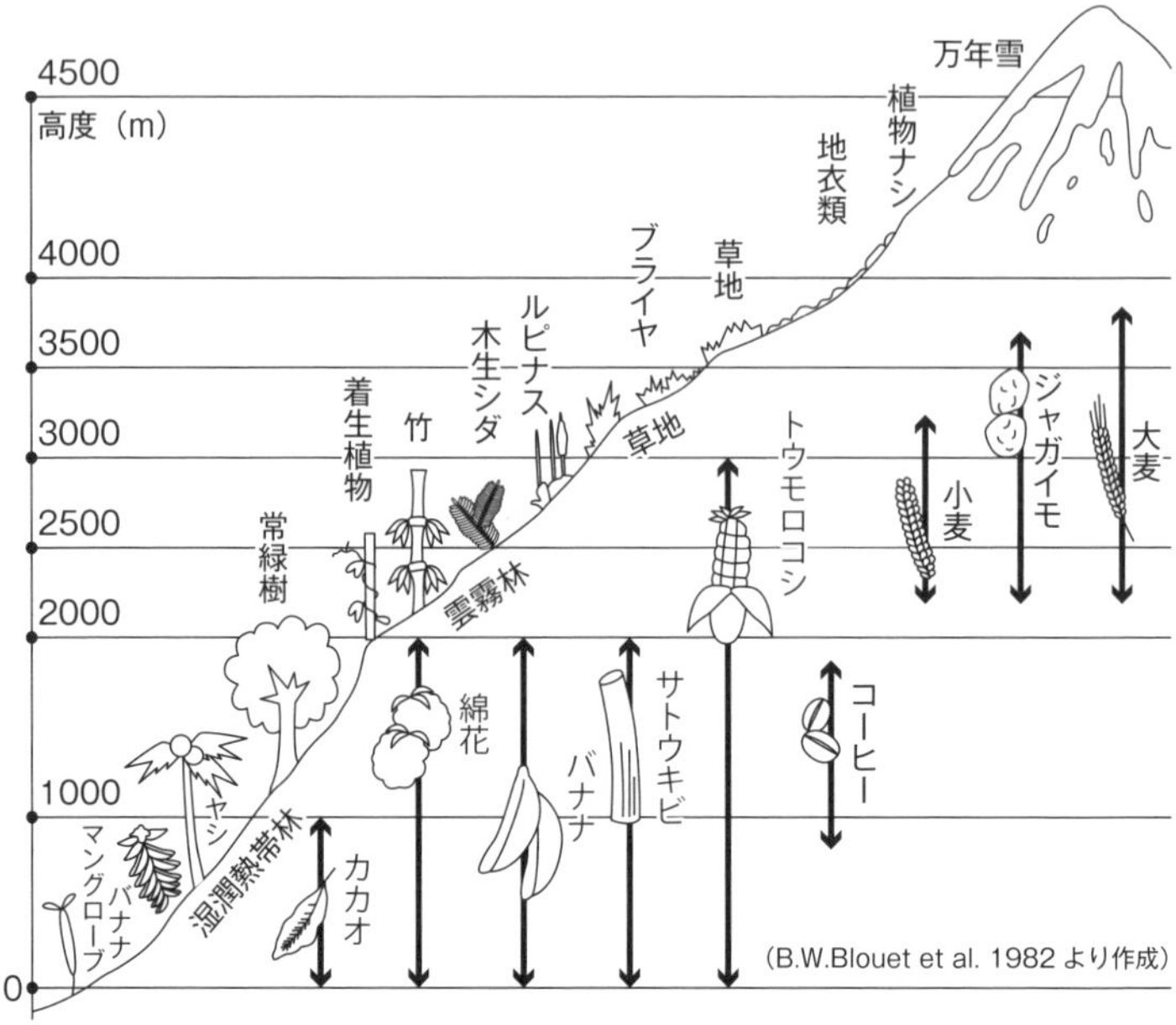

高度帯別植生

ている。チリの海岸線は氷河によって形成されたフィヨルド海岸になっている。

大陸の西側、南北に連なるアンデス山脈。 南端部を除くと３０００ｍを超える山々が連なる。中央アンデスでは５０００ｍ級の高山も少なくない。高度の差が大きく、垂直的な気候変化がみられる。低地は熱帯であっても、１０００ｍを超えると涼しくなり、２０００ｍくらいになると常春《とこはる》の気温になる。３０００ｍの高原地帯でも、いくつもの都市が立地している。さらに４０００ｍを超えると万年雪がみられる。こうした垂直的な変化に対応した人々の暮らしのコントラストは大きい。

またアンデス山脈は東西方向の大気の流れを断ち切るため、東側と西側のコントラストも大きい。南緯10度付近では、東側は比較的降水量が多く熱帯雨林やサバナが広がる。

一方、西側は世界で最も降水量の少ない地域で、海岸砂漠が広がっている。これは、太平洋沿岸を流れる寒流のペルー（フンボルト）海流の影響で、高気圧ができることにもよる。

人口分布のコントラストも顕著だ。海岸部には多くの都市があるのに対し、内陸部の都市は限られる。ヨーロッパとの結びつきで開発されたため、大西洋の海岸沿いは開発が進んでいるのに対して、アマゾン地域など内陸部の多くがいまだ手つかず。

ブラジルでは内陸部の開発を促進する目的もあって、1960年に内陸部に新都市ブラジリアを建設し、リオデジャネイロから首都を移転させた。今日でも内陸部の開発は進められているが、海岸部の都市も人口増加しているので、人口分布のコントラストは顕著なままである。

「人種差別が比較的少ない」は本当？

ラテンアメリカの大都市の街角を歩く人々の「かお」は実にさまざまである。「世界の人種の標本室」とまでいわれている。多様な人種・民族構成はどのように形成されたのだろうか。

1492年、コロンブスが西インド諸島のサンサルバドル島（ワットリング島）に到達して以来、スペインやポルトガルによる開発が始まった。資源に恵まれたこの地域にはイベリア半島から一獲千金を狙って多くの人がやってきた。

それ以前からラテンアメリカの地に住んでいたのはインディオとよばれる人々である。この名称はコロンブスの誤解から生じており、「インド人」とは直接関係がない（262頁参照）。彼らは、2万～1万5000年前にユーラシア大陸からやってきたモンゴロイド系の人々である。そしてラテンアメリカの多様な自然環

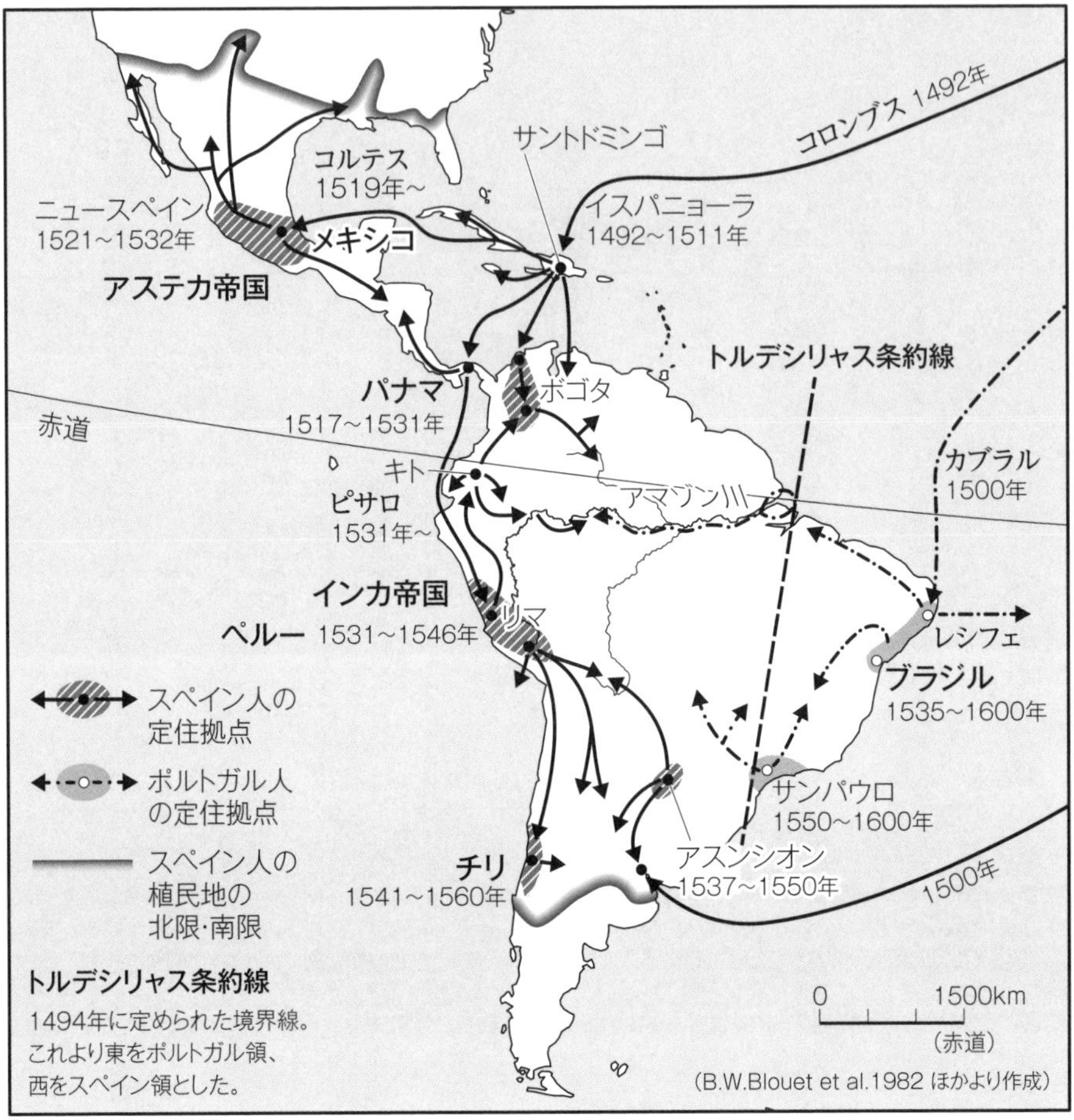

（B.W.Blouet et al.1982 ほかより作成）

ラテンアメリカの植民地化

境に対応した文化を築いてきた。中にはアステカ文明やインカ文明など非常に高度な文明もあった。今日でもペルーやボリビアといったアンデス諸国の、最大の人種・民族グループである。

「インド人」はいないのかというとそうではない。たとえばガイアナ共和国の最大の民族集団は「インド人」。奴隷制度撤廃以降プランテーションに契約労働者として渡ってきた人々が祖先である。

もちろんアフリカ系も多い。プランテーションの適地が多かったラテンアメリカには、アメリカ合衆国よりはるかに

ラテンアメリカの多様な人種構成（言語と人種）

メスティソ：ヨーロッパ系と先住民の混血　ムラート：ヨーロッパ系とアフリカ系の混血

地域	国・地域	主な言語	先住民	ヨーロッパ系	アフリカ系	メスティソ	ムラート	インド系	インドネシア系
中米	メキシコ	スペイン語	30%	9%		60%			
	グアテマラ	スペイン語	41%	8%		51%			
カリブ海	キューバ	スペイン語		64%	9%		27%		
	ドミニカ共和国	スペイン語		16%	11%		73%		
	ハイチ	フランス語			95%				
	ジャマイカ	英語			92%		6%		
南米北東部	ベネズエラ	スペイン語		20%	10%	64%			
	ガイアナ	英語	7%		30%			44%	
	スリナム	オランダ語			15%		18%	37%	15%
	仏領ギアナ	フランス語		12%	66%			12%	
アンデス	コロンビア	スペイン語		20%	10%	58%			
	エクアドル	スペイン語	7%	11%		77%			
	ペルー	スペイン語	45%	15%		37%			
	ボリビア	スペイン語	55%	15%		30%			
	チリ	スペイン語	5%	22%		72%			
南米南東部	アルゼンチン	スペイン語		86%		7%			
	ウルグアイ	スペイン語		88%	4%	8%			
南米内陸	パラグアイ	スペイン語	2%	9%		86%			
ブラジル	ブラジル	ポルトガル語		54%	6%		39%		

『データブック　オブ・ザ・ワールド』ほかより作成。おもな人種・民族のみ記す

多数の人がアフリカから奴隷として連れてこられた。現在、カリブ海に浮かぶ**ハイチやジャマイカなどは国民の9割以上がアフリカ系**である。ブラジルでは、アフリカ系人口の割合は10％に満たないが、混血を含めれば半数近くになるという。19世紀以降はイベリア半島以外のヨーロッパから大量の移民が流入した。数の上ではイタリア人が最も多く、ほかにドイツ人、フランス人など。また、中国人や日本人などアジア系の移民も受け入れてきた。

多人種・多民族で構成されるラテンアメリカには、アメリカ合衆国でみられるような「人種・民族問題」は顕在化しない。その最も大きな理由は、混血が進んだことである。社会経済的な格差は大きいものの、「人種・民族」と結びつけにくいのである。

隣国アメリカとの関係は……

メキシコ合衆国

United Mexican States

面積 196.4万㎢（日本の約5倍）
人口 1億2,670.5万（2021年）
言語 スペイン語
宗教 カトリック（2020年）

「メキシコ革命」は世界最初の社会主義革命

メキシコの正式国名は、「Estados Unidos Mexicanos（スペイン語）」。わが国の外務省による日本語表記ではメキシコ合衆国。隣接するアメリカと同じ「合衆国」。政治体制もよく似ている。アメリカの政治では民主主義を大切にしている。メキシコも同様である。政治が不安定なラテンアメリカの中にあって、例外的かもしれない。

１９１０年頃から１９１７年にかけてのいわゆる「メキシコ革命」は、世界最初の社会主義革命ともいわれている。社会主義革命というと特定の革命組織が指導したものと考えがちだが、メキシコはそうではなかった。その意味では、真に民主的革命であったといえそうだ。

１９１０年当時のメキシコは、ポルフィリオ・ディアスが１８７６年より30年以上にもわたって独裁政治を行っていた。長期の政権の下で経済は成長し、中間層を生み出す一方で、独裁政権に対する不満は徐々に蓄積し、政治的な権利を求める行動を引き起こした。これに政権内部の対立や地方農民の反乱が加わって、さまざまな衝突が繰り返されるようになった。1917年の憲法制定でメキシコ革命は終結したが、この過程で、大土地所有者は力を失い、新たな政権で行われた農地改革によって、植民地時代からの大土地所有制は解体することになった。

また、今日でいう「資源ナショナリズム」（天然資源を自国で管理・開発するという民族的主張）も強まった。憲法では、革命時にアメリカの支配下にあった多くの鉱山も、メキシコ主権に属することが明示された。

さらに、この憲法は、**世界で初めて社会権を規定した憲法**といわれている。具体的には、人間の平等や表現の自由、教育を受ける自由、労働者の権利などが明示され、その後、世界各国の憲法に影響を与えた。

経済格差の激しいラテンアメリカの中では、比較的中間層が厚く、政治・経済的に安定しているといわれるが、その基盤はこうしてつくられたのである。

国境に移民殺到——隣り合う2つの合衆国

メキシコとアメリカ。似たような政治体制をもつ2つの国が接する国境地帯。特徴的な景観が衛星画像からもはっきりわかる。直線状の国境には高いフェンスが建設され、緩衝帯と思われる空閑地がアメリカ合衆国側に設置されている。同じく直線状の国境線のカナダとアメリカの間は簡単な金網のフェンスがあるくらい。誰が見てもメキシコとの国境のほうが厳格に見える。

アメリカはメキシコを拒んでいるようだ。実際、トランプ前大統領は、メキシコとの国境に「壁」を建設、徹底した移民制限政策をとってきた。バイデン政権になって「壁」の建設は中止となったが、移民を制限する政策は続いている。移民を制限されていても不法に越境する者も多い。2021年度の不法越境者数は165・9万人。2022年度は200万人を超えている。メキシコ以外の中南米諸国からの越境者の増加と、コロナの流行やそれにともなう経済の疲弊が要因である。

しかしながら、移民の問題は1980年代から顕在化しており、移民の数としてはメキシコが最大である。**移民問題の根本的要因は、アメリカとメキシコの経済格差**にあると考えられている。実際、アメリカの1人当たりGDPは約7万ドル、これに対してメキシコは約1万ドル（2021年）。7倍もの開きがあるのだ。

1980年代、メキシコとアメリカは「北米自由貿易協定」（NAFTA／現在は「米・メキシコ・カナダ協定」＝USMCA）の枠組みで移民を食い止めようとしてきた。たとえば、「マキラドーラ」（現在はIMMEX）。アメリカ合衆国から原料や部品をメキシコに運び、メキシコの工場で加工して、製品はアメリカに持ち帰る。こうした国境を越える物資の移動は貿易行為となり、通常は関税や通関手続きが必要だが、これに特例を与えたのである。

メキシコは、アメリカの企業を誘致することで国内の産業不振や失業問題を解決しようとしたのである。一方、アメリカもメキシコの経済が向上すれば移民は少なくなると考えた。さらに、アメリカの経営者にとってもメキシコに工場を建てることで人件費の抑制につながる。双方にとってメリットがあると考えられてきた。**マキラドーラによってアメリカとメキシコの双子都市（国境をはさんで並んだ都市）は大きく発展した。**しかし、それによって移民問題が解決したかといえばそうではない。

NAFTAによる自由貿易は、メキシコの農村部に大きな影響を与えた。メキシコは、革命の結果、中小農場が中心である。**農業の自由化はこの中小農場に深刻な影響を与えた**のである。

中小農場は自給的色彩が強く、農産物の市場もローカルなものである。ここにアメリカで大量生産された農産物が流入して、中小農場の基盤を奪ったのである。中小農場の農民がその仕事を失ったとしても、マキラドーラに代表される新しい産業に吸収されず、むしろ低賃金の農業労働者を必要としているアメリカの農業現場に吸収される。つまり、メキシコ国内にPushの要因があり、アメリカにPullの要因があるのだ。

メキシコからの移民が多いアメリカのカリフォルニア州やアリゾナ州、テキサス州などは、１８４６～１８４８年の米墨戦争《べいぼくせんそう》以前はメキシコの領土であった。今日の人口移動は、失った国土の回復運動といえるかもしれない。

「世界で最も地盤沈下が進む」巨大都市

首都メキシコシティは、大都市圏人口２０００万を超える世界最大級の都市である。その原型は14世紀初めに建設されたアステカ帝国の首都テノチティトランである。13世紀末、メキシコ盆地にやってきたアステカ人が、テスココ湖という湖の中心部を干拓して首都を建設したのである。

１５１８年、スペインのコルテス将軍は、この大都市と緑豊かな水辺を見て繁栄ぶりに目を疑ったという。コルテス将軍はこの都市の上に現在のスペイン風の都市としてのメキシコシティを建設した。スペインの支配下でさらに発展、テスココ湖を排水して、街を広げた。すなわち、メキシコシティは湖の上に建設されたのである。

世界遺産にも登録されている美しい街並みだが、**世界で最も地盤沈下が進んでいる**ことでも知られている。その沈下速度は最大で年50㎝にもなるという。植民地時代（18世紀初め）に建てられたグアダルーペ寺院（カトリック教会）は傾き、20世紀初頭に建設されたベジャス・アルテス宮殿も地に沈み込んでいる。雨季にはいたるところで浸水騒ぎが起こっている。

もともと地盤が弱く、都市住民の水需要を賄うために地下水がくみ上げられてきたことが原因である。地下水のくみ上げをやめれば地盤沈下はやがて止まると考えられている。しかし、一度沈んでしまったものを元に戻すことは難しい。

問題はこれだけではない。かつては「世界一」とされたこともある「大気汚染」。近年は改善されつつあるとはいえ、解決しているわけではない。メキシコシティ周辺には工場が集中、交通量も排ガスも多い。標高２３００ｍに位置するため酸素が薄く、不完全燃焼を起こしやすい。盆地の底に位置する市域は、こうして発生したスモッグにおおわれやすいのである。

また、都市周辺部には広大なスラム街が広がる。賃金が安く、不安定な農村部から人々は職を求めて都市へ流入する。しかし、都市でも職があるわけではない。スラム住民は路上での商売や再生資源となるようなごみ集めなどのインフォーマルセクターで稼ぎ、その日暮らしの生活をする。こうした状況下では犯罪も多い。メキシコシティは、発展途上国の巨大都市の縮図といえるかもしれない。

大航海時代から培った友好――親密な日墨《にちぼく》関係

日本の国会議事堂の住所は、東京都千代田区永田町。永田町に大使館をおく唯一の国がメキシコである。このことに象徴されるように**日本とメキシコは長い友好関係がある。**

１６１３年、伊達藩主伊達《だて》政宗《まさむね》が支倉常長《はせくらつねなが》を正使とする使節団をスペインおよびローマに送った。彼らは太平洋を越え、当時スペインの支配下にあったメキシコに日本人として最初の足跡を残したのである。

明治時代になってから日本は欧米諸国と外交関係を結んだが、それらは「不平等条約」であった。１８８８年、メキシコとの条約が欧米諸国との「初めて」の「平等」な条約となった。

現在でも親密な関係は続いている。たとえば、メキシコの街を走る自動車の約半数は日産やトヨタなど日系企業のものだ。一方、日本は、豚肉やカボチャ、アスパラガスなど多くの食料品を輸入し、私たちの食卓を豊かにしている。

「カストロ後」の政治・経済はどこへ向かうのか

キューバ共和国

Republic of Cuba

面積　11.0万㎢（本州の約半分）
人口　1,125.6万（2021年）
言語　スペイン語
宗教　宗教は原則として自由 カトリック、プロテスタント等

ドラマ『ドクターX』大門未知子はなぜキューバへ？

キューバの首都ハバナ、ここからアメリカ本土最南端キーウエストまでの距離約１７０㎞。２０１３年には64歳の女性がこのフロリダ海峡を泳ぎ切ったことがニュースになった。このようにキューバとアメリカの実際の距離は近いが、社会的・経済的距離がきわめて「遠い」。

キューバは**カリブ海の島の中で最大の面積を有しており、スペインによるカリブ海支配の中心**であった。恵まれた自然環境から、農業は盛んで、サトウキビやタバコの栽培は植民地時代からの歴史がある。今日でも、サトウキビを原材料とするラム酒「ハバナクラブ」は世界的ブランドであり、「ハバナ」は最高級の葉巻たばこ（シガー）の代名詞だ。

１８９８年、米西戦争《べいせいせんそう》の結果、スペインはキューバを放棄、アメリカの援助で独立を果たした。これ以降アメリカはこの島に積極的に投資をした。バナナやコーヒーなどの大農園の開発や軽工業の進出、さらには、美しい街並みや自然を背景にした観光事業。アメリカの経済的影響は非常に強いものがあった。さらに、アメリカはグアンタナモに海軍基地を置き、キューバを事実上支配下においた。キューバの経済は潤っているように見えたが、富は一部富裕層に集まり、国民の多くは苦しい生活を強いられていた。反米感情が高まる中、1952年に政権を掌握したバティスタ大統領は強権的な政治を行った。

この時期に登場したのがフィデル・カストロである。彼はゲリラを組織して政府と戦った。一度は失敗するものの、再度革命軍を組織して、1959年バティスタを亡命させ、政権を掌握することになった。

カストロ自身は、もともと反米的というわけではなかったが、農民の搾取の象徴とみなされた大農園やマフィアが資金を出していたカジノホテルなどアメリカ企業の接収と国有化を強力に進めた。これに対して、アメリカは援助の打ち切りや輸出禁止などを行い、1961年には国交断絶となった。一方、キューバはソ連に近づき、**1962年には「キューバ危機」とよばれる深刻な事態**にまでなった。

カストロの改革は、キューバ国内では好意的に受け止められた。国民の多くは以前より豊かになり、教育水準も上がった。医療体制も充実するなど成果は大きかった。ちなみに、人気のテレビドラマ『ドクターX』。主人公の大門《だいもん》未知子《みちこ》の留学先がキューバ・クバナカン医科大学。もちろん架空の大学であるが、**キューバの医療、特に公共医療の水準は国際的にもレベルが高い**ことで知られている。

ラテンアメリカの多くの国では、社会主義的な左派が一定の力をもっている。それは、キューバと同じようにアメリカに搾取されてきたからであり、アメリカとの経済関係を断ち切っても国民生活を向上させてきたキューバはモデルと考えられてきたのかもしれない。

一方で、個人の自由が制限される社会主義体制になじめない人も少なくない。こうした人の中には、アメリカに向けて亡命する人もいる。その行先の代表が、フロリダ半島の中心都市マイアミ。おかげで、マイアミ市は「北のハバナ」ともよばれるようになった。

冷戦終結から25年、２０１５年アメリカ・オバマ政権のもとで国交は回復した。翌２０１６年にフィデル・カストロは90歳で亡くなり、そのあとを引き継いだ弟のラウル・カストロも２０２１年、政界を引退した。革命世代の最後の仕事が、アメリカとの関係の改善であった。新しいキューバが、新しい世代の手で築かれるに違いない。

「超人」を次々輩出するスポーツ大国

金7、銀3、銅5。キューバが２０２０年東京オリンピック（新型コロナの影響で２０２１年開催）で獲得したメダル数である。キューバの人口は約１１００万、オリンピック発祥のギリシャと同じくらい。ギリシャのメダル数は金銀銅あわせて4つにすぎない。全盛期と比べるとメダル数は減ってはいるが、世界有数のスポーツ大国であることは確かである。

アメリカ生まれのスポーツである野球は国技といってよい。１９９２年バルセロナ大会から２００８年の北京大会まで5大会でオリンピック正式種目として実施されたが、その間に金メダル3回、銀メダル2回。ＷＢＣ（ワールド・ベースボール・クラシック）にも毎回出場している。アメリカ生まれのスポーツでアメリカ以上の成績を上げる。キューバ人にとって誇らしいことなのかもしれない。

COLUMN

カリブ海諸国――『パイレーツ・オブ・カリビアン』の舞台は

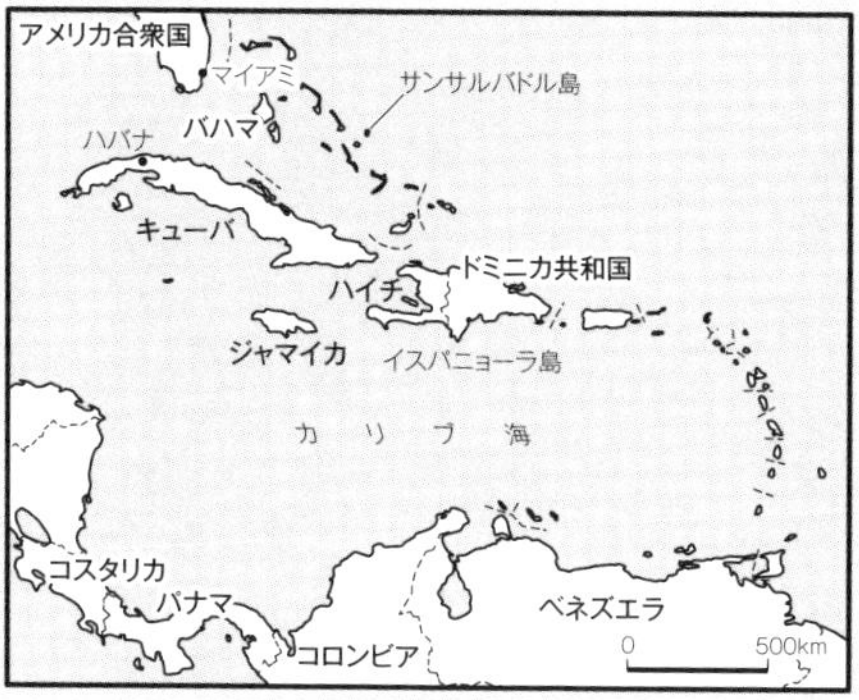

『パイレーツ・オブ・カリビアン』。ディズニー映画とテーマパークのアトラクションで有名である。また、イギリスの作家スティーブンソン著『宝島』の舞台でもあるカリブ海地域。

1492年コロンブスが最初に上陸したのが現在のバハマ諸島のサンサルバドル（ワットリング）島。これ以降この地域の激動の歴史が始まる。

カリブ海地域は無人の地であったわけではない。最初にこの地を領有したスペイン人は、ここで貴金属を探し当てようとした。そのため原住民を働かせたが、過酷な労働とヨーロッパ人がもたらしたインフルエンザのため、わずか数十年でほとんどいなくなってしまった。貴金属はなかったが、暑い気候と豊かな火山性の土壌は、サトウキビやタバコ、綿花、コーヒーなどの栽培には最適な条件であった。やがてイギリスやフランス、オランダ、さらにはアメリカが進出して、プランテーションを経営した。労働力は、アフリカから多くの人を奴隷として連れてきた。1451年から1870年までの間に、アメリカ合衆国の10倍近くの奴隷が運ばれた。そのため「アフロアメリカ」ともよばれるくらいアフリカ系が多い。そして、奴隷制が撤廃された後には契約労働者としてインド人がやってきた。こうしてヨーロッパ系・アフリカ系・インド系が複雑に混ざる地域が創り出されたのである。

ラテンアメリカの大陸部のほとんどがスペインとポルトガルの植民地であったのに対して、カリブ海地域は複雑だ。スペイン・イギリス・フランス・オランダ・そしてアメリカと島ごとに支配者が異なっていた。中にはイスパニョーラ島のように、二分されている島もある。現在この島の西部はハイチ共和国（公用語はフランス語とハイチ語）、東部はドミニカ共和国（公用語はスペイン語）である。

当然話される言語も多様である。意思疎通のために、ヨーロッパの言語を基にしたクレオール語が創り出された。さまざまな文化もまじりあい、独自の文化が生み出されてきた。こうした複雑な関係が「海賊」を生む土壌になったのかもしれない。

ところで、現在この地域はどうなっているのだろうか。昔の海賊はこの地に「宝」を隠したと考えられてきた。現在では、世界中の多くの富豪が「宝」を隠している。なぜならこの地域には「タックスヘイブン」が多いからである。小さな島国では有力な産業が育ちにくい。そのため、所得税や法人税を安くして、資金が集まるようにしたのである。お金だけでなく、観光客も多く集まっている。青い海とビーチを有するこの地域は、クルーズ船の目的地としても人気の地域である。

もちろん、すべての島が豊かというわけではない。ハリケーンや火山噴火・地震などの被害もあって、世界最貧国に数えられている国もある。

南北アメリカを結ぶ「地峡地帯の国々」

パナマ共和国とコスタリカ共和国

Republic of Panama & Republic of Costa Rica

パナマ共和国
面積 7.5万㎢
人口 435.1万(2021年)
言語 スペイン語
宗教 カトリック

コスタリカ共和国
面積 5.1万㎢
人口 515.4万(2021年)
言語 スペイン語
宗教 カトリック

運河のためにアメリカが独立させた国

メキシコの南からコロンビアの北まで、**南北アメリカの地峡地帯には7つの国がある。そのうち最も有名なのはパナマ。カリブ海と太平洋を結ぶパナマ運河を有する国**である。

パナマはもともとコロンビアの1つの州であった。しかしパナマ運河の建設を行っていたアメリカは、地政学的重要性からこれを支配下におくことを考えていた。そこで、パナマシティの革命家をあおって分離独立させ、パナマ政府から運河地帯の永久租借権《そしゃくけん》を確保した。運河は1914年に開通したが、その結果、アメリカの大西洋岸と太平洋岸が従来の半分以下の距離で結ばれることとなり、大きな便益を受けた。

パナマ運河は、水位差を調節して船の通航を可能にする閘門式《こうもんしき》運河。技術的な問題からこれを通る船舶の大きさには制限がある。現在まで拡張事業の結果、全長366m、全幅49m、喫水15・2m、最大高57・1mの大型船が通行可能になっている。

なお2000年に運河地帯はパナマに返還され、運河庁が管理運用を行っている。**運河収入のおかげで、パナマはラテンアメリカ中で最も経済水準の高い国の一つ**になっている。

『火の鳥』『ジュラシック・パーク』のモデルとなった国

パナマのすぐ北に位置する国コスタリカ。コスタリカとはスペイン語で「富める海岸」という意味。手塚治虫の『火の鳥』のモデルといわれる「ケツァール」など美しい鳥が生息し、海岸はウミガメの世界的な生息地である。世界遺産のココ島は映画『ジュラシック・パーク』の舞台となった。豊かな自然環境を守るために国土の25％以上を自然保護区としている。また、**「エコツーリズム」発祥の地**としても知られており、現地住民の生活に配慮した観光開発を行うことで、環境保護の重要性を世界中に広めることに貢献している。

もう一つ特筆すべきことがある。それは1949年に制定された憲法で、**常備軍を廃止した**ことである。現在でも、戦車や大砲などの重火器はもたず「非武装」を貫いている。一方で、平和を維持する努力は怠らない。首都サンホセの郊外には国連平和大学がおかれており、世界中から集まった頭脳が「平和」という理想に向かって研究を続けている。また、ラテンアメリカには政治的に不安定な国が多いが、コスタリカは例外的である。教育水準は高く、民主主義が定着している国として知られている。日本では国政選挙に際して、「コスタリカ方式」という言葉が聞かれることがある。コスタリカでは**政治家の腐敗を防ぐ目的で同一選挙区における連続再選が禁じられている。**つまり、小選挙区と比例区の候補者を選挙ごとに入れ替える、日本でいう「コスタリカ方式」とは意義も目的も全く異なっている。

「コーヒー・切り花・エメラルド」の産地

コロンビア共和国

Republic of Colombia

面積 114.2万㎢（日本の約3倍）
人口 5,151.7万（2021年）
言語 スペイン語
宗教 カトリック

シモン・ボリバルの夢――南アメリカの統一国家

ヨーロッパ人によるアメリカ大陸の「発見」者、クリストファー・コロンブス。コロンビアという国名は彼の名にちなんでつけられている。独立前は、スペインの植民地でヌエバ・グラナダと称していた。

19世紀前半、南アメリカ大陸ではスペインからの独立運動が各地で起こった。ベネズエラ生まれのシモン・ボリバルは各地の独立運動を指導するとともに、南アメリカ大陸の統一した国家の樹立を試みた。そして、ベネズエラとヌエバ・グラナダの連合国家としてつけられた名称が「グラン・コロンビア」であった。

結局、ボリバルが夢見た統一国家は築かれることはなかった。しかし「コロンビア」の名称は、この国の名前に引き継がれることとなった。この地に統一国家ができなかった理由は、複雑な地形や人種・民族構成にあるのかもしれない。今でもコロンビア共和国は政治的に不安定な国として知られている。

実際、コロンビアは太平洋とカリブ海に面し、標高も0mから5000mを超える高山地帯まで、それに加えてアマゾン川やオリノコ川の低地帯があり地形も気候もさまざまである。当然地域ごとに暮らし方が異なっている。スペインという共通の「敵」がいればまとまることができたのであろう。

スペイン人を虜《とりこ》にした「エメラルド伝説」

コロンブスがアメリカ大陸に到達してから、スペイン人は次々にこの地にやってきた。火をつけたのが「エルドラード」の伝説。アマゾンの奥地、アンデス山中に黄金郷があるという伝説である。

実際にこの地域では金の採掘が行われており、先住民の儀式では金の装飾品も使われていた。

グラン・コロンビアの構想

1541年スペイン人のコンキスタドール（征服者）、ピサロによってはじめてエルドラード探索が行われた。その後も多くの人々が目指したが、「エルドラード」は発見できなかった。しかし、遺跡の発掘調査で「黄金の装飾品」が発見されることがあり、伝説はこれからも語り継がれていくだろう。

「エルドラード」は発見できていないが、**宝石の産出は世界有数**である。「金」は2021年約50トンの産出にすぎないが、エメラルドは世界の50%を産出するといわれている。

「コカ栽培」が生む不安定な社会

エメラルドで国家経済が成り立つわけではないが、コロンビアは資源が豊かな国であることは間違いない。

石油や石炭資源を有し、それらは主要な輸出品となっている。

こうしたこともあって、１９８０年代の中南米債務危機の際にも債務繰延を実行せず、プラスの成長を保ってきた。コロナの影響で２０２０年にはマイナス成長に落ち込むものの、翌年には回復するという力強さをもっている。

ところで、コロンビアといえばコーヒーで有名である。産出量はブラジル、ベトナムに次いで世界第3位。ただ、品質の面ではこれらの国より高いと評価されている。それは、この国の位置にある。赤道には近いが標高が高く、昼夜の温度差が大きいアンデスの高原地帯が、コーヒーの栽培適地なのだ。

こうした高原地帯ではあまり好まれていない植物の生産でも有名であった。「コカ」である。麻薬として有名であるが、現地ではこの葉で「茶」を作っており、日常飲料になっている。コカの葉はコカインの濃度が薄いため、茶として飲用するならば、依存性や精神作用はきわめて弱く、高山病の対策として観光客にも飲むことがすすめられている。

一方、コカの葉から麻薬である「コカイン」を抽出することができるため、日本やアメリカなどでは規制の対象になっている。ここに「マフィア」が絡んでおり、このことも不安定な社会をつくり出す温床になってきた。近年はコカインに代わる商品作物の栽培が推奨されている。それが花卉《かき》栽培で、カーネーションの輸出は世界最大になっている。

開発か？ 保全か？ 揺れる大アマゾン

ブラジル連邦共和国

Federative Republic of Brazil

面積	851.6万㎢（日本の22.5倍）
人口	2億1,432.6万（2021年）
言語	ポルトガル語
宗教	カトリック、プロテスタント、無宗教（2010年）

南米初の五輪開催！「世界都市リオデジャネイロ」

ブラジルといえばカーニバル。毎年、2月から3月、ブラジルどころか世界の人々が心待ちにしている。カーニバルはもともとキリスト教の宗教行事で、日本語では謝肉祭《しゃにくさい》といわれている。「四旬節《しじゅんせつ》」（復活祭前の40日間の節制期間）に入る前に行われる祝祭である。カーニバル自体は、ブラジルの各地で行われているが、リオ（リオデジャネイロ）が有名になったのは、ブラジルの社会の中心だからである。

現在、ブラジルの首都は計画都市ブラジリアであるが、1960年まではリオにあった。さらにその前、1808年から1821年まで、ポルトガルの首都（ナポレオン戦争で王室がブラジルに逃れていた）でもあったのだ。現在でもブラジル最大の企業の一つであるペトロブラス社などが本社をおくなど、有数の経済都市である。

コパカバーナ海岸とキリスト像の立つコルコバードの丘などを有する街の景観は、世界遺産にも登録されている。1992年この地で地球サミットが開かれ、「環境と開発に関するリオ宣言」（リオ宣言）とその行動計画である「アジェンダ21」が合意された。**2016年に南米大陸で初めてのオリンピックが開催される**など、国際都市である。

カーニバルは単にキリスト教の祝祭というだけではない。それぞれの地域の土着文化などを取り込んで発展した。ブラジルでは、かつて奴隷であったアフリカ系の人々の文化が融合した。その代表は、サンバ。アフリカ音楽をもとにヨーロッパの音楽の要素が加わって成立した。打楽器を中心とした音楽に、ダンスが加わった総合芸術である。歌われている内容は生活そのものを題材としたものや、人種差別や政治体制への批判などが中心であった。つまり、ブラジルのカーニバルは解放と自由への謳歌といった意味が込められている。

19世紀末から20世紀の初頭、大量の移民によってリオの民族構成は多様化した。ポルトガル系のほかイタリア系やドイツ系、ユダヤ系、レバノン系そして日系など。彼らはリオのカーニバルに新しい息吹を吹き込んでいる。

砂糖→金→コーヒー…モノカルチャー経済の国

ブラジルは南米大陸で唯一ポルトガルの植民地であった。1494年スペインとポルトガルの間で結ばれたトルデシリャス条約によって、西経46度37分以東の地はポルトガルに優先権があるとされたからである。この地域（ブラジル北東部）をノルデステといい、ブラジルで最も早く開発された。

ブラジルの経済史は「サイクル」で語ることができる。つまり新しい輸出商品が開発されてブームになる。ブームがしぼむと次の輸出商品が開発されブームになる。これの繰り返しである。**最初は「ブラジルの木」**。ノルデステに自生するこの木から染料が得られ、ヨーロッパに大量に輸出された。

16〜17世紀は、「サトウキビ」。この地の気候はサトウキビの生産に最適であった。プランテーションの拡大によって多くの奴隷がアフリカから連れてこられ、多民族国家を創り出すもととなった。現在でもサトウキビの生産量は世界1位であり、砂糖としてだけでなく、エタノール原料としても使われている。

18世紀は、「金」と「宝石」のブーム。「ゴールドラッシュ」は終わったが、現在でも鉱産資源はこの国の経済を支える柱の一つになっている。そして**19世紀は「コーヒー」**。現在でも世界一の生産量を誇っている。「金」や「宝石」、そして「コーヒー」のサイクルはブラジルの地域構造も変えた。ノルデステから南東部へ社会経済の中心が移動したのである。**現在は「大豆」**ブーム。広大な内陸の開発が進んでいる。「輸出商品」が経済を左右する。植民地時代の経済の在り方が今日も続いているのである。

コーヒー移民がブラジルの近代化の立役者

ブラジルといえばコーヒー。現在ではブラジルの総輸出の1割にも満たず、国内経済における比重は低下しているものの、世界の総生産量の約3割を占める世界最大の生産国であり、輸出国である。

コーヒーはもともとアフリカのエチオピア高原が原産。ブラジルには、ヨーロッパからスリナムあるいは仏領ギアナを経て伝わったと考えられている。本格的な生産は1760年代に入ってからである。コーヒーの飲用習慣がイスラム世界からヨーロッパに伝わり、ブームになる。そしてアメリカ。1773年の「ボストン茶会事件」をきっかけに、紅茶に代わる嗜好飲料としてコーヒーが重用されるようになったのである。新興国アメリカでの需要が、ブラジルのコーヒーブームをもたらしたのだ。

ブラジルの南東部は、コーヒーの生産に最適な環境が備わっていた。気温が高く雨季と乾季があるサバナ気候と水はけのよい丘陵性の地形、そしてテラローシャという玄武岩が風化してできた土壌。自然環境だけではない。大土地所有制と奴隷制度が生産の拡大を支えた。

1888年、ブラジルで奴隷制度が廃止されると、コーヒー農園の労働力として多くの移民が導入された。そして、その移民こそがブラジルの近代化を握る存在であった。ドイツ・イタリア系の移民は工業化の推進力となり、シリア・レバノン系移民は商業を志向、金融業へも進出し、財界の大物を輩出するようになった。コーヒーがブラジルの今日の基礎をつくったといっても過言ではない。

緑の地獄——アマゾン開発の功罪

アマゾン川流域の熱帯雨林を「セルバ」とよぶ。面積はオーストラリア大陸と同じくらい。**世界最大の熱帯雨林で、何百万種もの動植物や昆虫が生育している。**

熱帯雨林地域では気温が高く降水量も多い。たとえばアマゾン川中流のマナウスの平均気温は26℃を超え、年降水量は約2300㎜にもなる。衛星画像で見ると緑の絨毯のように生い茂る樹木を支えているのは、このような自然環境なのである。

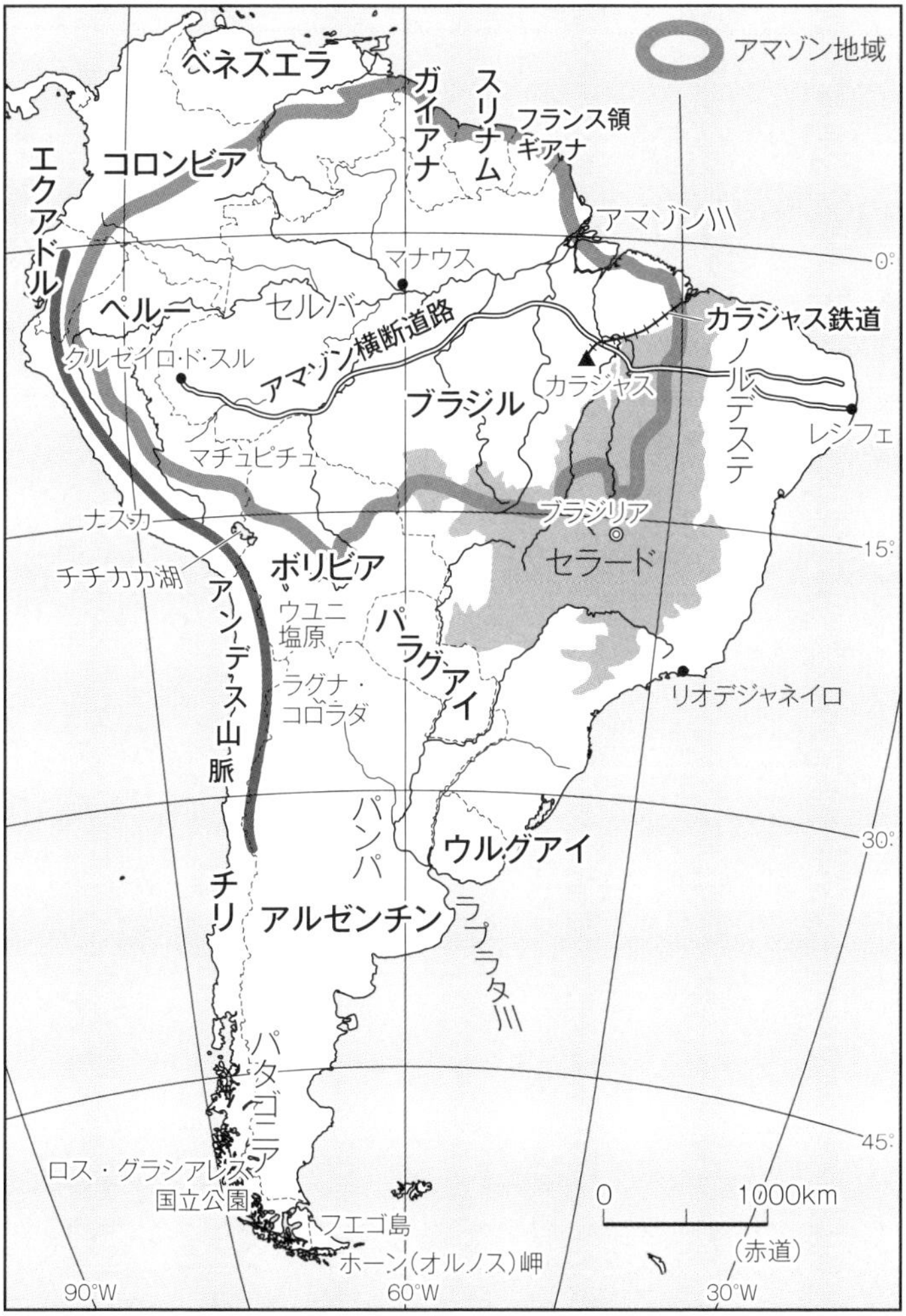
アマゾン地域
ベネズエラ
ガイアナ
スリナム
フランス領ギアナ
コロンビア
エクアドル
アマゾン川
マナウス
0°
セルバ
ペルー
アマゾン横断道路
カラジャス鉄道
クルゼイロ・ド・スル
カラジャス
ノルデステ
ブラジル
レシフェ
マチュピチュ
ブラジリア
ナスカ
セラード
15°
チチカカ湖
ボリビア
アンデス山脈
ウユニ塩原
パラグアイ
ラグナ・コロラダ
リオデジャネイロ
パンパ
30°
ウルグアイ
チリ
アルゼンチン
ラプラタ川
パタゴニア
45°
ロス・グラシアレス国立公園
0
1000km
フエゴ島
(赤道)
ホーン(オルノス)岬
90°W
60°W
30°W

南米大陸の自然とアマゾン横断道路

アマゾン地域は、長い間人々が入り込むことを拒んできた。少数の先住民が自然環境に適応しながら生活をしてきたが、彼らの生活も決して安定したものではなかった。

アマゾンの熱帯雨林は、人間の生命を脅かすさまざまな生物の温床でもあった。蛇やサソリ、クモ、アリなどによる咬・刺傷、マラリアやジカウイルスによる熱病など森の民は常に生命の危険にさらされてきた。

アマゾンの経済開発が始まったのは19世紀。18世紀にアマゾンの奥地で天然ゴムの木が発見されたが、当時は出回っていたコンゴ産の天然ゴムよりはるかに良質のものだった。19世紀半ば、ゴムは電話（電線のシールド）や自動車（タイヤ）の普及によって需要が急増、未開の地であったアマゾンは空前のブームに沸いた。しかし、東南アジアに天然ゴムのプランテーションができるとブームは去り、アマゾンは再び忘れられた。

本格的な開発は1970年代に入ってからである。大西洋岸のレシフェからペルーとの国境の街クルゼイロ・ド・スルまで、5300㎞にも及ぶ**「トランスアマゾンハイウェー」（アマゾン横断道路）の建設が始まった**のである。ノルデステの貧困対策とアマゾンの開発を同時に進めていこうとする計画であった。この道を使って、ノルデステなどから15万人もの貧しい農民を開拓者として送り込んだのだ。

しかし、彼らの多くにとってアマゾンは「緑の地獄」であった。森林を焼いて農場を作ることを試みたが、土壌は貧弱で、1~2年もすると作物が育たなくなる。生活のあてのなくなった開拓者は富裕層に土地を売り、都市のスラム「ファベーラ」の住民になってしまう。富裕層は、こうした土地を牧場にする。イベリア系の富裕層にとって「牧場主」は憧れでもあるのだ。そして現在、牛の頭数ではインドと1、2位を争う。牛肉の輸出では世界1位（2021年）である。

アマゾン周辺に位置する半乾燥地域の「セラード」。長年不毛の土地とみなされてきた。今では森林が伐採され、広大な大豆畑へと変貌している。1970年代、日本は米国産の大豆に依存した。だが天候不順による生産の減少によって禁輸措置が取られる。この時から日本では南米での大豆生産に目を向け、その開発を後押ししてきた。

2000年代になると、中国向けの生産が始まった。大豆の生産はさらに伸び、最大の生産国と肩を並べるようになった。**今日、ブラジル農産物の主役は大豆と畜産物**である。

また、**地下には鉄鉱石や石油、ボーキサイトなど多くの資源が眠っている**。ブラジル政府は「カラジャス計画」という大プロジェクトを興し、これらの開発にも積極的だ。

こうした開発は、森林破壊をもたらした。ブラジルの調査機関によれば、すでに**15％以上の森林が失われ、貴重な動植物も危機に瀕している**という。近年の衛星観測データによる解析では、2022年度に1万㎢以上の森林が消失したと報告されている。

もちろんブラジル政府も開発一辺倒ではない。気候変動枠組条約に基づく二酸化炭素排出権の国際的な取引では、広大なアマゾンの森林が経済的な利益につながるため、森林を守るためのさまざまな規制を行っている。

ブラジル政府、そして多くのブラジル人が期待を寄せる、開発と保全の間で揺れる大アマゾン——それこそが今日の姿なのである。

COLUMN

日系ブラジル人と日本の中のブラジル

世界最大級の日系社会

日系人は全世界で約360万人と推定されるが、その半分はブラジルに居住しているといわれている。

1908年、笠戸丸《かさとまる》で781人の日本人がブラジルに渡った。

はじめはコーヒー農園などで過酷な労働にたずさわったが、やがて土地を購入、自作農として成功する者が現れた。胡椒《こしょう》や茶、さまざまな野菜。現在ブラジルで栽培されている農産物には、日系人が持ち込み、ブラジルに定着させたものが数多くある。

もともと教育に熱心な日本人である。二世、三世になると、経済界や教育界など幅広い範囲で活躍するようになる。現在のブラジル社会において、日系人は高い地位を占めている。

日本の中のブラジル

2022年10月。ブラジル大統領選挙が行われた。その投票所が群馬県邑楽郡大泉町《おうらぐんおおいずみまち》にも設置された。人口約4万のこの町に、約5,000人ものブラジル人が住んでいるからだ。

日本では、単純労働を目的とした外国人の滞在は制限されてきたが、1990年の入管法（出入国管理及び難民認定法）の改正で日系人に限って自由に働けるようになった。人手不足に悩む企業は、日系人の雇用に注目した。

大泉町と隣接する太田市には自動車・機械・電機などの工場が多くある。日系ブラジル人はこれらの工場の労働者として、サンパウロの斡旋業者の募集に応じて来日したのである。

逆風となったのは、2008年のリーマンショック以降の不況。出稼ぎ目的のブラジル人は帰国したが、日本に生活の基盤を築いた日系ブラジル人はこの地に残り、主として派遣労働者として生活をしている。

人口の1割以上がブラジル人であるこの町は「ブラジルタウン」として知られるようになった。町中にはブラジル食材を販売するスーパーやブラジル料理を提供するレストラン。「カルナバル」には多くの観光客を集める。ブラジル人が居住すること自体が町の資源になりつつある。

遥かなるアンデスの国々

ペルー共和国とボリビア多民族国

Republic of Peru & Plurinational State of Bolivia

ペルー共和国

面積	128.5万㎢
人口	3,371.5万(2021年)
言語	スペイン語(他にケチュア語、アイマラ語)
宗教	カトリック、プロテスタント、その他

ボリビア多民族国

面積	109.9万㎢
人口	1,207.9万(2021年)
言語	スペイン語、ケチュア語、アイマラ語など先住民言語36言語(公用語)
宗教	カトリック

マチュピチュ、チチカカ湖、ウユニ塩原……日本でも人気のスポット

南米大陸の西側を南北に連なるアンデス山脈。その中央部にペルーとボリビアの2つの国がある。この2つの国には私たちの「憧れの観光地」がある(327頁地図)。

ペルーには、ナスカとパルパの地上絵、マチュピチュ遺跡。地上絵は紀元前200～紀元800年頃描かれたとされているが、誰がどのように描いたのか未解明。マチュピチュ遺跡は標高2400mにあるインカ時代の都市遺跡で、灌漑《かんがい》設備の整った段々畑の跡もみられる。

ペルーとボリビアにまたがるチチカカ湖。先住民がトトラとよばれる葦《あし》でつくった浮島で生活している。ボリビアには、世界遺産に指定されている古都スクレ、4000mを超える高地に位置し、多数のフラミンゴが生息するラムサール条約登録湿地である赤い湖ラグナ・コロラダ。そして絶景で知られるウユニ塩原《えんげん》。

アンデス高地は、古代文明が栄えた。その後スペイン人によって支配されるものの、高地の環境はヨー

ロッパ人の侵入を制限してきた。標高の高いこの地は酸素が薄く、ほぼ確実に「高山病」にかかるためである。そのため、現在でもこの2つの国は先住民の割合が多く、同時に古くから文化や美しい自然が多く残されている。

ジャガイモ、トウモロコシ……アンデスが生んだ世界の宝

私たちの食に、欠かせないジャガイモ。**ジャガイモの故郷がアンデスの山の中**にある。

ジャガイモはアンデス山地に住む先住民の日常の食事にも欠かせない。注目すべきはチューニョという凍結乾燥ジャガイモである。アンデスでは一日の気温差（日較差《にちかくさ》）が大きいため、野外に放置すると夜間に凍結し、昼間に解凍する。これを繰り返し、足で踏みつぶして水分を出す。何年も保存でき、小さくて軽いので運搬にも便利だ。

先住民は、今でもさまざまな種類のジャガイモを栽培している。何種類も作っているのは異常気象や病害虫による全滅を防ぐため。現在、アンデスで栽培されているジャガイモは4000種ともいわれている。このジャガイモを研究するため、ペルーの首都リマには国際ポテトセンターが設置されている。

そのほか**トウモロコシやトマト、カボチャ、トウガラシ、サツマイモなどもアンデス原産。**私たちの食生活は、アンデスのおかげで豊かになったのである。

本物の「宝」もある。ペルーは銀や銅の埋蔵量は世界五指に入る。金、銀は今日のボリビアの主要輸出品になっている。

今、**注目を集めているのはリチウム。**吉野彰博士らがノーベル化学賞を受賞したリチウムイオン電池の原料である。ボリビアは全世界の埋蔵量の50％を占めるといわれている。絶景で知られるウユニ塩原。この湖底の「塩」からもリチウムを採ることができる。今はその絶景で世界的観光地になっているが、今後大きく変わっていくかもしれない。

植民地時代から「経済格差」が解消されない理由

ペルー・ボリビアは、アンデス山地の高地以外にも領域が広がっている。ペルーは太平洋に面する沿岸国でもある。沖合をペルー（フンボルト）海流が流れており、アンチョビーなどの漁獲で世界有数の水産国。両国の内陸にはアマゾン低地もある。ボリビアの航空路線のハブはサンタクルス。南アメリカ大陸の中心に位置し、今後の発展が期待されている。

自然環境の多様性とその歴史から両国は、人種・民族的にも多様性に富む。先住民にしても、ケチュア系、アイマラ系ほかアマゾン低地に多数の民族集団がいる。ヨーロッパ系、アジア系などの移民。そしてこれらの混血が進み、さらに複雑になっている。こうした状況を反映して、**ボリビアの正式国名は、2009年「ボリビア多民族国」に変更された。**

ところで、ペルーもボリビアも、政治的に不安定な国として知られている。その理由は、少数のヨーロッパ系が富を独占しているから。多数を占める先住民の多くが、昔と変わらぬ自給的な生活をしている。先住民とヨーロッパ系の混血であるメスティソは、都市の貧困層の大半を占める。こうした経済的な格差が政治の不安定さを招くことは、容易に想像できる。

ボリビアのラパスは夜景の美しさで知られているが、絶景のポイントはガイドなしでの観光は危険だといわれる。スラムに囲まれているからだ。ラパスでは、盆地の底には富裕層が居住し、標高が高くなるにつれより貧しい住民が居住する。それは、標高が高くなるにつれ生活が不便になるからだ。こうした格差を改善する交通手段は「ミ・テレフェリコ」（ロープウエイ）。インフラ改善は、社会の安定性をもたらすかもしれない。

世界を狂わす「エルニーニョ」

「エルニーニョ」とはスペイン語で、男の子あるいは神の子という意味があり、もともとクリスマスの頃にペルー沖の海面水温が上昇する現象を指していた。一方「エルニーニョ現象」とは、太平洋赤道域の日付変更線付近から南米沿岸にかけて海面水温が平年より高くなり、その状態が1年程度続く現象で、数年に一度発生する世界的な気象変動のことを指している。エルニーニョ現象の発生は大気と海洋の相互作用が重要であるということがわかっているが、その発生要因はいまだにはっきりとわかってはいない。

ペルー沖にはペルー（フンボルト）海流という寒流が流れている。冷たい海水が周囲の空気を冷やし、大気が安定するため雨は降らない。そのため、ペルーの海岸部は砂漠となる。しかし、エルニーニョ現象で、海水温が上がると、周囲の空気の温度も上昇して上昇気流が発生し、雨が降る。普段は雨の降らないこの地域に雨が降るとたちまち洪水が発生し、大きな被害を受けることになる。また、もともとこの寒流は栄養分が多く魚も豊富。しかし、エルニーニョ現象が発生すると漁獲量は激減する。

一方、東南アジア。例年ではインドネシア沖には水温の高い海水塊があり、温かい海から蒸発した水が雨となる。そのため、東南アジアは降水量が豊富である。

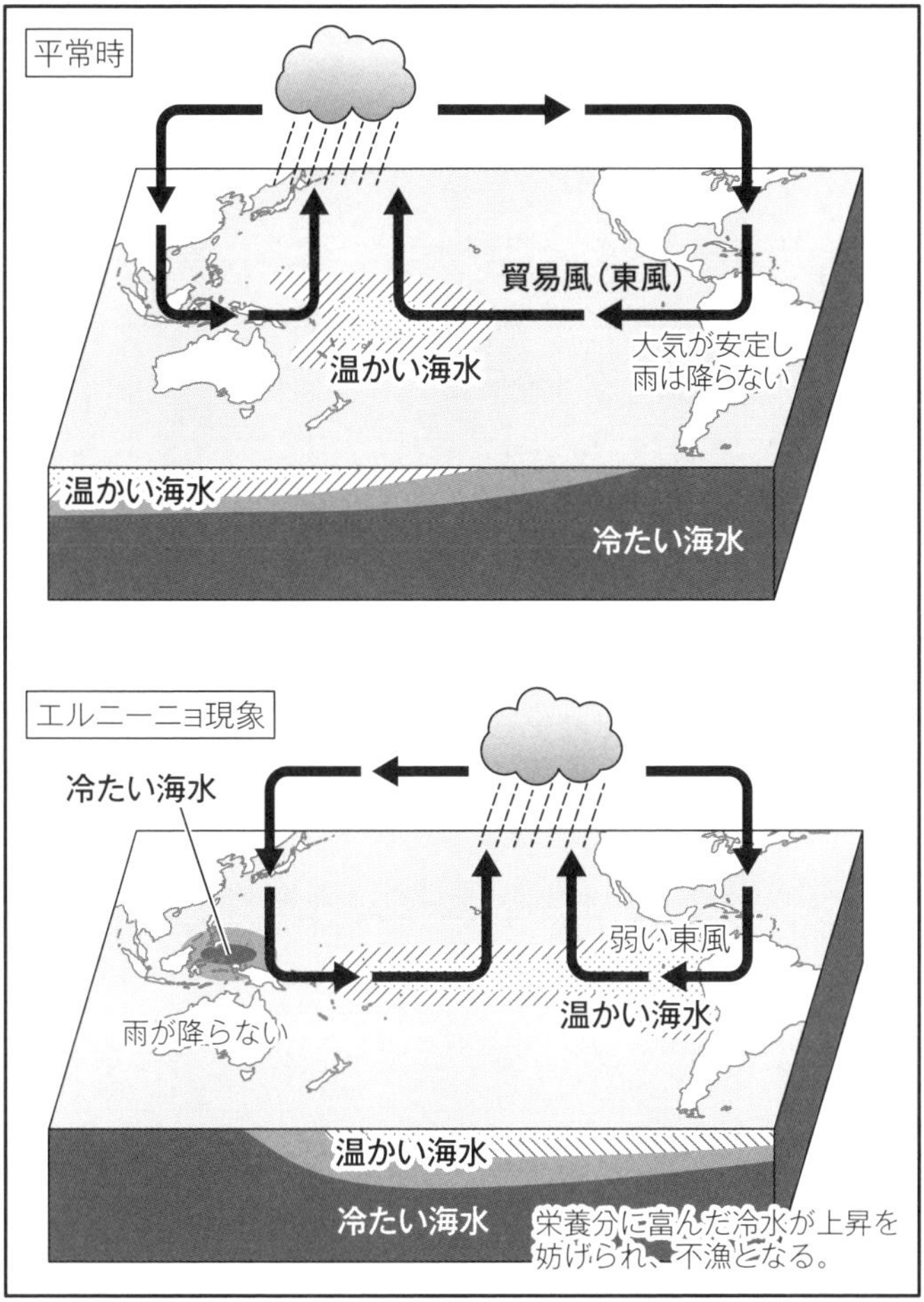

エルニーニョ現象

しかし、エルニーニョの年には温かい海水が雨雲とともに東へ去ってしまう。インドネシアやオーストラリアでは雨が降らず、農作物は大打撃を受ける。そして大規模な森林火災が発生することも。

エルニーニョ現象とは、単にペルー沖の海水温度の上昇のみではない。それをきっかけとして玉突きのように世界の天候に影響を与える。そしてそれは世界経済にも影響を与える。世界を狂わす現象なのである。

太平洋をはさんだ〝お隣の国〟

チリ共和国

Republic of Chile

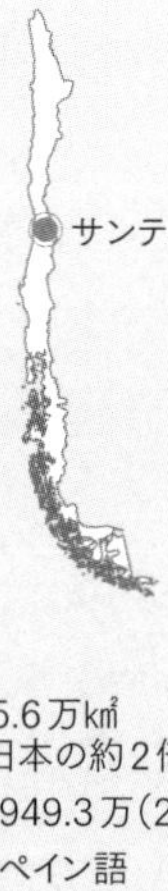

面積	75.6万㎢ （日本の約2倍）
人口	1,949.3万（2021年）
言語	スペイン語
宗教	カトリック、福音派等

「チリ産のサケ」が日本で多く売られる理由

日本とチリは距離的には遠い国であるが、太平洋をはさんだ隣国であり、思いのほか身近な存在である。たとえばスーパーの鮮魚コーナー。冷凍で売られている「サケ」はチリ産。日本のサケ・マス類の輸入量の半分以上はチリ産である。サケはもともと北半球に生息する魚で南半球のチリには生息していなかった。**チリがサケ・マス類の輸出大国になった陰に、日本の技術協力があった。**

チリは南北には細長い国。北部、中部、南部でその環境は大きく異なっている。南部は冷涼な気候で、農業に適した土地はほとんどない。海岸部は複雑な入り江をもつフィヨルド。チリ政府はこの地域の開発に着手する。目をつけたのが海面養殖業。

１９６９年、海外技術協力事業団（現在のＪＩＣＡ）の研修で、チリの水産技術者が日本にやってきた。１９７２年には日本から技術者がサケの卵をもってチリを訪問。チリの川に放流して数年後川に戻ってくるサケを捕まえようというのだ。この試みはうまくいかなかったが、川に放さず人工的に育てる海面養殖に方向転換。これが成功し、世界有数の水産大国になった。生産技術協力だけではない。日本の商社が日本市場をはじめ世界各地にチリ産の「サケ」を売り込んだ。現在、**水産物は銅鉱に次ぐチリの主要な輸出品である。**

ところで、チリは地球上で最も南に位置する国である。世界三大岬の一つであるホーン（オルノス）岬があり、この岬を通過する経線が太平洋と大西洋の境界である。世界最南端の都市といわれるプンタアレーナスは太平洋と大西洋を結ぶ船舶の寄港地として繁栄した。今日では石油採掘、羊毛産業そして南極観光の拠点となっている。

チリワインが美味しい「地理的根拠」

チリの名物は「3つのW」であるといわれている。それは**Weather（天候）、Wine（ワイン）、そしてWoman（女性）である。**Womanについての科学的根拠は不明だが、残りの2つの根拠は明らかである。**チリの中部は地中海性気候。**この気候はブドウの栽培には最適である。世界の文明をはぐくんだヨーロッパ地中海と同じ気候条件である。

今日、サンティアゴの郊外には、ブドウ畑が広がっている。この地に入植したスペイン人は、ブドウ栽培に力を注いだ。彼らの信仰するカトリックのミサには、キリストの血を意味するワインが欠かせないのだから。チリの人々にとってはパンを作る小麦より、ワインを作るブドウのほうが大切なようだ。

ところで、チリワインにはもう一つ特徴がある。ヨーロッパ伝統の味が残されているのである。というのは19世紀末、ブドウの害虫フィロキセラが猛威をふるい、ヨーロッパ系のブドウは世界のほとんどの地域で全滅に近い被害を受けた。チリは例外であった。アンデス山脈と太平洋にはさまれた地形がブドウを守ったのだ。今日、伝統の味を求めれば、チリワインをおいてほかにないといっても過言ではない。

500年も雨が降らない!? 世界で最も雨の少ない場所

チリ北部は世界で最も雨の少ない場所として知られている。2015年に記録的豪雨に見舞われた。実はそれまで500年以上も雨が降っていないという記録があったという。

こんな雨が降らない場所にどうして人々は暮らしているのだろうか。その理由は地下にある。この地は世界的な銅の産地なのだ。**現在世界の銅の約3分の1がチリで産出されている。**かつて日本も世界的な銅の産出国であった。足尾銅山や別子銅山などが日本の近代化に大きな貢献を果たした。日本との共通点は環太平洋造山帯。不安定な地盤は、地震などの災害をもたらす一方、大きな資源を与えたのである。

銅だけではない。天然の硝酸ナトリウム（チリ硝石）の最大の産出地で、20世紀中頃までは大規模に採掘されていた。現在は世界最大のリチウム産地である。

地下だけでなく、この地の空も大きな資源である。晴天の日が多く、空気の薄いアンデスの高地。その特徴を生かして、世界中の天文台が集まっている。**日本・アメリカ・ヨーロッパがチリと協力してアルマ望遠鏡を設置（標高5000mのアタカマ砂漠）、観測が続けられている。**2018年には132.8億光年かなたの銀河に酸素を発見したことが報じられた。専門家だけではない。この地の星空観測は人気のツアーになっている。

なお、太平洋に浮かぶイースター島。モアイ像で有名だが、これもチリの領土である。

チリは「中南米の優等生」!? 汚職の少ない国

現在、チリは、銅や水産物の輸出で安定した経済成長を続けている。「TPP」（環太平洋パートナーシップ）の原加盟国であり、**日本やアメリカ・EUと自由貿易協定を結ぶなど自由貿易の先進国**である。

かつてチリは、その位置から貿易は限定的であった。輸出できるものは銅や硝石といった鉱産資源で、典型的なモノカルチャー経済。しかも鉱山はアメリカ資本に握られていた。こうした中で、1970年代には民主的な選挙で社会主義政権を成立させた。さまざまな改革を断行したが、経済的に行き詰まってしまった。

1973年、クーデターによって軍事政権が成立、新自由主義的な政策をとり、経済の回復を図った。しかし、1988年、国民信任投票で軍事政権は敗北、民政移管が行われた。民政移管後もチリの社会経済構造に関連して左右両派の対立は続き、時に大規模な抗議行動が発生する。

しかし、19世紀に近代的な教育制度が確立し、教育水準は高い。倫理観も高く、政治汚職は少ない国として知られている。民主主義体制下で今後も発展していくに違いない。

アルゼンチン共和国

「世界の食料庫」肥沃な大地と恵まれた気候

Argentine Republic

面積　279.6万㎢（日本の約7.5倍）

人口　4,527.7万（2021年）

言語　スペイン語

宗教　カトリック等

南米で最も〝ヨーロッパ的な都市〟

アルゼンチンは、サッカーワールドカップで優勝3回、準優勝3回、ブラジルと並ぶサッカー大国。この国の出身の優れたサッカー選手の多くは、ヨーロッパの一流クラブに所属しプレーをしている。全世界の注目を集めたメッシはFCバルセロナやパリ・サンジェルマンで活躍した。彼の祖先はイタリア系の移民。

アルゼンチンはヨーロッパ系が人口の大多数を占める。ブラジルなど熱帯・亜熱帯地域ではプランテーション作物の導入とともにアフリカ系の人々が連れてこられたが、この国ではきわめて少ない。また、アンデス諸国と異なって、先住民もきわめて少ないのだ。

『母をたずねて三千里』を知っているだろうか。１９７６年に放映されたテレビアニメだ。監督は高畑勲氏、場面設定・レイアウトは宮崎駿氏。原作は、イタリア人作家エドモンド・デ・アミーチスの著作『クオーレ』。イタリア・ジェノバの少年マルコが、ブエノスアイレスに出稼ぎに行った母を訪ねるべくアルゼンチンに渡る姿を描いている。
この物語にあるように**多くのヨーロッパ人がアルゼンチンに渡り、その近代化を支えた。**ヨーロッパから来て、この地で暮らした移民の子孫が今、ヨーロッパに渡って活躍している。ヨーロッパとのつながりが強い国である。

南半球で小麦を栽培するメリットとは？

アルゼンチンの首都はブエノスアイレス。ブエノスとはスペイン語で「よい」、アイレスは「空気・風」。もともとは「サンタマリア・デ・ロス・ブエノス・アイレス」（順風のサンタマリア）、風の守護神サンタマリア・デル・ブエン・アイレへの献辞としてつけられた名前であった。この名も示すとおり、この地は快適な気候だ。年平均気温は約17℃。降水量は1000㎜強。東京と同じ温暖湿潤気候であるが、最寒月の7月の平均気温は約10℃、東京の3月から4月くらいである。一方、夏となる1月は東京ほど暑くはないのだ。

首都ブエノスアイレスは大平原パンパの扇の要《かなめ》のような場所に位置する。パンパは日本の面積の1・5倍の広さの大平原である。海抜は200m以下の平坦な土地で、肥沃なパンパ土（半乾燥の草原に発達する黒色土壌でウクライナのチェルノーゼムなどと同じ種類の土壌）におおわれている。そして世界有数の大河ラプラタ川が豊かな水量でこの地を潤す。この地の潜在的な豊かさを象徴しているようだ。

ヨーロッパ系の人々がこの地に導入したのが、小麦の栽培と牧畜。南半球にあるアルゼンチンは、北半球のヨーロッパとは季節が逆。アルゼンチンの収穫期はヨーロッパの端境期《はざかいき》にあることも小麦の拡大には好都合であった。労働力は主としてヨーロッパからの移民や労働者を受け入れた。彼らは小麦の収穫期に合わせて移動したので、ゴロンドリナ（燕《つばめ》移民）といわれた。

また、人口の少ない大平原は、牧畜には格好の場所であった。もともと牧畜文化があったスペインからの移民の中には、大平原で牛を追う生活をした者もいた。ガウチョである。アメリ合衆国のカウボーイと似た存在といわれる。今日、アメリカ合衆国でカウボウイが過去のものであるのと同様、アルゼンチンのガウチョも過去のものだ。19世紀の終わりには冷凍船が導入されると、近代的な牧畜業が発展し主要産業の一つになったが、土地の私有化が進み自由を旨とするガウチョの生活空間が失われてしまった。

アルゼンチンはその後も、資本・技術・労働力をヨーロッパに依存しながら農牧業を拡大させ、世界の食糧庫になった。今日でもアルゼンチンは小麦やトウモロコシ、大豆、牛肉の有数の輸出国である。

南端の地「パタゴニア」の特徴は？

パタゴニアはアウトドア用品のブランド名として有名だが、もともとは南アメリカ大陸の南緯40度より南の地域を指している（327頁地図）。チリとアルゼンチンにまたがる地域で、年間を通じて気温が低く風が強い。偏西風が南北に走るアンデス山脈にぶつかることで大量の雨がもたらされる。それによって涵養《かんよう》されるのが南パタゴニア氷原。ここから多くの氷河が流れ出している。

ロス・グラシアレス国立公園はアンデス山脈最南端の世界遺産。グラシアレスとは氷河群という意味で、その名の通り多くの氷河が見られる国立公園はまた世界遺産にも指定されている。氷河が崩れるさまを目の当たりにできる景観は、観光の名所にもなっている。

アルゼンチンのパタゴニア地方のもう一つの特徴的な景観が、乾いた大地である。**アンデス山脈の風上側のチリは多雨地域だが、風下側のアルゼンチンは雨がきわめて少なく、砂漠に近い様相**である。こうした環境下での産業やはり牧畜。そのほかに目立った産業はないが、そのことがまた冒険心を駆り立てる。

もう一つ加えるとすれば、アフリカで発生した人類がたどり着いたのがここパタゴニア。アウトドア用品のブランド名のもととなった地域名としてはふさわしいのかもしれない。

揺れ動く経済――アルゼンチンの課題

アルゼンチン経済の基盤は、大量の農産物を生み出す豊かな国土にある。しかし、伝統的な土地所有システムのため、広大な農地は少数の地主層に握られていた。そして彼らが富を独占していたのである。当然こうした状況は社会の不安定さをつくり出す。

こうした状況を打破するために試みが続けられてきた。第二次世界大戦後、経済の主体を工業に変える試みがなされた。しかし、ヨーロッパ諸国が復興するにしたがって、この国の弱さが露呈する。市場が遠いことに加え、労働コストは高い。農畜産物も国際市場での競争力が低下し、貿易収支は悪化。経済の行き詰まりは政治混乱を招き、さらに経済を悪化させる。ついには2001年対外債務の支払いを停止（デフォルト）。アルゼンチン社会は一時的に大混乱した。

しかし、この時期の大改革によって社会経済は回復したように見えた。特にリーマンショックによって欧米諸国が不況に陥ると、アルゼンチン経済は好調に展開しているように思えた。しかし２０１８年には50年に一度ともいわれる大干ばつで農畜産部門が大きな痛手を受けるとともにアルゼンチンペソは急落。再びＩＭＦ（国際通貨基金）に支援を求めざるを得ない状況になってしまった。

２０２０年の経済成長率はマイナス９・９％、物価上昇率は39・８％、失業率は11・７％。これがアルゼンチンの喫緊の課題である。

こうした状況下でもアルゼンチンの教育水準は高く、高等教育への就学率は４割に達する。ＩＴ化も進んでいる。豊かな国土と国民の高い文化水準によって、世界の大国といわれる日がくるかも知れない。

※人種・民族の表記については国ごとに違いがあるが、本章では一般的と思われる表現にした。

Part 6

「オセアニア」の国々と「南極」が面白いほどよくわかる!

オセアニアと南極の概観

自然、文化、気候……他の大陸と全く異なる景観はどうできたか

オーストラリア大陸と南太平洋の島々

「ポリネシア」「メラネシア」「ミクロネシア」の違いは？

「オセアニア」は、オーストラリアと太平洋諸島（大部分が南太平洋にある）を合わせた総称である。範囲は東西約１万４０００km、南北は約１万kmに及ぶ。陸地は６％程度であるが、そのうちの９割がオーストラリア大陸である。

太平洋諸島は、文化の共通性等から「ポリネシア」「メラネシア」「ミクロネシア」に分けられる。

ポリネシアは、ギリシャ語で「多くの島々」を意味し、ハワイ諸島、ニュージーランド、イースター島を結んだ区域となる。アモイ像で有名なイースター島はチリに属しているが、位置的にはポリネシアとなる。

広域なこの地域は、熱帯から温帯までの気候帯をまたいでいる。

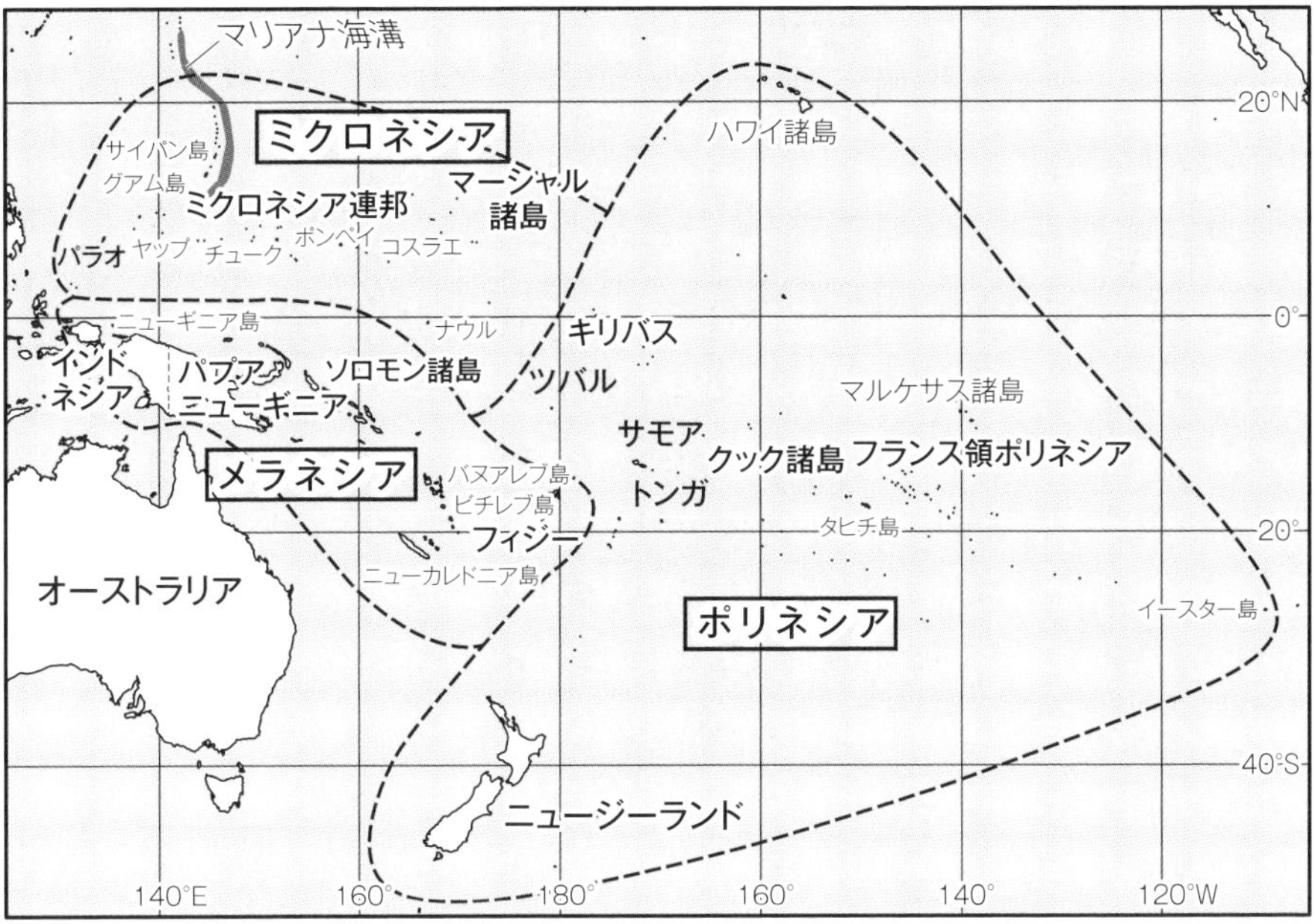

ポリネシア・メラネシア・ミクロネシアの区分

ポリネシアの人々の祖先は、紀元前から紀元後すぐにアジアからタヒチ周辺のマルケサス諸島に渡った。そこからさらに人々が各地に渡った範囲がポリネシアとされ、身体的特徴、文化や言語に同質性がみられる（３４８頁地図）。

メラネシアは、「黒い島々」を意味し、住民の肌の色に由来するといわれている。ただし、島々が交流したことにより肌の色にも多様性がある。さらには、ヨーロッパやアジアから人が多く移住してきたので比較的人口が多い。環太平洋《かんたいへいよう》造山帯に位置するため、火山島の大きな島が多く、標高の高い山がある島もある。気候帯としては、多くが熱帯に属する。メラネシアの特徴は、ヤムイモ、タロイモといった根菜を主要作物とする農耕文化で、相互扶助の社会組織が発展したことである。

ニューギニア島は、行政的には東半分はパプアニューギニアでオセアニア、西半分はインドネシアなのでアジアとなるが、先住民の文化は東と西とに

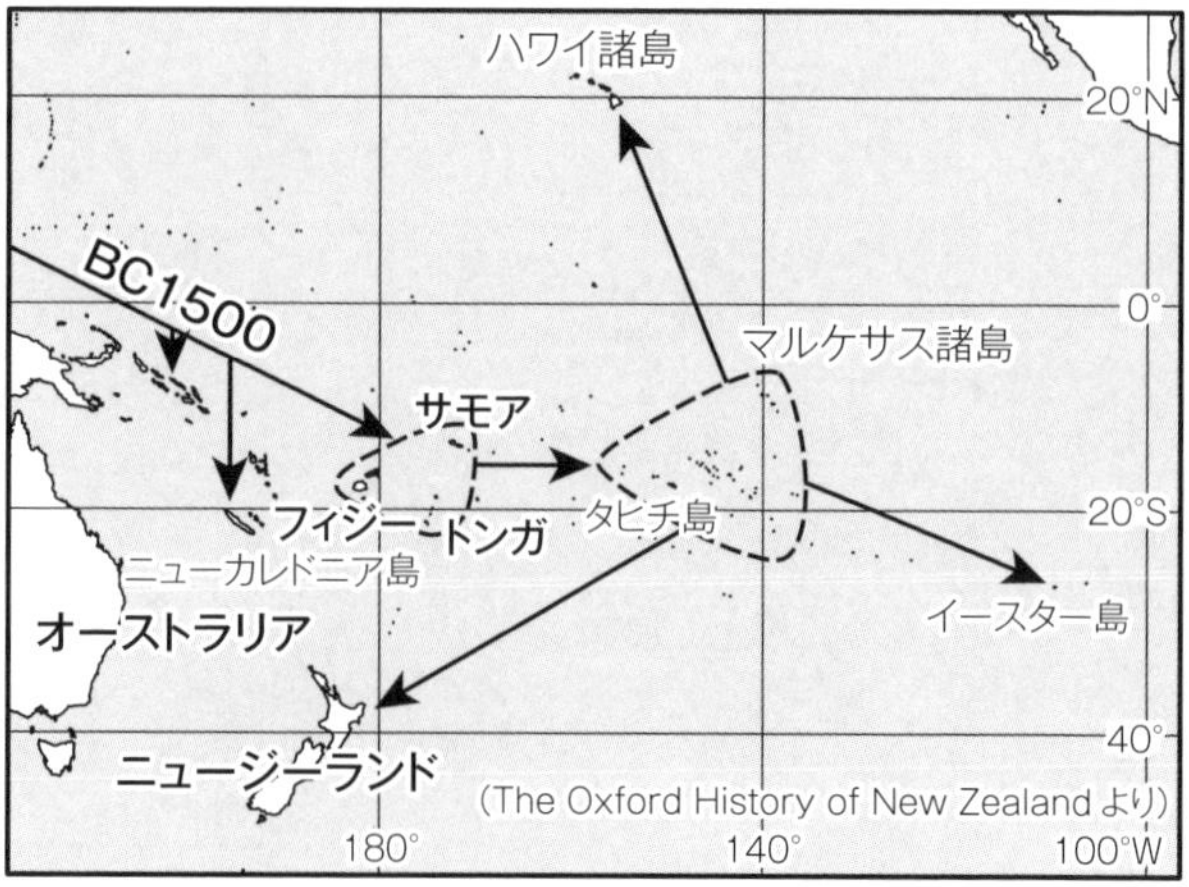

アジアからポリネシアへの民族の移動

分けられるわけではないので、文化的にはニューギニア島全体をメラネシアとすることも多い。

ミクロネシアは、「極小の島々」という意味で、多くの島は熱帯雨林気候に属する。北西部には、東から太平洋プレートがフィリピン海プレートに沈み込んで形成されたマリアナ海溝がある。ミクロネシアの島々は、この海溝付近から西の火山島と、東側の隆起サンゴ礁の島とに大別できる。

島の形成は、その島の土壌などに反映されるので、文化も異なってくる。すなわち、火山島ではタロイモやヤムイモなど根菜への依存度が高い農耕文化であるのに対して、隆起サンゴ礁の島々では漁業とパンノキへの依存が高くなり、男女の分業を軸とする社会組織となる傾向がある。パンノキは、クワ科の植物で実を焼いたり蒸したりして食べる。ポリネシアではパンノキを主食としている人々もいる。

また、太平洋戦争では激戦地となった場所が多く、今でも、当時の戦闘機や戦車などの残骸を見ることができる。

それぞれの文化の特徴を挙げたが、一方で、アジアからメラネシア、ミクロネシアを経由してポリネシアへ渡ってきた祖先もいることから、ポリネシア、メラネシア、ミクロネシアの文化の相違を明確に分けることはできない。これらの地域名は、**19世紀半ばにフランスの航海者が使い始めたとされ、地域の特徴をとらえる目安とはなるが、明確に区別できるものではない。**

他方、オーストラリアの先住民、アボリジナル・ピープルの祖先は、５万年以上前に東南アジア方面から渡ってきたと考えられ、それ以降、独自の文化で発展した。オーストラリア大陸全土にわたって居住した狩猟採集民であったが、海岸で漁を営むグループや砂漠で生活するグループなど、居住環境にあわせた生活をしていた。**アボリジナル・ピープルは、言語からみて600近いグループ**に分けられる。

「イギリスからの移民」が人種構成を変えた

18世紀後半から、オーストラリアやニュージーランドに、イギリスをはじめとするヨーロッパ系の人々が入植するようになった。ヨーロッパ系が入植する直前の人口は、推計する学者などにより異なるが、アボリジナル・ピープルは25～80万、ニュージーランドの先住民マオリは10～20万人ほどいたとされる。しかし、ヨーロッパ系の人々との戦いや、彼らがもち込んだ伝染病などにより、いずれも激減、アボリジナル・ピープルは１９２１年に6万人、マオリは１８９０年頃に４万人にまで減少した。その後、いずれも増加に転じている。

19世紀前半にはオーストラリアもニュージーランドもイギリスの植民地となり、イギリス系の住民が増加した。イギリスの流刑地《るけいち》だったアメリカが独立したこと、およびイギリスから約8カ月の航海が必要だったことから、オーストラリアはイギリスの流刑地となった。しかし、１８６０年代末までに１００万人を超えていた移民のうち、流刑者は17万人足らずであった。また、流刑者を受け入れない都市もあった。イギリスからの囚人は、1868年を最後として送られていない。

イギリスにとってのオーストラリアやニュージーランドの重要性は、機械化された産業革命後のイギリスでは失業者が多く、彼らの移住先になったことである。**イギリスでの貧困な生活から脱却すべく、広い土地での農業や牧畜に従事する移民が多かった**のである。

水没の懸念も——南太平洋の島々がかかえる問題

他方、南太平洋の島々では、ミクロネシアが早くからヨーロッパ人と接触をもち、1520〜1521年にかけてマゼランがグアム島に上陸し、メラネシアでは1526年にパプアニューギニアにポルトガル人が来航している。16世紀にはスペイン、17〜19世紀になるとオランダ、イギリス、ドイツ、フランスなどが各地で覇権を争うことになる。

20世紀に入ると、日本やアメリカも加わり、さらには、オーストラリアやニュージーランドが統治するような国（島々）もあらわれた。近年では、中国などからの援助も大きくなっている。南太平洋では多くの国が独立しているが、アメリカなどの大国に経済や軍事を依存している国もある。また、アメリカ、イギリス、オーストラリア、ニュージーランド、フランス領となっている島々も現存している。

世界各地で異常気象の報告がなされているが、異常気象の深刻な影響の一つとして、**温暖化による海面上昇**があげられる。温暖化は、海水温を上昇させ、海水が熱膨張するなどして海面水位が上昇する。さらには氷河や南極などの氷の融解《ゆうかい》も海面上昇の要因とされる。

南太平洋の島々はサンゴ礁が隆起するなどしてできた島も多く、その多くは標高が低い。平均海抜が２ｍで、多くの住民が住んでいる島もある。海面上昇などにより陸地が減少したり、家が海水に浸ったりすることもある。こうした島では、**ほかの島やほかの国への移住も進められている。**さらには、台風が多くなったり、雨季と乾季の差が不明瞭になったりしていることも報告されている。

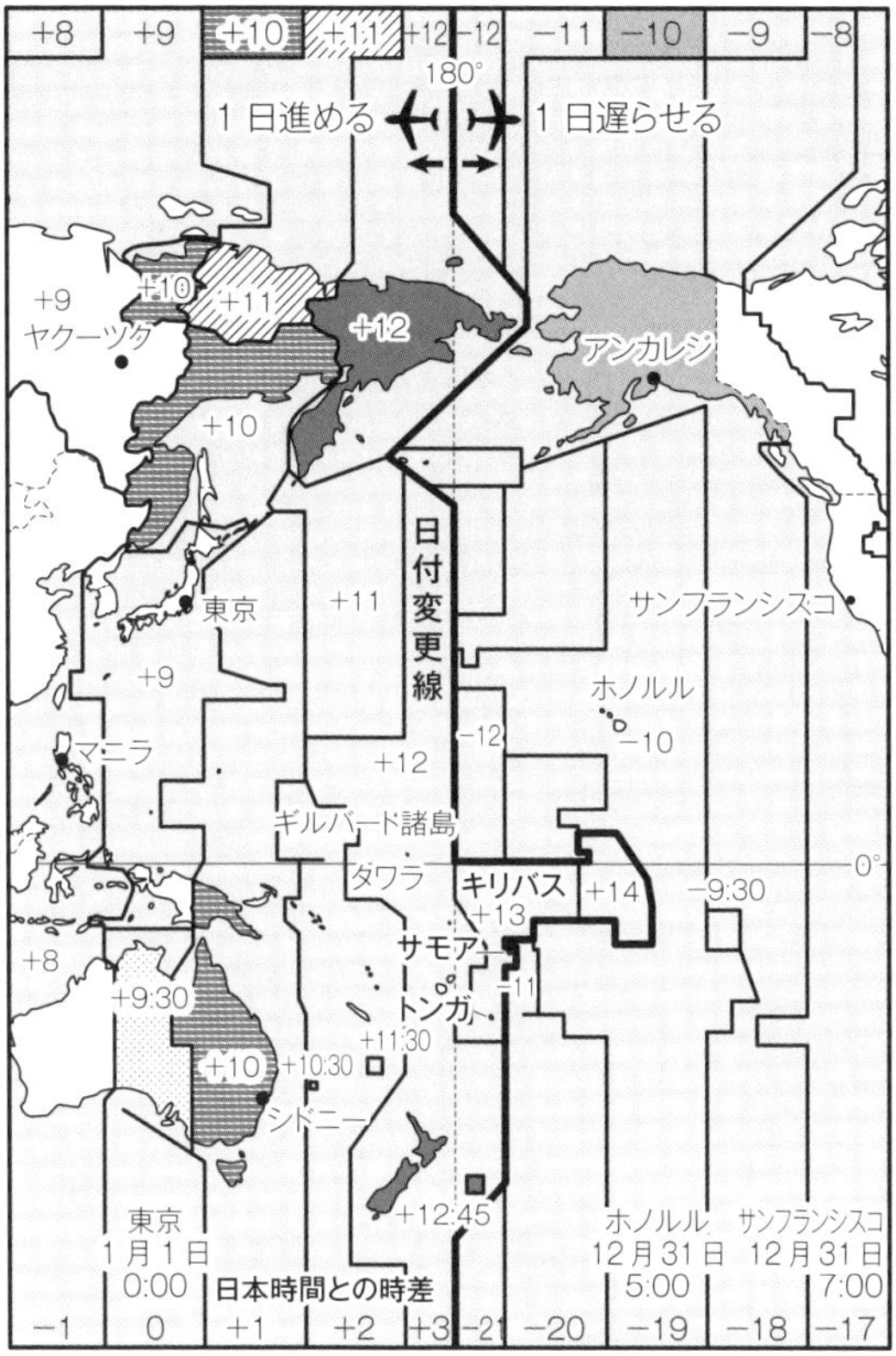

日付変更線と時差

複雑に曲がる「日付変更線」の謎

太平洋の真ん中を日付変更線が通る。地球の１周３６０度の計算からいえば、経度が15度違うと１時間の時差が出る。経度０度の世界の標準時から、東に１８０度進むと12時間進み、西に１８０度進むと12時間戻る。東経１８０度と西経１８０度は同じ経線となり、同じ時間であるが日付が違うことになる。そこで、ここを日付変更線として、西から東へ行くと日付を一日戻し、東から西へ行くと日付を一日早める。

しかし、国内に経度180度がある国は、それを日付変更線とすると、同じ国で24時間の時差ができてしまう。そこで**国境にあわせて日付変更線をずらす**ことになる。たとえばキリバスは、東西に長い国で、国の中を180度線が通るので、日付変更線が国境に合わせて東へ突き出た形となる。

また、キリバスには3つの標準時間があり、ギルバート諸島にある首都タラワはグリニッジ標準時より12時間進んでいるが、180度をこえた最も東の地域ではグリニッジ標準時より14時間進んでいる。東経および西経の最大値は180度となるので、標準時より進むあるいは遅れる時間は最大12時間のはずである。したがって、**キリバスの採用する時間は、経度の計算上からは導かれない。**それぞれの国の時差は計算どおりにはならないことが多い。

トンガやサモアも、国土が180度より東にあるが、日付変更線を国の東に引いたので、世界でも早く一日が始まる地域となった。

世界が注目する南極の価値

「白い砂漠」——サハラ砂漠より少ない降水量

南極大陸は19世紀前半に発見され、19世紀から20世紀にかけて、数多くの探検隊がこの地を訪れた。初の南極点到達を果たしたのは、ノルウェーのアムンゼン隊である。1911年12月のことであった。

アムンゼン隊よりも1カ月遅れて到達したのが、イギリスのスコット隊である。南極点初到達の争いに敗れたスコット隊は、帰路で全員遭難する。彼らはニュージーランドを経由して南極に向かったので、ニュージーランドのクライストチャーチにはスコットの石像が建っている。

日本が初めて南極に人を派遣したのは、1910年である。1956年10月に日本を出港した第一次越冬隊は、悪天候で第二次越冬隊と交代できずに樺太犬《からふとけん》を置き去りした物語は、『南極物語』というタイトルで映画化もされた。

南極は、オーストラリア大陸の約2倍の広さをもち、大陸の98%が氷でおおわれているものの、**内陸部ではほとんど雪は降らず、年間降水量は砂漠並みの50㎜程度**である。そのため、南極大陸を「白い砂漠」ということもある。

周囲にも巨大な海氷があり、大陸よりも一層広い陸続きとなる。また、平均標高は2300mで、2位のアジア大陸の960mを大きく離して、**世界で最も平均標高の高い大陸**である。このように標高が高いのは、基盤岩の上に氷がおおいかぶさっており、場所によっては氷の厚さは3500mにもなるからである。

内陸部での気候条件は特に厳しい。気温が低いうえにブリザードが吹き、最大風速毎秒89mという強風を記録したこともある。ブリザードが起こると立って歩けず、巻き上げられた雪などで視界がきかず、方向感覚も失う。数mの移動でさえ難渋する。

南極では地球の最低気温が観測されている。人工衛星からの解析では、4000mの高地でマイナス97・8度まで下がったとされる。なお、人が観測したものでは、1983年ボストーク基地（ロシアの南極観測基地）でのマイナス89・2度が最低気温である。

なお、**温暖化が南極大陸に影響を及ぼしているかは、まだはっきりとはいえない。**南極の海氷の面積を調べた結果をみると、年によって変動が大きいものの2015年頃は増加の傾向もみられた。しかし、2022年の2月には観測史上最小の面積となった。これが温暖化の影響なのか、この後増加の傾向に変わるのかは研究者が必死に分析している。

世界が南極に注目する理由

最も寒冷な南極大陸だが、なぜ、各国は南極に基地をつくり越冬隊を派遣しているのだろうか。南極大陸には石炭・石油などの鉱産資源が大量に埋蔵されていると考えられている。そのため、いくつかの国が南極の領有権を主張したが、**1961年の南極条約以降、すべての領土保有の主張が停止**された。

さらに、1991年に24カ国が結んだ条約議定書では、南極での石油やその他の鉱物資源の探索が禁止された。言い換えれば、それ以前に各国が南極に基地をおいたのは、南極の鉱物資源の採掘権などを確保する目的が大きかったのである。

他方、南極の平和利用や国際協力については協議が重ねられている。

また、こうした政治的理由とは別に、学術的にも南極を調査する意味は大きい。哺乳類や恐竜の化石の発見により、ゴンドワナ大陸（南半球にあったと考えられ、南米・アフリカ・オーストラリア・南極大陸等を含む超大陸）分裂の記録が明らかになった。また、過去の氷河を研究することから古い気候が解明され、地

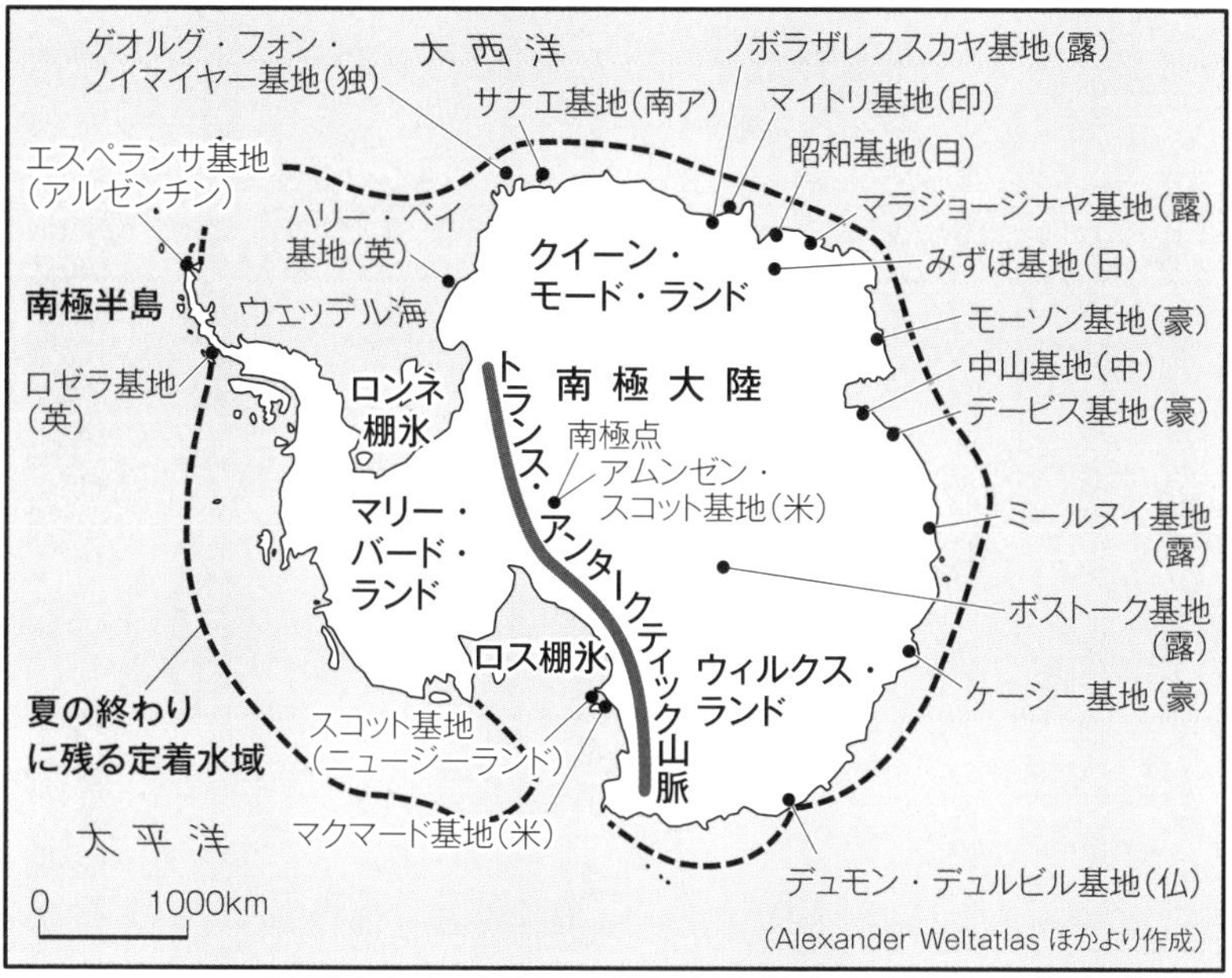

南極大陸におかれた各国の主な観測基地

球環境の変動史が解明された。南極上空のオゾンホールの発見や南極に隕石が多く落下したことの発見も、貴重な研究成果である。

さらには、ウイルスの活動や心理学・睡眠の研究も行われた。南極に住む魚類が血液中に不凍物質をもっているために、氷点下でも生存できることも明らかになった。

〝不毛の土地〟から〝ラッキーカントリー〟に

オーストラリア連邦

Commonwealth of Australia

面積 769.2万㎢（日本の約20倍、アラスカを除く米とほぼ同じ）
人口 2,592.1万（2021年）
言語 英語
宗教 キリスト教、無宗教（2016年）

なぜ、羊がたくさんいるのか「気候的理由」

オーストラリア大陸は、平均高度が330m、**世界で最も低く平坦な大陸**である。日本の20倍にもおよぶ国土の3分の2が、年間降水量500㎜以下の乾燥地帯である。特に内陸部は、高温・乾燥の激しい地域であり、この国最大の砂漠地帯であるグレートビクトリアをはじめ、グレートサンディー、シンプソンなどの砂漠の占める割合が高い。

砂漠は、岩石が地表にむき出している岩石砂漠、砂の粒よりも大きい土の粒子や岩石のかけらである礫《つぶて》が広がる礫《れき》砂漠、粒の細かい（2㎜以下）砂が堆積して形成された砂砂漠に大別できる。「砂漠」というと砂砂漠をイメージすることが多いかもしれないが、砂砂漠が多いといわれるオーストラリアでも、その割合は国土の砂漠の30％を占めるにすぎない。そのため「砂漠」を雨が少ないということを強調する「沙漠」と表すこともある。

オーストラリア大陸の南東部や南西部の沿岸地域は、温帯で小麦などの穀物栽培や羊や牛の飼育が盛んである。羊や牛の飼育は、温帯を越えて内陸部の乾燥帯まで広がる。乾燥帯では、雨が降ったとしてもすぐに蒸発してしまうため、河川や湖沼は発達しない。多くは季節河川や豪雨のあとだけに流れる間欠河川《かんけつかせん》である。

しかし、**表面を流れる水は少なくても、地下水を利用できる地域**がある。それがグレートアーテジアン盆地である。ここでは、ポンプなどを使って井戸から地下水をくみ上げている。この地下水は、塩分濃度が高いために、灌漑《かんがい》や人間の飲み水にはできないが、牛や羊の飲用にすることができる。

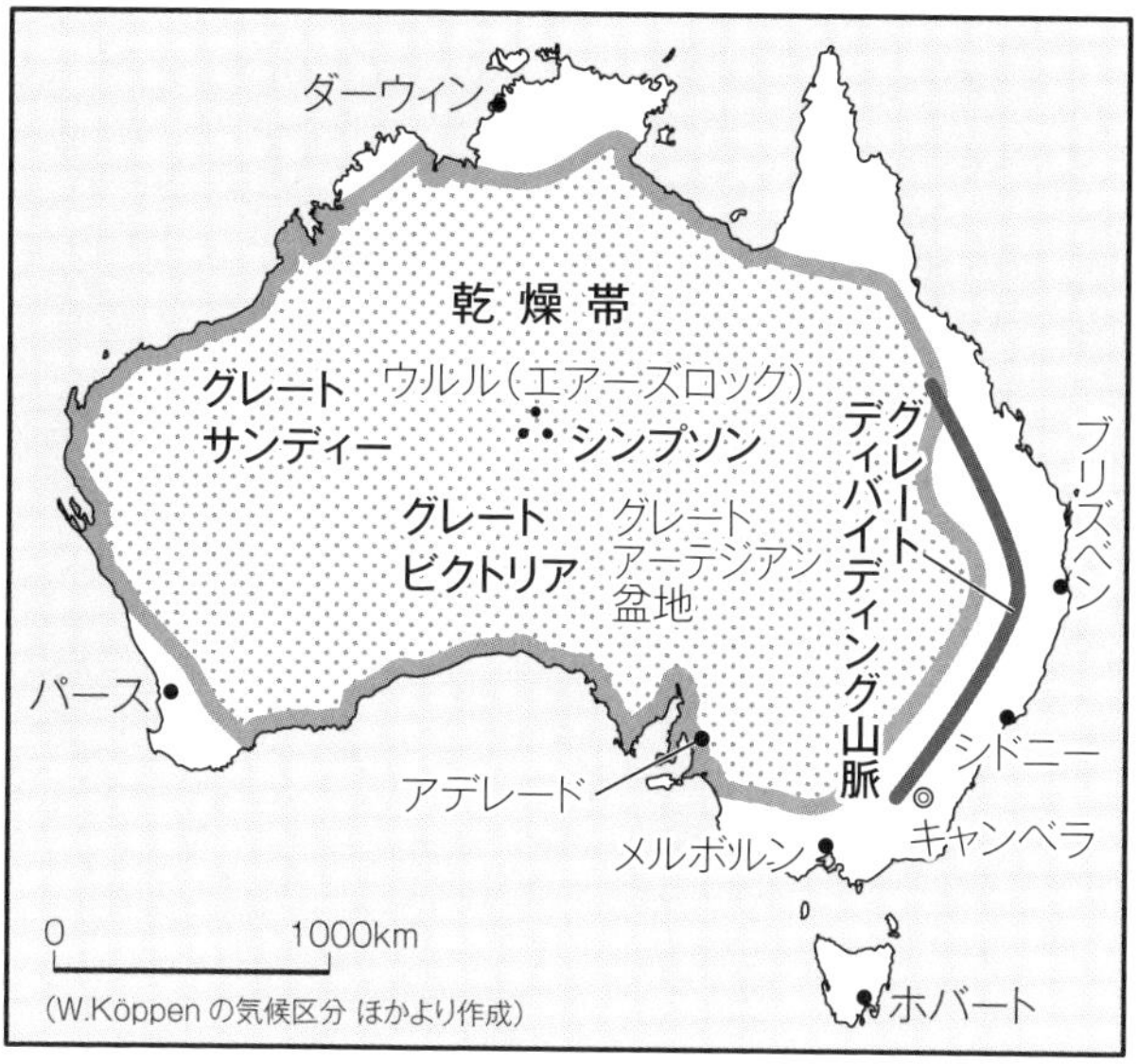

(W.Köppen の気候区分 ほかより作成)

オーストラリアの乾燥帯

降雨が少なく、家畜の飲み水として地下水が利用できたことは、羊の飼育には好都合であった。オーストラリアには1790年代にヨーロッパから羊が導入されたが、特に、良質な羊毛を生産するスペイン原産のメリノ種は、乾燥に強いが湿気に弱いので、オーストラリアの気候に適していた。メリノ種の羊を飼育できることで、高級羊毛が生産でき、羊の頭数、羊毛の生産も世界2位、羊毛の輸出においては、世界の4割を占めるトップである。

農耕には適さない乾燥帯が多くを占めるオーストラリアだが、灌漑や地下水の利用などで農地は国土の5割以上を占め、そのうちの9割近くが牧場と牧草地になっている。

石炭、鉄鉱石、ボーキサイト……世界有数の鉱産資源

人が快適に住むには800㎜以上の年降水量が必要とされ、農耕には400㎜もしくは500㎜以上、灌漑の進んだオーストラリアでも300㎜以上の年降水量が必要とされる。そのため、広いオーストラリア大陸でも人が快適に住める地域は限られる。乾燥地帯での牧羊、牧牛は地下水などが利用できても、食糧となる草が生育しにくいので、一頭あたりの飼育面積は湿潤地域の数倍の広さが必要といわれる。

オーストラリアの農業従事者1人当たりの農地は、日本の約580倍、約1000ha。アメリカ合衆国でも約185haであることから、とてつもなく広い。これは機械化が進み大規模農業が可能であるとともに、乾燥地帯にも牧場などがあり、羊や牛を飼うためにはより一層広い農地が必要となることによる。そのため、乾燥地帯の農場では、農場は広いにもかかわらず草がまばらで、少数の牛などが木陰でのんびりしている光景を目にすることができる。

乾燥地帯が広く、農耕に向かないとされた〝不毛の土地〟が、大きな富を生み出すこととなった。それが鉱産資源の発見である。1848年のアメリカ・カリフォルニア州でのゴールドラッシュは、1850年代にオーストラリアに飛び火し、金の採掘が盛んになった。これにより、多くの移民が入植し、金を求めて内陸部へと居住地が拡大し、鉱山集落が出現した。1850年の人口は40万程度であったが、その10年後には

およそ3倍になった。

第二次世界大戦後には本格的な地下資源の調査が始まり、**鉄鉱石やボーキサイト、石炭などの鉱物資源が大量に発見され、1960年代以降、産出量や輸出量が急激に増加した。**〝不毛の土地〟は、「ラッキーカントリー」となったのである。日本も石炭、鉄鉱石、銅鉱、ボーキサイトなど多くの鉱産資源をオーストラリアから輸入している。

「白豪主義」から「多文化社会」への大転換

鉱山資源の開発により大量の移民、特に中国からの移民が金鉱山労働者として入ってきたことから、植民地政府は、1855年にヨーロッパ人以外の移住制限を行った。これが「白豪主義《はくごうしゅぎ》」の始まりである。白豪主義のもとでは、移民審査にヨーロッパ言語の書き取り調査などを課し、ヨーロッパ系移民のみを受け入れ、さらに優遇し、ヨーロッパ系移民の社会をつくろうとした。

1901年、オーストラリア連邦成立の際、金の積出港となり富を得たメルボルンと開拓の起点となったシドニーとの間で首都をめぐる確執がおこり、両都市の中間に新首都キャンベラがつくられた。

白豪主義の政策はオーストラリア連邦成立後も維持された。裕福な白豪主義を維持するためには、鉱山資源を開発しさらなる富を得ることであったが、鉱山資源の開発には多くの労働力と資金が必要とされた。開発資金はヨーロッパからだけでは足りずに日本などのアジアからも集められた。労働力もヨーロッパ移民のみでは足りなくなった。

こうした中で、ヨーロッパ系住民以外から白豪主義への反発が高まり、1975年には「人種差別禁止法」が成立し、これにより、アジアや中東からの移民が多くなった。1978年以降は国策として多文化主義が採用される。つまり、豊かな白豪主義を維持しようとし、外国からの資金や労働者を受け入れたことから、逆に**白豪主義が崩壊し、それぞれの文化を尊重する多文化主義へと大転換した**のである。オーストラリア国民の約3割は、アジア、ヨーロッパ、アフリカなどの外国生まれである。

外国からの移民およびその子孫が多数を占めるオーストラリアで、先住民は約2％にすぎない。しかし、先住民の文化をも尊重するのが多文化主義である。オーストラリアの先住民は、アボリジニとよばれていたが、これは差別的なニュアンスがあること、および先住民もさまざまな文化的背景があり単数形のアボリジニではないなどの理由から、**複数形のアボリジナル・ピープル、アボリジナル・オーストラリアンもしくは、単に先住民**などというようになっている。

オーストラリア中央部にある、世界最大級の一枚岩は、英語名でエアーズロックといわれていたが、先住民の呼称である「ウルル」とよばれるようになっている。ウルルは観光地として有名で、地表から335ｍの頂上まで登山する観光客も多かった。しかし、周辺に住む先住民にとってウルルは聖地である。この聖地を踏みつけることの是非が議論されてきたが、先住民の文化が優先され、2019年からは登山禁止となった。ウルルの周囲9㎞には遊歩道があり、散策することはできる。ここを散策するだけでも、先住民がウルルを敬うことを感じることができる。

「古代大陸のなごり」？　オーストラリアの自然

2億2500万年前頃までは、世界はほぼ一つの大陸であったと考えられている。その後、南半球のゴンドワナ大陸とローラシア大陸（北半球にあったと考えられ、ユーラシア・北米大陸とグリーンランドを含む大陸）とに分かれた。オーストラリア大陸は、少なくとも2億年前にゴンドワナ大陸から分裂し、東に移動した。オーストラリア大陸の地質年代は古く、最古の岩石は30〜40億年前と推定されている。このような早い時期から分裂を始め、ほかの地域と隔絶されてきたので、動植物も独特の進化をとげることになった。

オーストラリアの哺乳動物で最も種類が多いのは、150種以上にのぼるコアラ、カンガルーなどの有袋《ゆうたい》類《るい》である。有袋類が多い理由は、早くから孤立したオーストラリア大陸には、それらを捕食する大型の猛獣が入ってこられなかったためと考えられている。

日本でも人気のあるコアラは、ユーカリの葉だけを食べ、ユーカリの葉を食することで水分を補うので、水は飲まない。オーストラリアでもコアラは保護されているが、州によって保護の仕方は異なる。ビクトリア州では一般の人がコアラに触れることは認めていない（コアラにストレスを与えないため）が、広々とした保護区でコアラを飼育し、見学者を受け入れている。一方、クインズランド州のように短時間なら観光客がコアラを抱いて記念写真を認めている。

さらに、カモノハシのような、卵生であるが母乳で育児する原始的な哺乳動物もいる。

COLUMN

フライングドクターと遠隔教育

日本の人口密度は1㎢当たり338人（2020年）であるのに対して、オーストラリアの人口密度は、1㎢当たり3.3人と桁外れに少ない。都市人口率は約85％であるが、その多くは南東部や南西部の都市をはじめとする海岸地域に住んでいる。一方でそのほかは農村部や都市からの遠隔地に住んでいる。特に内陸部は人口過疎地域である。隣の家まで自動車で10分以上かかるような一軒家や、近くの町まで8時間以上かかる家もある。このような地域は、医者がいないことが多い。

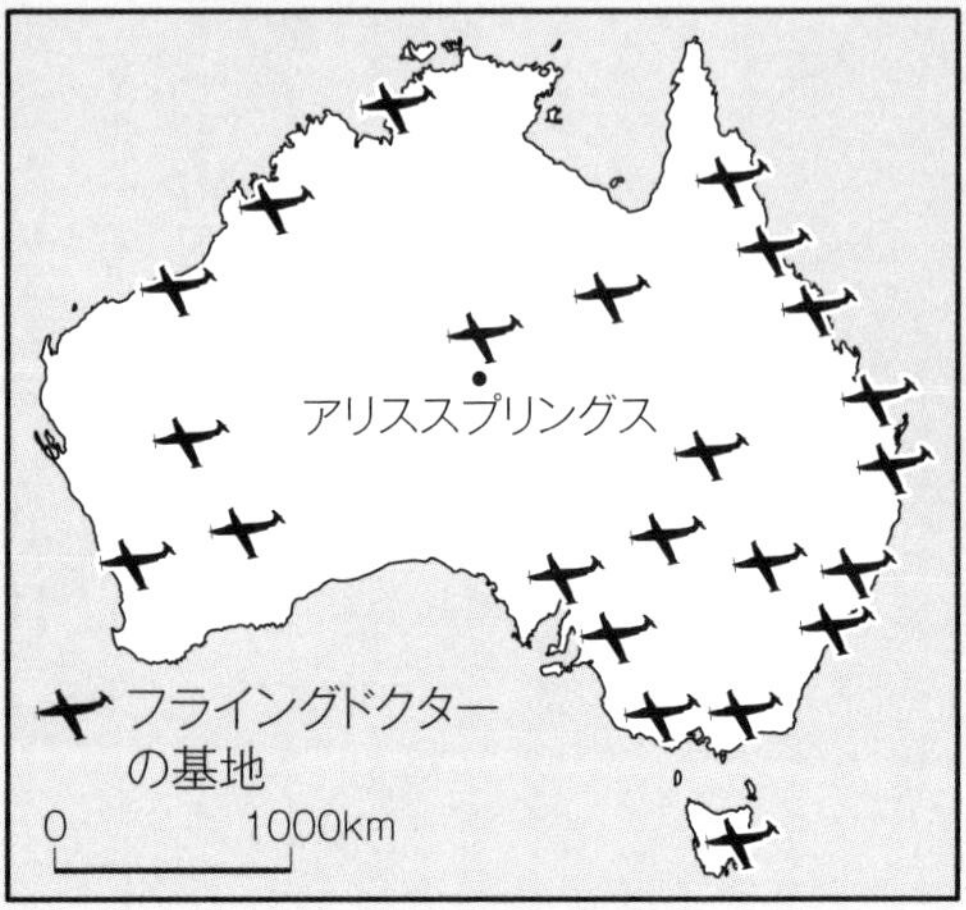

増加するフライングドクターのサービス

そこで活躍しているのが「空飛ぶ医師」、フライングドクターである。オーストラリアのフライングドクターは、1928年から始まった。2022年現在で、その基地は23あり、保有機数は小型ジェット機を含め80機近くを有している。地上でのサービスも含めると2000人以上の人がこの仕事にたずさわり、年間で38万人以上が利用している。フライングドクターのサービスは増加傾向にある。

巡回診療ばかりでなく、緊急の際には24時間体制で出動し、急患を基地の病院まで運んだり、医療相談をしたりしている。飛行場が近くにあるとは限らないので、舗装された、もしくは平坦な道路が滑走路となることもある。

フライングドクターのラジオ通信網を活用して設立されたのが、「スクール・オブ・ジ・エア」、つまり無線学校である。無線学校は1951年に、中部のアリススプリングスで設立され、その後オーストラリア各地で開校された。

子供たちは郵便で届く教材を使い、短波ラジオや無線で教師の指導を受けていた。学校から1000㎞離れた家の子供がいることもある。オンラインの普及で、パソコンを利用しての授業となっていくが、オーストラリアでは早くから遠隔教育が実施されていた。

世界で初めて「手話を公用語」に
ニュージーランド
New Zealand

面積　26.8万㎢（日本の約4分の3）
人口　513.0万（2021年）
言語　英語、マオリ語、手話（2006年以降）
宗教　キリスト教、無宗教（2018年）

〝世界一美しい散歩道〟も！　トレッキング天国

ニュージーランドの人々が年に数回1週間ほどの休暇をとる目的の一つは、自然の中をトレッキングするためである。ニュージーランドの面積は日本の約4分の3（約27万㎢）、人口は513万（2021年）で24分の1と、ゆったりしている。山がちな国ではあるが、気候も温暖で過ごしやすい。

おもな観光地はどこも豊富なトレッキングコースが整備されている。野生のオットセイなど観察しながらの海岸沿いのコース、火山による溶岩がむき出しの中を歩くコース、氷河を間近で見るコース、山の尾根を歩くコース、森林の中を歩くコース、美しい湖を見ながらのコース、牧場を横切り草原を歩くコースなど、自然景観を満喫できる。数時間で回れるコースから山小屋を利用して数泊かけて歩くコースなど、時間と体力に合わせられる。

こうしたトレッキングコースは、ニュージーランド人だけでなく、世界からの旅行客も観光の目的として

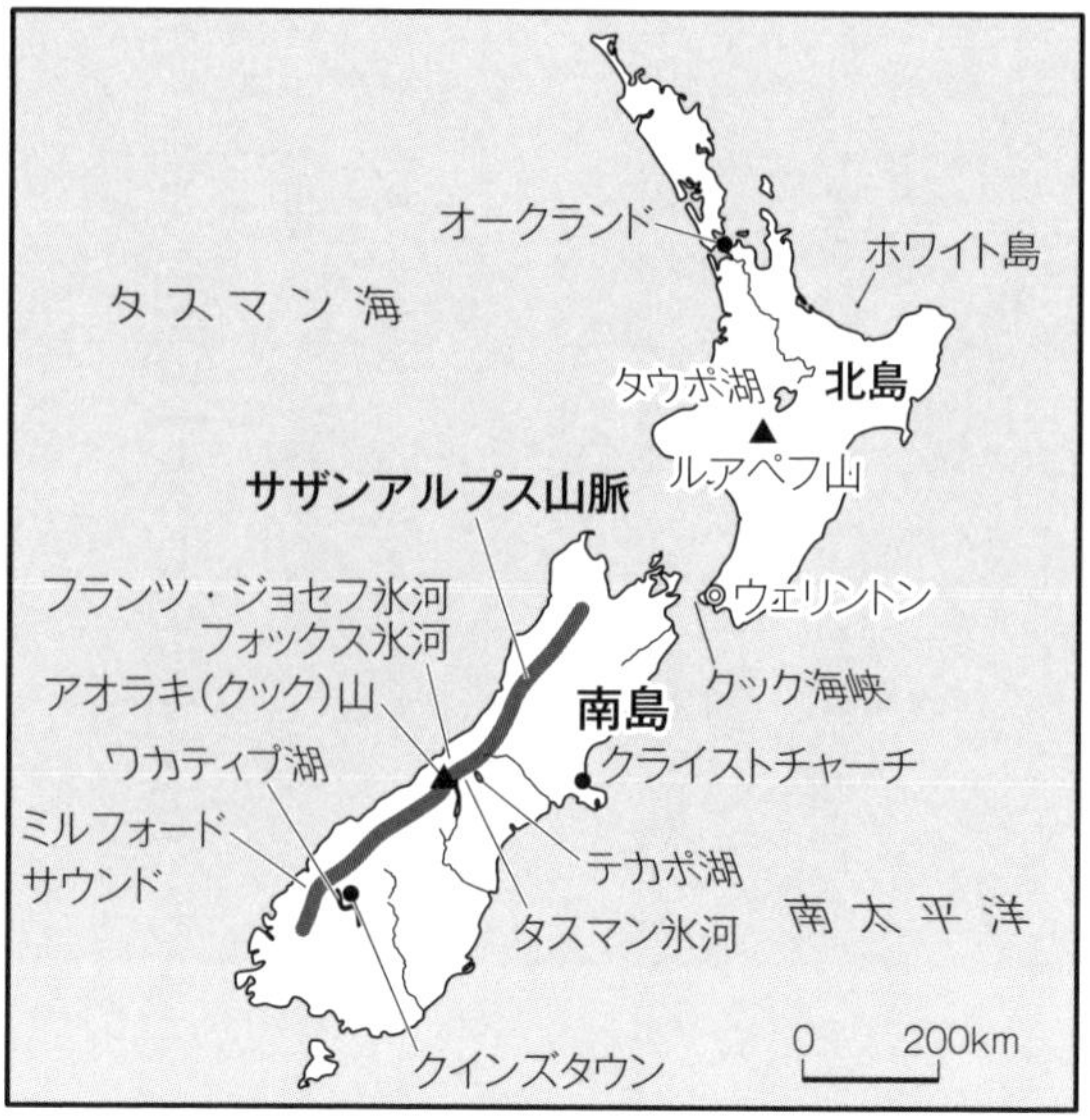

北島と南島から成るニュージーランド

いる。きれいな海岸や湖、山、氷河などに車などでアクセスしやすく、クマなどの大型動物や毒蛇などもいないことから、比較的安全に自然の中を歩ける。さらには、この美しいトレッキングコースを維持するために、利用客もゴミの持ち帰りなどをして環境の美化に努めている。

「北島」と「南島」の大きな違い

ニュージーランドは、主として北島と南島から成る。**北島にはルアペフ山をはじめとして活火山が多い。**２０１９年に噴火し犠牲者を出したホワイト島は、北島北東部の湾に位置する火山島であった。こうした災害もあるが、国の約15％の発電量を担う地熱発電所が立地し、温泉もある。人口の４分の３は北島、それも経済の中心都市であるオークランドおよびその周辺の地域に集中している。都市から離れた農村地帯では、乳牛や肉牛といった牛の牧場が多くみられる。

他方、**南島は、隆起によってできた山脈であるサザンアルプスが島の脊梁《せきりょう》を走り、氷河や氷河の水がせき止められたエメラルドグリーン、ミルキーブルーともいわれる湖が点在する。**そうした湖の一つに、テカポ湖がある。空気が澄み、晴天率の高いテカポは星空観光地としても有名である。テカポには数百名の住人がいるが、街の明かりをおさえて、星が見えやすいような環境をつくっている。

南島にも多くの牧場があるが、羊の牧場が多い印象を受ける。頭数は北島よりやや多いくらいだが、南島には牛の牧場が少ないこともあり、相対的に羊の牧場が多くなる。地形や気候、人口などからみて、温暖な北島は動的であるのに対して、やや冷涼な南島は静的である。

なお、**ニュージーランドも地震多発国である。**２０１１年に南島を襲った地震は、断層がないと考えられていた地域であったため被害が大きかった。この地震により南島最大都市のクライストチャーチは街が一変した。町の中心のシンボルであったカセドラル教会（大聖堂）は崩壊し、かつての繁華街が別の場所に移され、10年経っても復興工事が終わっていない。

かつての「羊大国」の産業は？

ニュージーランドといえば、「羊」のイメージをもつ人は少なくないだろう。実際、羊の数は２６７０万頭（２０１９年）で、人口の5倍程度となる。飼育頭数のピークは１９８２年頃で、その数は７０００万頭を超え、人口の22倍（当時の人口は現在より少ない）であった。まさに羊大国であった。しかし、羊肉や羊毛の需要が減り、輸出量も減ったことから、羊の飼育頭数は減少傾向にある。

羊に代わって、牛や鹿が飼われるようになった。ニュージーランドの貿易を見てみると、２０２１年のデータで輸出額の27％が乳製品、14％が食肉、7％が木材・木材製品となっていることからも、牧場が多いことが理解できる。

「マオリ」と「パケハ」の多文化の国

ニュージーランド先住民はマオリである。もともと無人であったニュージーランドに人が住みはじめたのは9〜10世紀といわれ、ポリネシアから舟で渡ってきた人々である。当時から、鳥たちにとっては捕食動物のいない地であったため飛ぶ必要もなくなり、飛べない鳥が住んでいた。体長3mの巨鳥モアは、飛べないがために、ここに上陸してきた人間の格好の食料となり、約500年前に絶滅した。キーウィやタカへといった飛べない鳥は、生息数が少なく、現在では手厚く保護されている。

1840年にイギリスの植民地となり、多くの移民がやってきた。1947年に独立するが、ヨーロッパ系が70%、マオリが17%を占める(2018年)。ヨーロッパ系はパケハと呼ばれ、マオリとパケハの二文化を基盤とする多文化の国といえる。

ニュージーランドの世界最強のラグビーチームの一つであるオールブラックスは、試合前にマオリの戦いの舞であるハカを踊る。日常の生活では、モーニングティーやアフタヌーンティーを取り入れたイギリスの文化が入っている。

独立後10年ほどの1960年の貿易額では、ほぼ50%がイギリスとの貿易であったが、1990年にはオーストラリア、アメリカ、日本が貿易額の半分以上を占める三大貿易相手国となった。その後、**中国との貿易が急増し、2020年には、中国との貿易額が全体の4分の1程度を占めるようになり、貿易額2位のオーストラリアの約2倍の額**となった。

ニュージーランドの公用語はイギリスの植民地だったことから英語であった。マオリの権利を尊重することから１９８７年にマオリ語も公用語となる。国歌も英語とマオリ語バージョンがある。地名や山の名称も、英語名とマオリ語名が正式名称となった。たとえば、ニュージーランド最高峰は、マオリ語の「アオラキ」と英語名の「マウントクック」が正式名称となり、２つの名称が公式の地図には併記されている。

さらに２００６年には、ニュージーランド手話が公用語となった。これはニュージーランドが高福祉国家であったことを反映したものといえよう。

１９８０年頃から福祉政策は国家財政の逼迫により多少後退したが、障害をもった人たちもごく自然に健常者たちと生活をし、困ったことがあればお互いに助け合っている。

なおニュージーランドは、人権においても世界の先端を進んだ。１８９３年には最も早く婦人参政権を認め、１８９８年には老齢年金法を制定した。２０１７年に首相となった（２０２３年に辞任）ジャシンダ・アーダーンは、在任中に出産し育児休暇もとった。福祉や人権について早くから取り組み、国民にもそうした意識が高いことが背景にある。

なぜ、インド系住民が多く住むのか

フィジー共和国

Republic of Fiji

面積　1.8万㎢
（四国とほぼ同じ大きさ）

人口　92.5万（2021年）

言語　英語（公用語）の他、
フィジー語、ヒンディー語を
使用

宗教　フィジー系はほぼ
100％キリスト教、インド系
はヒンドゥー教、イスラム

美しい「サンゴ礁の海」が観光資源

フィジーは大小およそ330の島々からなり、メラネシア（347頁地図）に属するが、首長制の存在など社会構造の側面では、ポリネシア的である。**主要な島は、首都のあるビチレブ島とバヌアレブ島である。熱帯のフィジーは、高温で雨も多い。**主要な2つの島の周辺に位置する小島は、サンゴ礁《しょう》と石灰岩からなり、その周囲の海が美しく、観光資源となっている。

サンゴ礁に囲まれた浅い海では、サンゴ類のほか熱帯魚やイソギンチャクが生息し、シュノーケリングなどで容易に美しい海の中を観察することができる。サンゴと青い海に恵まれたフィジーの小島は、海洋リゾートとして開発されている。

サンゴ礁は、造礁《ぞうしょう》サンゴ類や有孔虫《ゆうこうちゅう》をはじめとする生物などの遺骸が堆積してできた、海面近くの地形的高まりで、生物がつくる特徴的な海岸地形である。赤道をはさんだ南北30度以内の海域に分布し、太平洋では西に分布が偏っている。

また、冬季の表面海水温が18℃以上という温暖な地域に分布する。サンゴが褐虫藻《かっちゅうそう》を放出することによりサンゴの白い骨格が透けて見える「白化《はっか》現象」が問題となっている。温暖化による海水温の上昇が原因とされ、この白化現象が続くとサンゴは壊滅する。

「政治を握るフィジー系」と「経済を握るインド系」

フィジーの首都スバは、ビチレブ島の南東に位置し、行政や商業の中心地である。この島の東は、南東からの貿易風が南北に連なる山脈にさえぎられるため、降水量が多く熱帯雨林が発達している。一方、リゾート地は島の西側の乾燥した地域であり、この地域はサトウキビの生育に適している。

オセアニアの諸島の農業は、タロイモやヤムイモを主とした伝統的農産品を栽培するのが多いのに対して、サトウキビの畑が続くフィジーの風景は、オセアニアの諸島では特異なものである。

フィジーの主要生産品である砂糖はサトウキビから産出されるが、このサトウキビ栽培が、フィジーでインド人が多い理由と関係している。**人口の6割近くはフィジー系で、4割近くはインド系**である。

フィジーでは、食用のナマコ漁が盛んであった。中華料理では、乾燥ナマコが重要な食材の一つとなっていることから、ヨーロッパでは植民地などからナマコを買い付け、中継貿易品として重宝された。1820年代前半からフィジーでは、ヨーロッパとナマコの交易により、銃などヨーロッパの財が持ち込まれ、ヨーロッパ社会の影響が強まっていった。ヨーロッパ人はナマコなどの交易にとどまらず、1860年に綿花のプランテーションを導入した。

その後、栽培されるものが綿花からサトウキビやココヤシなどへと変化し、バヌアツやソロモン諸島などから労働力が流入した。さらに、1874年にイギリスの植民地となると、サトウキビのプランテーションが広がり、その労働力としてインド人が多数移住するようになった。1970年に独立したが、その後も多くのインド人がフィジーに住み続けた。

サトウキビ栽培は、従来からフィジー系住民の土地をインド系住民が借りて栽培する形態が多い。それは、植民地化したイギリスが、インドなどの植民者からフィジー系住民を保護しようとした政策に起因している。しかし、その保護政策が逆に、土地を貸しているだけのフィジー系住民より、サトウキビ生産で多くの収入を得られるインド系住民たちが国の経済を事実上支配するという結果を招いた。

行政の中枢にはフィジー系住民がいる。しかし、経済的に優位に立ち、人口構成比をみてもフィジー系住民の人口の3分の2を占めるインド系住民が、1987年に多数入閣し、フィジー系住民の優遇策を緩和しようとした。フィジー系住民はこれに反対し軍隊がクーデターを起こした。

1987年には英連邦から離脱し、1990年にはフィジー系を優遇する憲法を発効するも、1998年には民族融和をめざす憲法が発効し、前年には英連邦に再加盟した。その後もインド系首相が就任するとクーデターがおきている。2006年のクーデターにより2009年に英連邦からメンバー資格停止、2014年に英連邦に復帰した。**フィジー系住民とインド系住民の軋轢《あつれき》は続いている。**

Federated States of Micronesia

海面上昇の深刻なリスクにさらされる小さな島嶼国

ミクロネシア連邦

（ポンペイ島のみ）

面積	702㎢（奄美大島とほぼ同じ）
人口	11.3万（2021年）
言語	英語の他、現地の8言語
宗教	キリスト教（プロテスタント及びカトリック）

600以上の島々——固有の文化と日米の影響

ミクロネシア連邦は、西太平洋上の東西約３２００㎞、南北１２００㎞の広大な海洋上の６０７の島からなる。熱帯雨林気候のもとにあり、**首都パリキールは年降水量４０００㎜を超える世界有数の多雨地域**である。

ミクロネシア連邦は、西からヤップ、チューク、首都のあるポンペイ、コスラエの４つの州があり（３４７頁地図）、それぞれの州、そして州の中の島でも独特の文化をもつ。公用語は英語だが、ヤップ語、チューク語、ポンペイ語、コスラエ語など８つの固有語があるとされる。

こうした異なる文化の集合体ともいえるミクロネシア連邦では、独特の政治体制をとる。人口11・３万（２０２１年）のそれぞれの州の人口比で、政府による雇用などが行われる。たとえば、全議員14名のうち、2年任期の議員は州の人口比に応じて、チューク州5、ポンペイ州3、ヤップ州とコスラエ州が各１名配分される。また、大統領は、厳格ではないが、習慣的に州からの輪番制で選出されている。４つの州のバランスをとりながら、政治が行われる。

ミクロネシアはヨーロッパ、アメリカ、アジアからの影響を強く受けてきた。１５００年代にスペイン人がミクロネシアの島々に到達するが、19世紀になると捕鯨船の停泊地としてヨーロッパに注目され、１８００年代後半にスペインとドイツとの領有権の争いがおこり、スペインが現ミクロネシア連邦にあるカロリン諸島を領有する。しかし、１８９９年にはスペインはミクロネシアの島々をドイツに売却し、ドイツはポンペイとヤップに政庁をおいてミクロネシアを統治した。

さらに、１９１４年には日本が現ミクロネシア連邦を含むミクロネシアを占領し、１９２０年には日本の委任統治領となる。日本から多くの移民が入り、日本式の生活様式が広がった。１９４４年まで日本の統治は続くが、太平洋戦争後はアメリカの統治を受けた。

１９８６年にミクロネシア連邦として独立するが、独立後もアメリカへの依存度は高い。公用語は英語で、通貨は米国ドル、国防上の権限はアメリカがもち、ミクロネシア市民はアメリカ軍兵士として採用される。

他方、日本の影響も強く残っており、「しょうゆ」など日常の生活品などで日本語が残っている。太平洋戦争のアメリカと日本の激戦地であったトラック諸島はチューク州にあるが、小学校の校庭に日本軍が作った防空壕などがあり、戦闘機や軍艦も海底に眠っている。

日本は、アメリカや中国などとともに、ミクロネシア連邦の主要貿易相手国であり、アメリカに次ぐ経済援助国ともなっている。日本とミクロネシア連邦は、現在でも関係の深い国である。

国内移動もアメリカ経由!?——ヤップ州の伝統文化

4つの州は航空機で結ばれている。しかし、その拠点となるのはグアム島で、航空路はグアム——チューク——ポンペイ——コスエラ、そしてグアム——ヤップである。つまり国内を移動するのに、ヤップへはアメリカの領地であるグアム島で乗り換えないといけない。

ヤップ州は伝統を重んじていることに特徴がある。大きいものでは直径数mほどもある石貨《せきか》（石の中央に穴を開けた円盤状の加工物）は有名であるが、石貨は買い物などに用いる通貨として使用されるわけではなく、結婚や感謝のお礼、家屋建築などで協力してくれたお礼など儀式的に用いられる。個人間だけでなく、集会場の落成式などのお祝いとして村落間での交換もある。石貨を多く所有することは、信頼度が高いことにもつながる。

ヤップ州の中核的な島はヤップ島である。島にはいくつもの村落があるが、それらの村落には階層性があり、階層の低い集落の人々は、階層の高い集落に家屋建築などで手伝いに行かなければならないなどの規律がある。家屋やカヌーなどを自分たちで作るといった自給的な生活文化も残されている。学校教育でも「美術・文化」の教科があり、島の伝統的作り方で籠《かご》やカヌー、家の模型などを作成し、島の文化を継承しようとしている。

ヤップ州の多くの人々はTシャツ、ジーパンなど現代的（西欧的）な服装だが、人によってあるいは島によっては伝統的服装を日常的に着用する人もいる。ヤップの伝統的服装は、男性も女性も草から作った腰布のみである。このような人たちを街中のスーパーなどで見かける。女性はスカートになった腰布に上半身は何も着けていないので、正面に立たれると目のやり場に困るのだが、慣れてくると日常的な風景となるので自然と溶け込めるようだ。そこには自分たちの文化を継承し、誇りをもつという強い意志がある。

温暖化による海面上昇

ヤップ島は、火山島であるため比較的標高が高く、海岸からも傾斜があり、すぐに高台があるので、標高の低いサンゴ礁《しょう》の島に比較して、温暖化による海面上昇の影響は実感されにくい。

しかし、海岸に出てみると、波で根元の砂があらわれ、根が地上に出て倒木しそうなヤシの木が数多くある。また、漁をしている人たちが、集落から船着き場まで近くなったとも言っている。つまりは、海面上昇により船着き場が内陸へと移動したのである。チューク州の島では、海岸沿いの道路が海水にかぶることも多くなったと住民は感じている。さらに、ヤップ州やチューク州でも、台風の頻度が増えたり、乾季と雨季が明瞭でなくなったりしているという人は多い。

ミクロネシア連邦では、徐々に人々の生活に温暖化の影響があらわれている。徐々に変わる変化は、何気なく見過ごしがちであるが、長い目で見ると、喫緊《きっきん》の対応が必要となる。

プレートテクトニクス理論 13
ブレグジット 192
フロストベルト 275
ベトナム戦争 17, 66
ペレストロイカ 186, 252, 253
便宜置籍船 171
ボーア戦争 176
ホワイトハイランド 156

ま

マーシャル・プラン 196
マキラドーラ 310
水不足 46, 144
ミナレット 144, 214
メキシコ革命 308
メソポタミア文明 107
モノカルチャー 324

や

ユダヤ人 130, 133, 234

ら

ラテン系 180
ルワンダ虐殺 140
ロシア革命 186

わ

湾岸戦争 110

アルファベット略語

ASEAN（東南アジア諸国連合） 17, 67
BRICS
（Brazil, Russia, India, China, South Africa） 162
CIS（独立国家共同体） 88, 245
GDP（国内総生産） 21, 222
ECOWAS
（西アフリカ諸国経済共同体） 168
EU（ヨーロッパ連合） 127, 129, 185, 238
GNI（国民総所得） 12, 152
ICT（情報通信技術） 48, 280
JICA（国際協力隊） 168, 336
NATO（北大西洋条約機構） 127, 195, 228, 238
OAPEC（アラブ石油輸出国機構） 112
OPEC（石油輸出国機構） 108, 139
PLO（パレスチナ解放機構） 133

人名

コロンブス 262, 320
サダム・フセイン 110
杉原千畝 234
伊達政宗 313
丹下健三 163
鄧小平 30
中村哲 101
ネルソン・マンデラ 176
野口英世 168
ビスマルク 194
フィデル・カストロ 315
ホメイニ師 105
マハティール 50
毛沢東 22, 30
ラウル・カストロ 316

イスラム革命 …… 105, 110
一帯一路 …… 84, 153, 325
移民 …… 198, 227, 264, 310, 349
ウォーレス線 …… 54
宇宙開発（産業） …… 95, 255, 282
エクスクラーフェン（飛地） …… 78, 287
エルニーニョ …… 334
オーロラ …… 294

か

海面上昇 …… 77, 350, 374
外国人労働力 …… 115, 119
外来河川 …… 144
核 …… 83, 95, 106
カースト …… 74
カシミール紛争 …… 83
カッパーベルト …… 161
カナート …… 102
環太平洋造山帯 …… 54
カントン …… 208
キプロス問題 …… 225
ギャオ …… 229
キューバ危機 …… 315
ギリシャ正教 …… 224
金融業 …… 177, 190, 206
グループNEXT11 …… 162
クルド人（問題） …… 104, 109, 129, 228
計画経済 …… 252, 253
ゲルマン系 …… 180
古期造山帯 …… 181
コーヒー栽培 …… 68, 151, 325
コリオリの力 …… 46

さ

産業革命 …… 19, 190
サンベルト …… 187, 216, 281
シーア派 …… 91, 103, 109, 112, 124
シェンゲン協定 …… 185
資源ナショナリズム …… 105
宗教 …… 19, 90, 131
城壁都市 …… 201
植生 …… 251
植民地 …… 140, 295, 306
新期造山帯 …… 182
シリア難民 …… 129, 225
水力発電 …… 230, 292
スエズ運河 …… 143
スラブ系 …… 180, 252
スワヒリ文化 …… 155
スンナ派 …… 90, 103, 109, 112, 116, 123, 129
聖地 …… 111, 131
セマウル運動 …… 38
セラード …… 329
セルバ …… 303, 326
先住民 …… 170, 262, 298, 349 360, 366
遷都計画 …… 56

た

第一次（第二次）世界大戦 …… 127, 131, 236
大エチオピア・ルネサンスダム …… 145, 151, 153
大気汚染 …… 29, 224, 312
対蹠点 …… 300
太陽光（熱）発電 …… 71, 213
タリバン …… 100
ダルフール紛争 …… 140
地盤沈下 …… 312
地熱発電 …… 155, 230
中東戦争 …… 131
チンツァン（青蔵）鉄道 …… 34
天然ガス …… 121, 164, 210, 258, 266
ドイモイ政策 …… 67
都市国家 …… 43
土地収奪 …… 152

は

パイプライン …… 128, 248, 287
白豪主義 …… 359
パレスチナ分割決議 …… 131
ビアフラ紛争 …… 141, 163
ビッグテック …… 264, 285
日付変更線 …… 351
標準時 …… 44
ヒンドゥー教 …… 57, 76, 83
ファブレス企業 …… 81
風力発電 …… 71
仏教 …… 62
ブミプトラ政策 …… 50
プランテーション …… 52, 61, 174
ブルーバナナ …… 187, 215
プレート …… 13, 45, 54, 86, 229

台湾 …… 35
ダーダネルス海峡 …… 125
タジキスタン …… 88
中国 …… 21, 84, 153
チョルノービリ（チェルノブイリ） …… 248
チリ …… 336
ドイツ …… 194, 240
ドイツ帝国 …… 194
ドーハ …… 120
ドバイ …… 116
トルクメニスタン …… 88
トルコ …… 125, 225

な

ナイジェリア …… 137, 141, 162
ナイル …… 142
南極 …… 352
西サハラ …… 149
ニューギニア島 …… 15, 347
ニュージーランド …… 363
ニューヨーク …… 274

は

パキスタン …… 20, 78, 83
パナマ …… 318
パナマ運河 …… 318
ハバナ …… 314
パリ …… 201
バルカン半島 …… 127, 225
バルト三国 …… 232, 252
バーレーン …… 123
ハワイ …… 288
ハンガリー …… 241
バングラデシュ …… 77, 83
東ティモール …… 57
ビザンツ帝国 …… 127
フィジー …… 368
フィリピン …… 58
ブラジル …… 323
フランス …… 201, 295
ベトナム …… 66
ペルー …… 331
北方領土 …… 258
ボスポラス海峡 …… 125
ポーランド …… 233, 236
ボリビア …… 331
ポリネシア …… 346

ま

マダガスカル …… 172
マラッカ海峡 …… 52
マレーシア …… 43, 50
ミクロネシア …… 346
ミクロネシア連邦 …… 371
南アフリカ …… 175
南スーダン …… 140
メキシコ …… 308
メラネシア …… 346
モロッコ …… 146

ら

ラトビア …… 232
リオデジャネイロ …… 323
リトアニア …… 232
リベリア …… 169
レイキャビク …… 230
ロシア …… 12, 93, 234, 250
ローマ帝国 …… 127, 214
ロンボク海峡 …… 55

キーワード検索

あ

アウシュビッツ …… 239
アコソンボダム …… 168
アジア NIEs …… 38, 47
アスワンハイダム …… 144
アパルトヘイト …… 176
アフガン戦争 …… 100
アフリカ大陸横断鉄道 …… 160
アメリカ大統領選 …… 271
アラブ人 …… 91, 133
アルジャジーラ …… 122
アルプスヒマラヤ造山帯 …… 54, 148
イギリス植民地 …… 19, 73, 113, 156, 295, 349
イスラム …… 57, 77, 90, 112, 132, 214

索　引

国・地域・地名検索

あ

アイスランド……229
アフガニスタン……98
アフリカ大地溝帯……138, 155
アメリカ……114, 169, 271, 290, 309, 318, 372
アラスカ……287
アラビア半島……112, 123
アラブ首長国連邦（UAE）……116
アルゼンチン……340
アンデス山脈……304, 331
イギリス……188, 215
イスタンブール……125
イスラエル……130
イスラム国……110
イタリア……218
イラク……105, 107
イラン……102
インドネシア……54
インド……70, 83
ウクライナ……244, 253
ウズベキスタン……96
ウラル山脈……12, 180, 241
エジプト……142
エストニア……232
エチオピア……145, 150
エルサレム……130
オスマン帝国……127, 241
オーストラリア……356
オランダ……209

か

ガーナ……166
カザフスタン……92
カタール……120
カナダ……289
カリブ海……314, 317, 318
韓国……38
ガンジス川……18, 77
北朝鮮……39
キーウ（キエフ）……247
キプロス……128
キューバ……314
ギリシャ……223
キルギス……88
クリミア半島……245, 246, 253
クルディスタン地域……129
ケニア……154
黄河……14, 29
コスタリカ……318
コロンビア……320
コンゴ……158

さ

サウジアラビア……111, 123
サハラ砂漠……146, 353
サヘル……136
サンシャダム……31
死海……134
ジブラルタル……215
シベリア……255
シンガポール……43
スイス……205
スウェーデン……226
スコットランド……192
スペイン……213, 314, 321
スマトラ島……54
ソウル……38
ソビエト連邦（ソ連）……88, 92, 100, 186, 234, 237, 245, 251

た

タイ……62

『ウクライナを知るための65章（エリア・スタディーズ169）』服部倫卓・原田義也編著（明石書店）
〈アフリカ〉
『栽培植物の起原と伝播』星川清親著（二宮書店）
『地図で見るアフリカハンドブック』ジェロー・マグランほか著／鳥取絹子訳（原書房）
『ようこそアフリカ世界へ（シリーズ地域研究のすすめ2）』遠藤貢・阪本拓人編（昭和堂）
『日本人が知っておきたい「アフリカ53ヵ国」のすべて』レッカ社著／平野克己監修（PHP研究所）
『コーヒーの科学』旦部幸博著（講談社）
〈アングロアメリカ〉
『世界地誌シリーズ④　アメリカ』矢ケ﨑典隆編（朝倉書店）
『食と農のアメリカ地誌』矢ケ﨑典隆編著（東京学芸大学出版会）
『地図で読むアメリカ』ジェームス・M・バーダマン、森本豊富著（朝日新聞出版）
『地図でスッと頭に入る中南米＆北アメリカ36の国と地域』井田仁康監修（昭文社）
〈ラテンアメリカ〉
『朝倉世界地理講座14　ラテンアメリカ』坂井正人・鈴木紀・松本栄次編（朝倉書店）
『世界地誌シリーズ⑩　中部アメリカ』石井久生・浦部浩之編（朝倉書店）
『写真は語る南アメリカ・ブラジル・アマゾンの魅力』松本栄次著（二宮書店）
〈オセアニア〉
『朝倉世界地理講座15　オセアニア』熊谷圭知・片山一道編（朝倉書店）
『世界地誌シリーズ⑦　東南アジア・オセアニア』菊地俊夫・小田宏信編（朝倉書店）
『変貌する現代オーストラリアの都市社会』堤純著（筑波大学出版）
『新版オーストラリア・ニュージーランドの教育』青木麻衣子・佐藤博志編著（東信堂）
『先住民族社会の形成と存続』原田敏治著（日本経済評論社）

●ウェブサイト
「外務省＞国・地域」https://www.mofa.go.jp/mofaj/area/
「独立行政法人　国際協力機構 JICA」https://www.jica.go.jp/
「The World Factbook」https://www.cia.gov/the-world-factbook/
「JETRO　日本貿易振興機構」https://www.jetro.go.jp/

●主な引用・参考文献

〈世界全体〉
『読むだけで世界地図が頭に入る本』井田仁康編著（ダイヤモンド社）
『日本と世界の地理』砂崎良著、井田仁康監修（朝日新聞出版）
『1日1ページ、365日で世界一周』井田仁康監修（成美堂出版）
『面白いほど世界がわかる「地理」の本』高橋伸夫・井田仁康編著（三笠書房）
『地誌学概論』矢ケ﨑典隆ほか著（朝倉書店）
『図説　世界の地誌』辰己勝・辰己眞知子著（古今書院）
『地球生活記　世界ぐるりと家めぐり』小松義夫著・写真（福音館書店）
『イラストで学ぶ地理と地球科学の図鑑』東辻千枝子訳、柴山元彦・中川昭男日本語版監修（創元社）
『世界地名大事典（全9巻）』（朝倉書店）
『地理シリーズ　世界の国々（全10巻）』（帝国書院）
『データブック　オブ・ザ・ワールド2023』（二宮書店）
『世界国勢図会2022/23年度版』（矢野恒太記念会）
〈アジア〉
『地図でスッと頭に入るアジア25の国と地域』井田仁康監修（昭文社）
『世界地誌シリーズ②　中国』上野和彦編（朝倉書店）
『世界地誌シリーズ⑤　インド』友澤和夫編（朝倉書店）
「特集　図説中国地誌」（1）（2）『地理』Vol.66（5）（12）（古今書院）
『新版 地図で見る東南アジアハンドブック』ユーグ・テルトレ著／鳥取絹子訳（原書房）
『新詳地理資料COMPLETE2023』（帝国書院）
『990円のジーンズがつくられるのはなぜ?』長田華子著（合同出版）
『アラブ首長国連邦（UAE）を知るための60章（エリア・スタディーズ89)』細井長編著（明石書店）
『すべてがわかる世界遺産大事典＜上＞』世界遺産検定事務局著（世界遺産アカデミー）
〈ヨーロッパ〉
『朝倉世界地理講座7　地中海ヨーロッパ』竹中克行ほか編（朝倉書店）
『朝倉世界地理講座9　中央・北ヨーロッパ』山本健兒・平川一臣編（朝倉書店）
『朝倉世界地理講座10　東ヨーロッパ・ロシア』加賀美雅弘・木村汎編（朝倉書店）
『世界地誌シリーズ⑪　ヨーロッパ』加賀美雅弘編（朝倉書店）
『観光先進地ヨーロッパ』淡野明彦編著（古今書院）
『ヨーロッパ統合時代のアルザスとロレーヌ』手塚章・呉羽正昭編（二宮書店）
『EU拡大と新しいヨーロッパ』小林浩二・呉羽正昭編（原書房）

【編著者・執筆者紹介】

井田仁康（いだ・よしやす）

1958 年生まれ。筑波大学人間系長、教授。博士（理学）。日本社会科教育学会長、日本地理教育学会長などを歴任。筑波大学第一学群自然学類卒。筑波大学大学院地球科学研究科単位取得退学。社会科教育・地理教育の研究を行っている。編著書に『読むだけで世界地図が頭に入る本』（ダイヤモンド社）、『高校社会「地理総合」の授業を創る』（明治図書出版）などがある。

呉羽正昭（くれは・まさあき）

1964 年生まれ。インスブルック大学大学院博士課程修了。Ph.D.（インスブルック大学）。現在、筑波大学生命環境系教授。著書に『スキーリゾートの発展プロセス　―日本とオーストリアの比較研究―』（二宮書店）、共著書に『オーストリアの風景』（ナカニシヤ出版）などがある。

秋本弘章（あきもと・ひろあき）

1962 年生まれ。筑波大学第二学群比較文化学類卒業。埼玉県立蓮田高等学校、東京学芸大学附属高等学校教諭を経て、現在、獨協大学経済学部教授。情報化時代における地理教育のありように関心を持っている。

志村　喬（しむら・たかし）

1961 年生まれ。東京都立大学理学部地理学科卒業。同大学院理学研究科地理学専攻修了（理学修士）。新潟県公立高校教員（17 年）を経て現在、上越教育大学副学長、教授。博士（学校教育学）。世界各地の地理教育・社会科教育を比較研究している。

松本穂高（まつもと・ほたか）

1973 年生まれ。茨城県立竹園高等学校教諭。信州大学及び北海道大学で地理学を専攻。博士（環境科学）。スウェーデン王立科学アカデミー奨学生として海外で研鑽を積む。近著に『なぜ、その地形は生まれたのか？』（日本実業出版社）。

中村光貴（なかむら・みつたか）

1978 年生まれ。筑波大学大学院修士課程教育研究科修了。現在、筑波大学附属高等学校教諭。地理教育を専門とする。NHK 高校講座「地理総合」監修・講師。主な共著に『高校社会「地理総合」の授業を創る』（明治図書出版）。

【執筆担当】

井田仁康

1章：韓国、タイ、ベトナム、インド、イスラエル、3章：リトアニア、ポーランド、4章：カナダ、6章：オセアニア全般

呉羽正昭

3章：ヨーロッパ全般（イギリス、アイスランド、リトアニア、ポーランド除く）

秋本弘章

1章：中国、4章アングロアメリカ全般（カナダ除く）、5章ラテンアメリカ全般

志村　喬

1章：アジアの概観、中央アジア・西アジアの国々（イスラエル除く）、3章：イギリス、アイスランド

松本穂高

1章：マレーシア、フィリピン、インドネシア、2章：アフリカ全般

中村光貴

1章：シンガポール、バングラデシュ、パキスタン

本書は、小社より刊行した『面白いほど世界がわかる「地理」の本』（高橋伸夫・井田仁康編著）の一部を使用しています。

世界《せかい》の今《いま》がわかる「地理《ちり》」の本《ほん》

編著者——井田仁康（いだ・よしやす）

発行者——押鐘太陽

発行所——株式会社三笠書房

〒102-0072 東京都千代田区飯田橋3-3-1
電話：(03)5226-5734（営業部）
：(03)5226-5731（編集部）
https://www.mikasashobo.co.jp

印　刷——誠宏印刷

製　本——若林製本工場

ISBN978-4-8379-2951-2 C0030